東京・渋谷のヴィーガン食堂

なぎ食堂の
ベジタブル・レシピ

小田晶房

nagi
shokudo
vegetable
recipe

野菜のこんな食べ方があるのか、と楽しんでもらえれば。

Hi, How Are You?
はじめに

「思想なきベジタリアン食堂」。それが5年前、この「なぎ食堂」を始めたときの最初のコンセプトでした。私が最初にヴィーガン食というものを意識したとき…それは今から十年以上前、自分たちが日本に招いた海外のミュージシャンたちの多くがベジタリアンで、彼らを日本中連れ回した際、満足させるような食事を提供できなかった、ということに端を発しています。もちろん菜食のお店はあったけれど、主義主張を押し出したお店や、美味しそうだけど、気軽に行けるお値段じゃない店が多かったのです。でも、彼らは決して健康志向でもないし、「肉や魚を食べない」ってだけで、主義を振りかざす人は誰一人いません。気持ちにも財布にも、気軽にヴィーガン食を楽しめたらいいのに、それが店を始め、ヴィーガン・メニューを考える直接のきっかけでした。ちなみに、私も一時期ヴィーガンの生活を送っていましたが、現在は、魚は時々食べたりしています。

元々、私は料理の世界ではなく、音楽系の雑誌編集や執筆、アーティストの招聘やレコード・レーベルをやってきた人間です。お客様に料理を作った経験も、ニューヨークの日本料理店で半年ほど天ぷらを揚げた程度、つまりよくいる「料理好きのオッサン」でした。それが怖いもの知らずでヴィーガン食の店を始めてしまい、底の浅さがバレぬよう（バレてるって？）、他の店と競合しないような菜食メニューを考え続けた結果、とうとうこんな1冊の本になりました。

ここには、店で毎日出しているメニューもあれば、小さな厨房ゆえ日常的に出せなくなったメニューもあります。時にスパイシー過ぎるかもしれませんし、日常食としてはちょっと個性が強すぎるきらいもあります。でも、ベジタリアンの人でなくとも、「あ、野菜のこんな食べ方があるのか」と楽しんでもらえると思っています。とにかく騙されたと思って、一度作って楽しんでいただければとても嬉しいです。

深淵で（嘘）、そしてとてもお気楽なベジタリアンの世界へようこそ！

なぎ食堂店主　小田晶房

※ヴィーガンとは？

ベジタリアンの中でも、肉、魚などの動物性の食品だけでなく、卵や乳製品全般、ハチミツなどの動物のために提供される食品も避ける人々のこと。ピュア・ベジタリアンとも呼ばれる。ちなみにベジタリアンとは「野菜」を意味する英語「vegetable」ではなく、「生き生きした、活発な」を意味するラテン語「vegetus」を由来としているため、「菜食主義者」という訳語もあまり適切ではありません。また、「主義者」という言葉も意味ありげで嫌いなので、本書では一切使わないようにしています。（参考文献『ベジタリアンの医学』蒲原聖可（平凡社新書））

contents

2　はじめに

タイ *Thai*

- 8　切り干し大根のソムタム風サラダ
- 10　きのこと厚揚げのラープ
- 12　れんこんのトート・マンプラー（さつま揚げ）
- 14　タイ風ココナッツカレー
- 16　ベジ・パッタイ（焼きビーフン）
- 18　タイ風野菜生春巻き
- 19　小松菜ときのこの辛味炒め
- 20　春雨の入ったトムヤンクン風スープ

和食 *Japanese*

- 26　れんこんと長いもの揚げ春巻き
- 28　セロリと大根の甘酢漬け
- 30　さつまいもとねぎの味噌和え
- 32　里いもの竜田揚げ
- 34　かぼちゃのごましそサラダ
- 36　たけのこと焼き豆腐のうま煮
- 38　えのきだけの酒粕豆乳和え
- 39　長いもときゅうり、しめじの生姜和え
- 40　白味噌長いも汁

中華 *Chinese*

- 46　トマトの入った麻婆なす
- 48　ベジ餃子
- 50　薄切りソイミートの青椒肉絲
- 52　エリンギときゅうりの棒々鶏風ごま和え
- 54　丸ごと長いもの素揚げ 黒酢酢豚風炒め
- 56　チンゲン菜とザーサイの塩麹中華あん
- 57　酸辣土豆絲（千切りじゃがいもの酢醤油炒め）
- 58　もやしと切り干し大根の出汁で作った中華スープ

ベジな人々インタビュー

- 60　ショコラ&アキト
- 78　原田郁子（クラムボン）
- 114　バイオマン（neco眠る）

※アイコンの説明
- ⑤ 5分以内でできる
- ◯ ひとつの鍋でできる
- ⓙ ソースや具材など使い回せる
- ◑ ちょっと辛いよ

イタリアン／スペイン Italian/Spain

- 66　豆乳ライスコロッケのトマトソース
- 68　じゃがいものマスタードソース和え
- 70　ニセアンチョビ味のパスタサラダ
- 72　エリンギとオクラのカルパッチョ
- 74　ひよこ豆のスパイシー・フライ
- 75　菜の花のオリーブオイル煮
- 76　赤ワインのたっぷり入ったビーフシチュー風シチュー

インド India

- 84　ビンディ・マサラ（オクラのカレー）
- 86　アル・ゴビ（じゃがいもとカリフラワーのドライカレー風炒め）
- 88　いんげんのポリヤル
- 90　ダル・ワダ（ウラッドダルとトゥールダルのコロッケ　トマトチリソース）
- 92　ハラーバラーケバブ
- 94　ゴビ・マンチュリアン（カリフラワーのパコラ　トマトチリソース）
- 95　紫玉ねぎのアチャール
- 96　クットゥ（トゥールダルのココナッツシチュー）

インドネシア Indonesia

- 102　揚げなすのダブダブソース
- 104　茹で野菜とソイミートのサテ　ガドガドソース
- 106　厚揚げときのこのトマトココナッツ煮込み
- 108　タフ・イシ（野菜詰め厚揚げのパコラ　トマトチリソース）
- 110　春雨の入った揚げ春巻き
- 111　なすとキウイのスパイス炒め煮
- 112　ソト・ミー（春雨の入ったスープ）

- 117　「なぎ食堂」ってどんな店？
- 122　なぎ食堂の調味料
- 123　なぎ食堂の道具
- 124　なぎ食堂のルール
- 125　あとがき
- 126　食材別索引

※この本でのきまり

　1カップは200cc、小さじ1は5cc、大さじ1は15ccが目安です。油の温度は高温180度、中温170度、低温160度くらい。調理時間や温度はあくまで目安ですのでお好みにあわせて調整してみてください。

　本書ではほとんど出汁を用いないのですが、いくつかで使用している出汁の取り方は以下の通りです。軽く掃除した昆布と干ししいたけを水から沸騰させて、弱火で10分ほど煮出しておく。1リットルの水に干ししいたけ4、5枚、出汁昆布15〜20g程度が目安。一晩水出ししておくとより美味しいです。

　なお、塩の扱いは個人によって大きく違ってきますし、食材によっても変わってくるため、あえてすべて「適宜」とさせていただきました。塩を少しずつ入れ、最終段階で味見をして「物足りなくない味」まで加えるのが一番正しいと思います。ご自身の舌を信じてお試しください！

Thai
タイ

タイ風
野菜生春巻き●P18

切り干し大根の
ソムタム風サラダ●P8

れんこんのトート・
マンプラー
（さつま揚げ）●P12

きのこと厚揚げのラーブ●P10

小松菜ときのこの辛味炒め●P19

「乾燥スパイスをベースにしたインド料理は世界中のどこでも作れるけれど、生ハーブなしでは作れないタイ料理は、本当は現地に行かなきゃ食べられない」なんてことをよく言われます。でも、辛くて酸っぱくて甘くて旨く、時に複雑に苦いタイ料理は、食べるという歓びこそが生きる意味なんじゃないかとさえ思わせるもの。仏教国ゆえの「キンジェー」という菜食週間があることから分かるように、結構ベジでのタイ料理は難しくない。あの刺激をベジで!

ベジ・パッタイ
(焼きビーフン) ●P16

春雨の入った
トムヤンクン風
スープ●P20

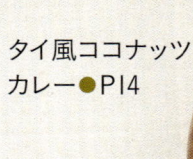

タイ風ココナッツ
カレー●P14

Thai
タイ

切り干し大根のソムタム風サラダ

〈材料〉2人前

切り干し大根…100g程度
ホムデン(紫玉ねぎ)…小4個
レモングラス(根の柔らかい部分)…1本
生青唐辛子…2、3本(辛さはお好みで)
にんにく…2片
ごま油…小さじ1
トマト…1個
てんさい糖…大さじ2
酢…大さじ1
タマリンドペースト…小さじ1/2
塩麹(なくても可)…小さじ1
塩…適宜
胡椒…適宜
パクチー…1把
ライム汁…1/2個分

〈調理方法〉

❶ 切り干し大根は一度軽く洗った後、水で30分程度かけて戻しておく(戻した水は取っておく)。また、ホムデンは2個、薄くスライスして水さらししておく。

❷ フードプロセッサー、もしくはすり鉢を用いて、にんにくと生青唐辛子、レモングラス、ホムデン2個を潰してペースト状にする。⇒Ⓐ

❸ フライパンにごま油を入れて熱し、Ⓐを入れて風味を出した後、切り干し大根を入れ、てんさい糖、塩麹を加える。

❹ 切り干し大根の戻し汁から100ccを加え、酢、タマリンドペーストを入れた後、塩、胡椒で味を整えて少し煮詰める。

❺ 汁気が半分程度になったら、スライスしたホムデン、乱切りしたトマトを入れて冷ます。冷めた後、刻んだパクチー、ライムの絞り汁を入れて混ぜあわせてできあがり。

慣れないと面倒なものですが、フープロでガーとするよりも、ハーブは丁寧につぶした方が美味しいです。お子さまや友人につぶしてもらうのもアリかも。

> 〈 ワンポイント 〉
>
> 切り干し大根は、水戻ししたらかさがかなり増えてしまうのでご注意を。また、戻し汁はそのまま飲んでみれば分かりますが、驚くほど美味しいので、捨てずに出汁として使用するのもありかと。酢に加え、最後にライムでフレッシュな味わいを加えてください。もちろん、これをオリジナルの青パパイヤで作るのもありですが、その場合は煮詰めなくても大丈夫です。

※タマリンドはどこでも手に入る食材ではないため、どうしてもない場合は酢とてんさい糖を倍量で合わせてご使用ください。ただ味わいが若干マイルドになりますのでご注意を。輸入食材店やインターネットなどでペーストを買っておくと重宝しますよ!

Thai
タイ

きのこと厚揚げのラープ

〈材料〉2人前
しめじ…1パック
厚揚げ…1枚
もやし…1/2袋
玄米…30g
生青唐辛子…2本
にんにく…2片
塩…適宜
レモングラス…2本
パクチー…1袋
てんさい糖…大さじ2
ケチャップマニス(なければ醤油)
…大さじ1/2
ごま油…大さじ1
水…100cc
ライム…1/2個
キャベツ…1/4個

〈調理方法〉
❶ 玄米をフライパンで、焦げないように注意しながら弱火で炒っておく。しめじ、厚揚げ、もやし、レモングラスの根の太い部分は、みじん切りにしておく。
❷ フライパンにごま油、細かく刻んだにんにくと青唐辛子を入れ、辛味を十分に出したのち、炒った玄米を入れ、混ぜ合わせる。
❸ 5mmほどにみじん切りにした厚揚げ、もやし、レモングラスをフライパンに入れ、レモングラスが柔らかくなる程度まで炒め、てんさい糖と水を加える。
❹ 塩とケチャップマニスで味を整えながら水気がなくなるまで煮詰め、刻んだパクチー、最後にライムを絞って皿に盛る。
❺ ざく切りにしたキャベツ、くし型切りにしたライムを添えてできあがり。

> **ワンポイント**
>
> タイで食べられているオリジナルのラープ（ラーム・プー）と呼ばれる料理は、豚や鶏のミンチのスパイシーなハーブ炒めのことで、地域や店によって味付けも結構違えば料理の内容も異なるものです。そして、今回、肉の代わりにしめじやもやし、厚揚げと多彩な食感で向き合ったのがこのレシピ。ご飯に直接ぶっかけても美味しいけれど、キャベツやチシャの葉でくるんで食べるのがおすすめ。

米を炒るときは、弱火でじっくりと。焦って強火でやると、あっちゅう間に焦げてしまいます。上手く炒れたときは、小さなポン菓子のようにプクっと膨らみます。

Thai
タイ

れんこんのトート・マンプラー
（さつま揚げ）

〈材料〉2人前
れんこん…中1本
長いも…100g程度
いんげん…5本
バイマックルーの葉（なければレモンなど柑橘系の皮や葉）…一枚
生青唐辛子…1、2本　にんにく…2片
レモングラス…1本　塩…適宜
片栗粉…大さじ1

スウィートチリソース
ごま油…大さじ1
豆板醤…大さじ1
にんにく…1片
てんさい糖…大さじ2
水…200cc　塩…適宜
酢…大さじ1　片栗粉…大さじ1

〈調理方法〉
❶ れんこんと長いもは丁寧に洗った後、皮を剥き、水さらしした後、フードプロセッサーでほんの少しれんこんの粗さが残る感じでペースト状に。⇒Ⓐ
❷ ボールに入れたⒶに、細かくみじん切りにしたバイマックルーの葉とレモングラス、青唐辛子、そして細かく小口切りにしたいんげんを入れ、塩、片栗粉で粘りが出る程度までつなぐ。
❸ 手のひらの上で小判型にまとめて、高温の油で一気に揚げる。

スウィートチリソース
❶ フライパンにごま油をひき、みじん切りにしたにんにく、豆板醤を中火で炒める。豆板醤の色が鮮やかになったら、てんさい糖を入れ、溶けた段階で水を注ぐ。
❷ 沸騰してきたら塩で味を整えて、酢を入れた後、水溶き片栗粉で止めてできあがり。

擦ったれんこんは、すぐに色が変わってしまうのでご注意を。擦った長いもに塩を入れると共に粘りが出てきますが、あんまり混ぜすぎずふんわりと。

> ワンポイント
>
> れんこんのしんじょうのタイ版といった趣きの一品。れんこんと長いもは細かくペースト状にしてもいいですが、れんこんの食感を残す上でも、別にみじん切りして入れるのもアリ。また、つなぐ際には「少し緩いかな」程度にして、油にゆっくりと落とし入れるとふんわりとした食感に仕上がります。スウィートチリソースは、いろんな料理に使えるので作りおきしておくのが◎。

Thai
タイ

タイ風ココナッツカレー

〈材料〉2人前

レモングラス…2本　バイマックルーの葉(なければレモンなど柑橘系の皮や葉)…2、3枚　ガランガル(なければ生姜)…1片　パクチー…1把
ホムデン(なければ紫玉ねぎ)…小4、5個
生青(赤)唐辛子…3、4本
ココナッツミルク…1缶
クミンシード…小さじ1/2
マスタード・シード…小さじ1/2
ターメリック…小さじ1/2
ココナッツオイル(なければごま油)…大さじ1
にんにく…1片　トマト…中1個
たけのこ水煮…1/2本
いんげん…4、5本　しめじ…1/2パック
ライム…1/2個分　塩…適宜

ワンポイント

タイカレーに用いる生ハーブは、日本では手に入らないものも多いので、代用品でもそれなりに作ることは可能です。ただ、生のレモングラスなしでは、タイ風のペーストを作るのは難しそうです。また、一般的にタイカレーには乾燥スパイスは使わないことも多いのですが、あえて当店では2種類のみを用いています。お好みでさまざまな乾燥スパイスをお試しください。

〈調理方法〉

❶ たけのこは軽く塩茹でして細切りに。いんげんも塩茹でして1cm程度に切っておく。また、レモングラスの根の太い部分とガランガル、ホムデン、唐辛子をフードプロセッサーかすり鉢でペースト状にする。⇒Ⓐ

❷ 鍋にココナッツオイルを入れて十分に熱した後火を弱め、焦げないように注意しながらクミンシード、マスタードシード、にんにくのみじん切りを入れて、香りを立たせる。

❸ ②にⒶのペーストとターメリック、バイマックルーの葉を入れて十分火を通したら、潰したトマトを少し煮込み、ココナッツミルクを注いで、再び煮込む。

❹ ほぐしたしめじ、細切りのたけのこ、いんげんを入れ、塩で味を整えた後、ライムを絞りパクチーをのせてできあがり。

さまざまな生ハーブを潰して混ぜあわせたベース・ソースを多めに作っておけば、炒め物から煮物まで、ちょこっと入れるだけですぐにタイ風味。お試しください!

Thai
タイ

ベジ・パッタイ
(焼きビーフン)

〈材料〉2人前
乾燥ビーフン(平麺)…150g
カシュナッツ…5、6個
いんげん…4、5本
生唐辛子…2本　にんにく…2片
ケチャップマニス(なければ醤油)
…大さじ1　トマト…小1個
タマリンドペースト…小さじ1/2
てんさい糖…大さじ1
料理酒…大さじ2
水…50cc　塩麹(なくても可)…小さじ1
ごま油…大さじ2
にら…1束　厚揚げ…1/2枚
もやし…1/2袋
ライム…1/2個　パクチー…1把
塩…適宜　胡椒…適宜

〈調理方法〉
❶ ビーフンはたっぷりのお湯で戻し、カシュナッツは軽く乾煎りした後、細かく砕いておく。いんげんは軽く塩茹でして1cm程度に切っておく。
❷ 小口切りにした唐辛子、みじん切りのにんにく1片、細かく刻んだトマト、ケチャップマニス、てんさい糖、料理酒、塩麹、砕いたカシュナッツ、タマリンドペースト、ごま油大さじ1、水を混ぜ合わせて、ソースを先に作っておく。
❸ フライパンにごま油を大さじ1入れ、十分に馴染ませた後、みじん切りのにんにく1片、厚揚げ、もやしを炒める。この際に厚揚げはお玉の裏等で潰しミンチ状に。塩と胡椒で軽く味付けをする。
❹ 戻したビーフンといんげんを合わせソースを注いだ後、強火で一気に炒めて、3cm程度に切ったにらを入れて出来上がり。皿に盛った後、パクチーをのせたり、ライムを絞ってください。

この炒め合わせ用のタレは、さまざまな料理に用いることができますので、作り置きしておけば、シンプルな野菜炒めがちょっとエスニック風味になります。

> **ワンポイント**
>
> ビーフンは、フライパンに非常にくっつきやすい食材です。味付けをする際に手間取ると悲惨な状態になりますので、最初に合わせ調味料を作って、一気に炒めることをおすすめします。厚揚げはそのままの具材というよりも、潰して炒り卵風のようにすると、不思議な触感が楽しめます。塩麹は、アジア料理の象徴になってしまった化学調味料の代用として一応使っていますが、塩とのバランス次第でなくても大丈夫です。

※タマリンドはどこでも手に入る食材ではないため、どうしてもない場合は酢とてんさい糖を任量で合わせてご使用ください。ただ味わいが若干マイルドになりますのでご注意を。輸入食品店やインターネットなどでペーストを買っておくと重宝しますよ!

Thai
タイ

タイ風
野菜生春巻き

〈材料〉2人前
生春巻きの皮(ライスペーパー)…6枚
エリンギ…中2本　きゅうり…2本
にんじん…中1本　乾燥春雨…50g
にら…1束　ライム…1/4個
ミント…適宜
ホーリーバジル(手に入れば)…適宜
ケチャップマニス(なければ醤油)
…小さじ1
ごま油…小さじ1　にんにく…1片
塩…適宜　胡椒…適宜
スウィートチリソース[P15参照]

〈調理方法〉
❶ 春雨はたっぷりの水で戻しておき、エリンギは縦に細く6等分、きゅうり、にんじんは、長めの短冊に切り分ける。
❷ フライパンにごま油、みじん切りのにんにく、細長く切ったエリンギを入れてソテー。塩、胡椒、ケチャップマニス、ライム汁を加えて、軽く煮詰める。
❸ 生春巻きの皮を湿ったふきんの上で戻しながら、きゅうり、にんじん、戻した春雨、味付けしたエリンギ、長めに切ったにら等(お好みでミントやホーリーバジル)を入れ、やぶれないように巻き上げる。
❹ 表面が乾かないうちに皿にのせ、スウィートチリソース(P15参照)、もしくは唐辛子を浮かべた酢などでどうぞ。

> ワンポイント
>
> 今回、シンプルに野菜を3種程度にしてみましたが、いろんな野菜をお試しください。少しローストしたアボカド、濃い目に味付けたコンニャク、酢漬けしたセロリなどがおすすめ。ライスペーパーを巻くのがあまり得意でない方(俺だ)は、2枚を少しずらして巻き上げると、少し破けても問題なくいただけます。揚げ春巻きのようにしっかり閉じるのではなく、気楽に巻いてください。

Thai
タイ

小松菜ときのこの辛味炒め

〈材料〉2人前
小松菜…1束　しめじ…1/2パック
生唐辛子…3本　にんにく…2片
レモングラス…1本
塩…適宜　胡椒…適宜
ごま油…大さじ1
ケチャップマニス（なければ醤油）
…大さじ1
てんさい糖…大さじ1
タマリンドペースト…小さじ1/2
塩麹…小さじ1/2　料理酒…50cc
揚げ玉ねぎ…適宜

〈調理方法〉
❶ 小松菜は、根についてる泥をよく洗って、3cm程度に、レモングラスは根の太い部分を小口切りにしておく。擦ったにんにく1片、ケチャップマニス、てんさい糖、タマリンドペースト、塩麹、料理酒は、あらかじめ混ぜあわせておく。⇒Ⓐ
❷ フライパンにごま油、みじん切りのにんにく1片、小口切りにしたレモングラス、小口切りにした生唐辛子を入れ、中火でレモングラスの繊維が残らない程度まで炒める。
❸ 火力を強火にして、ほぐしたしめじ、小松菜を一気に炒め、Ⓐのソースをまわしかけた後、塩、胡椒で味を整える。
❹ ソースとごま油が乳化する感じで炒まったら、揚げ玉ねぎを加えてできあがり。

〉 ワンポイント 〈

オリジナルは空芯菜の炒め物ですが、日本の空芯菜は細めのものが多いので、タイ風の濃い味付けが合わないことも。小松菜を弱火で炒めると、どんどん水が出続けて茹で野菜のようになってしまうので、最初の段階でフライパンを熱くして、温度が下がらないようにしながら一気に炒めてください。また、唐辛子も炒めなければ辛味が出ませんが、炒めすぎると苦くなるのでご注意。

※タマリンドはどこでも手に入る食材ではないため、どうしてもない場合は酢とてんさい糖を倍量で合わせてご使用ください。ただ味わいが若干マイルドになりますのでご注意を。輸入食品店やインターネットなどでペーストを買っておくと重宝しますよ！

Thai
タイ

春雨の入ったトムヤンクン風スープ

〈材料〉2人前

乾燥春雨…50g　ふくろ茸…6、7個
もやし…1/2袋　さやえんどう…6枚
しいたけと昆布の出汁(P5参照)…300cc
レモングラス…1本
バイマックルーの葉(なければレモンなど柑橘系の皮や葉)…2、3枚
ガランガル(なければ生姜)…1片
ホムデン(なければ紫玉ねぎ)
…小4、5個
生唐辛子…3、4本　パクチー…1束
にんにく…1片　てんさい糖…小さじ1
醤油…小さじ1　ごま油…大さじ1
タマリンドペースト…小さじ1/2
料理酒…100cc

〈調理方法〉

❶ 春雨は水戻ししておく。また、しいたけと昆布で取った出汁に、もやしとてんさい糖、料理酒を入れて一煮立ちさせ、アクを取る。さやえんどうは、軽く塩茹でして冷ましておく。

❷ レモングラスの根の太い部分、ガランガル、ホムデン、生唐辛子をフードプロセッサー、もしくはすり鉢を使ってつぶし、ペースト状にする。⇒Ⓐ

❸ 鍋に、ごま油とみじん切りにしたにんにく、Ⓐのペーストを入れて丁寧に炒めた後、しいたけと昆布、もやしの出汁を注ぐ。

❹ バイマックルーの葉、半分に切ったふくろ茸、半分に切った春雨、さやえんどうを入れて、一煮立ちさせた後、塩と醤油、タマリンドペーストを入れて味を整える。お好みでパクチーをのせてできあがり。

〈ワンポイント〉

本来は海老の濃厚なエキスがベースになっている料理、野菜だけでそれと同等の味わいまで持っていくのはやはり難しいため、タマリンドやレモングラスの風味を核に、さっぱりしたスープとしてお楽しみください。また、基本のペーストはタイ風カレーやソムタム風サラダとほとんど同じなので、作り置きしておけば、面倒くさい料理もあっという間に作れます。

春雨は、鍋で煮込んだときとぬるま湯で戻した時と食感の違いが段違いです。面倒でも一度ぬるま湯で少し戻してから放り込みたいところです。

※タマリンドはどこでも手に入る食材ではないため、どうしてもない場合は酢とてんさい糖を等量で合わせてご使用ください。ただ味わいが若干マイルドになりますのでご注意を。輸入食品店やインターネットなどでペーストを買っておくと重宝しますよ！

オーガニックの野菜とか、こだわりがないといえば、
そりゃ、そっちの方がいいに決まってるけれど、なんだか
「オーガニックだから意識が高い」みたいな言葉には違和感を感じてます。
もちろん、作る農家の方は大変やろうなぁって思うけれど、
料理に使うのは、大金払ってるだけで別に苦労してるわけやない、
ってどうしても思ったりします。普通の野菜でもめっちゃ旨い、それはモットーです。

Japanese
和食

長いもときゅうり、
しめじの生姜和え ●P39

れんこんと長いもの
揚げ春巻き ●P26

たけのこと焼き豆腐の
うま煮 ●P36

セロリと大根の
甘酢漬け ●P28

さつまいもと
ねぎの味噌和え ●P30

里いもの
竜田揚げ ●P32

実は、店を始めるときに何よりやりたいと思ったのは、「ショウケースから勝手にお惣菜を取ってきて、ご飯と味噌汁、惣菜だけで満足させる食堂」でした。その夢は、5年経った今も実現できてないけれど、気付くとオリジナルの惣菜メニューだけにたっぷり生まれました。でも、そのほとんどが自身の好みが反映した酒の肴だったというのはお恥ずかしい話。「酒の肴に合う料理は、飯にも合う」との言葉を信じて作る私惣菜、ぜひ。

えのきだけの
酒粕豆乳和え●P38

かぼちゃのごましそサラダ●P34

白味噌長いも汁●P40

Japanese
和食

れんこんと長いもの揚げ春巻き

〈材料〉2人前
春巻きの皮…6枚
れんこん…100g
長いも…100g
にんじん…1/4本
生姜…一片
味噌…小さじ1
大葉…6枚
塩…適宜
片栗粉…大さじ1
胡椒…適宜
レモン…好みで
酢醤油…適宜
練りからし…適宜
山椒塩…適宜

〈調理方法〉
❶ れんこんと長いもは皮を剥き、フードプロセッサーで少し粘り気が出る程度までペーストにする。
❷ 細かく刻んだ生姜と味噌をペーストに加え、塩を少しずつ加えて混ぜることで粘りを調整した後、胡椒、片栗粉を加える。
❸ 細めに拍子切りしたにんじんを軽く塩茹でする。
❹ 春巻きの皮の下部に大葉を置き、その上にれんこんペーストを薄くひく。ペースト中央ににんじんを載せて、春巻き状に包み込んだ後、水溶き片栗粉で糊をする。
❺ 中高温の油で1分程度さっと揚げた後、半分に切ってできあがり。山椒塩や辛子酢醤油でどうぞ。

今回は、塩に中華山椒(花椒)を混ぜあわせた山椒塩を使ってみました。普通の山椒塩や抹茶塩、七味唐辛子と混ぜあわせた塩等、いろいろお試しください。

> ワンポイント
>
> 本当は湯葉でやりたいところですが、コストを考えて春巻きの皮を使用。れんこんと長いもの種類によって粘り気とふんわり感が結構違ってくるのでご注意を。徐々に塩を入れることで粘り気が変わってきますが、片栗粉とのバランスで「海老しんじょ」的なプリプリ感が出れば最高。辛子酢醤油でいただいても美味しいですが、山椒塩が実は一番オススメ。熱いうちにどうぞ〜！

Japanese
和食

セロリと大根の甘酢漬け

〈材料〉2人前
大根（中サイズのもの）…半分
セロリ…半把
にんにく…2片
醤油…100cc
てんさい糖…50g
料理酒…150cc
水…150cc
鷹の爪…2本
八角…2個
酢…少々
ごま油…小さじ1
塩…適宜

〈調理方法〉
❶ 大根は皮を剥き、セロリは皮と葉を掃除。それぞれ1cm角に切って、塩で軽く揉み30分ほど置く。
❷ 鍋にごま油を入れ、潰したにんにく、種を取り輪切りにした鷹の爪、八角を入れ、軽く香りが立つ程度まで熱する。
❸ てんさい糖を入れ溶かしながら、酒、醤油、水を注ぎ、アルコールが飛ぶ程度まで温めて火を止める。火を止めた後、酢を少々加える。
❹ 塩を洗って軽く絞ったセロリと大根を温まった漬け汁の中に浸し、余熱を通す。
❺ 一晩漬け込んでできあがり。

漬け込む野菜によっては、甘酢ごと火にかけた方がいい場合もありますが、ホーロー等のバットに注ぎ込む形でどうぞ。冷蔵庫で1週間程度は食べられます。

> ワンポイント
>
> 火を止めた後加える酢は、酸味ではなく味の広がりを出すため、また、てんさい糖の代わりに干し柿などの果物の甘さを加えれば絶妙の風味が出ます。漬け汁の余熱が冷める際に味がゆっくりと染み込んでいくので、大根とセロリには、あえて火を通し過ぎず食感を楽しんでいただければと思います。カブや長いも、にんじん、切り干し大根、割干し大根などで作っても美味しいです。

Japanese
和食

さつまいもとねぎの味噌和え

〈材料〉2人前
さつまいも…中2本
細ねぎ（分ねぎ）…2本
塩…適宜
白味噌…大さじ1
味噌…大さじ1
料理酒…50cc
すりごま…適宜
てんさい糖…大さじ2
酢…小さじ1
煎りごま…適宜

〈調理方法〉
❶ さつまいもを皮ごと拍子切り、細ねぎ（もしくは分ねぎ）を3cm程度に切る。
❷ さつまいもが軽く芯が残る程度に茹でてザルにあげ、余熱で仕上げる。また、細ねぎを堅めに塩ゆでする。
❸ 料理酒、白味噌と味噌を合わせ、てんさい糖、すりごま、塩を少し練り合わせながら火にかけ、火を止める直前で酢を入れる。
❹ ③の熱を少しだけ冷まして、さつまいもとねぎを合わせてできあがり。煎りごまを振ってどうぞ。

さつまいもの甘さは、茹で方や種類によってまったく違ってきます。甘いさつまいもはオヤツ感覚で作ってみるのもありかもしれません。

> ワンポイント
>
> さつまいもの甘さと細ねぎ（分ねぎ）の辛味が白味噌の淡い味わいで結ばれる、ちょっと変わり種。細ねぎを茹でる際には、茹で上がった後軽く絞って水気を切った方がいいけれど、中のとろんとしたのがあってこその旨みなので、それまで出しきらないように。お子様用に少し甘さを強めに作ると、子供が永遠に食べ続けます。大人用に鷹の爪の細切りを載せるのも美味しいです。

Japanese
和食

里いもの竜田揚げ

〈材料〉2人前
里いも…中3個
生姜…2片
醤油…50cc
てんさい糖…50g
料理酒…100cc
しいたけと昆布の出汁（P5参照）…100cc
塩…適宜
片栗粉…適宜

〈調理方法〉
❶ 里いもの泥を洗い流し、包丁で皮にぐるりと一周切れ目を入れた後、ひたひたのお湯で10分ほど塩茹でする。少し固めの状態で引き上げ冷水で冷まし、皮を剥く。
❷ 3cm角程度（ひとくち大）に切り分け、しいたけと昆布の出汁、てんさい糖、醤油、料理酒が入った鍋に入れて弱火でコトコト5分ほど煮込む。
❸ 火を止めた後、すりおろした生姜を鍋に入れて室温で冷ます。
❹ ひとくち大の里いもに片栗粉をまぶして、中高温の油で1分程度さっと揚げたらできあがり。

半分に切ってツルンとやってみたの図。きぬかつぎにできる小芋であれば、かえって楽しくなってくること請け合い。もちろん痒くならないのもありがたいです。

> ワンポイント
>
> 里いもは煮崩れしやすいものなので、皮ごと最初に茹でて、茹で上がった後ツルンと剥いた方が仕上がりが楽だし、ちょっと楽しい。また、出汁をゆっくり炊き込んで味付けるのではなく、冷めていく間に染み込ませた方が型崩れがしません。揚げ油の温度が低いとベタっとした仕上がりになるので、高温で表をカリっと、で、中をとろっと仕上げてください。

Japanese
和食

かぼちゃのごましそサラダ

〈材料〉2人前
かぼちゃ…1/4個
紫玉ねぎ…1/2個
しそ…2枚
ごまペースト…小さじ2
塩…適宜

〈調理方法〉
❶ かぼちゃを1cm角に切り、中高温の油で2分揚げた後、クッキングペーパーで油をきる。
❷ 紫玉ねぎを細かに刻み、ボウルの中で揚げたかぼちゃの余熱を通しながら混ぜる。
❸ ごまペースト、塩を入れ、かぼちゃをつぶしながら混ぜ合わせる。
❹ 細かく刻んだしそをかけ合わせる。

揚げたてで油を切ったかぼちゃをスプーンやフォークの背中を使って、潰しながら混ぜ合わせるのが唯一のコツといえるコツ。実は塩だけでも十分美味しい。

〉ワンポイント〈

シンプルなメニューゆえ、かぼちゃ自体の味が仕上がりを左右しますが、揚げ方次第で安定して作ることも可能です。固めのかぼちゃには170度程度でしっかりと油を入れて、ほっこり系はさっと揚げてみてください。また、塩は少しずつ入れていくと、ある量で突然甘くなるので、そこが仕上がりのタイミング、これ、面白いです。ちょうどいい塩分量は、味の方から教えてくれるのです。

36

Japanese
和食

たけのこと焼き豆腐のうま煮

〈材料〉2人前

たけのこの水煮…小1本
焼き豆腐…1丁
干ししいたけ…3、4枚
さやえんどう…6枚
干ししいたけの戻し汁…200cc
料理酒…100cc
てんさい糖…大さじ1
薄口醤油…小さじ1
生姜…1片
白ねぎ(白髪ねぎ用)…適宜
塩…適宜
片栗粉…適宜

〈調理方法〉

❶ 200ccの水で干ししいたけを戻し薄切りにする。また、戻し汁を取っておく。
❷ たけのこの水煮は2分ほど塩茹でをした後、穂先に縦に、根の部分はイチョウに切り分ける。さやえんどうも塩茹で、焼き豆腐も一度お湯をくぐらせておく。
❸ 干ししいたけの戻し汁と料理酒を合わせ、細切りにした生姜、戻ししいたけ、てんさい糖、薄口醤油を入れて一煮立ちさせた後、塩で味を整える。
❹ たけのこと斜めにそぎ切りした焼き豆腐を加え、少し煮込んだ後、水溶き片栗粉でとろみをつける。半分に切ったさやえんどうと白髪ねぎをのせてできあがり。

市販のたけのこ水煮は、アクや添加物を抜く目的以外にも、まずは一度3分ほどていねいに茹でてから一気に冷ました後調理をすると、飛躍的に美味しくなります。

> ワンポイント
>
> あえて出汁至上主義幻想から一歩離れてみて、出汁を取らずとも、しいたけの戻し汁と料理酒、てんさい糖だけで十分に濃く味付けられます。焼き豆腐も一度軽く茹でてから煮込むと、型崩れせず、味も染み込みやすくなります。また、最初に豆鼓と八角、五香粉等をごま油で炒めたものに出汁を加えると、少しクセのある中華風うま煮になります。こちらもお試しください。

Japanese
和食

えのきだけの酒粕豆乳和え

〈材料〉2人前
えのきだけ…1束
にんにく…1片
酒粕…50g
豆乳…100cc
オリーブオイル…大さじ3
塩…適宜
胡椒…適宜
レモン汁（好みで）

〈調理方法〉
❶ えのきだけは石づきを取り、ほぐしながら1分ほど塩茹でする。
❷ 酒粕と豆乳、オリーブオイル、塩、にんにく、レモン汁（好みで）をフードプロセッサーでかくはんし、ペースト状にする。
❸ 茹でたえのきだけと豆乳ペーストを和えあわせ、胡椒を多めに振ってできあがり。

> ワンポイント

シンプルだけれど、酒粕と豆乳で作ったペーストのクリーム・チーズっぽい味わいに驚かされる不思議なメニューです。レモン汁を入れるとよりコクが出ますが、クセが強くなるので、こちらはお好みでお試しください。梅肉を入れたり、しそやバジルを入れることで風味を変えるのもアリかと。茹でたたけのこやごぼうなどを加えて食感を楽しむのもまたよし。

Japanese
和食

長いもときゅうり、しめじの生姜和え

〈材料〉2人前
長いも…150g 程度
しめじ…1パック
きゅうり…1本
塩…適宜
料理酒…50cc
生姜…2片
ごま油…大さじ1

〈調理方法〉
❶ 長いもときゅうりを4、5cm程度の粗めの拍子切りにする。
❷ フライパンでごま油を温め、そこにすりおろした1片分の生姜を入れ、よく香りを出す。
❸ フライパンに長いも、ほぐしたしめじを入れて炒めた後、火を少し落として料理酒を入れ、軽くソテーする。
❹ 長いもに軽く火が通ったあたりで塩を加え、火を止めた後きゅうりとすりおろした生姜をもう1片分入れてできあがり。

ワンポイント

味付けに生姜と酒、塩だけとシンプルにもかかわらず、不思議な旨さを持っている当店のレギュラー・メニュー。長いもをほくほくする直前、芯が生程度で止めるのがベスト。また、生姜を2回に分けることで、1度目は味付けとして、2度めは風味を楽しむことができます。また、作った後に長いもが塩を吸ってしまうので、冷めた後にもう一度塩味を調整してみてください。

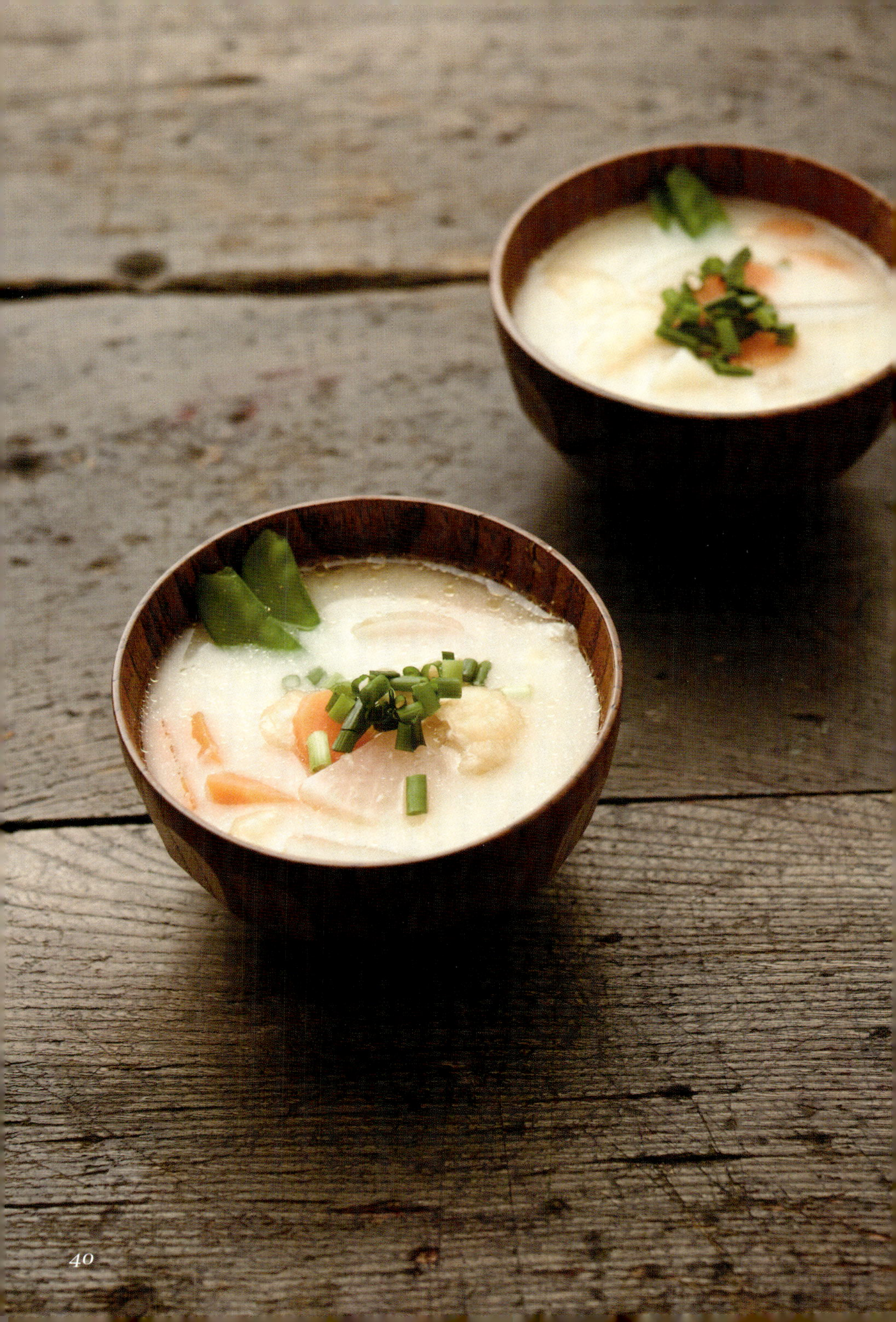

Japanese
和食

白味噌長いも汁

〈材料〉2人前
長いも…50g
大根…少々
にんじん…少々
じゃがいも…1個
油揚げ…1枚
きぬさや…5、6枚
小ねぎ…少々
しいたけと昆布の出汁(P5参照)…500cc
白味噌…大さじ1
オリーブオイル…小さじ1
塩…適宜

〈調理方法〉
❶ 大根、にんじんは皮を剥き銀杏切りに、じゃがいもは大きめの一口大に、厚揚げは短冊に切り分け、長いもはすりおろしておく。
❷ 鍋にじゃがいも、大根、にんじん、油揚げを入れ、オリーブオイルで軽く炒める。そこにゆっくりとしいたけと昆布の出汁を注いで柔らかくなるまで煮込む。
❸ 白味噌を溶かし入れた後、塩を適宜振り味のバランスを取る。
❹ 最後にすりおろした長いもを溶かし入れて、塩茹でしたきぬさや、小ねぎをのせてできあがり。

白味噌とオリーブオイルの出汁にもやしの茹で汁などの出汁を加えたスープに中華麺を入れることで優しい味の味噌ラーメンにもなります！

> ワンポイント
>
> 豚汁などでわかるように、一度野菜を油で炒めるとコクが出るので、味噌汁というよりオカズになるスープのようなもの。オリーブオイルと白味噌は相性がいいので、他にもいろいろ応用が効くと思います。長いもを溶かし入れた後はあまり沸騰させずいただくのがベストと思われます。長いものすりおろしも粗めの方が面白いかも。七味唐辛子が定番ですが、胡椒をかけてもなかなかいけます。

食材がバーって並んでる状態で、メニューを考えながら即興で作るのが本当に楽しい。
でも、まさに片付けられない症候群、家では嫁に怒られまくります。
ほとんどの場合、その場で考えながら作ってるんですが、
気持ちの調子の悪いときほど、作ったことがないものにアプローチするきらいがあるので、
とんでもないものできあがることがある（笑）。
そういうときは、ひとりで食べて反省します。でも繰り返します。

43

Chinese
中華

丸ごと長いもの素揚げ
黒酢酢豚風炒め●P54

エリンギときゅうりの
棒々鶏風ごま和え●P52

酸辣土豆絲
（千切りじゃがいもの
酢醤油炒め）●P57

薄切りソイミートの
青椒肉絲●P50

ベジ餃子●P48

チンゲン菜とザーサイの塩麹中華あん●P56

中国三千年の歴史の中で培われてきた調理技法、それを知らなくっちゃ中華料理なんて作れないと思ってました。菜食に対しても、仏教を下地にした素食はもちろん、中国伝来の精進料理等々、技術的にも味的にもとんでもない代物が山ほど。そんな高い壁をあえて見ないふりしてのなんちゃって中華料理。酸味を生かしたさっぱりメニューから「野菜料理」のヘルシー・イメージをぶっ壊すオイリーなものまで、ご飯が進むおかずばかりです。

トマトが入った麻婆なす
●P46

もやしと切り干し大根の
出汁で作った中華スープ
●P58

46

Chinese
中華

トマトの入った麻婆なす

〈材料〉2人前
なす…中4、5本
白ねぎの青い部分…3本
生しいたけ(もしくはしめじなどのきのこ)
…3枚
トマト…1/2個
豆鼓…5、6粒
豆板醤…小さじ2
甜麺醤(なければ赤味噌)…小さじ2
にんにく…1片
鷹の爪…2本
ごま油…大さじ3
てんさい糖…大さじ1
塩…適宜
バルサミコ酢…小さじ2
紹興酒(なければ料理酒)…100cc
水溶き片栗粉…適宜

〈調理方法〉
❶ なすは縦に6〜3等分に、ねぎとしいたけは粗みじん切り、トマトはくし形に切り分けておく。
❷ 高温の油でなすをさっと揚げ、油を切っておく。
❸ フライパンにごま油を大さじ2入れ、みじん切りした豆鼓、潰してみじん切りしたにんにく、鷹の爪を入れ香りが立った後、豆板醤を入れ、示みが増す程度まで炒める。
❹ ③に甜麺醤、てんさい糖、ねぎ、しいたけを入れ軽く炒め、紹興酒で伸ばす。
❺ ④にバルサミコ酢、トマトを入れ軽く煮立てた後、揚げたなす入れ、軽く混ぜあわせ、水溶き片栗粉でとろみをつけ仕上げ油(ごま油)で乳化させてできあがり。仕上げに好みで華山椒をたっぷりとかけても刺激的。

ワンポイント

豆鼓や豆板醤は、ちゃんと火を入れなければ風味も味も出ないので、焦がさない程度にしっかりと炒めます。また、トマトは軽く潰して旨みと酸味をあんにしっかりと絡めると美味しさも増します。水溶き片栗粉は、水と片栗粉を1:1で作り、あんに入れた後、1分程度しっかりと熱を通すことで、冷めても汁っぽくならないとろみができます。

水溶き片栗粉は、ここぞというときの強い味方。また、これと油のかけ回しによる「乳化」の組み合わせで、ただのソースが「美味しいあん」に変わります!

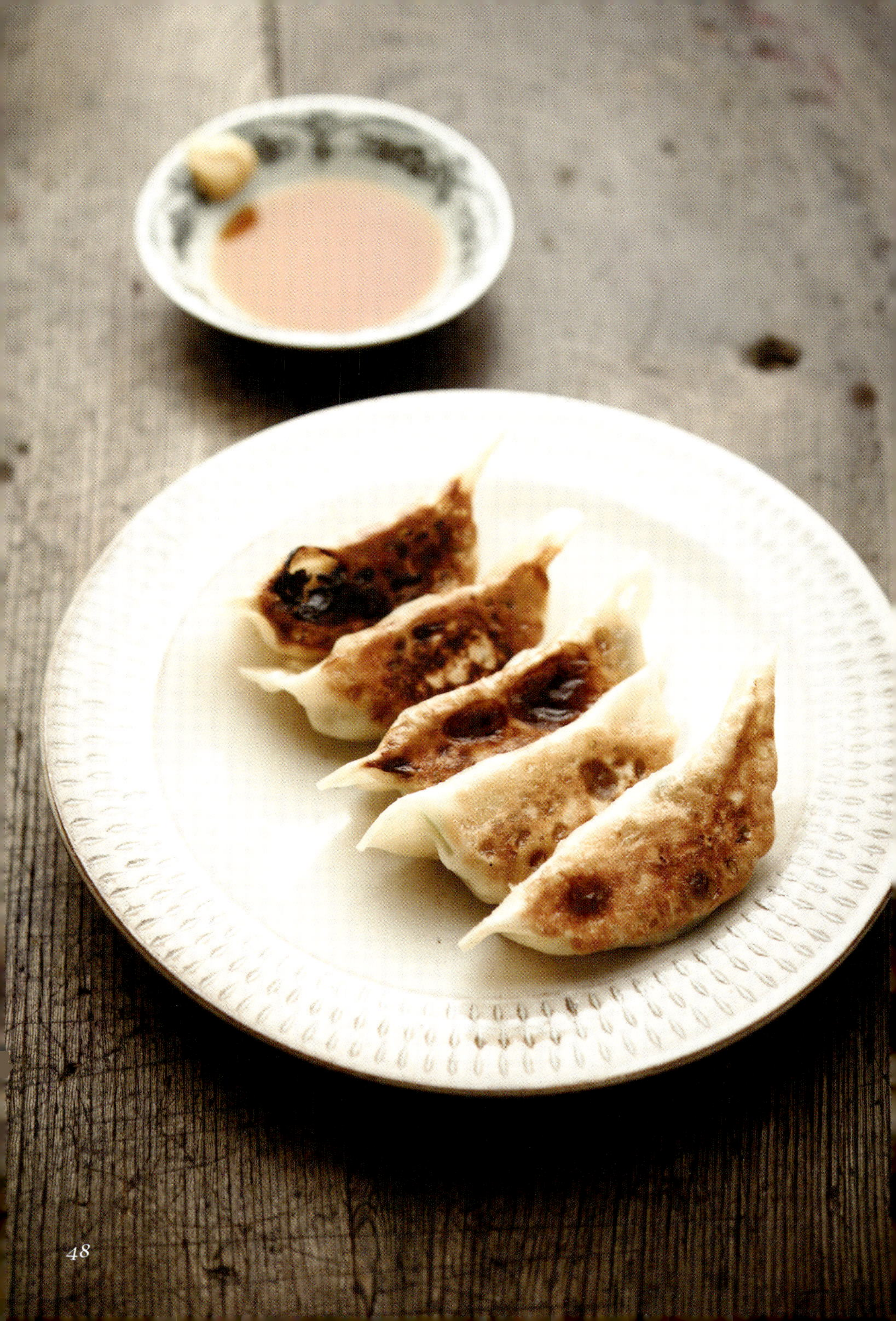

Chinese
中華

ベジ餃子

〈材料〉2人前

餃子の皮…20枚
干ししいたけ…5枚
たけのこの水煮…1/2本
おから…100g
酒…100cc
生姜…2片
にんにく…1片
キャベツ…1/6個
にら…1束
塩…適宜
片栗粉…大さじ1
胡椒…適宜
てんさい糖…大さじ1
ごま油…大さじ4

〈調理方法〉

❶ 干ししいたけは水戻ししてみじん切りに。戻し汁はとっておく。たけのこは茹でた後みじん切りに、にら、キャベツもみじん切りにしておく。

❷ フライパンにごま油、細かく刻んだ生姜1片、にんにく、しいたけを入れて炒め、香りが立ったらおからを炒める。

❸ おからが軽く炒まったら、てんさい糖、塩を加え軽く味付けした後、干しいたけの戻し汁100ccを加え軽く炒め煮する。

❹ 汁気がほとんどなくなったら、にらとキャベツを入れて混ぜ合わせ、少し冷ました後、すりおろした生姜、片栗粉、ごま油大さじ1を入れて、餡のできあがり。

❺ 餃子の皮の下1/3くらいに餡を入れて餃子を閉じた後、ごま油をひいたフライパンで2分ほど焼いてできあがり。

> ワンポイント

キャベツは茹でた後作るのもいいけれど、生を細かく切った方が焼いた後でキャベツの出汁が出ます。また、にらの代わりに高菜を入れたりしそを入れたりすることで、風味を変えることもできます。フライパンで焼く際には、表面がパリっとしたらすぐに水（できればしいたけ戻し汁）を加えて蓋を閉め、水気がなくなったら出来上がりです。ラー油と酢醤油でも美味しいですが、辛子酢醤油がオススメです。

定番にしたいメニューなのですが、焼く手間も含めてちょっと時間がかかりすぎて現在はおやすみ中。ひき肉ではないので、簡単に混ぜ合わせればOK。

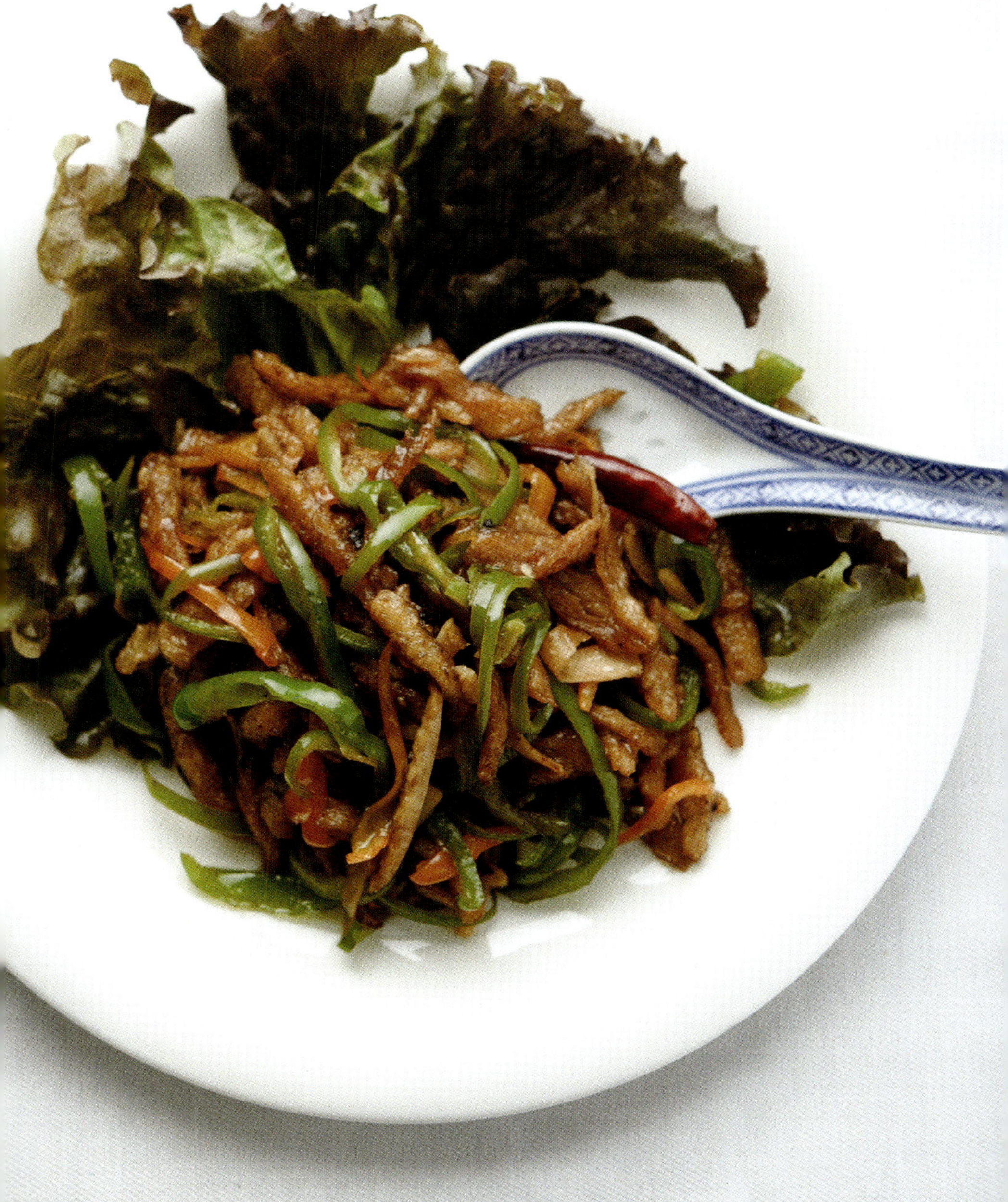

Chinese
中華

薄切りソイミートの青椒肉絲

〈材料〉2人前

薄切りソイミート(乾燥)…50g
ピーマン…中4個
パプリカ(赤、黄)…各1/2個
たけのこの水煮…1/2個
豆鼓…5、6個
にんにく…1片
生姜…2片
鷹の爪…3本
片栗粉…適宜
塩…適宜
てんさい糖…大さじ1
甜麺醤(なければ赤味噌)…小さじ1
五香粉…一振り
醤油…60cc
紹興酒(なければ料理酒)…100cc

〈調理方法〉

❶ 薄切りソイミートは水戻しをした後、細切りにする。ピーマン、パプリカ、たけのこの水煮も同様に細切りしておく。

❷ 薄切りソイミートをすりおろした生姜1片と醤油10ccに漬けた後、片栗粉をまぶして高温の油でカリッと揚げ、油を切っておく。

❸ 細かく刻んだ生姜1片、にんにく、豆鼓、五香粉、鷹の爪をごま油で軽く炒めて香りを出したら、ピーマン、パプリカ、たけのこ、てんさい糖、塩を入れ軽く炒める。

❹ 揚げた薄切りソイミートをフライパンに入れて軽くあおった後、紹興酒、醤油50cc、甜麺醤、塩を入れて、一気呵成に炒めてできあがり。

豆鼓は黒大豆を発酵させて乾燥させたもの。これを油で炒めると味わいが深くなります。そのまま使用せず、最初に潰して刻むと風味が立ちます。

> ワンポイント
>
> 薄切りのソイミートは、使い方次第で生姜焼きなど、さまざまな炒め物に使えますが、一度片栗粉を付けて揚げた方が焼き上がりも綺麗だし、味もつきやすいと思います。また、今回、あえてソイミートを使ってみましたが、ソイミートなしで、たけのこの量を多くしてみたり、じゃがいもの細切りを入れたり、単体でも抜群に旨い発酵食品テンペを細切りしても美味しくいただけます。

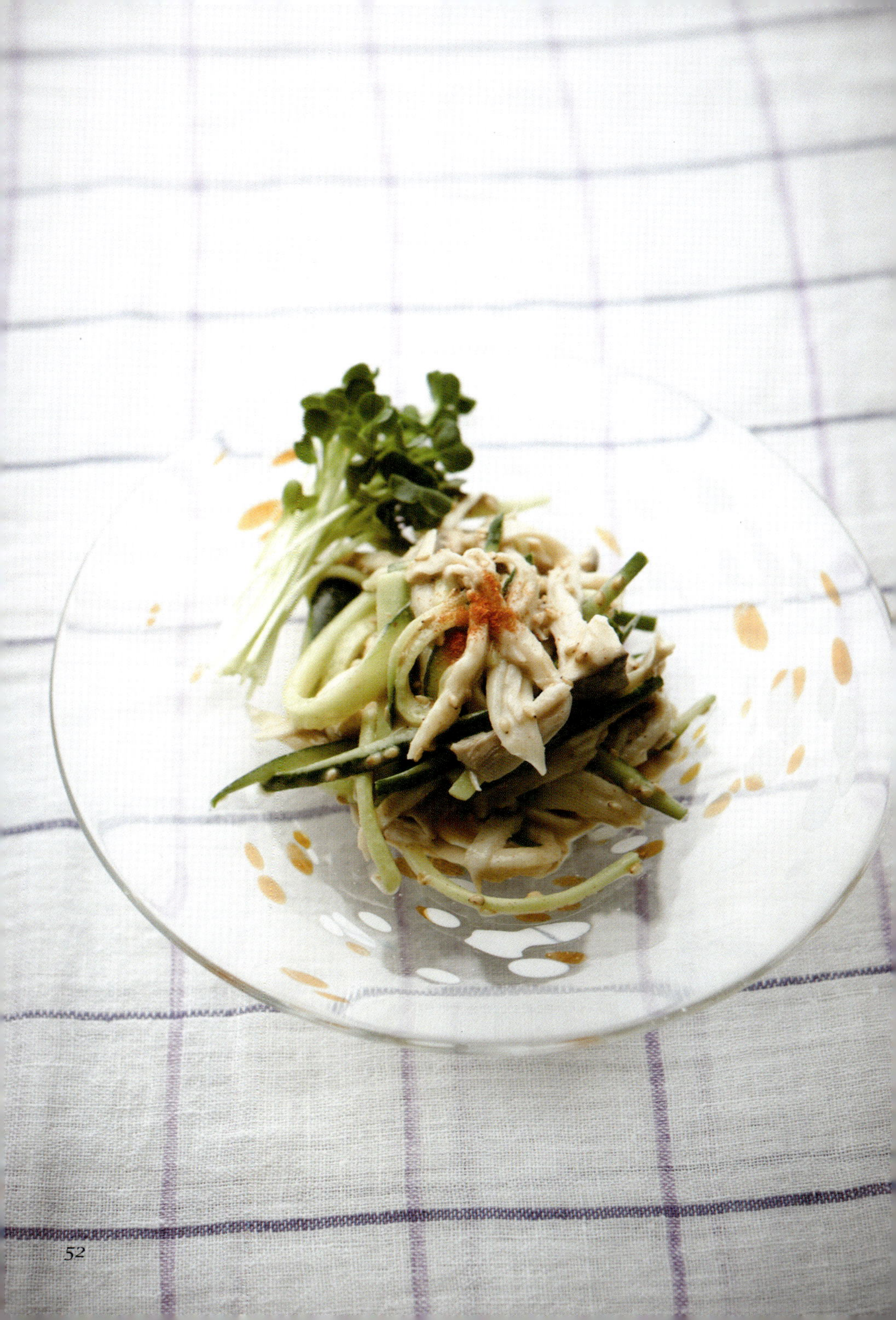

Chinese
中華

エリンギときゅうりの棒々鶏風ごま和え

〈材料〉2人前

エリンギ…中4本
きゅうり…1本
ごまペースト…大さじ1
ごま油…小さじ1
てんさい糖…大さじ1
酢…大さじ1
煎りごま…適宜
塩…適宜

〈調理方法〉

❶ エリンギは5cmほどで縦に裂き、ササミをほぐしたような太さにしておく。また、きゅうりも、5cmの千切りにしておく。

❷ 鍋にパスタを茹でる程度の塩を入れ、湯を沸騰させる。そこにほぐしたエリンギを入れ30秒茹で上げて冷水で締め、軽く絞る。

❸ ボールにごまペースト、てんさい糖、酢、塩を入れ混ぜ合わせた後、きゅうり、茹でたエリンギを混ぜ合わせる。

❹ ごま油、煎りごまをふりかけてできあがり。

上品に細かく裂くのもいいですが、あえて無骨に大きめに裂くと、クキクキとした食感も楽しめます。

> ワンポイント
>
> エリンギは、食感も含めて本当に使いでのある食材ですが、こうして繊維方向に割くと、鳥のササミのような食感が楽しめます。ちなみに、太めのエリンギを輪切りにして切れ目を入れると貝柱のような食感に！ また、ごまペーストのソースに小さじ1程度のコチュジャンを入れて、ちょっとピリ辛風味にするのもおススメです。夏場は、これを冷たい中華麺にぶっかけて酢を垂らすだけで、美味しい冷麺ができます。

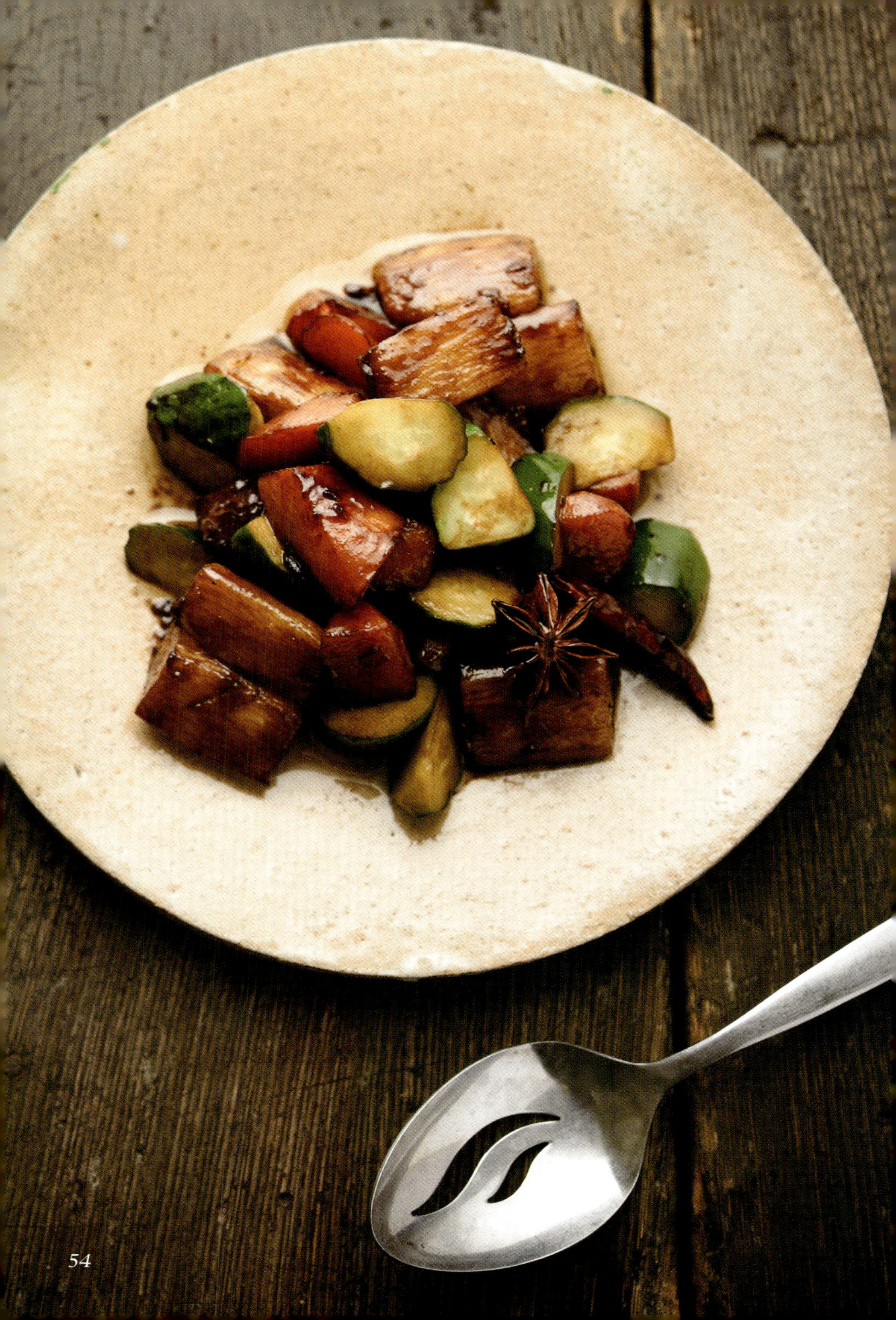

Chinese
中華

丸ごと長いもの素揚げ 黒酢酢豚風炒め

〈材料〉2人前

長いも…中1/2本
にんじん…中1本
きゅうり…中1本
生姜…1片
八角…2つ（※お好みで）
鷹の爪…2、3個
てんさい糖…50g
中華黒酢…100cc
紹興酒（なければ料理酒）…50cc
醤油…大さじ1
甜麺醤（なければ赤味噌）…大さじ1
塩…適宜
胡椒…適宜
片栗粉…適宜
ごま油…大さじ1

〈調理方法〉

❶ 長いもを大きめの短冊に切り分ける。塩胡椒をふって片栗粉をはたいた後、高温で軽く焦げ目がつく程度に素揚げする。

❷ にんじんもひとくち大の乱切りにして、高温で約1分素揚げする。きゅうりは乱切りに、生姜は細かく刻んでおく。

❸ フライパンにごま油を注ぎ、鷹の爪、八角、生姜を潰して入れる。香りが立ったら揚げた長いも、にんじんを入れて軽く炒める。

❹ てんさい糖と塩を入れて味が通ったら、中華黒酢、紹興酒、醤油、甜麺醤を入れる。ソースが煮詰まったら、きゅうりを入れて胡椒を振ってできあがり。

中火で煮詰めていくと、てんさい糖と黒酢の甘い香りと共に、揚げた長いもに付いた片栗粉でとろみが出てきます。このとろみでソースを絡めてください。

ワンポイント

長いもの大きさはお好みですが、長いもの食感を楽しむ料理なので、「ちょっと大き過ぎるかな?」と思う程度に切るのが美味しさの秘訣。また、黒酢は日本の黒酢では味が付かないので、必ず中華黒酢を使用すること。八角の風味は好き嫌いが大きく分かれるので、八角を使わず多めの胡椒か、中華山椒をふりかけるのもアリかも。少し炒めたきゅうりは食感、味わい共に面白いですよ。

Chinese
中華

チンゲン菜とザーサイの塩麹中華あん

〈材料〉2人前

チンゲン菜…中3本
エリンギ…中2本
ザーサイ…50g程度
きくらげ…10枚
ごま油…大さじ1
塩麹…大さじ1
にんにく…2片
紹興酒(なければ料理酒)…100cc
塩…適宜
胡椒…適宜
片栗粉…適宜
刻みねぎ…適宜

〈調理方法〉

❶ ザーサイは、薄くスライスして3時間程度塩抜きをした後、ごま油、塩、ねぎ、すりおろしにんにく1片を混ぜておく。また、きくらげは水に浸して戻しておく。

❷ ザーサイ、きくらげを細切りに、エリンギは薄くスライス、チンゲン菜は洗って芯を取りほぐしておく。

❸ フライパンにお湯を入れ、塩、ごま油を少し入れた後、ほぐしたチンゲン菜を30秒ほどくぐらせて茹で上げる。

❹ 別のフライパンに、ごま油、刻んだにんにく1片、紹興酒、塩麹を入れて軽く沸騰したら、エリンギとザーサイを入れて軽く炒める。

❺ 水溶き片栗粉で絡めて作ったあんを、皿に盛ったチンゲン菜の上にかけあわせてできあがり。

〉 ワンポイント 〈

話題の塩麹。「ごま油+すりおろしにんにく+塩麹」を混ぜてペースト状にした「塩麹醤(ジャン)」を作っておくといろいろな炒め物に使えて便利です。いわゆる中華の色の付いていない料理の多くには、「塩醤」と呼ばれる塩と化学調味料を同量程度混ぜあわせた調味料が使われたりするそうですが、「できれば化学調味料は使いたくない」という方はぜひ塩麹醤をお試しください。

Chinese
中華

酸辣土豆絲
(千切りじゃがいもの酢醤油炒め)

〈材料〉2人前
じゃがいも…中3個
しめじ…1／2パック
赤ピーマン…2個
塩…適宜
胡椒(もしくは中華山椒)…適宜
鷹の爪…2本
紹興酒(なければ料理酒)…50cc
水…100cc
生姜…2片
ごま油…大さじ1
酢…50cc
醤油…小さじ1
パクチー…お好みで

〈調理方法〉

❶ じゃがいもの皮を剥き、4、5cmの長さでできる限り千切りにし、水さらししておく。赤ピーマンも千切りに、しめじに石づきをとり、ほぐしておく。

❷ フライパンにごま油、細切りにした生姜、鷹の爪を入れ、軽く煙が立つ程度に温め油をなじませた後、じゃがいも、しめじ、少なめの塩を入れ、気がさないように一気に炒め上げる。

❸ 水、紹興酒を入れ、軽くじゃがいもに吸わせた後、フライパンの端から醤油を回し入れる。

❹ 最後に酢、塩を入れて味を調節。汁気がなくなったら、胡椒を多めに振ってできあがり。好みでパクチーをのせてください。

> **ワンポイント**
>
> 中華のサイドディッシュの定番メニュー。酸っぱくて辣(から)い小豆(じゃがいも)の絲(千切り)。じゃがいもは炒めすぎず、ちょっと芯がのこる感じの方がさっぱりして美味しいです。また、じゃがいもの粘りで結構フライパンにこびりつきやすいので、炒める前にしっかりと油をなじませることが肝心。酢を多めに入れてサラダっぽくいただいてはいかがでしょう?

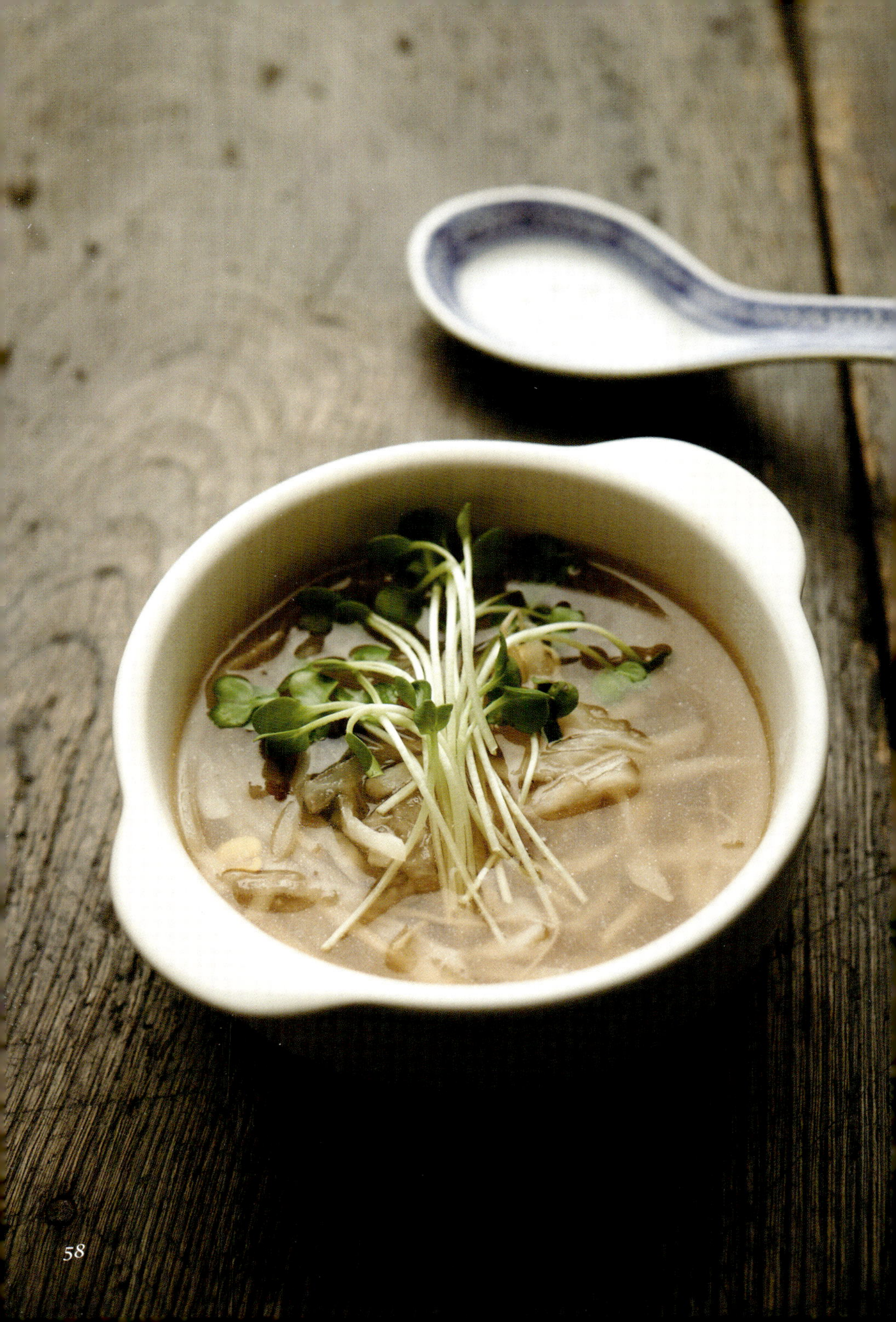

Chinese
中華

もやしと切り干し大根の出汁で作った中華スープ

〈材料〉2人前
もやし（豆つきのもの）…1袋
切り干し大根…10g
生姜…1片
かいわれ大根…1/4パック
紹興酒（なければ料理酒）…大さじ1
ごま油…小さじ1
てんさい糖…小さじ1/2
片栗粉…適宜
塩…適宜
酢…適宜
白胡椒…適宜
水…500cc

〈調理方法〉
① 切り干し大根に軽く水洗いして、ひたひたの水で戻し、3cm程度に切り分にておく。
② 鍋に水と洗ったもやし、千切りの生姜を入れ、軽く沸騰するまで茹でる。少しアクが出るので、こまめに取りながら。
③ もやしがしんなりとしたら、もやしの半分を取り出し、鍋に水戻しした切り干し大根と戻し汁、紹興酒、塩、てんさい糖を入れる。
④ 塩のバランスを見つつ、ほんの少しの酢、ごま油、白胡椒を振り、水溶き片栗粉で止める。
⑤ 器に盛り、かいわれ大根をのせてできあがり。

> **ワンポイント**
>
> 切り干し大根、もやし共に、しいたけに続いて旨い出汁が出る食材だと思ってるのですが、その両方を生かした中華スープです。切り干し大根の戻し汁は、P9でも述べた通り、驚くほど美味しいので、十分甘い場合はてんさい糖は入れない方がいいかも。また、切り干し大根には砂が混じってることもあるので、戻し汁を使うことも考えて、最初に丁寧に洗っておいた方がよろしいかと。

切り干し大根は、一度戻したものを冷凍することもできます。出汁に戻し汁を使用することも考えて、少し多めに戻しておくのもあり。

vege people
INTERVIEW — CHOCOLAT&AKITO
ショコラ&アキト

お二人と初めて話したのは、僕らが招聘した海外アーティストのライヴにふらりと遊びに来てくれたときのこと。既に一時代を作ったアーティストが、興味のある音の前では、キラキラとした音楽ファンの眼だったのが何より印象に残っている。そんなお二人の大好物、音楽と食べ物について話をうかがってみた。

なぎ食堂を始めて少し経ったころ、「最近、僕らもベジになったんですよ!」と、あのキラキラした瞳で訪れてくれたお二人。で、何より驚いたこと……この稀代のお洒落カップルは、恐ろしいほどの早食い&大食いだったということ。それも、ニコニコと話しながら美しい箸使いで、当店のやや大盛りなプレートをさらりと平らげていく。特に大柄の片寄さんに負けることないペースでパクつくショコラさんが、カッコ良く気持ち良かった!日々、お店でいろんな食べ方の人に出会うけれど、これだけ清々しい食べ方をしてくれる人たちはそうそういない。
「とにかく、食べることが大っ好きなんですよ。量も食べるし(片寄)」
「相当な早食いだよねぇ、私。元から早かったのが、明人に合わせてどんどん早くなっていった(ショコラ)」
　三度の飯より四度の飯が好きなお二人が肉食から離れたのは、今から8年ほど前のこと。ショコラさんが菜食になったのをきっかけに片寄さんも、と思われがちだが、ダイエット目的で片寄さんが始めたのが契機だったそう。
「最初は食べ合わせだけだったんだけれど、想像以上に体重が落ちたのと、健康状態が一気に改善したんだよね。それまでは本当に身体の状態が悪くて下手すりゃ週に1回くらい点滴を打ちにいくくらいだった。肉をやめれば劇的に体質が変わるってあったんで、ものは試しにやめてみようと(片寄)」
「明人が食事を変えるんだったら、必然的に私も変えることに。そのころに狂牛病をきっかけに「肉を食べるのはイヤだな」と思い始めて。それと、ちょうど『粗食のすすめ』って本を読んでたり、いろいろ意識したときだったんで、自然に肉をやめる生活にシフトできたんでしょうね(ショコラ)」

肉をやめ、野菜を食べてるときの高揚感がすごかった。で、ハマっちゃって(片寄)

　自分も片寄さんと同い年の現在45歳。正直にはちょいと言えないくらいいろいろと、身体に過剰な負荷を与え続けてきたこともあるのは事実。そんなこと知ったことかと思い続けて20余年、気持ちは突っぱってみても、老いとともに見事にシッペ返ってくるわけで、無茶したツケだけガタがくる世代。またそれ以上に片寄さんの場合に、心の問題もかなり大きかった様子。
「97年くらいかな、そのころの記憶がないくらい精神状況が良くなかった。夜は睡眠薬飲まないと寝れないし、朝は元気になる薬を飲まないと動けない。最悪ですよ。で、肉食をやめて劇的に変わりましたね。気分を高揚させる薬ってあるじゃないですか。それよりも、肉をやめて野菜を食べてるときの高揚感がすごかったんですよ。実は不順な動機(笑)。肉をやめることで充実感が確かにあったんですよね。で、ハマっちゃって。こんなに気持ちが明るくなれるんだ、って。気分としては60年代のヒッピーみたいなもんですよね。ドラッグ漬けだった人間が、あるとき急

に健康志向に向かっていく感じ。あのままだったらどうだったのかなぁ、生きてられなかったのかもと思う部分もありますね（片寄）」

ある意味、快楽主義的な片寄さんとは異なり、ショコラさんの場合は、本能的に動物を食べるということ自体に疑問を感じているのも事実。

「以前は焼肉屋さんで、今日の肉はこの牛ですっていう写真を見ると、もう胸が一杯になってしまって。ステーキの鉄板が牛の形しているのを見るだけでも、胸が一杯になって食べれなくなってた。私にはやっぱり合ってなかったなぁって思いました（ショコラ）」

「cowとbeefみたいに、名前を変えることで、生き物であることを意識させないようになってるよね（片寄）」

そして、最高にうれしいのがGREAT3の8年ぶりの復活。バンド名を冠したアルバムには、熟練の技以上に新たなバンドとしての瑞々しさと実験心と音楽への愛情が記録されている。

「40歳過ぎて、（レイ）ハラカミさんとかフジファブリックの志村（正彦）とか、友人が亡くなることが多くなってきて。自分もいつ何時、死ぬかわからないと覚悟したんですよね。あと震災以降の考え方の変化もあって、後悔しないように生きなくちゃいけないって思い始めたときに、最初にGREAT3が思い浮かんだんです。一番大事なバンドが、ちゃんとした形でケリが付いていないことが許せなかった（片寄）」

「肉やめて穏やかになってきたと思うんだけれど、今でも怒ると怖い。怒ってる明人がGREAT3に見え隠れしているんですよ（笑）（ショコラ）」

また、昨年ショコラ＆アキトのユニットでアルバムも完成。しかし、最新作は、巷に流れる癒し系音楽と大きく一線を画す、耳馴染みのいい旋律と骨太なサウンドが絡み合う、新時代のAORとも言える刺激的な音なのだ。

「今のところまたソロでやりたいって欲求は全然なくって。今、自分が一番やりたいことはショコラ＆アキトでできてる（ショコラ）」

「元々、こういうAORな感じをやってみたかったんですよね。昔、zAk（※）さんに言われた記憶があるんだけど、低音っていうのは肉食思考なんだって（笑）。そう考えると、僕らは、音は肉食なのかもしれませんね。あと、僕の根っこの悪い部分が音に現れてきてるんだろうなぁって思いますね。いまだ煩悩との戦いっていう部分はあって、それが音に出てるんじゃないかな（片寄）」

※フィッシュマンズから坂本龍一、大友良英から維新派までも手がける日本を代表するサウンド・エンジニア。ヴィーガン。氏の音と菜食の関係の話は非常に面白いので、またいつかの機会にご紹介したい。

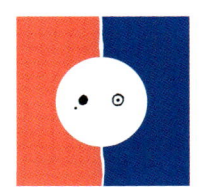

『DUET』
Chocolat & Akito
RALLYE LABEL

『GREAT3』
GREAT3
EMIミュージックジャパン

穏やかになってきたけれど
怒った明人がGREAT3の音に
見え隠れしている(ショコラ)

Italian/Spanish
イタリアン/スペイン

ひよこ豆のスパイシー・
フライ ● P74

ニセアンチョビ味の
パスタサラダ ● P70

じゃがいもの
マスタードソース和え ● P68

エリンギとオクラの
カルパッチョ ● P72

豆乳ライスコロッケの
トマトソース ● P66

イタリア/スペイン料理を食べに行って何よりも好きだったのが、メインの品よりもちょっと気の利いたアンティパストやタパスのような一品でした。もちろんすべて野菜料理じゃないけれど、オリーブオイルと酢、にんにくで巧みに味付けられたシンプルな料理は、いつまでも食べ続けられるような逸品。そんな料理をバル気分で出したいと思って作ったデリ数種。厳密にはイタリア/スペイン料理とは呼べない料理もあるけれど美味しいです！

菜の花の
オリーブオイル煮 ●P75

赤ワインのたっぷり入った
ビーフシチュー風シチュー ●P76

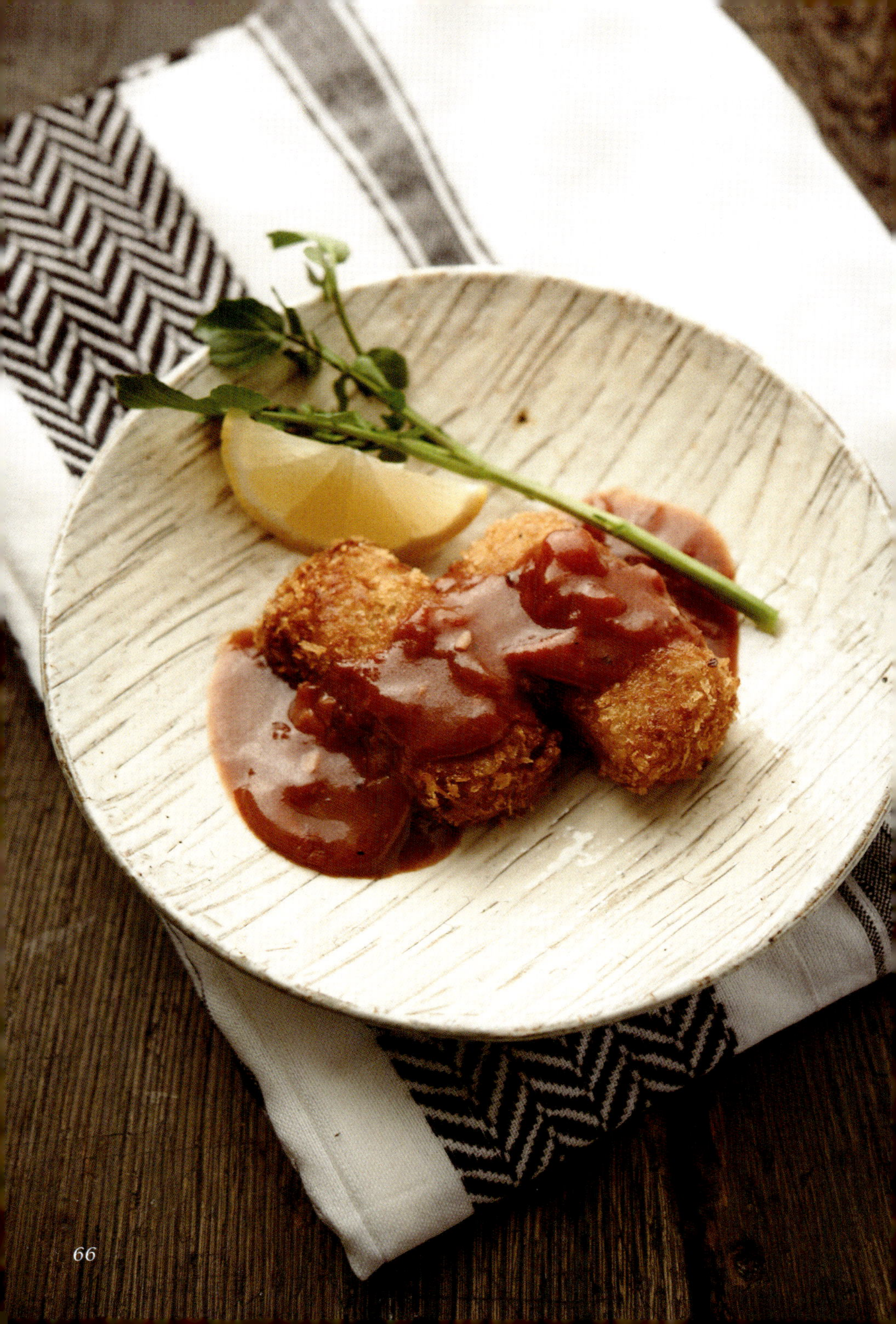

Italian/Spanish
イタリアン／スペイン

豆乳ライスコロッケのトマトソース

〈材料〉2人前
玄米（炊いたもの）…300g
豆乳…300cc　玉ねぎ…中1個
しめじ…1/2パック
白味噌…大さじ1
薄力粉…150cc
（豆乳ベシャメル用50g、衣用100g）
パン粉…50g　塩…適宜
胡椒…適宜
レモン…適宜
オリーブオイル…大さじ1

〈トマトソース〉
トマト…中1個　赤ワイン…100cc
にんにく…1片　鷹の爪…2本
オリーブオイル…大さじ1
赤味噌…小さじ1

〈調理方法〉
❶ フライパンにオリーブオイルを大さじ1、薄力粉50gを加えヘラでなじませる。温めておいた豆乳を少しずつ加えて、豆乳ベシャメルソースを作る。
❷ 豆乳ベシャメルソースに白味噌、細かく刻んだ玉ねぎ、しめじを加えた後、炊いた玄米（冷めたものでも可）を加え、ヘラで丁寧に混ぜあわせ、気持ち濃い目の塩、胡椒を加え、冷ましておく。
❸ フライパンにオリーブオイルを大さじ1、みじん切りしたにんにく、鷹の爪を入れ香りが立った後、赤味噌、細かく刻んだトマトと赤ワインを入れ、とろみが増す程度まで煮詰め、塩で味を付ける。
❹ ②をひとくち大の俵型に握り、水溶きした薄力粉、パン粉を付ける。これを高温の油でカリッと揚げる。
❺ 皿に盛り、③のトマトソースをかけ、レモンを添えてできあがり。

〉ワンポイント〈

豆乳は、しっかりと油や小麦粉を使って乳化させなければ、煮込んだ際に分離してしまいます。それゆえに、最初の段階でゆっくりと豆乳を加えてきめ細かなベシャメル・ソースを作りましょう。このソースに豆乳と玉ねぎを増量することで、豆乳スープにもなるのでお試しください。具、ソース共に味噌を使っているので、ご飯のおかずにも合うはず！

豆乳ベシャメルソースは、普通のベシャメルソースよりもダマにはなりにくいのですが、焦げ付きやすいので丁寧に混ぜ合わせてください。

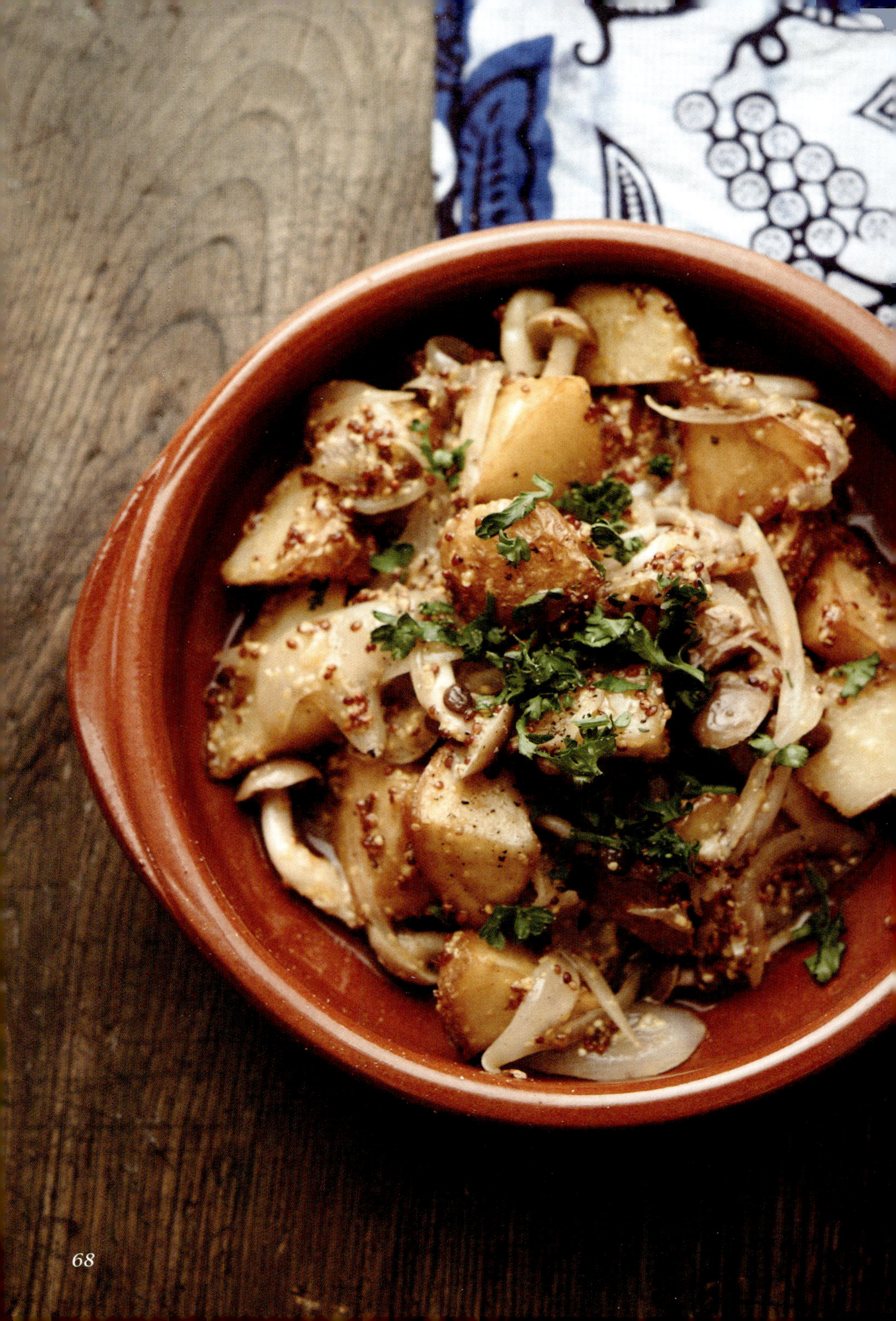

Italian/Spanish
イタリアン／スペイン

じゃがいものマスタードソース和え

〈材料〉2人前
じゃがいも…大2、3個
しめじ（もしくはエリンギ）…1パック
玉ねぎ…中1個
オリーブオイル…大さじ2
にんにく…2片
鷹の爪…2本
白ワイン…50cc
塩…適宜
粒入りマスタード…大さじ1
パセリ…適宜

〈調理方法〉
❶ じゃがいもは皮ごと2、3cmに乱切りして、高温の油で2分ほどカラリと揚げる。
❷ フライパンにオリーブオイルを入れ、みじん切りにしたにんにく、鷹の爪、薄切りにした玉ねぎを入れ、香りが立った後、じゃがいもとほぐしたしめじを入れ、塩、白ワインを入れて軽く炒め煮する。
❸ 粒入りマスタードを加えて、パセリをのせてできあがり。

> ワンポイント
>
> 極めてシンプルな料理ですが、出来たては想像以上に旨いです。また、冷めてからもサラダ感覚で楽しめますが、マスタードソースの塩味をじゃがいもが結構吸ってしまうので、冷めてからもう一度味をみて、塩味を加えた方が美味しくいただけます。マスタードの代わりにバジルペーストやP71のニセ・アンチョビソースを使うことで、また違った味わいになります。お試しください。

粒入りマスタードは、実は風味（マスタード）＋酸味（酢）＋辛味が複雑に絡み合う万能調味料。炒め物やドレッシングはもちろん、煮込みに入れても深みが出ます。

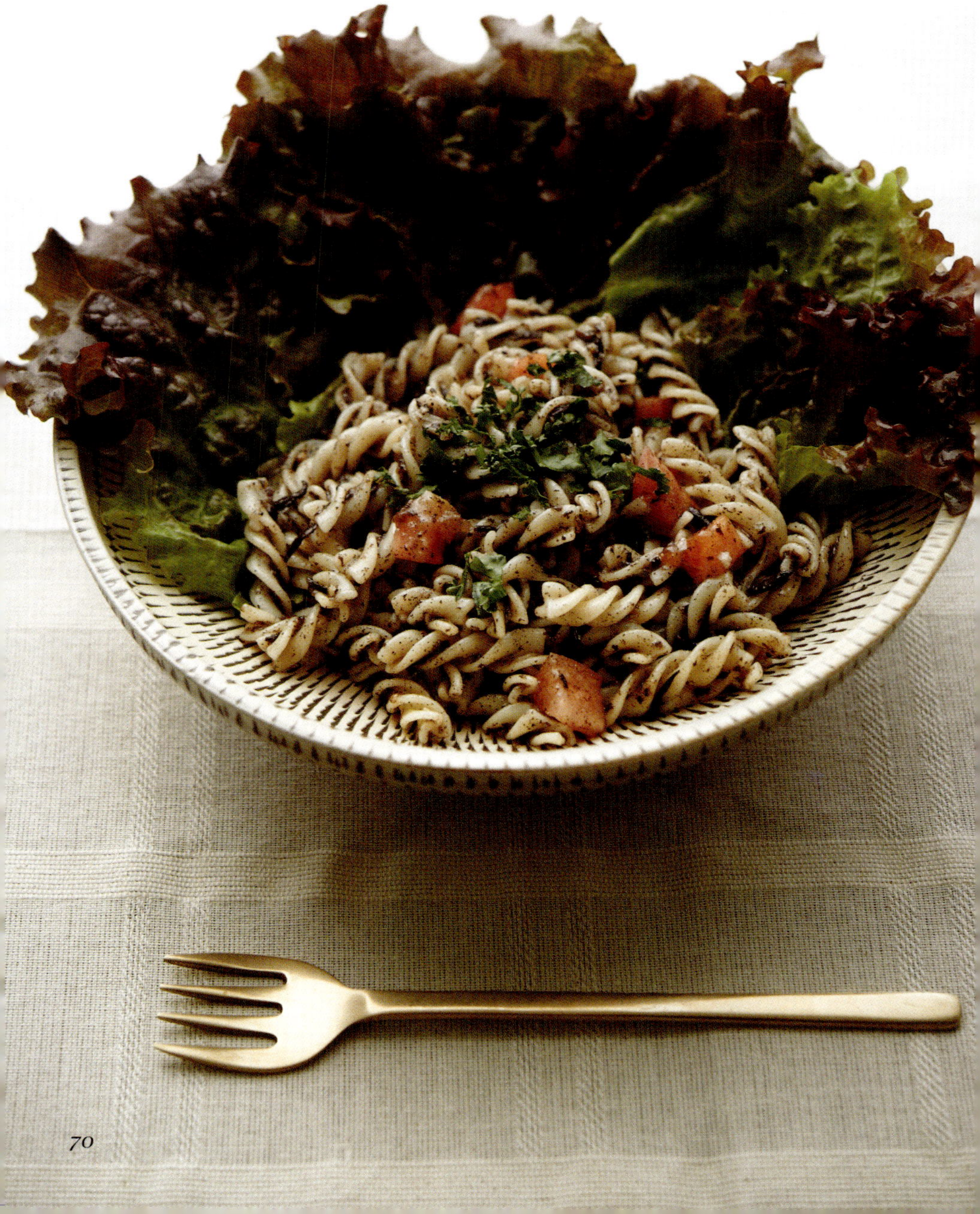

Italian/Spanish
イタリアン／スペイン

ニセアンチョビ味のパスタサラダ

〈材料〉2人前
ショートパスタ（フジッリ）…200g
乾燥ひじき…30g
にんにく…1片
鷹の爪…1本
塩麹（なければ味噌）…大さじ1
塩…適宜
白ワイン…大さじ1
胡椒…適宜
オリーブオイル…大さじ2
レモン…1／2個
パセリ…適宜
トマト…小1個

〈調理方法〉
❶ ひじきは水で戻した後、にんにく、鷹の爪、オリーブオイル、塩麹と共にフードプロセッサーにかけてペースト状にしておく。
❷ ①と白ワインをフライパンに入れ、ひじきの黒さが少し濃くなる程度に熱を入れた後、塩で味をととのえる。
❸ ショートパスタを少し柔らかめに塩茹でしてザルに取った後、氷水で急いで冷やし、水気を拭きとっておく。
❹ パスタに冷ましたペーストを絡めて、粗めに刻んだトマト、胡椒、刻んだパセリ、レモンを絞ってできあがり。

今回はフードプロセッサーを使用しましたが、包丁で細かく刻んだような荒い感じのペーストもなかなか味わいがあって美味しいです。

〉 ワンポイント 〈

乾燥ひじきは、水で戻した際に怖いほど膨れ上がってしまうのでご注意ください。たくさん戻った場合は、たっぷりソースにして冷凍しておきましょう。このニセ・アンチョビソースことひじきペーストは、さまざまな料理に使えます。こちらを刻んだトマトやバジルと合わせて、パスタソースとして使ったり、茹でたじゃがいもや揚げた根菜にからめて食べたりするのもおススメです。

72

Italian/Spanish
イタリアン／スペイン

エリンギとオクラのカルパッチョ

〈材料〉2人前
エリンギ…大3本
オクラ…5、6本
エシャロット…3本（なければらっきょう）
青ねぎ…1本
にんにく…1片
レモン汁…1個
オリーブオイル…大さじ3
酢…大さじ3
塩…適宜
てんさい糖…大さじ1
胡椒…適宜
ケッパー…少々
赤パプリカ…1/2個

〈調理方法〉
❶ オクラはヘタと先を切り、丸のままのエリンギと共に、エリンギの中央まで熱が通る程度まで塩茹でし、冷水にさらす。
❷ オリーブオイル、酢、てんさい糖、細かく刻んだにんにく、レモン汁、塩でドレッシングを作る要領で合わせ、そこに細かく刻んだエシャロットを加え、1時間程度漬け込んで味をなじませる。
❸ エリンギを縦に1mm程度の薄切りに、オクラは半分にスライスして、サラダの上にふぐ刺し的な感じで並べる。
❹ ②のエシャロットドレッシングをかけ、細かく小口切りした青ねぎ、胡椒、好みでケッパー、軽く茹でて細かく刻んだ赤パプリカをのせてできあがり。

このドレッシングも万能。少し塩麹や白味噌を入れて和風の揚げ物に添えるも良し、カイエンペッパーやコチュジャンを混ぜて、スパイシーにするのもよし。

> ワンポイント
>
> エリンギを丸のまま茹でて冷水にさらすと、プリップリの食感になって歯ごたえも含め楽しめますが、新鮮なものでなければ少し臭みがあるので注意。また、斜めにそぎ切りにすることでイカっぽい食感にもなりますので、いろいろと切り方をお試しください。エシャロットの代わりにらっきょうを使う場合は、ドレッシングの酢やてんさい糖の量をお好みで調整してみてください。

Italian/Spanish
イタリアン／スペイン

ひよこ豆の
スパイシー・フライ

〈材料〉2人前
乾燥ひよこ豆…300g
塩…適宜
カイエンペッパー…適宜
クミンパウダー…適宜
フェネグリークパウダー…適宜

〈調理方法〉
❶ ひよこ豆は多めの水で一晩程度浸す。
❷ ひよこ豆の水を切り、中高温の油で10分以上の時間をかけてじっくりと揚げる。
❸ キッチンペーパーに揚げたひよこ豆を引き上げ、油を切る。
❹ 塩、クミンパウダー、お好みでカイエンペッパーとフェネグリークパウダーをふりかけてできあがり。

> ワンポイント
>
> 非常にシンプルなメニューですが、表面がパリっと中身がほっくりとしたひよこ豆の美味しさが際立つ酒の肴です。油の温度が高すぎるとひよこ豆が弾けるので注意。これは本当に危険ですので、温度を確かめながらお試しください。スパイス類の代わりにカレー粉でも美味しくいただけます。また、フェネグリークパウダーを熱い状態で加えると、メイプルシロップの風味ある甘い香りに！

Italian/Spanish
イタリアン／スペイン

菜の花の
オリーブオイル煮

〈材料〉2人前
菜の花…1束
にんにく…2片
鷹の爪…2本
オリーブオイル…大さじ3
塩…適宜
レモン汁…1／2個分

〈調理方法〉
❶ 菜の花は根を切り落とし丁寧に洗って土を落としておく。
❷ フライパンにオリーブオイルを大さじ2入れ、潰してみじん切りしたにんにく、鷹の爪を入れ香りが立った後、菜の花を加える。
❸ 野菜の水分を出すために塩を少し加え、菜の花の上からオリーブオイルを大さじ1加え、蓋をして中火で蒸し煮する。
❹ 焦がさないように時々菜の花の上下を入れ替えながら、4、5分程度炒め、茎の部分が柔らかくなったら、塩味を調整して出来上がり。お好みでレモン汁を加えても美味しいです。

> ワンポイント
>
> 菜の花が出たらまず作りたくなるメニュー、シンプルだけれど、もっとも菜の花の旨みを引き出す料理です。菜の花から出た水分で蒸し煮して、決して焦がさないように注意をば。塩を何度かに分けて入れるのが唯一のコツといえばコツ。レモン汁を入れる場合、塩を少なめにしたほうが美味しいかも。このまま冷凍もできますので、常備菜として用意し、パスタやサラダなどに添えてみては。

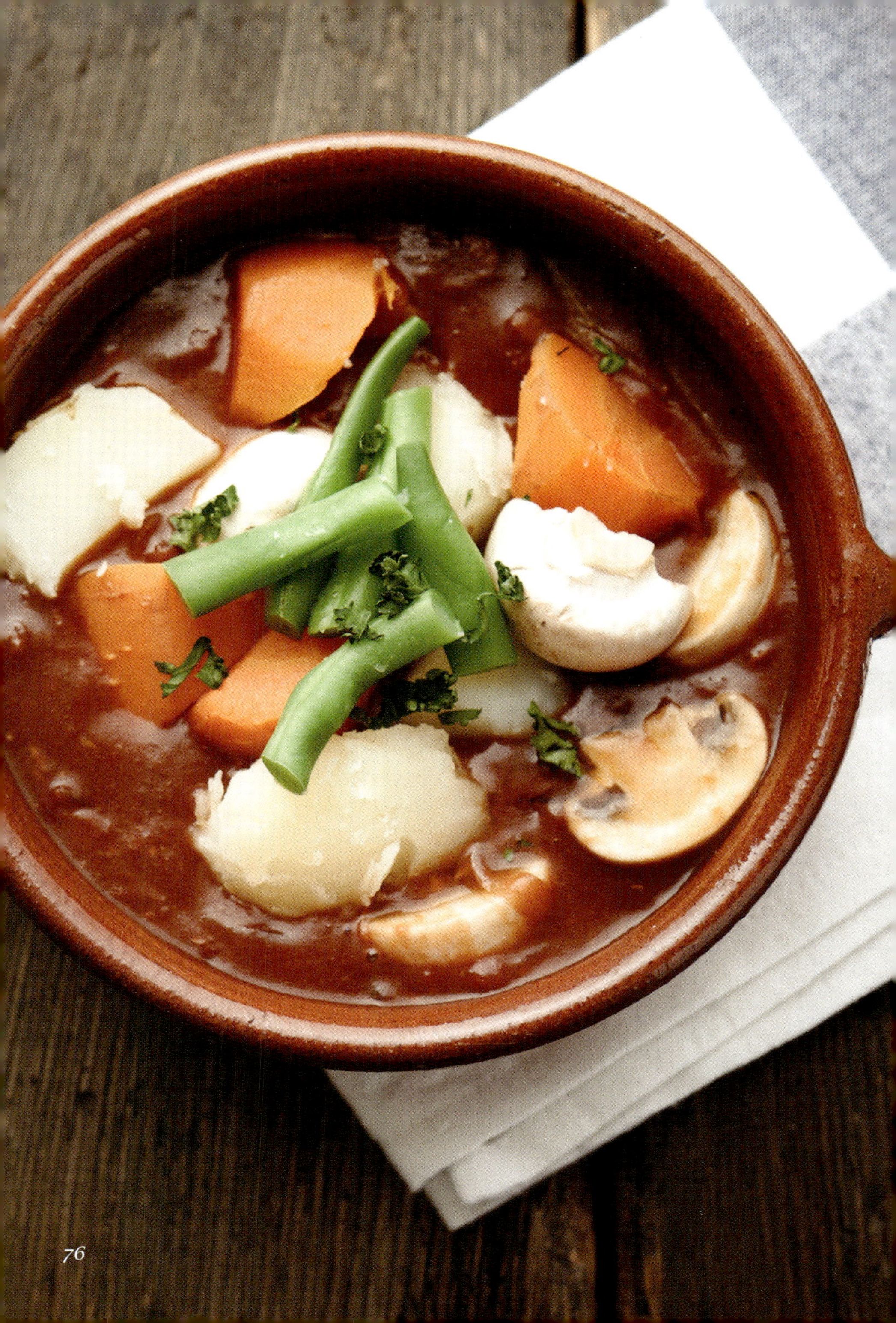

Italian/Spanish
イタリアン／スペイン

赤ワインのたっぷり入った ビーフシチュー風シチュー

〈材料〉2人前
玉ねぎ…中2個　にんじん…中2本
マッシュルーム…10個程度
じゃがいも…小4個
いんげん…3、4本
セロリ…1/2本　ローリエの葉…2枚
鷹の爪…1本　にんにく…2片
赤味噌…100g　トマト…中1個
トマト缶…1個　赤ワイン…300cc
バルサミコ酢…50cc
薄力粉…100cc
オリーブオイル…大さじ3
塩…適宜　黒胡椒…適宜

〈調理方法〉
❶ 玉ねぎは薄くスライス、にんじんは大きめに乱切り、セロリは筋を取り、斜めに細切りにする。
❷ 鍋にオリーブオイル、潰したにんにく、ローリエの葉、鷹の爪を入れ少し熱して香りを出した後、薄力粉、赤味噌を入れて、オイルと混ぜてペースト化させる。
❸ じゃがいもは皮のまま串が通る程度の固さに茹でて皮をむき、大きめの乱切りにする。いんげんも塩茹でして2、3cmに切っておく。
❹ 鍋にスライスした玉ねぎ、セロリ、細かく刻んだトマト、にんじん、バルサミコ酢を入れて丁寧に炒めた後、トマト缶、赤ワイン、塩を入れて煮込む。
❺ にんじんが柔らかくなる程度まで煮込んだら、じゃがいもを加え味が染みた段階で、マッシュルーム、切ったいんげんを加え、黒胡椒を振ってできあがり。

ワンポイント

赤ワインのシチューと銘打っていますが、味の決め手は赤味噌。赤味噌とトマト、バルサミコ酢との相性はとてもよく、この3つで作った濃厚なソースはデミグラス・ソースのように用いることもできます。材料を見れば分かる通り、出汁的食材は用いていませんが、作ってみれば驚くほど濃厚なシチューになります。また、ローリエは匂い消しとしてではなく、風味を付けるために使用しているので、一番最初に油と共に炒めています。

肉の旨みを引き出すわけではないので、そんなに長い時間煮詰める必要はありません。実際に当店では40分程度で作っています。

vege people
INTERVIEW---IKUKO HARADA

原田郁子
（クラムボン）

歌い手としてどれだけ優れているかはイヤというほど知ってるけれど、自分にとっては「吉祥寺キチムの原田さん」の方がしっくりくる。だからこそ、今回はあえて音楽のことをほとんど聞かず、「食と場所」についてガッツリと訊いてみた。実はこの数倍の濃度の話を収穫したのだけれど、それはまたいつか、どこかで。

原田さんと初めて話したのは、エンジニアのzAk氏がなぎ食堂に連れてきてくれたときのこと。ご飯を食べながら、「最近、動物性のものが食べれなくなっちゃったんです。だからうれしい。これからちょくちょく通うことになると思います」と話してくれた。
「食べたいときに食べたいものを食べたいだけ食べて、呑む。ずっとそんな感じで10代20代過ごしてきて。でも2010年のはじめにHIMのヨーロッパ・ツアーに参加して、キチムを立ちあげて、クラムボンの全国ツアーをしたら……身体が壊れました（笑）。ある時、全身にアトピーが出て、シーツが血だらけになるぐらい。かゆくてかゆくて眠れない。粘膜も腫れて治んない。あんまり酷いので人前にも出たくないし、自信をなくすし、落ち込みました。最初は日光アレルギーかと思ったりしたんですけど、しばらく原因がわかんなくて。で、漢方とオーリングで見てくれる病院に行ったら、食べ物にアレルギー反応を起こしている、と。肉・魚・卵・牛乳、動物性のものをあなたの体はもう受け入れられなくなってます。もし薬に頼らず体質改善したかったら、食事を変えるしかない、と。なんかもうガーン！って金だらいが上から落っこってきたような感じで。「え、ユッケもハラミももう食べれないの？」って」
　例えば鶏肉に対してアレルギーはなくとも、ブロイラーを育てる際に与えられる飼料内の抗生剤や残留農薬、加工食品に含まれる食品添加物等がアレルギーを引き起こす要因であることはよく知られている。もうすこし調べてみると、原田さんは食品に含まれる化学物質に反応を起こしていた。
「とにかくツアーでもレコーディングでも普段でも外食ばっかり。何がどのぐらい入ってるかわかんないまま、食べてたんですね。そういうのって花粉症と同じように人によって許容範囲があるらしく、わたしは早めにいっぱいになっちゃった……って、こういう話をちゃんとするの初めてだ。ありがとうございます（笑）」
　このような経緯で、動物性の食品を断たざるを得なくなった。そしてそれまで「記憶が飛ぶまで呑むべし」というぐらい好きだったお酒も、少し控えるようになったという。ただ、今、振り返って考えてみると、これもすべては必然だったのかもしれない。

声変わり中です
身体が変わると、
やっぱり声も変わるから

「はちゃめちゃな食生活にブレーキがかかって、大げさじゃなくて細胞のレベルから体を作り直してるところなんですけど。反省しながら（三）。その、オーガニック系とかナチュラル志向とかそういうことじゃなく、わたしの場合は切実なんですよね。もうタイミングとしてギリギリの崖っぷちだった。変わるしか道はないというところまで。以前、zAkさんと一緒にソロを制作したときに、「郁子ちゃん　音楽長

く続けたかったら、今のまま（の生活）ではあかんで」って言われたことがあるんですけど。まさに、というかなんというか、予言みたいですよね」

　肉食を断って以降、さまざまな点と点が、はっきりと繋がっていったという。
「バンドでいつもレコーディングしにいく山梨県の小淵沢で、以前、鹿肉を頂いたことがあります。事故にあったばっかりの、ついさっきまで野山を走り回ってた、血なまぐさい鹿肉。それがもうほんとにすごくて。食べた瞬間、バッチーン！って花火があがったみたいになって、血が巡って、その晩、興奮して寝れなかったんですよね。ああ、お肉を食べるって、こういうことなのかって。スーパーに売ってる切り身とか焼き鳥を食べたときとは、明らかに違ったんですよね。死んで、なお力強い。自然、というか光が直接入ってきた感覚。で、たまにですけど、一口だけ唐揚げ食べたいな、とか思うときあるんですよね、やっぱり。でもその鹿肉のことを思い出すと、あれ以上のお肉体験はないかもなぁ、って諦められる（笑）」

　そんな原田さんの変化は、本職である歌の世界においても大きな影響を与えているようだ。
「わりと泣いたり笑ったり感情のアップダウンが激しかったんですけど、今は、どう言ったらいいんだろう……呼吸がなが〜くなった感じ。そして感度があがった、かな。たとえば落ち着きがない、とかイライラしてる人をみると、その人の体の中を想像してみる。うーん、脂っこいもの食べて汚れてるのかな、とか、甘いもの好きそうだから冷えてるのかな、とか。ライヴで歌っててもね、前はそのまま身投げして死んでもかまわない、ってぐらいでやってたようなところがあったんですけど、今はもっと俯瞰してる。広い。けど細部の細部まで見えている、みたいな感じですかね。……うん、あ、あと、声変わり中です。身体が変わると、やっぱり声も変わるから」

美味しいものを食べることと　　いい音楽を聴くことって　　　　　　　似てますね

　冒頭であえてさらりと書いた吉祥寺のキチムについて少し説明をば。キチムとは、原田さんが、実妹のカメラマン原田奈々さんと共同で2010年にス

タートさせたカフェ／ライヴスペースのこと。当初は、食堂、カフェ、ギャラリー、マッサージ屋が絡みあった複合スペースとしてスタートしたものの、2011年の震災を契機に、原田姉妹とクラムボンの事務所であるトロピカルですべてを運営する形へと移行。全体をひとつのスペース「キチム」として、ライヴイベントをカフェを中心に、週末に時々フードやシジャン（市場）のイベントを行なっている素敵な場所。実は、これまで数度、僕らの企画でライヴ・イベントを企画させていただいたり、出張なぎ食堂を行なったりと本当にお世話になっております。そして何よりも、本書に掲載されている料理はすべて、キチムにおいて調理・撮影されている。ホント、とにかく感謝感謝です！

「偶然のような縁によってはじまったキチムというスペースなんですけど。全部は関係してて、音楽の活動の一部だと思ってて。去年まではほんとに手探りで、少ないスタッフでやってきたんですけど、今年はそうですね、イベントと並行して、古来種野菜とか、食のことをもうすこしぎゅっとやっていきそうですね」

　音楽の専門学校を出て、そのままミュージシャンになった原田さんは、これまでバイトでさえ飲食関係で働いたことはなかったそう。でも今は時にはキチムの厨房の洗い場に立ったりすることもある。

「それこそひたすら楽器だけ触ってて、スタジオとライヴハウスを往復していると分からないことって多いですよ

ね。そういった意味でも、キチムには感謝している。お店やって台所に立つと、そこから本当にいろんなことが見えるんだなって。あと、美味しいものを食べることと、いい音楽を聴くことって、似てますね。今ここのふたつを自分なりに突き詰めてきたいな、と、そんな風に思ってます」

『Rough & Laugh』
クラムボン
エイベックス・マーケティング

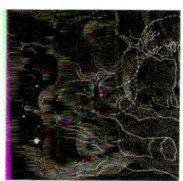

『長河』
尾田君二
コロンビアミュージックエンタテインメント

India
インド

ハラーバラーケバブ ●P92

ゴビ・マンチュリアン
(カリフラワーのパコラ
トマトチリソース) ●P94

紫玉ねぎの
アチャール
●P95

アル・ゴビ
(じゃがいもとカリフラワーの
ドライカレー風炒め) ●P86

いんげんのポリヤル ●P88

ダル・ワダ
(ウラッドダルと
トゥールダルのコロッケ
トマトチリソース)
●P90

ベジ屋といえば「野菜カレー」が定番だけれど、最初の2年はうまく作り出せませんでした。スパイスのこ、れいも先からないし、中途半端なカレーで笑われるのがイヤでした。でも、インドの方から「スパイスは好みで作ればいいヨ」と言われて気が楽になりました。難しいと思ってたスパイスも、使えば使うほどこんなに面白いものもないなぁと夢中に。世界一ベジタリアンの多い国から届けられた数々のベジ・メニュー、難しいと思わず一度お試しを。

クットゥ
(トゥールダルのココナッツシチュー) ●P96

ビンデー・マサラ
(オクラのカレー) ●P84

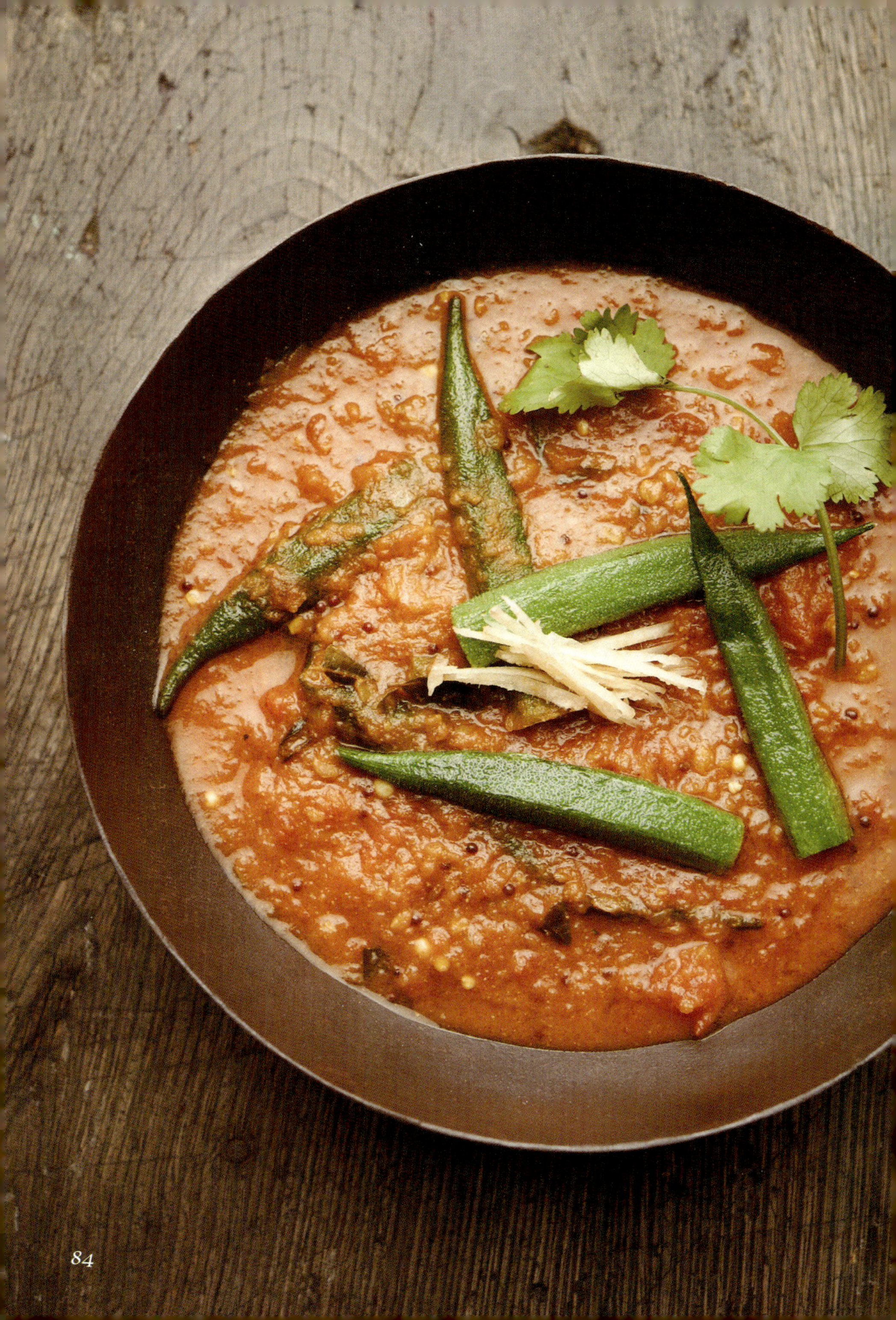

India
インド

ビンディ・マサラ
(オクラのカレー)

〈材料〉2人前
オクラ…10本　玉ねぎ…中1個
生青唐辛子…2本　にんにく…1片
トマト…中1個
生姜(もしくはヒン)…1片　香辛料
ガラムマサラ…小さじ1
タマリンドペースト…小さじ1/2
トマト缶…1缶(400cc)
塩…適宜
パクチー…1/2把

テンパリング(油に香辛料の味と風味を付ける)用スパイス
クミンシード小さじ1、メティシード小さじ1、マスタードシード小さじ1、シナモンスティック1/2本、ローリエの葉1枚、カリーリーフ5g、ココナッツオイル(なければオリーブオイル)…大さじ2

風味用スパイス
クミンパウダー小さじ1、コリアンダーパウダー小さじ1、ターメリック小さじ1、カイエンペッパー…適宜

〈調理方法〉
❶ オクラはヘタを取り、縦に半分に切ったものを高温の油で1分程度さっと揚げ、油を切っておく。
❷ 鍋にココナッツオイル、テンパリング(油に香辛料の味と風味を付ける)用のスパイスを全て入れ、焦がさないように低温で2分程度炒めて味と香りを十分に引き出す。
❸ みじん切りにした玉ねぎ、生青唐辛子、にんにくを鍋に入れ、玉ねぎが軽く色が変わる程度炒めた後、ざく切りにしたトマトを入れて鍋の中で潰す。
❹ ③の鍋に風味用スパイスを入れ、全体に馴染んできたらトマト缶と塩を加えて少し煮込む。トマトの赤みが濃くなってきたら、刻んだパクチーの茎とタマリンドペースト、揚げたオクラを加えて10分ほど煮込む。
❺ ガラムマサラと刻んだ生姜を加えて塩味を確認した後、器に盛りパクチーをのせてできあがり。

> **ワンポイント**
>
> スパイスや調味料はあくまでも当店のレシピであり、クミンやコリアンダー以外は全部揃わなくても十分オリジナルの美味しいカレーができます。注意点としては、スパイスをテンパリングする際、絶対に焦がさないこと。もうひとつ、インドカレーは玉ねぎを飴色になるまで炒める必要はありません。気楽に30分程度でインドカレーを作ってみましょう。また、インドのローリエの葉と生のトマトを使うと飛躍的に味が変化することにご注目!

※タマリンドはどこでも手に入る食材ではないため、どうしてもない場合は酢とてんさい糖を倍量で合わせてご使用ください。ただ味わいが若干マイルドになりますのでご注意を。輸入食店やインターネットなどでペーストを買っておくと重宝しますよ!

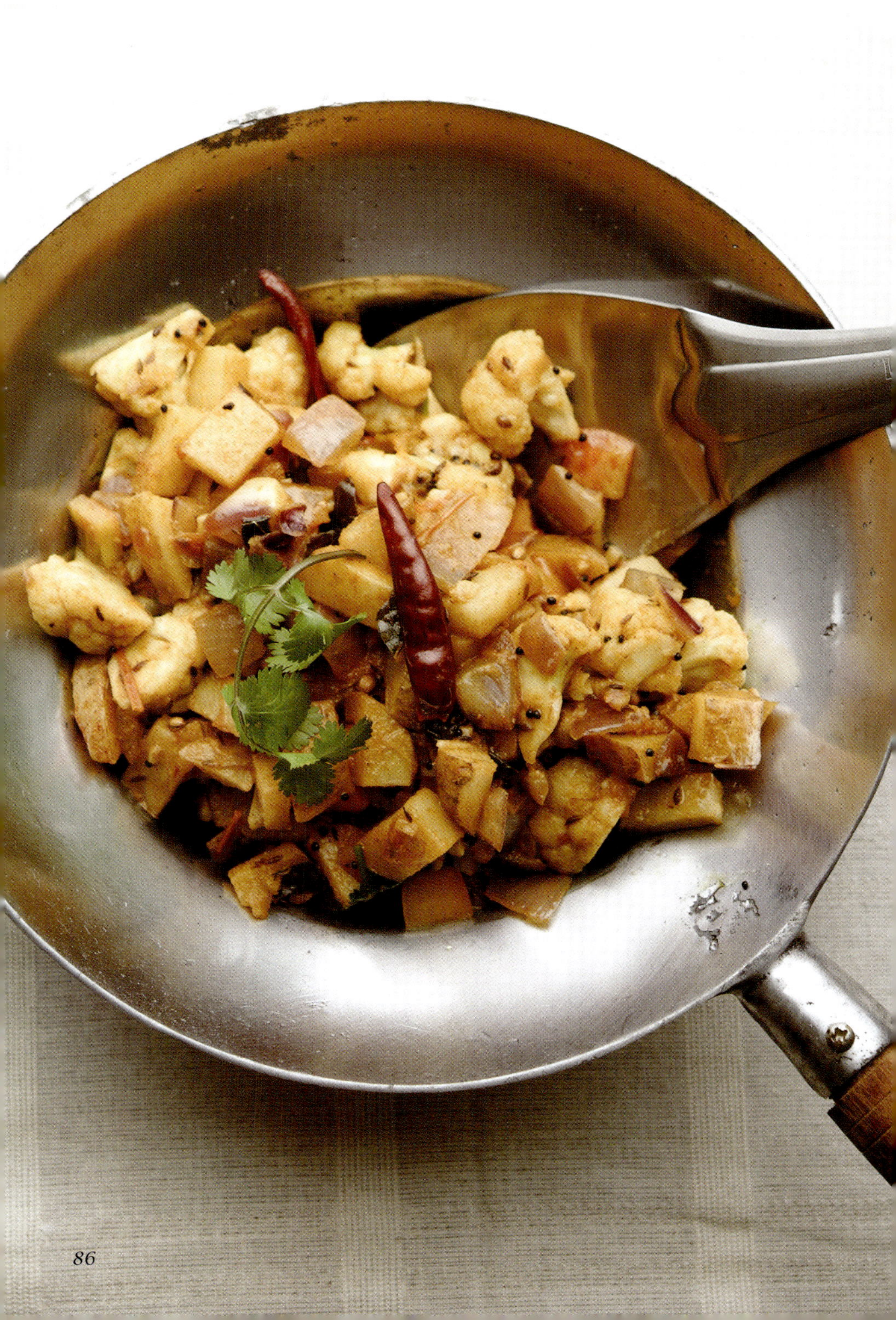

India
インド

アル・ゴビ
(カリフラワーとじゃがいものドライカレー風炒め)

〈材料〉2人前

カリフラワー…中1/2
じゃがいも…中2つ　にんにく…1片
生姜…1片　紫玉ねぎ…1個
パクチー…1把　トマト…小1個
香辛料1(クミンシード…小さじ1/2、マスタードシード…小さじ1/2)
香辛料2(クミンパウダー…小さじ1/2、コリアンダーパウダー…小さじ1/2、ターメリックパウダー…小さじ1/2(なければカレー粉小さじ11/2で代用))
鷹の爪…2本
塩、胡椒…適宜
油(できればひまわり油、なければサラダ油で可)…大さじ2
水…100cc

〈調理方法〉

❶ じゃがいもを1cm角のサイの目に切り、高温の油で2分ほど揚げる。また、カリフラワーは白い枝部分を切り分け、熱湯で2分ほど塩茹でする。

❷ フライパンに油、香辛料1、鷹の爪、みじん切りにしたにんにく、生姜を入れ、低温の油で2分ほどテンパリング(油に香辛料の味と風味を付ける)する。

❸ フライパンにみじん切りにした紫玉ねぎとサイの目切りにしたトマト、香辛料2を加えながら、トマトが潰れる程度まで丁寧に炒めた後、水を入れてカレー・ソースを作る。

❹ 少しずつ塩を入れながら味を整えた後、揚げたじゃがいも、茹でたカリフラワーを入れ、カレー・ソースを絡めながら炒める。

❺ 1、2分ほど野菜にソースを染ませた後、再び塩を確かめて、パクチーをのせてできあがり。

〉 ワンポイント 〈

スパイスのテンパリングは、決して焦がさないようにじっくりと、いい香りが立つまで辛抱、辛抱。また玉ねぎは飴色にするのではなく、食感が残る程度の炒め方で十分。このカレーソース(マサラ)の作り方は、インドカレーの基本とも言えるものなので、一度覚えてしまうとすべてのものをカレーに出来る重宝な技術です。

ホール・スパイスのテンパリングは「味」の決め手、後で入れる粉のスパイスは「風味と香り」の決め手。それぞれ使い方が違うので、バランスを考えながら

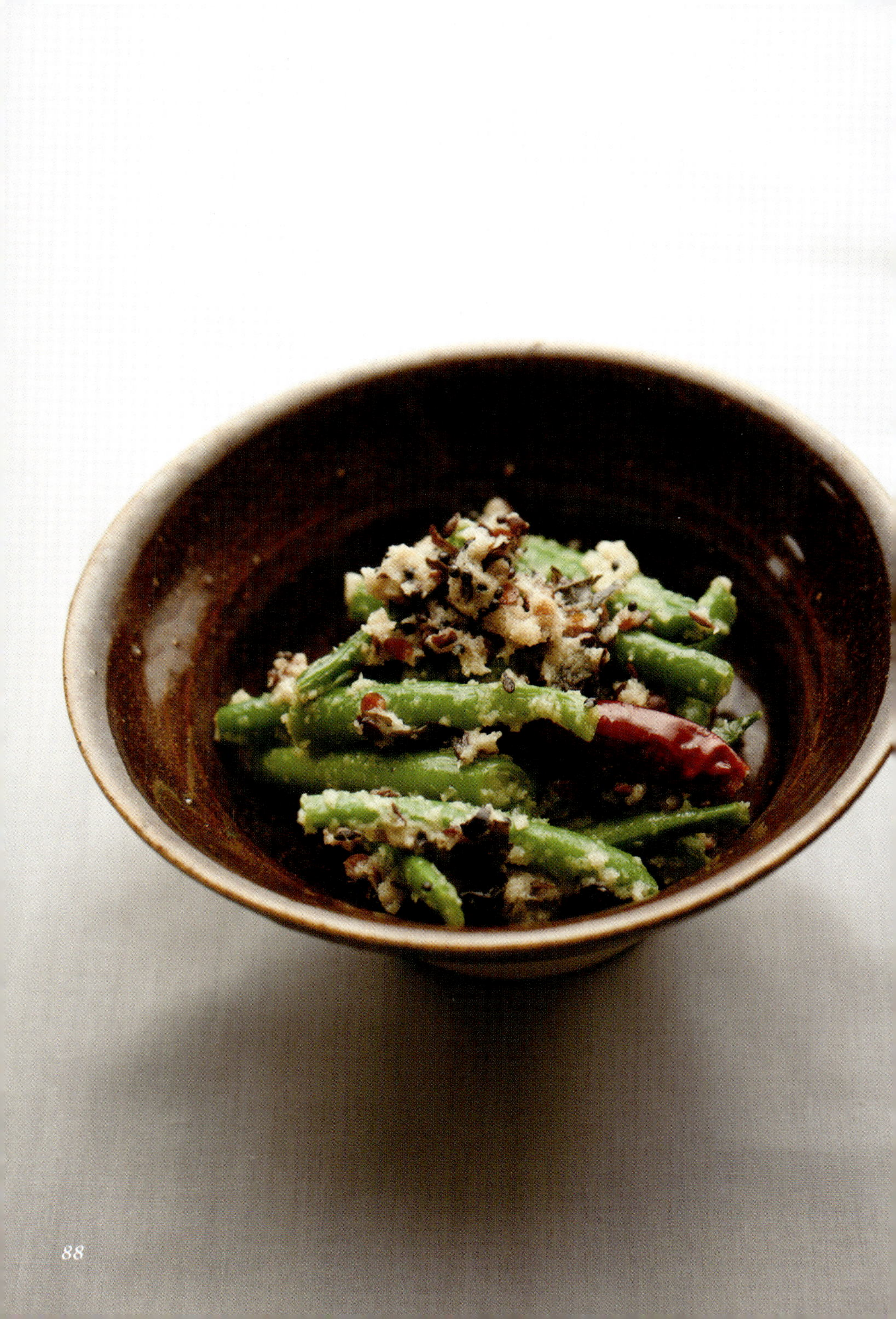

India
インド

いんげんのポリヤル

〈材料〉2人前

いんげん…中20本ほど
赤レンズ豆(挽き割り)…10g
ココナッツファイン…大さじ2
ココナッツオイル(なければサラダ油)
…大さじ2
カリー・リーフ…小さじ1
クミンシード…小さじ1
マスタードシード…小さじ1/2
フェネグリークシード…小さじ1/2
鷹の爪…2本
水(もしくは料理酒)…100cc
塩…適宜

〈調理方法〉

❶ いんげんは洗ってヘタと先を切り、3等分にしておく。
❷ フライパンにココナッツオイル、少し水戻しした赤レンズ豆、鷹の爪、スパイス類を入れ、低温の油で1、2分ほどテンパリングする。
❸ オイルに香りがついた段階で、いんげん、そして少量の塩を入れて、いんげんが少し柔らかくなる程度まで炒める。
❹ フライパンに水を入れ、フタをして1、2分ほど蒸し煮する。
❺ ココナッツファインを入れて、全体に火が通ったら最後に味付けの塩を入れてできあがり。

ココナッツの内側の繊維質部分を粉にしたのがココナッツファイン。そのままだとあんまり味はしないけれど、火を少し通すと甘くて柔らかい味になります。

〉ワンポイント〈

テンパリングはカレーを作る要領と一緒ですが、レンズ豆の芯が残らないように丁寧にいためておくこと。また、いんげんに振る塩は、最初は汗をかかせるための塩で2度目は味付け用の塩。それゆえに最初に味をつけ過ぎないようにご注意ください。また赤レンズ豆は、挽き割りであれば他の豆でも大丈夫ですが、固すぎるものは芯が残りやすいので注意。

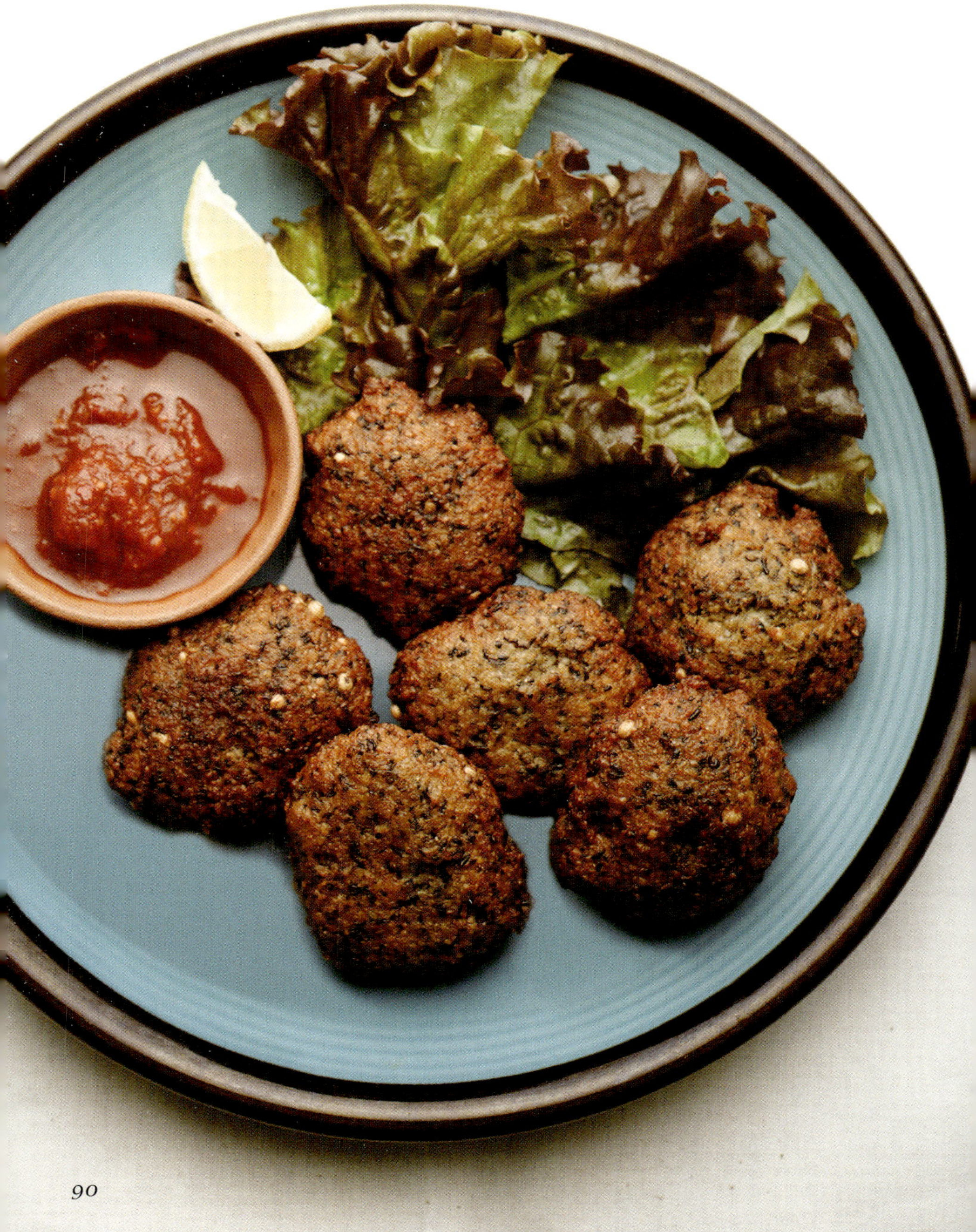

India
インド

ダル・ワダ
（ウラッドダルとトゥールダルのコロッケ　トマトチリソース）

〈材料〉2人前

ウラッドダル（挽き割り）…100g
トゥールダル（挽き割り）…50g
生姜…1片　クミンパウダー…小さじ1
コリアンダーパウダー…小さじ1
カイエンペッパー…小さじ1/2
コリアンダーシード…小さじ1
塩…適宜　水…50cc
レモン…1/4個　レタス…1束

トマト・チリソース（サンバルソース）

赤唐辛子（できれば生）…7、8本
トマト缶…1缶　にんにく…2片
てんさい糖…100g
ひまわり油…大さじ1　塩…適宜
タマリンドペースト…小さじ1/2

〈調理方法〉

❶ 3時間ほど水に浸け、戻しておいたウラッドダルとトゥールダル、生姜、水50ccをフードプロセッサーに入れ、ペースト状にする。

❷ ①にクミン、コリアンダー（シード、パウダー）、カイエンペッパー、塩を入れ混ぜ合わせて高温の油で約3分程度ふわりと揚げる。揚げる際に中央に親指で穴を開け、ドーナッツ状に揚げると手早く仕上がる。

❸ 赤唐辛子とトマト缶、にんにく、てんさい糖をフードプロセッサーで刻んだ後、ひまわり油の入ったフライパンに入れて塩を加え煮込む。

❹ 色が濃くなってきたらタマリンドペースト、塩を入れて味をととのえてトマトチリソースのできあがり。

❺ ②の揚げたダル・ワダにトマトチリソース、レタス、串切りにしたレモンを添えてできあがり。

ワンポイント

豆の浸水具合などでも違ってくるのですが、上手く揚がるとふわっと揚がります。何度か試してみて、加える水の量でちょうどいい緩さのペースト感をつかんでください。ムングダルが定番ですが、玄米に合うことを考えて、当店ではウラッドダルとトゥールダルを混ぜあわせています。また、五葷（※）の方にも楽しんでいただけるように、にんにくや玉ねぎはあえて使っていません。

インドの挽き割り豆はホクホクから香ばしいものまでいろいろあります。お好みの豆とスパイスをアレンジして作ってください。

※タマリンドはどこでも手に入る食材ではないため、どうしてもない場合は酢とてんさい糖を倍量で合わせてご使用ください。ただ味わいが若干マイルドになりますのでご注意を。輸入食材店やインターネットなどでペーストを買っておくと重宝します！
※五葷とは、陰陽思想に基づく菜食のひとつの考えで、動物性のものに加え、ねぎ、らっきょう、にんにく、玉ねぎ（あさつき）、にらを避けるのが特徴。

91

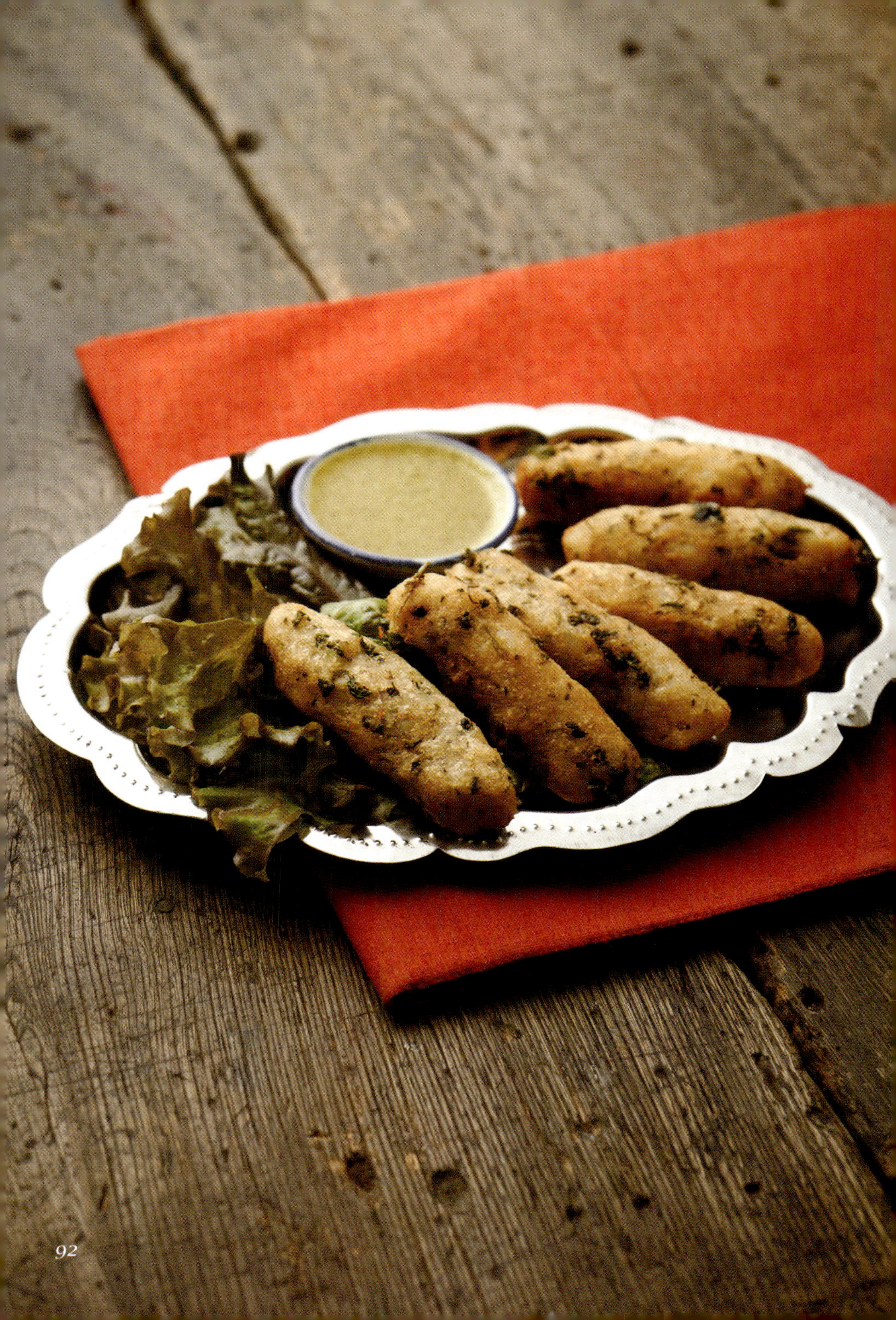

India
インド

ハラーバラーケバブ

〈材料〉2人前
じゃがいも…中3、4個
ほうれんそう…1把
塩…適宜
香辛料（クミンパウダー小さじ1、コリアンダーパウダー小さじ1、カイエンペッパー適宜）
カスリメティ（フェヌグリークの葉、なければパクチーやパセリ）…適宜
片栗粉…適宜
コリアンダーソース（パクチー1把、ミントリーフ4、5枚、にんにく1片、オリーブオイル50cc、レモン汁半個）

〈調理方法〉
❶ じゃがいもを少し柔らかめに茹で、ポテトサラダの要領で潰す。
❷ 茹でたほうれんそうを細かに刻み、潰したじゃがいもに混ぜ合わせる。
❸ ボウル内のじゃがいも、ほうれんそうに、香辛料、カスリメティを加え、ポテトサラダよりも薄味の塩、つなぎ用の片栗粉を少しずつ入れ合わせ、粘りが出すぎないように混ぜる。
❹ 手に少し水を付けてソーセージ型に成形、高温の油で1、2分ほどカラリと揚げる。
❺ コリアンダーソースの具材をフードプロセッサーでペースト状にし、ケバブに添える。

茹でたじゃがいもを混ぜ合わせる際にあまりグルテンが出すぎないように注意。片栗粉も入れすぎるとほっくりとした食感が楽しめないので少しずつ少しずつ。

ワンポイント

じゃがいもの粘りやグルテン量によって付きが違うので、つなぎ用の片栗粉の量でしっかりつながるように調整。また、揚げ油は高温で、温度が下がらないよう少しずつ入れていくのが吉。低温だとバラバラになってしまいますので注意！香辛料は好みでフェヌグリークパウダーやシナモンパウダー、ナツメグパウダーなどもアリかと。コリアンダーソースの代わりにケチャップやチリソースでも美味しいです。

India
インド

ゴビ・マンチュリアン
(カリフラワーのパコラ トマトチリソース)

〈材料〉2人前

カリフラワー…中1/4個
ベイスン粉(ひよこ豆の粉、なければ薄力粉にターメリックを小さじ1/2加える)…1/2カップ
クミンパウダー…小さじ1/2
コリアンダーパウダー…小さじ1/2
カイエンペッパー…小さじ1/4
塩…適宜
水…100cc
レモン…1/4個
花椒…適宜
P91で作ったトマトチリソース(サンバルソース)

〈調理方法〉

❶ ベイスン粉にクミン、コリアンダー、カイエンペッパー、塩を加えて、オリジナルのパコラ・ミックスを作り、水を入れて軽く混ぜあわせておく。
❷ カリフラワーを房に分けた後、半分に切り分ける。
❸ 水溶きしたパコラ・ミックスを付けて、高温の油で約3分、表面がカリっとなる程度まで揚げる。
❹ トマトチリソース(サンバルソース)をたっぷりかけ、レモンと花椒を振ってできあがり。

ワンポイント

パコラとはインドの揚げ物。これはゴビ(カリフラワー)＋マンチュリアン(満州風)という中華とインドが交じり合った珍しいメニューですので、トマトチリソースにスパイスを数種入れても美味しいです。言われなければ絶対にカリフラワーと分からない不思議な食感が楽しめます。また、また、どんな野菜でもパコラにすると最高に旨いので、とにかく何でも一度揚げてみてください。

India
インド

紫玉ねぎのアチャール

〈材料〉2人前
紫玉ねぎ…中1個
トマト…中1/2個
クミンパウダー…小さじ1/2
カイエンペッパー…小さじ1/2
塩…適宜
レモン…1/2個
タマリンドペースト…小さじ1/2
アムチュール（ドライマンゴー）パウダー
（あれば）…小さじ1/2
パクチー…1把

〈調理方法〉
❶ 紫玉ねぎはスライス、トマトは細かくサイコロに、パクチーも細かく刻んでおく。
❷ ボウルにレモン絞り汁、タマリンドペースト、クミンパウダー、カイエンペッパー、アムチュールパウダー（あれば）、塩を入れ混ぜ合わせる。
❸ 刻んだ玉ねぎ、トマトをボウルに入れ、3時間程度漬ける。
❹ パクチーを加えてできあがり。

> **ワンポイント**
>
> インドの付け合せの定番アチャール（ピクルス）です。インド料理屋でも結構たっぷりと砂糖が加えられているときもありますが、ここではあえて糖分は加えず、タマリンドとレモンの酸味とトマトの旨みだけで仕上げてみました。また、アムチュール・パウダーは結構手に入りにくいのですが、独特の酸味と味わいがあるので、サラダのドレッシングなどに加えても面白いと思われます。

※タマリンドはどこでも手に入る食材ではないため、どうしてもない場合は酢とてんさい糖を倍量で合わせてご使用ください。ただ味わいが若干マイルドになりますのでご注意を。輸入食材店やインターネットなどでペーストを買っておくと重宝しますよ

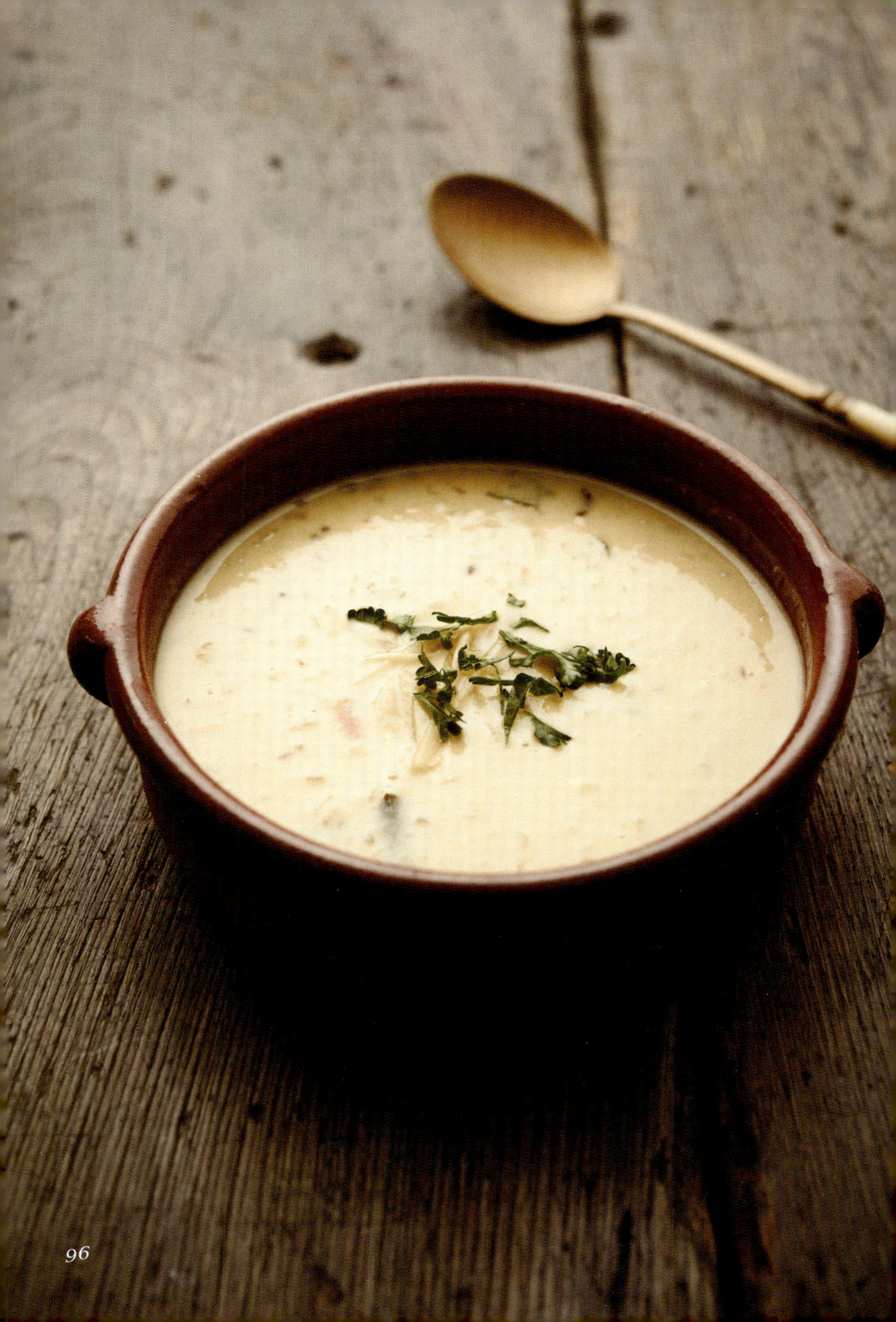

India
インド

クットゥ
(トゥールダルのココナッツシチュー)

〈材料〉2人前

トゥールダル…50g
玉ねぎ…中1/2個
生青唐辛子…1本
にんにく…1片
トマト…中1/2個
ココナッツミルク…1/2缶(200cc)
カリーリーフ…小さじ1/2
マスタードシード…小さじ1/2
クミンシード…小さじ1/2
ターメリックパウダー…小さじ1
ひまわり油…大さじ1
塩…適宜
生姜…1片

〈調理方法〉

❶ トゥールダルは軽く水洗いした後、3時間程度浸水する。
❷ トゥールダルをザルに上げ、4倍程度の水を使って圧力釜でトロトロになる程度まで煮込む。
❸ 鍋にひまわり油、細かく刻んだにんにくと青唐辛子、カリーリーフ、マスタードシード、クミンシードを入れテンパリングする。そこに細かくみじん切りした玉ねぎ、刻んだトマト、塩を入れ、軽く炒める。
❹ 鍋にターメリックパウダーと煮込んだトゥールダル、ココナッツミルクを入れて、少し煮込む。
❺ 火を止めて塩で味を整えた後、千切りにした生姜をのせてできあがり。

個人的には挽き割り豆の中では一番好きなトゥールダル。少し固めの豆ですがどんな料理にも前に出すぎず美味しく仕上がります。

ワンポイント

ダルは圧力釜を使うのもいいですが、普通に茹でたのちフードプロセッサーでトロトロにするやり方もあります。少しだけ青唐辛子は入れますが、基本は豆とココナッツミルクで作られた優しい味わいのシチューです。トゥールダル(アルハルダル)は日本ではあまり見られませんが、インドではポピュラーな豆で、ホックリとした食感が何より身体に優しく染みわたります。

これはインド人の友人にもらったスパイス入れ。
こうしてセットしておくと使いやすいし、何より美しい。
イベントなどで出張して料理を出す際には、
これにスパイスを入れて持参しています。
蓋を開けた時の色鮮やかな見た目と香りで、
イベントの雰囲気も盛り上がるんですよね(笑)。

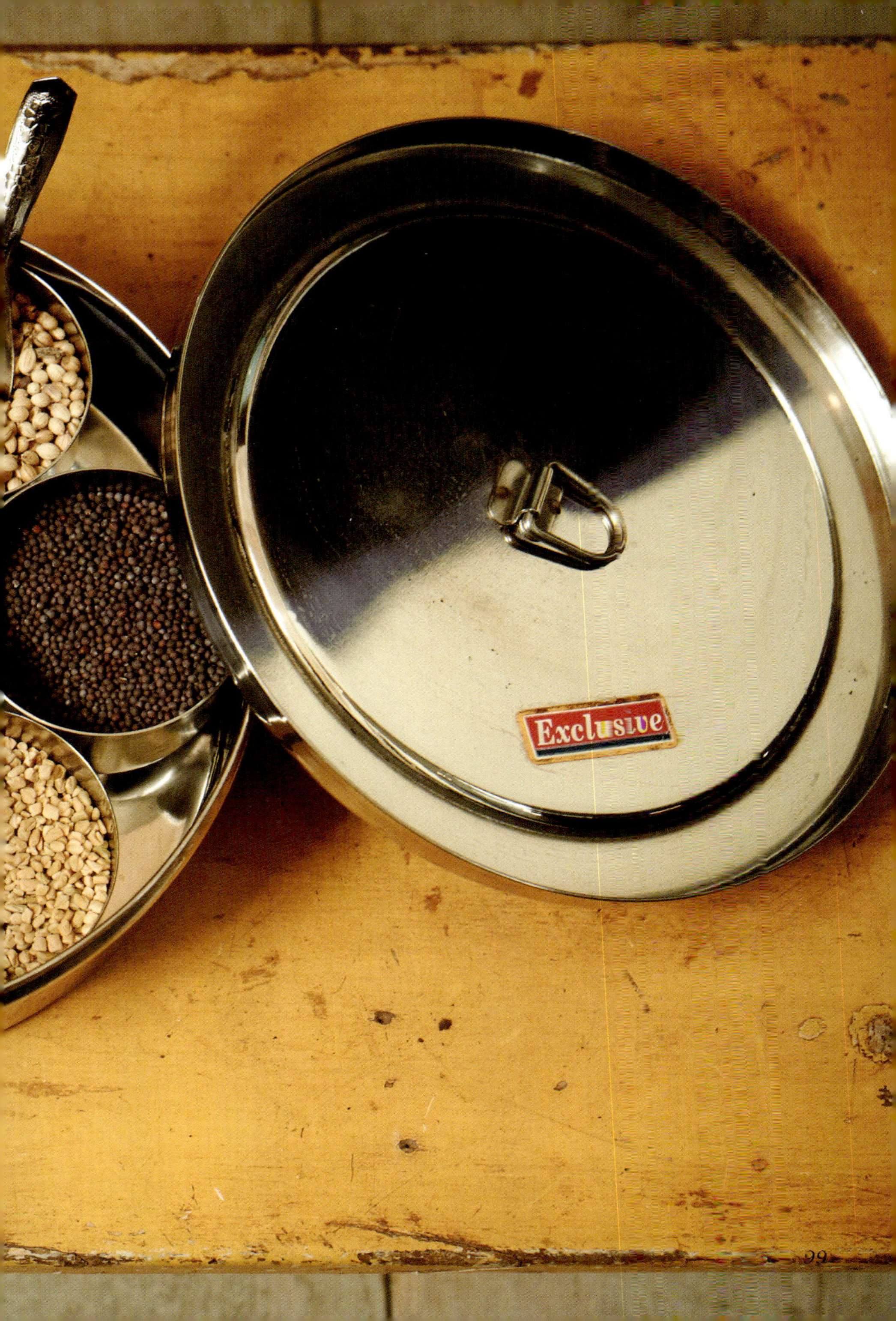
Exclusive

Indonesia
インドネシア

揚げなすの
ダブダブソース
● P102

春雨の入った
揚げ春巻き
● P110

なすとキウイの
スパイス炒め煮
● P111

今、「最期の晩餐に何を食べたい?」と訊かれたら、即答で「バリのナシ・チャンプルー」と答えると思います。甘くて酸っぱくて辛いのはタイ料理と共通だけれど、刺激よりも、味の奥深さが全面に出た数々の料理がワンプレートにのった夢の料理ではないか、と。国民の多くがイスラム教徒ゆえに、独特の食文化が存在している点も興味深いインドネシア料理を、完全ベジでやってみようという試み。いや、実は結構ハマってるのではないかな。

ソト・ミー
(春雨の入ったスープ) ●P112

厚揚げときのこの
トマトココナッツ煮込み ●P106

タフ・イシ
(野菜詰め厚揚げにベニョコラ
トマトチリソース) ●P108

茹で野菜とソイミートのサテ
ガドガドソース ●P114

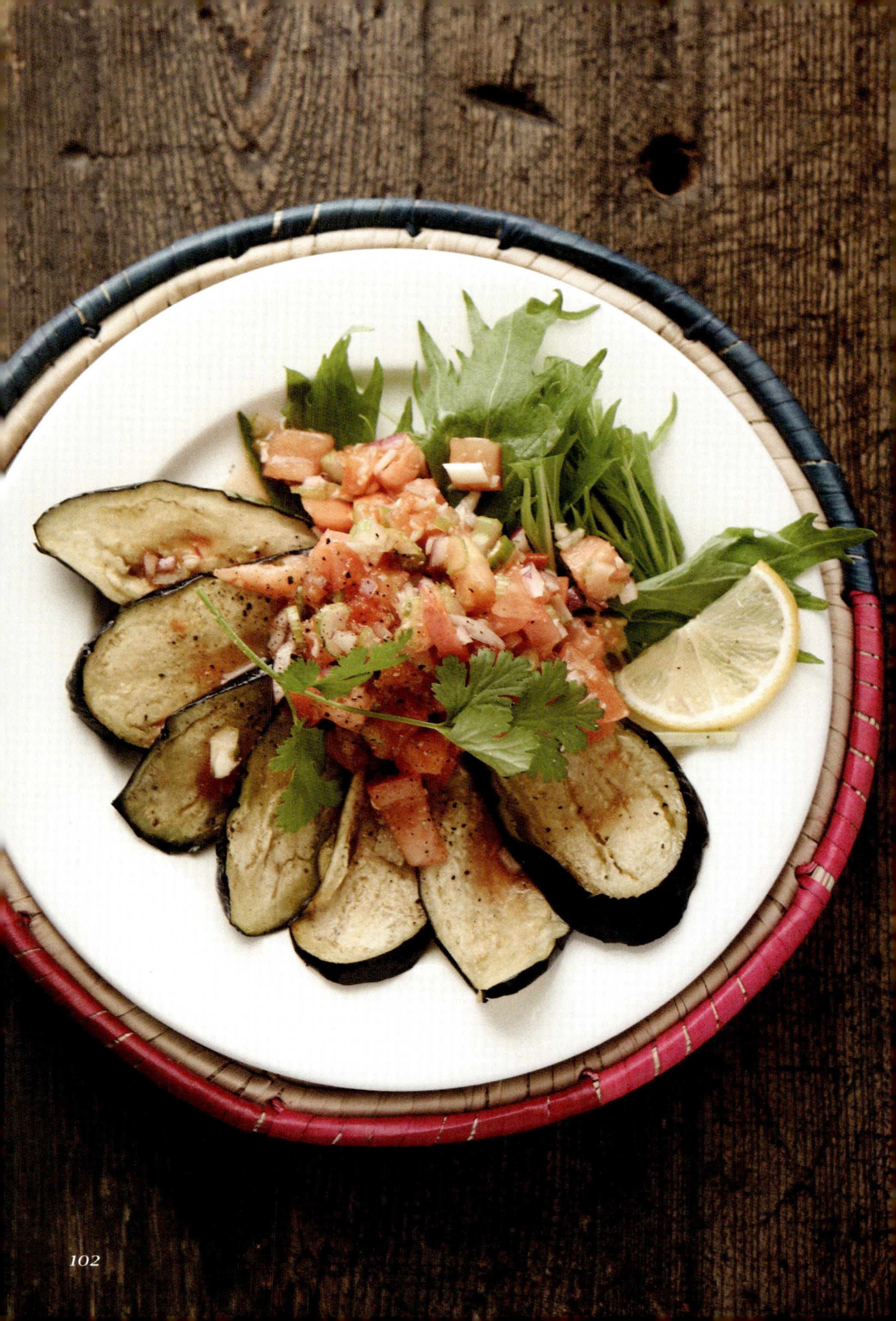

Indonesia
インドネシア

揚げなすのダブダブソース

〈材料〉2人前
なす…4、5本

ダブダブソース
紫玉ねぎ…中1個
セロリ…1/2本
赤パプリカ…1/2個
生青唐辛子…2本
にんにく…1片
トマト…中1個
てんさい糖…大さじ1
塩…適宜
パクチー…1/2把
オリーブオイル…大さじ2
レモンの絞り汁（もしくは米酢）…1個

〈調理方法〉
❶ なすはヘタを取り、縦に5〜8等分に薄切りにする。
❷ 紫玉ねぎ、筋を取ったセロリ、パプリカは5mm程度の粗みじん切りにして、軽く塩を振っておく。
❸ ボウルにオリーブオイル、レモンの絞り汁、細かく刻んだパクチーと生青唐辛子、てんさい糖、粗みじん切りのトマト、にんにく、塩を入れて混ぜあわせた後、②に少し塩を落とし、軽く絞って混ぜあわせ、冷蔵庫で冷やしておく。
❹ なすを高温の油で揚げ、表面の色が少し変わったら油を切って皿に盛る。
❺ ③のソースをなすにかけ、パクチーやレモンを添えてできあがり。

なすと油の相性の良さは絶品。ただ、低温で揚げると油を吸うだけ吸ってベチャベチャになるので、高温でさっと揚げてしっかり油切りをするのが◎。

> ワンポイント
>
> インドネシア風のサルサソースであるダブダブソースは、サラダから揚げ物まで、何でも結構合うので作り置きしておくのがいいかも。熱々のなすに冷たいソースのコントラストが美味しいのはもちろん、少し漬け込んでマリネ化させるのもオススメです。素揚げしたなすをしばらく置くと、野菜の旨味が抜けて妙に小さくなってしまうので、手際よくサーブしたいところです。

104

Indonesia
インドネシア

茹で野菜とソイミートのサテ ガドガドソース

〈材料〉2人前

乾燥ブロックソイミート…30g
厚揚げ…1枚
野菜…パプリカ、もやし、にんじん、いんげん、キャベツ等々　片栗粉…大さじ1
ターメリックパウダー…小さじ1
クミンパウダー…小さじ1
塩…適宜　胡椒…適宜
おろし生姜…10g　醤油…大さじ1

ガドガドソース

にんにく…1片　生姜…1片　紫玉ねぎ…1/2個　ピーナッツペースト…大さじ2　ココナッツオイル（もしくはごま油）…大さじ1　ケチャップマニス（なければ醤油）…小さじ1　てんさい糖…大さじ1　カイエンペッパーパウダー…少々　レモンの絞り汁（もしくは米酢）…1/2個　塩…適宜　水…50cc

〈調理方法〉

❶ にんにく、生姜、紫玉ねぎはすりおろすか細かくみじん切りにする。

❷ フライパンにココナッツオイルとカイエンペッパーと①を入れ、少し色づく程度に炒めた後、ピーナッツペーストにてんさい糖、ケチャップマニスを入れて、濃度をみて水を混ぜ合わせる。最後にレモンの絞り汁と塩味を整えて冷ましておく。⇒Ⓐ

❸ 乾燥ブロックソイミートは水戻しして軽く絞り、生姜醤油に30分ほど漬けた後、竹串に刺しておく。

❹ 片栗粉とターメリックパウダー、クミンパウダー、塩、胡椒を混ぜあわせ、串刺しにしたソイミートとエリンギの表面にしっかりと付けた後、高温の油で2分程度揚げる。

❺ 野菜は少し大きめに切り分け、厚揚げとともに温野菜程度に軽く塩ゆでして、冷ましておく。

❻ Ⓐのガドガドソースを添えてできあがり。

ガドガドソース近影。当店のレシピにこだわらずピーナッツソースをベースに、いろんな擦り野菜や香辛料を入れて自由に楽しんでください。

〉ワンポイント〈

ソイミートは便利だけど、その分飽きやすい食材なので、スパイスなどで味に変化を付けて楽しみたいところ。片栗粉の衣が付きにくい場合は、少し水で溶いて絡めてください。ガドガドソースは、揚げ物やサラダに最高に合うので、たっぷり作っておくのも手です。お好みで刻んだ青唐辛子を入れても美味しいです。

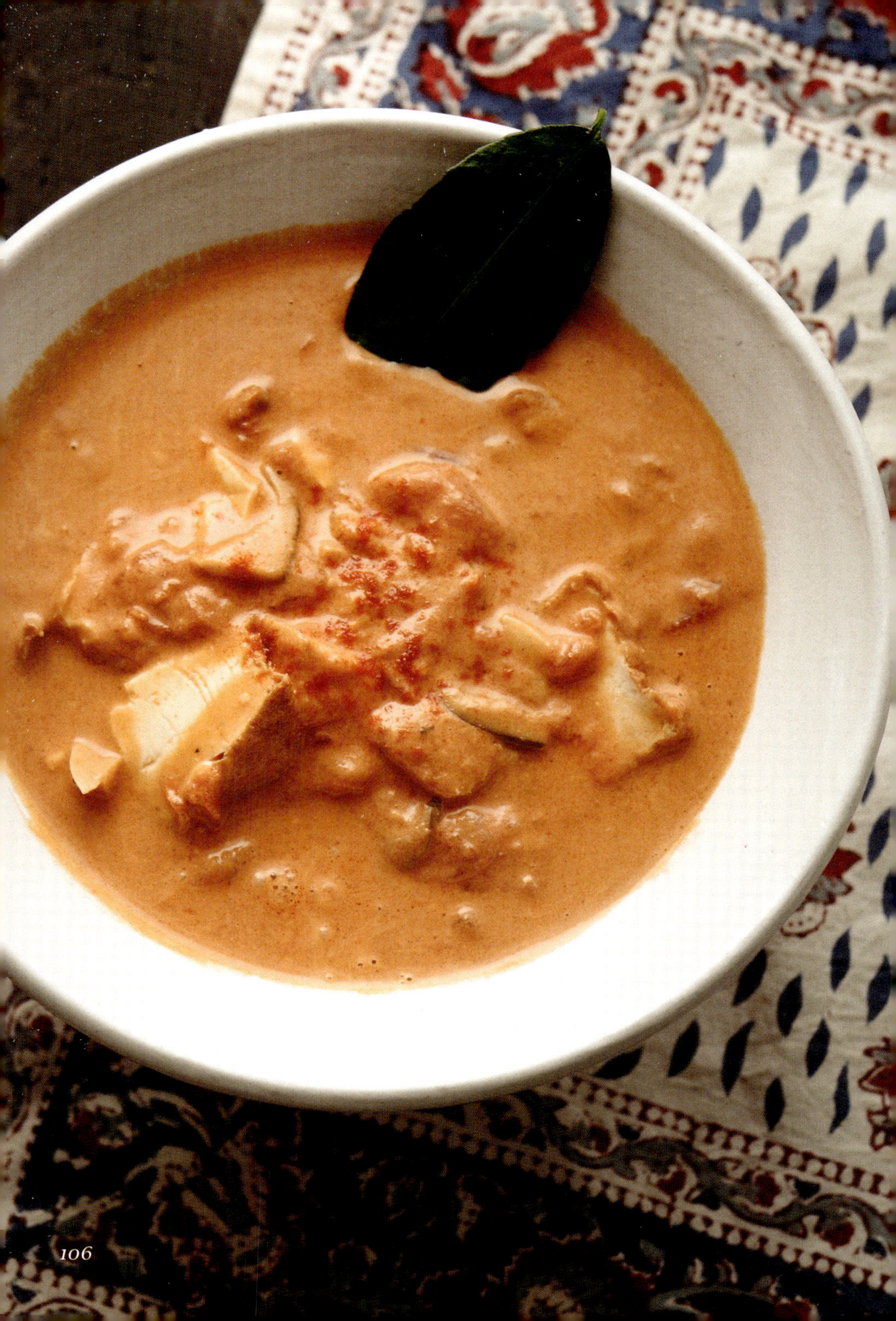

Indonesia
インドネシア

厚揚げときのこのトマトココナッツ煮込み

〈材料〉2人前
厚揚げ…2枚
しめじ…1パック
トマト缶…1缶（400cc）
ココナッツミルク…1缶（400cc）
塩…適宜
カイエンペッパーパウダー…適宜
ごま油…10cc

〈調理方法〉
❶ 厚揚げは、約1cm程度のサイコロ、もしくは斜めにスライスする形で、しめじは石づきを取ってほぐしておく。
❷ フライパンにごま油を引き、軽く煙が立つ程度に温めた後、一気に厚揚げとしめじを炒める。
❸ トマト缶を入れ、トマトの赤みが濃くなってきたら、ココナッツミルクを入れる。
❹ 塩、好みでカイエンペッパーを入れてできあがり。

ココナッツミルクは、メーカーやシリーズによって脂肪分がかなり違うのでご注意。少し濃い目（18%以上）のものを使うとコクがあって美味しくいただけます。

> ワンポイント
>
> トマトをちゃんと煮こむとだんだん赤みが濃くなり旨みも増します。当店オープン以来の定番であり、もっとも簡単なメニュー。時折「どうやって作ってるんですか？」と訊かれますが、本当にコレだけのシンプルさ。お好みで、レモングラスやバイマックルーの葉と共に煮込んだり、ヒンなどを入れても風味が出ます。インド人の常連さんはコレを「豆腐レッドカレー！」と呼んでくれます。そう、実は厚揚げ以上にソースが旨いのです。

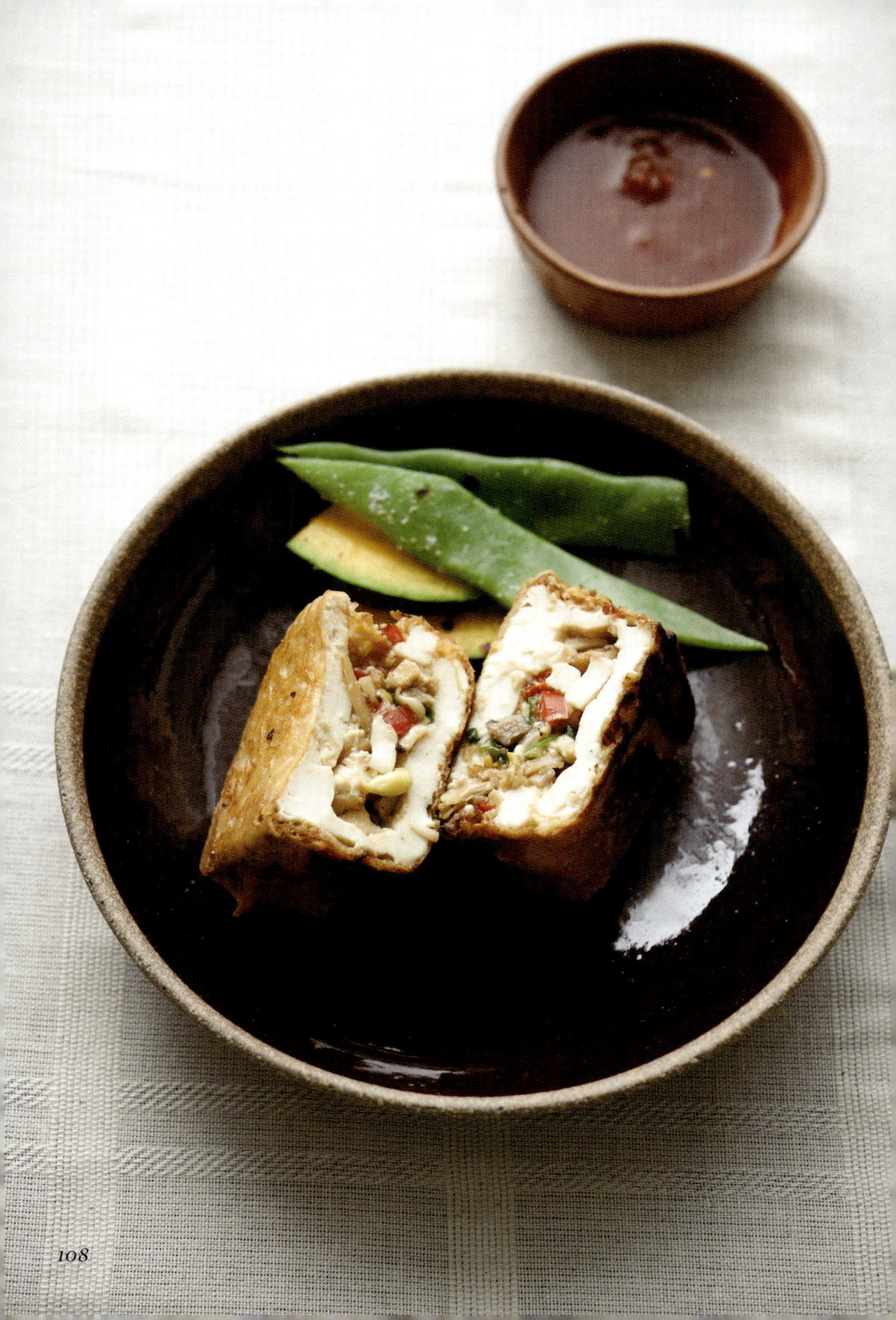

Indonesia
インドネシア

タフ・イシ
（野菜詰め厚揚げのパコラ　トマトチリソース）

〈材料〉2人前
厚揚げ…2枚　もやし…1/4袋
しめじ…1/2パック　にんにく…1片
トマト…中1/2個　青ねぎ…1/4本
塩…適宜　胡椒…適宜
ベイスン粉（なければ薄力粉）…100g
ターメリックパウダー…小さじ1/2
コリアンダーパウダー…小さじ1/2
ケチャップマニス（なければ醤油）
…大さじ1/2
酢…小さじ1　水…100cc
ごま油…小さじ1
P91で作ったトマトチリソース（サンバルソース）

〈調理方法〉
❶ 厚揚げを縦横に4等分して、スプーンで中の豆腐部分を丁寧にくり抜く。くり抜いた豆腐はとっておく。もやし、しめじ、青ねぎ、にんにく、トマトは細かく刻んでおく。
❷ フライパンにごま油とにんにくを入れ、風味が出たら、青ねぎ、しめじ、もやし、くり抜いた豆腐、トマトの順に入れ、強火で一気に炒める。
❸ 豆腐をフライパンの上でミンチ状に潰したら、ケチャップマニスを入れ、少し煮詰めた後、塩、胡椒で味を整えて少し冷ましておく。⇒Ⓐ
❹ 厚揚げのくり抜いた部分にⒶの豆腐ミンチを詰めなおす。ベイスン粉には、ターメリック、コリアンダー、酢、水を加えて混ぜあわせておく。
❺ 溶いたベイスン衣を付けて、高温の油で1分ほどザッと揚げ、トマトチリソースを添えてできあがり。

厚揚げの豆腐部分をスプーンでくり抜く時は、厚揚げの外の部分がやぶけないように注意しながら。

> ワンポイント
>
> 豆腐のミンチは、水が出やすいので強火で一気に炒めましょう。もし、水が出すぎて詰めなおしにくい場合は、水溶き片栗粉で少し餡状態にした方がいいかもしれません。また、既に具材も火が通っていますので、揚げる際には衣がカリっと揚がった時点で出来上がりです。すべての天ぷら系揚げ物に言えますが、ほんの少しだけ酢を加えると、衣がサクサクと仕上がります。

Indonesia
インドネシア

春雨の入った揚げ春巻き

〈材料〉2人前
春巻きの皮…6枚
乾燥春雨…50g
たけのこの水煮…小1/4本
もやし…1/4袋
しめじ…1/2パック
にんにく…1片　青ねぎ…1/4本
塩…適宜　胡椒…適宜
料理酒…100cc
ケチャップマニス(なければ醤油)
…大さじ1/2
ごま油…小さじ1
P91で作ったトマトチリソース(サンバルソース)

〈調理方法〉
❶ 春雨は水戻しして三等分に、たけのこの水煮は塩ゆでして細かくみじん切りにする。また、しめじ、青ねぎ、にんにくも細かく刻んでおく。
❷ フライパンにごま油とにんにくを入れ、風味が出たら、青ねぎ、たけのこ、しめじを炒めて、料理酒、ケチャップマニスを入れる。
❸ 春雨ともやしを入れ、汁気が少し残る程度まで煮詰める。もし汁気が残る場合は、水溶き片栗粉で調整する。⇒Ⓐ
❹ Ⓐのあんを少し冷ましたのち、春巻きの皮で巻き、高温の油で1分ほどザッと揚げ、トマトチリソースを添えてできあがり。

> ワンポイント
>
> ゼロから春雨あんを作るのは大変ですが、実はタフ・イシ(P109)に詰めている野菜あんを使っても美味しくいただけます。また、実は今回失敗を恐れるがゆえに中華春巻きの皮を用いましたが、生春巻き等に使うライスペーパーを用いて揚げるのも、食感、風味共に面白い味わいとなります。薄めのライスペーパーであれば2枚重ねて揚げた方が、仕上がりが綺麗に揚がります。

Indonesia
インドネシア

なすとキウイの
スパイス炒め煮

〈材料〉2人前
なす…2本　パプリカ(赤・黄)…各1/2
厚揚げ…1枚　キウイ…1個
ホムデン(紫玉ねぎ)…1/2個
いんげん…3、4枚
レモングラス(茎の部分)…1本
ガランガル(なければ生姜)…
にんにく…1片　青唐辛子…1本
てんさい糖…大さじ1
タマリンドペースト…小さじ1/2
ごま油…大さじ1　塩…適宜
水…50cc　ライム…1/4個

〈調理方法〉
❶ なすは皮をピーラーで縦縞に剥いた後輪切りに、厚揚げは2cm角、キウイ、パプリカは1cm角に切っておく。
❷ フードプロセッサーかすり鉢で、ホムデン、レモングラス、ガランガル、青唐辛子、てんさい糖、タマリンドペーストを水を入れながら潰し、混ぜ合わせてペースト状にしておく。Ⓐ
❸ フライパンにごま油をひき、みじん切りにしたにんにくを入れて風味が立ったら、なすを入れ、炒める。
❹ Ⓐのペーストをゆっくりとフライパンに回し入れ、適度に炒まった段階で厚揚げ、キウイ、塩を入れて、少し汁気が煮詰まるように炒める。
❺ 塩茹でしたいんげんを入れ、絞ったライムと少しのごま油をかけ回し、乳化させてできあがり。

ワンポイント

ペースト自体はタイ風味のものですが、レモングラスさえあれば、あとは普通の食材でも代用が可能です。レモングラスは筋が残りやすいので、しっかりと炒めてください。また、今回は酸味と甘味のフルーツとしてキウイを使ってみましたが、このアイディアのオリジナルとしてあるのは、ドラゴンフルーツが入った炒めものですので、お好みでいろいろとお試しください！

※タマリンドはどこでも手に入る食材ではないため、どうしてもない場合は酢とてんさい糖を倍量で合わせてご使用ください。ただ味わいが若干マイルドになりますのでご注意を。輸入食材店やインターネットなどでペーストを買っておくと重宝します。

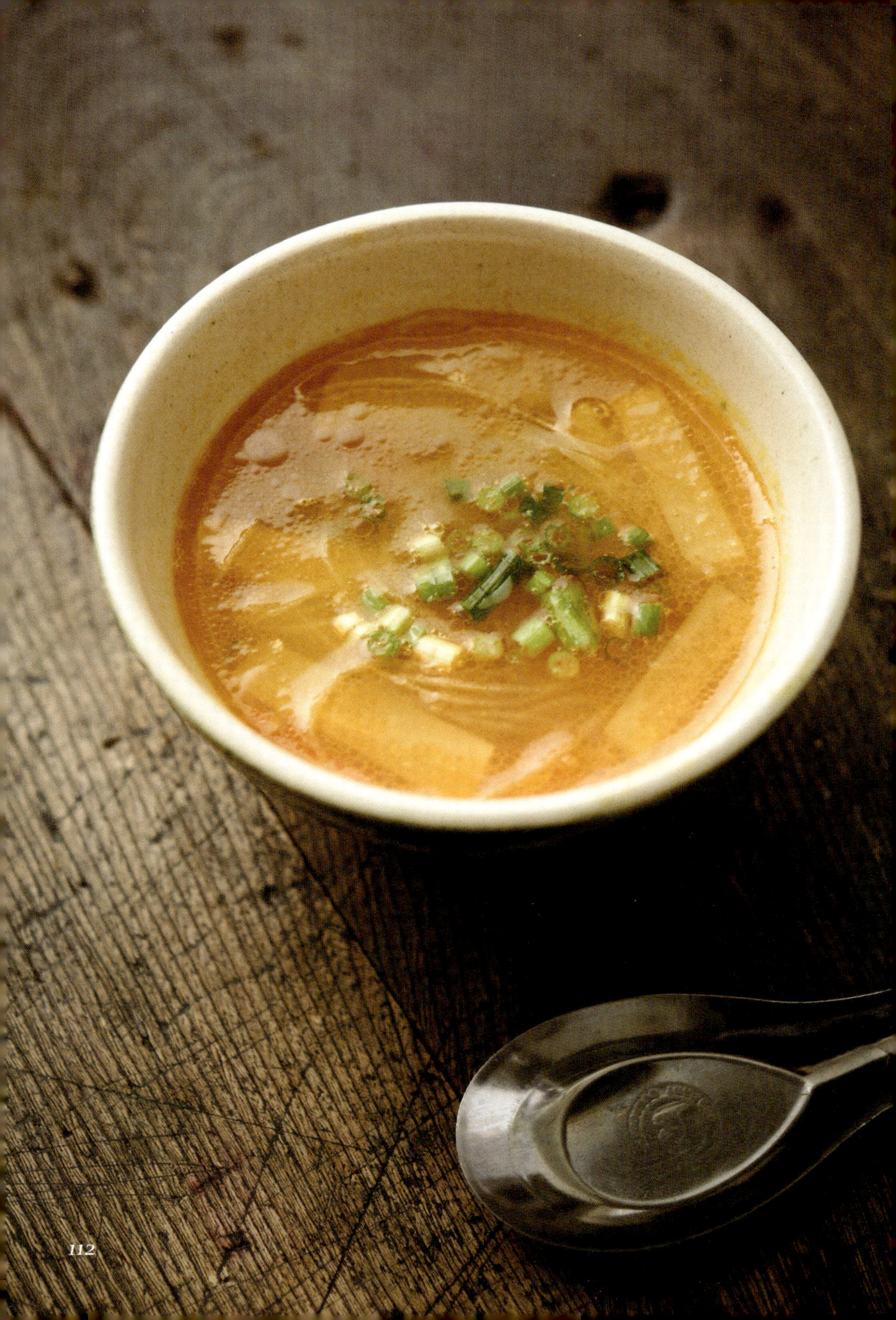

Indonesia
インドネシア

ソト・ミー
（春雨の入ったスープ）

〈材料〉2人前
乾燥春雨…50g
たけのこ…小1/2本
大根…50g
しめじ…1パック
しいたけと昆布の出汁（P5参照）…400cc
レモングラス…1本
ガランガル（なければ生姜）…1片
にんにく…1片
バイマックルーの葉（なければレモンなど柑橘系の皮や葉）…2枚
ターメリック…小さじ1/2
小ねぎ…適宜
料理酒…100cc
てんさい糖…小さじ1
塩…適宜　胡椒…適宜
ごま油…大さじ1

〈調理方法〉
❶ たけのこは細く千切りに、大根は拍子切り、乾燥春雨は水戻し、そしてしいたけと昆布の出汁を取っておく。
❷ 鍋にごま油をひき、みじん切りにしたにんにくとレモングラスの根、薄切りのガランガル（なければ生姜）、バイマックルーの葉を炒め、ある程度炒ったら、ターメリックを入れ、軽く火を通す。
❸ 大根とたけのこ、しめじ、てんさい糖を入れた後、しいたけと昆布のだし、料理酒を注ぎ、大根が柔らかくなる程度まで少し煮込む。
❹ 煮込んだ後、レモングラス、ガランガル、バイマックルを取り出し、塩と胡椒で味を整え、戻した春雨を入れる。
❺ 器に盛り、小口切りにした小ねぎをのせてできあがり。

ワンポイント

インドネシアの基本的なスープ、鶏のだしを使ったソト・アヤム（鶏）が一般的ですが、ハーブの風味と和だしを生かしても十分に楽しめます。P91で作ったトマトチリソース（サンバルソース）やケチャップマニスを入れて味付けを濃厚にしたり、最初の段階に青唐辛子を入れて辛くしたり、最後にライムを絞って酸味のあるスープにしたりといろいろお試しください。

ターメリック（うこん）。ほんの少し入れるだけでも色が付きますので入れ過ぎに注意。お酒好きの方は、小さじ1杯飲むだけで楽になる最高の薬。

vege people
INTERVIEW---BIOMAN

バイオマン
（neco眠る）

neco眠るのシンセサイザー／パーカッション担当、そしてDJやソロでも捻れた音を編みこむバイオマンは、特に菜食というわけじゃない。ただ、何の因果か思いつきか、「これからは第一次産業！」と突如農業を始めた得体の知れぬ瞬発力を持つ男。「音楽」と「農業」の二毛作について、彼の畑まで行って訊いてみた。

　バイオマンと知り合ったのは去年の正月のこと。彼も関わってる大阪のフリースペースepokの新年会にて、人懐っこい表情で「農業やってるんですよ」と話してくれたのが最初。もちろん音楽は聴いていたけれど、あのスペーシーな感覚と農業がなかなか一致しなかった。ただ、彼の作るケールの苦味は……いや、そんな無理矢理繋げなくてもいいか（笑）。しかし、気付くと彼も手伝う奈良農民連の野菜が、なぎ食堂で使う野菜の半分近くを占めるというただならぬ関係になっている。

「大学の3年くらいで就活になるじゃないですか。で、先のことを考えたときに、第一次産業がいいなぁってボンヤリ思ったんですよ。環境問題にも興味はあったんだけれど、自分の頭の中で結論付けていましたね。消去法で考えたら畑しかないかな、と。あと、大学時代すごい貧乏で、お金の使い方がリセットされたんですよね。そう考えたら、正しい職業は第一次産業しかな

いんじゃないかなって。一応、音楽はこの先も続けたいと思ったんで、まず畑を借りることにしたんです」

そこからの行動が面白い。農業のノの字も知らぬまま、ネットで休耕地を調べていきなり電話、アパートからバイクで1時間くらいの畑をいきなり借りることに。友人の手も機械も借りず、たった1人で、鍬一本で山の斜面を掘り始めた。

「野菜はわりとできましたね。本に書いてるとおりちゃんとやってたっていうのもあるし、今、自分の畑が自然農チックになってるのも、時間がないからっていうのは大きいですね。ただ、農薬を使うのはちょっと気持ち悪いなぁって（笑）」

「まるで人間の全ての負が襲ってくるような、そういうアレルギー」

実は農業の話とはまったく無関係なのだが、バイオマンは強いアレルギー体質だったりする。それゆえに、食べることができない食品がかなり多く存在していると語る。

「卵、鶏肉もダメですね。それから、

音楽に関しても、neco眠るの活動再開と共に、DJをやったりソロ作品をリリースしたり、充実した二足のわらじを履きつつある。

「あんまり社会的に環境がどうこうっていうことと、農法を選ぶことを一緒にしたくないなぁっていうのはあります。社会的な理由にする方がキャッチーで分かりやすいと思うんですよ。でも（有機の方が）エネルギーの流動が少ない、みたいなことを理由にしてしまうと、畑を作ることの気持ちよさみたいなのを逆説的に否定しちゃってるんじゃないかなと思ったりもしますね。自分で作った美味しい野菜食ってれば、肉体的にも精神的にも、それなりに満足できるようになってくるんですよ。でも都会におったら、岩盤浴行かなくちゃ〜、みたいな（笑）、そういうふうな頭になってくるだろうな、と。でも僕は音楽やってるから、そういうアッパーな気持ちにも片足突っ込んでるわけで、その振り幅が自分でも面白いなって思うんですよね。畑でボーっとしていても面白いし、ケミカルな世界も面白いし。どっちでも楽しめるんだっていうのが楽しいですね」

豆のアレルギーがあって。醤油とか加工食品は大丈夫なんですけれど。あと蕎麦もダメで、食べるより沸かしている気体でダメなんですよ。アレルギーだけだったら痒いだけで済むんだけれど、運動性アナフィラキシーっていうアレルギー状態で、激しい運動をすると死ぬ系のヤツなんですよ。昔は昼の給食食って体育やったときに、たまに「あ、やってもうた！」って。まるで人間のすべての負が襲ってくるような、そういうアレルギー。気持ち悪くなるし、熱出るし、ブツブツできるし、気道せまくなるし、顔腫れるし。ただ、それが病気っていう認識はないですよね。うーん、どう言ったいいのか……クセみたいなもん、と思ってますね」

　現在は、最初の畑は手放して、実家の近くにある休耕地を数カ所借り、奈良農民連の仕事を手伝いながら、マイペースで畑を耕している。もちろん、

『MISSANGA』
BIOMAN
PRIVATE

『EVEN KICK SOY SAUCE』NECO眠る
DEFRAGMENT

なぎ食堂って、どんな店？

2007年の冬、渋谷・鶯谷町にオープンした
ヴィーガン料理の食堂「なぎ食堂」。
肉や魚を使っていない以外は、至って普通の食堂です。
お店は狭いしあまり綺麗ではないかもしれないけれど、
おかげさまでたくさんのお客様に来て頂いてます。
ここでは改めて「なぎ食堂ってどんな店？」について
少しだけ、お話しようと思います。

*To find more
about
Nagi Shokudo?*

2007年の12月、東京・渋谷の喧騒からちょっと離れた鶯谷町（いい名前！）にひっそりとオープンした「なぎ食堂」。その名の由来は、音楽レーベルやイベントをやってきた自分が「もう凪の海のように波風立てたくないなぁ」とぼんやりと考えていたことから。でも、実際始めてみると、そんな穏やかな気持ちにはなれず、バチャバチャと事荒立てながら、気付くと5年の歳月が経ってしまいました。いやはや。

　この店には古びた香りが充満していますが、実はまだペーペーの歴史。その理由は30年以上続いていた昭和の喫茶店を居抜きで借りたから。ザ・昭和な椅子やテーブル、厨房の設備のほとんどが、以前の喫茶店から譲り受けたもの。もちろん、そのままではさすがに厳しかったので、自分たちの手でできる範囲のリフォーム……床を剥が

し、天井と壁を塗り、椅子のシートを張り替え（優れた音楽家、タカハシペチカ君やトクマルシューゴ君、core of bells の連中がコテで塗ってくれました。感謝）、小上がりを作ってできあがったのが、今のなぎ食堂なのです。

　実はここだけの話をひとつ。オープン以前、ここでライヴをすることを考えていました。自分たちの周りのミュージシャンたちの遊び場になればいいなと思ったのが、この場所を作るきっかけだったのです。しかし諸事情により、それは厳しいのではないか、という結論に。そして次の日から「料理一本で戦わなければダメ」という厳しい現実に向き合うことになったのです。

　ライヴは難しくても、いろいろやりたいことはありました。インデペンデント専門のレコード・コーナーを作りたい、ZINE を取り扱って店発信の月

子も作りたい、トークやワークショップをやってみたい、ウェブ上でレシピやお店情報、通販もしたい…。また、飲食に関しても、冷蔵庫から勝手に惣菜を取ってビールとともに楽しめる店にしたい、5時ごろ行っても定食が食いたい、ベジ・タパスを出したい…

　言うは易し行うは難し。どんなにやりたいことがあっても、まずは「ヴィーガンの飯屋として美味しいものを毎日出す」という最低限のことを実践するだけでもう手一杯。いや、それすら5年経った今でもできているかどうか。

　もちろん、自分のレーベルと店で働いているミュージシャン（実は当店のスタッフの多くは、とても素晴らしい音楽家たちだったりします）のレコード販売、そして、巨大メディアと静かに戦い続けてる野中モモさんが運営するZINEショップ「Lilmag」セレクトの

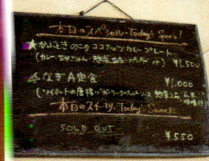

ZINE コーナーはオープン以来密かに続けている大事なこと。本当は、もっと丁寧にやりたいんですが、ゴメン！
　2013年の現在は、ランチは常時10種類以上のデリから3品を選んでプレートにできるなぎプレート、週替わりでお届けするなぎ🅰定食、これも週替りのカレー・プレートの3種、夜は🅰定食、カレー・プレートに加え、お一人でご来店のお客様へのサービス、お一人様プレートやカップル等で来られたお客様への（店主が）きまぐれカップル・プレート、その他、さまざまなアラカルトでお届けしております。また、週替りのヴィーガン・スイーツや、異端焙煎家の手による恐ろしく濃厚で旨いコーヒーなどもオススメです。
　開店から"まだ"5年、やりたいことの半分もできていない未完成状態ですが、これからもよろしくお願いします！

Condiment
なぎ食堂の調味料

調味料は日常使いだから、なくなった際にすぐ手に入らないと本当に困る。だからこそ、こだわりよりも微妙なバランスで選んだ調味料です。もちろん他にも山ほどあるけれど。

バルサミコ酢

洋食系のデリを作る際、「何か深みが足りない」と思ったら、ほんの少しだけ垂らしてみると、あら不思議、ちょうどいいお味に。単体で使うわけじゃないし安いので大丈夫。甘めのをぜひ。

塩（ゲランド塩）

味の決め手が塩加減だったりするこの店。岩塩は使いこなすのが難しいので、塩味が強く味が付き、和食にも合うわりと手に入りやすい海水塩フランスのゲランドの塩をずっと使ってます。

酢（千鳥酢）

京都では、どこの料理屋でも使ってるお馴染みのお酢。酸味を付けるためだけじゃなく、味に深みを付ける隠し味としてちょこちょこ使っています。直接飲んでもむせない旨さ。本当に飲んでる。

ひまわり油

匂いの少ない油を探していたら、インド料理でよく用いられるひまわり油に出会いました。クセも少なく和洋中すべてに合うので、揚げ油に使用。匂いも少なく本当にカラリと仕上がります。

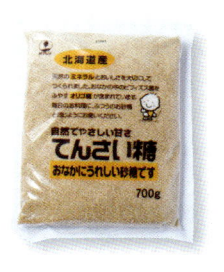

てんさい糖

むやみにキラキラした上白糖を使うのはなんか嫌、ということで安易に決めたてんさい糖だけれど、今ではこの柔らかい甘さが本当にお気に入り。優しくてしっかり味があるのがうれしい。

タマリンド

東南アジア全域で使われるマメ科の植物。果実が強烈な酸味と甘味を持っているので、少しだけ隠し味に使うと味に広がりが出る。絞るのが面倒なのでペースト状のものを使ってます。

Tools

なぎ食堂の道具

食堂といえど、家庭用のコンロで作っている料理。もちろん道具も一般家庭で使う道具です。「それでできるの？」と思われるかもしれませんが、まぁ、なんとかなるものです。

包丁いろいろ

切れ味はもちろん清潔さを重視して、柄と歯の境目がないグローバルの包丁を数種。家ではミュージシャンの長谷川健一君にもらった京都の老舗・有次のペティを使用。実は全部貰いもの。

バーミックス

量の問題でフードプロセッサーを使うことも多いけれど、バーミックスの手軽さと氷も砕くパワーには敬服。気がつくとさまざまなペーストを作ることになったのもコレのおかげと言い切れます。

トング

もし「料理人」と呼ばれる人間であれば、決して使わないであろう無骨な道具ですが、小さな厨房で動き物を多用する当店では本当に重宝しています。長短そろえて、何本も使っております。

天使のなべ

基本的にデリを温めるための手鍋ですが、焦げ付かず、把手が熱くなりにくい逸品。アサヒ軽金属で「2万円以上購入したら千円で買える」ってのが悔しいです。もっと、山ほど欲しいくらい！

活力鍋

高圧を一気にかけられるアサヒ軽金属の圧力釜。当店の玄米は、すべてコレで炊いています。こちらもオープン以来ずっと使い続けているだけに年季が入ってますが、パーツ交換でまだ現役。

OXOのスパチュラーベラ

使い込んでボロボロ(笑)。耐熱シリコンゆえに、フライパンで炒めるときも使えるし、パンのソースもきれいにさらうこともできる。そのちょうどいい柔らかさだけで、こんなに便利になるとは！

Rules
なぎ食堂のルール

正直、そんなものはどこにもないのだけれど、思いついて書いてみた調理時の血の掟(のようなもの)がこちら。といっても、時と状況によってちょこちょこ変えております。失礼っ!

1
野菜はもちろん、
そのままが一番旨い

ホントはね、一応わかってるつもりです。キャベツに味噌付けて喰ったり、トマトを丸ごと頬張るのが美味しいってこと。でもそれだけじゃ楽しくない。自分が日々試してるのはずっと飽きずに楽しむためのシステム作り…みたいなもの。だから、え〜っと、うちの店には生野菜のサラダってもんがないんです。

2
出汁幻想に
告ぐ!

なんと大げさな(笑)。でも、ベジを始めたとき一番不安だったのが「出汁はどうする?」でした。でも「インドでは出汁という概念自体がない」という言葉を耳にしたとき、目から鱗が落ちました。素材から出る味をすべて旨みとして捉えれば、特別出汁なんて必要ないなぁ、と、今はっきり感じてます。

3
塩って、たぶんだけど、
そんなに悪者じゃない

「塩は1日何グラムまで」なんて言うけれど、それってどんな塩を指してるんだろう? 岩塩と精製塩じゃ意味が違うし、それ以前に塩が悪者っていう具体的な根拠がみつからない。そりゃ「摂り過ぎ」は良くないに決まってるけど…。と疑いながら、ちょい濃い味で、日々塩を振り続けているのです。

4
スパイスやハーブは
脇役じゃなくって主役

うちのレシピには、やたらハーブやスパイスが使われています。その理由は…とにかく面白いから。スパイスやハーブには甘い苦いじゃない、言葉で説明できない味わいや旨みがあります。そして組み合わせや熱の入れ方次第で大きく姿を変えます。つい足を踏み入れてしまったこの世界、ホント面白いです。

5
発酵という
恐ろしく深い世界

スパイス以上に、発酵や熟成も、怖いくらいに深い世界です。店を離れたら、キムチを漬けたり、酵母と向き合ったりしているのですが、まだまだ思い通りの「味わい」や「旨み」にたどり着くことができません。まずは、味噌、麹といった分かりやすいものから、ひとつずつ、ひとつずつ、やってます。

6
ここだけの話、
料理1品に30分以上かけるのは……

本書のほとんどのレシピは30分以上かかりません。店主の仕事嫌いもあるけど、2口の家庭用コンロしかない厨房ゆえ、必然的に時間をかけられないというこの現実。好評にもかかわらず出し続けられなくなったメニューも。しかしそれゆえに思いついた独自のアイディアが、この店を支えていたりするのです。

After Hours

あとがき

　こうしてレシピをまとめてみたところ、なぎ食堂をスタートさせ、毎日毎日あえぎながら作ったメニューの2割も掲載していないことに気がつきました。うーん、まだまだ載せ足りないなぁ、あれ載せれば良かったなぁ、と。

　ずっと編集仕事を生業としていたがゆえに、自分たちでレシピ本を作ると言い続けていたんですが、ちゃんとまとめるには誰かの力を借りないと、到底無理だったことを痛感しています。何よりも、ワガママなアイディアと駄文をまとめあげ、無茶苦茶なスケジュールの中一冊の本の形にしてくれた古くからの友人である編集者、ぴあ和久田善彦君に心から感謝しております。また、写真を撮影するだけでなく、スタイリングまでも手伝ってくれた衛藤キヨコさん、シャープなレイアウトでチープな料理を豪華に見せてくれたデザイナーの橘浩貴さんにも感謝感謝。

　そして、本来ならば、料理はなぎ食堂で作り撮影すべき話。しかし当店の狭っ苦しいスペースでは、一度にさまざまなメニューを作って撮影するのは難しいという理由で、厨房はもちろん、当店とは比べ物にもならないほど洒落た造作ごとお借りした吉祥寺の素晴らしいカフェ、キチムとそのスタッフの皆々様の心遣いに感謝しきりです。

　アジアや南欧の風変わりな食器やクロス等をお借りしたのは、京都と青山に店舗を持つグランピエ商会。ゲスな私とは一見繋がりがなさそうですが、同社の京都の倉庫と関連の飲み屋で20代を過ごしていた過去が！　この先もよろしくお願いします。また和食器は、自身のレーベル compare notes からリリースしているバンド popo の鍵盤奏者であり陶芸家であり、20年来の友人喜多村朋太君のもの。日常使いにも最適な素晴らしい器に感謝。

　また、なぎ食堂を共に運営している友人北口大介君、毎日一所懸命働いてくれているスタッフたち、そしてもちろんご来店いただいたお客様に何より感謝しております。本が作れたのは、すべて皆様のご愛顧のおかげです。

　ということで、今回は国別のレシピ集でしたが、まだ当店の永遠のテーマとも言える「酒が飲めるベジつまみ」がアリ！　次、どうですか（笑）？

Index
食材別索引

本書でよく使う主な食材別のインデックスです。
違った野菜を使って作れるものもたくさんあるので、ご自身でもいろいろ試してみてください。

【厚揚げ】
きのこと厚揚げのラープ…P10
ベジ・パッタイ（焼きビーフン）…P16
茹で野菜とソイミートのサテ ガドガドソース…P104
厚揚げときのこのトマトココナッツ煮込み…P106
タフ・イシ（野菜詰め厚揚げのパコラ トマトチリソース）…P108
なすとキウイのスパイス炒め煮…P111

【いんげん】
れんこんのトート・マンプラー…P12
タイ風ココナッツカレー…P14
ベジ・パッタイ（焼きビーフン）…P16
いんげんのポリヤル…P88
茹で野菜とソイミートのサテ ガドガドソース…P104
なすとキウイのスパイス炒め煮…P111

【えのきだけ】
えのきだけの酒粕豆乳和え…P38

【エリンギ】
タイ風野菜生春巻き…P18
エリンギときゅうりの棒々鶏風ごま和え…P52
チンゲン菜とザーサイの塩麹中華あん…P56
エリンギとオクラのカルパッチョ…P72

【オクラ】
エリンギとオクラのカルパッチョ…P72
ビンディ・マサラ（オクラのカレー）…P84

【かぼちゃ】
かぼちゃのごましそサラダ…P34

【カリフラワー】
アル・ゴビ（じゃがいもとカリフラワーのドライカレー風炒め）…P86
ゴビ・マンチュリアン（カリフラワーのパコラ トマトチリソース）…P94

【きゅうり】
タイ風野菜生春巻き…P18

長いもときゅうり、しめじの生姜和え…P39
エリンギときゅうりの棒々鶏風ごま和え…P52
丸ごと長いもの素揚げ 黒酢酢豚風炒め…P54

【小松菜】
小松菜ときのこの辛味炒め…P19

【さつまいも】
さつまいもとねぎの味噌和え…P30

【里いも】
里いもの竜田揚げ…P32

【しいたけ】※出汁用を除く
たけのこと焼き豆腐のうま煮…P36
トマトの入った麻婆なす…P46
ベジ餃子…P48

【しめじ】
きのこと厚揚げのラープ…P10
タイ風ココナッツカレー…P14
小松菜ときのこの辛味炒め…P19
長いもときゅうり、しめじの生姜和え…P39
酸辣土豆絲（千切りじゃがいもの酢醤油炒め）…P57
豆乳ライスコロッケのトマトソース…P66
じゃがいものマスタードソース和え…P68
厚揚げときのこのトマトココナッツ煮込み…P106
タフ・イシ（野菜詰め厚揚げのパコラ トマトチリソース）…P108
春雨の入った揚げ春巻き…P110
ソト・ミー（春雨の入ったスープ）…P112

【じゃがいも】
白味噌長いも汁…P40
酸辣土豆絲（千切りじゃがいもの酢醤油炒め）…P57
じゃがいものマスタードソース和え…P68
赤ワインのたっぷり入ったビーフシチュー風シチュー…P76
アル・ゴビ（じゃがいもとカリフラワーのドライカレー風炒め）…P86
ハラーバラーケバブ…P92

【セロリ】
セロリと大根の甘酢漬け…P28
赤ワインのたっぷり入ったビーフシチュー風シチュー…P76

【大根】
切り干し大根のソムタムサラダ…P8
セロリと大根の甘酢漬け…P28

白味噌長いも汁…P40
もやしと切り干し大根の出汁で作った中華スープ…P58
ソト・ミー（春雨の入ったスープ）…P112

【たけのこ】
タイ風ココナッツカレー…P14
たけのこと焼き豆腐のうま煮…P36
ベジ餃子…P48
薄切りソイミートの青椒肉絲…P50
春雨の入った揚げ春巻き…P110
ソト・ミー（春雨の入ったスープ）…P112

【（紫）玉ねぎ】
切り干し大根のソムタムサラダ…P8
春雨の入ったトムヤンクン風スープ…P20
かぼちゃのごましそサラダ…P34
豆乳ライスコロッケのトマトソース…P66
じゃがいものマスタードソース和え…P68
赤ワインのたっぷり入ったビーフシチュー風シチュー…P76
ビンディ・マサラ（オクラのカレー）…P84
紫玉ねぎのアチャール…P95
クットゥ（トゥールダルのココナッツシチュー）…P96

【チンゲン菜】
チンゲン菜とザーサイの塩麹中華あん…P56

【トマト】
切り干し大根のソムタムサラダ…P8
タイ風ココナッツカレー…P14
ベジ・パッタイ（焼きビーフン）…P16
トマトの入った麻婆なす…P46
ビンディ・マサラ（オクラのカレー）…P84
紫玉ねぎのアチャール…P95
タフ・イシ（野菜詰め厚揚げのパコラ トマトチリソース）…P108

【長いも】
れんこんのトート・マンプラー…P12
れんこんと長いもの揚げ春巻き…P26
長いもときゅうり、しめじの生姜和え…P39
白味噌長いも汁…P40
丸ごと長いもの素揚げ 黒酢酢豚風炒め…P54
れんこんのトート・マンプラー…P12

【なす】
トマトの入った麻婆なす…P46
揚げなすのダブダブソース…P102

なすとキウイのスパイス炒め煮…P111

【菜の花】
菜の花のオリーブオイル煮…P75

【にんじん】
タイ風野菜生春巻き…P18
れんこんと長いもの揚げ春巻き…P26
白味噌長いも汁…P40
丸ごと長いもの素揚げ 黒酢酢豚風炒め…P54
赤ワインのたっぷり入ったビーフシチュー風シチュー…P76
茹で野菜とソイミートのサテ ガドガドソース…P104

【春雨】
タイ風野菜生春巻き…P18
春雨の入ったトムヤンクン風スープ…P20
春雨の入った揚げ春巻き…P110
ソト・ミー（春雨の入ったスープ）…P112

【ビーフン】
ベジ・パッタイ（焼きビーフン）…P16

【ひじき】
ニセアンチョビひじきのパスタサラダ…P70

【ソイミート】
薄切りソイミートの青椒肉絲…P50
茹で野菜とソイミートのサテ ガドガドソース…P104

【豆類（ひよこ豆 ダルなど）】
ひよこ豆のスパイスフライ…P74
いんげんのポリヤル…P88
ダル・ワダ（ウラッドダルとトゥールダルのコロッケ トマトチリソース）…P90
クットゥ（トゥールダルのココナッツシチュー）…P96

【もやし】
きのこと厚揚げのスープ…P10
ベジ・パッタイ（焼きビーフン）…P16
春雨の入ったトムヤンクン風スープ…P20
もやしと切り干し大根の出汁で作った中華スープ…P58
茹で野菜とソイミートのサテ ガドガドソース…P104
タフ・イシ（野菜詰め厚揚げのパコラ トマトチリソース）…P108
春雨の入った揚げ春巻き…P110

【れんこん】
れんこんのトート・マンプラー…P12
れんこんと長いもの揚げ春巻き…P26

127

小田晶房　おだ・あきのぶ

1967年京都生まれ。音楽雑誌の編集者を経てフリーに。2000年、福田教雄(SweetDreams)と共に音楽誌『map』を発刊。その後も多数の海外ミュージシャンの招聘、書籍の刊行を行う。SAKEROCK、二階堂和美、トクマルシューゴ、長谷川健一らを輩出したインディペンデント・レーベル「compass tone/compare notes」のレーベル・オーナーでもある。2007年に、肉・魚を使わない食堂「なぎ食堂」を、渋谷・鶯谷町にオープン。がっつり満腹になれるベジ・メニューに、著名人のファンも多数。

なぎ食堂のベジタブル・レシピ

2013年3月2日　　初版発行
2021年2月5日　　第4刷発行

著者	小田晶房
編集	和久田善彦
撮影	衛藤キヨコ
装丁	橘 浩貴
協力	キチム／グランピエ商会／喜多村朋太／原田郁子／ショコラ＆アキト／バイオマン／奈良県農民連北和センター

発行人　　藪内知利
発行・発売　ぴあ株式会社　関西支社
　　　　　〒530-0004 大阪市北区堂島浜1-4-4 アクア堂島東館2F
　　　　　06-6345-8900［代表］
　　　　　06-6345-9088［関西販売］
　　　　　06-6345-9055［編集］

　　　　　ぴあ株式会社
　　　　　〒150-0011 東京都渋谷区東1-2-20 渋谷ファーストタワー
　　　　　03-5774-5200［大代表］

印刷・製本　凸版印刷株式会社
DTP　　　株式会社ビーワークス

落丁本、乱丁本はお取替えいたします。ただし、古書店で購入したものについてはお取替えできません。
定価はカバーに表示してあります。本書の無断複写、転載、引用などを禁じます。

ISBN 978-4-8356-1823-4

IMF 自由主義政策の形成

ブレトンウッズから金融グローバル化へ

Creation and Evolution of the IMF
Economic Policy in the Bretton Woods Era

西川 輝 [著]
Teru Nishizawa

名古屋大学出版会

IMF 自由主義政策の形成

目　　次

略語一覧　iv

序　章　ブレトンウッズ体制下のIMF …………………………… 1
　　　　　――自律的な政策形成へ

1　国際通貨システムの安定とIMF――その歴史性　1

2　ブレトンウッズ体制下のIMFをめぐる言説――課題と方法　5

第1章　多角主義からアブソープションアプローチへ ………… 21
　　　　　――IMF経済政策の起源　1944-52

1　多角主義の方策をめぐる論争とIMF　21

2　「開店休業状態」のIMF――OEECとEPUの台頭　35

3　マクロ政策介入の理論と方法――IMF復権に向けた試み　47

第2章　14条コンサルテーションの開始とポンド交換性回復の試み … 67
　　　　　――為替自由化をめぐるマクロ政策調整　1952-54

1　IMF協定14条コンサルテーションの始まり　67

2　多角的決済体制とポンド　76

3　対外均衡をめぐるマクロ政策調整――拡張路線への微温的介入　105

第3章　為替自由化とポンド危機 …………………………………… 113
　　　　　――マネタリーアプローチと融資政策　1955-57

1　対英政策の変容――マクロ政策介入の強化　113

2　ポンドの危機とIMF――国際通貨システムの安定をめぐる挑戦　132

3　IMFの復権　148

第4章　多角的決済体制の樹立からシステム不安へ …………… 157
　　　　　――資本自由化の潮流とIMF　1958-61

1　多角的決済体制の樹立と戦後過渡期の終了　157

2　国際通貨システムの動揺とIMF――「新たな課題」の登場　184

終　章　ブレトンウッズ体制の変容とIMF…………………………211
　　　　──総括と展望

附表1　スタッフ・理事一覧　222
附表2　世界金融危機とIMF改革　235
参考文献　247
あとがき　261
図表一覧　267
人名索引　269
事項索引　271

略語一覧

BIS	国際決済銀行（Bank for International Settlement）
CEEC	欧州経済協力会議（Committee of European Economic Cooperation）
CFF	輸出変動補償ファシリティー（Compensatory Financing Facility）
ECA	経済協力局（Economic Cooperation Administration）
ECM	欧州共同市場（European Common Market）
EEC	欧州経済共同体（European Economic Community）
EFF	拡大信用ファシリティー（Extended Fund Facility）
EMA	欧州通貨協定（European Monetary Agreement）
ERP	欧州復興援助計画（European Recovery Program）
EPU	欧州決済同盟（European Payments Union）
FRB	連邦準備制度理事会（Federal Reserve Board）
FSAP	金融セクター評価プログラム（Financial Sector Assessment Program）
FSB	金融安定理事会（Financial Stability Board）
FSF	金融安定化フォーラム（Financial Stability Forum）
GAB	一般借入協定（General Arrangements to Borrow）
IBRD	国際復興開発銀行＝世界銀行（International Bank for Reconstruction and Development）
IEO	独立評価機関（Independent Evaluations Office）
IMFC	国際通貨金融委員会（International Monetary and Financial Committee）
NAB	新規借入協定（New Arrangements to Borrow）
NAC	国際通貨金融諮問委員会（National Advisory Council on International Monetary and Financial Problems）
OEEC	欧州経済協力機構（Organization for European Economic Cooperation）
SDR	特別引出権（Special Drawing Rights）

序　章

ブレトンウッズ体制下の IMF
―― 自律的な政策形成へ ――

1　国際通貨システムの安定と IMF ―― その歴史性

　本書の目的は，国際通貨基金（International Monetary Fund; IMF）の果たした役割について，この IMF が創設された第二次大戦終結前夜から戦後の国際通貨システムが機能し始める 1960 年代初頭までの時期を対象として，すなわちその起源に立ち返って検討することにある。なぜ，いまこのような試みが必要なのだろうか。

　世界金融危機を契機に不安定性を露呈させている国際金融システムを如何にして再建していくべきか。その道筋はいまなおついていない。学術的なレベルでは，不可逆的に進行する金融グローバル化の潮流を如何にして管理するか，事実上ドル一極体制の国際通貨システムに内在する問題を如何にして克服するか等，危機の原因分析をめぐる見解の相違，それゆえの改革の方向性をめぐる対立が存在する。またポスト市場原理主義を模索する試みや市場化の潮流そのものに対する反作用も生じ始めているが，議論はまだ緒についたばかりである。さらに具体的な政策立案の現場もまた，当事者間の戦略・利害の対立や次々と生起するシステム不安へのパッチワーク的な政策対応に追われ抜本的な改革を実行に移す政治的・経済的な環境にはないように思われる。

　こうした混乱の渦中にあって，IMF の融資活動はひとつの「絶頂期」を迎えた。今世紀初頭の "Great Moderation（大いなる安定期）" とよばれた国際経済

の安定期には，その存在意義が薄れ組織としての存続が危ぶまれたものの，PIIGS 諸国の債務問題に関与するなど世界金融危機を契機にその融資活動は活発化した。融資は 2012 年中頃をピークに漸減傾向にあるものの，依然として危機前の水準を遥かに上回る金額で推移している（図序-1）。

　翻って，この背後で IMF は急速な変革を求められている。図序-2 に示したように，改革は目下，① ガバナンスの改革：クオータの増資と新興国・途上国の発言権を強める形での出資比率の調整，② 融資制度の改革：融資財源の拡充，危機への柔軟な対応に重点を置いた制度の新設，コンディショナリティの改革，③ サーベイランスの強化：リスク評価体制の強化（危機の波及効果の測定，金融部門監視の重点化），G20 や金融安定理事会（Financial Stability Board; FSB）といった国際フォーラムとの連携の強化という三点を軸に展開している（図序-2）。巻末の「附表 2」に改革の詳細をまとめたが，この附表 2 からも分かるとおり次々と繰り出される国際社会からの要望を受け IMF の改革は「なし崩し的」な様相すら呈している。

　サミットの場で IMF の改革が謳われるとき，IMF の役割との関連で必ずといってよいほど「国際通貨システムの安定」という言葉が登場する。もちろんこうした IMF の役割に対する把握自体は間違っていない。事実，IMF 協定第 1 条は，① 国際通貨問題にかんし加盟国間の国際協力を促すこと，② 国際貿易の発展拡大を通して全加盟国の雇用と所得を増進すること，③ 為替の秩序を維持すること，④ 国際貿易の発展を阻害する為替管理を撤廃し経常取引に係る多角的決済体制を確立すること，⑤ 加盟国に融資を提供し近隣窮乏化政策に訴えることなく国際収支の失調を是正する機会を与えること，⑥ 以上の諸点を踏まえ加盟国の国際収支不均衡の期間を短縮することの 6 点を IMF の目的として掲げている。国際通貨システムの安定を通し国際経済の発展に寄与することは，設立以来，一貫して IMF の理念であり続けている。

　しかし「国際通貨システム」とは本来「歴史性」を伴う概念であり，IMF もまた一定の史的条件の下に創設された歴史的な存在である。このため「国際通貨システムの安定」という理念の正当性から，直ちに理念を実現するための政策のあり方が演繹されるとは限らない。世界金融危機と IMF 経済政策の

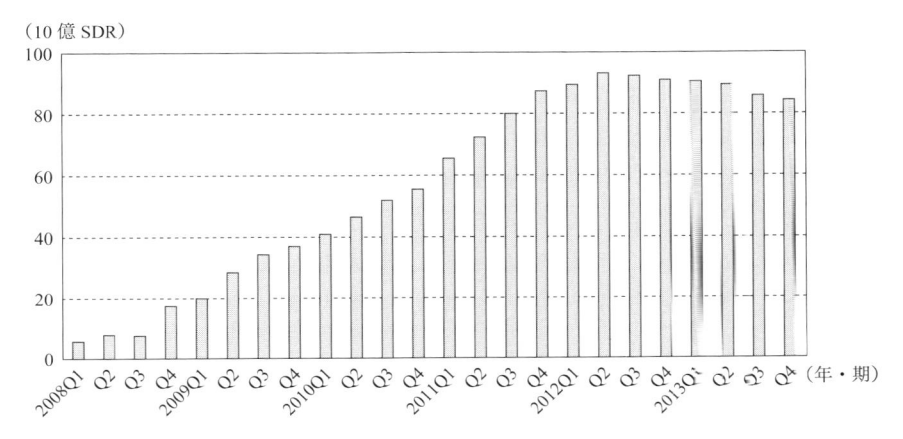

序　章　ブレトンウッズ体制下のIMF——3

図序-1　世界金融危機とIMF融資の増加

出所）IMF, *IMF Financial Activity* より作成。
注）一般勘定融資のみの値。

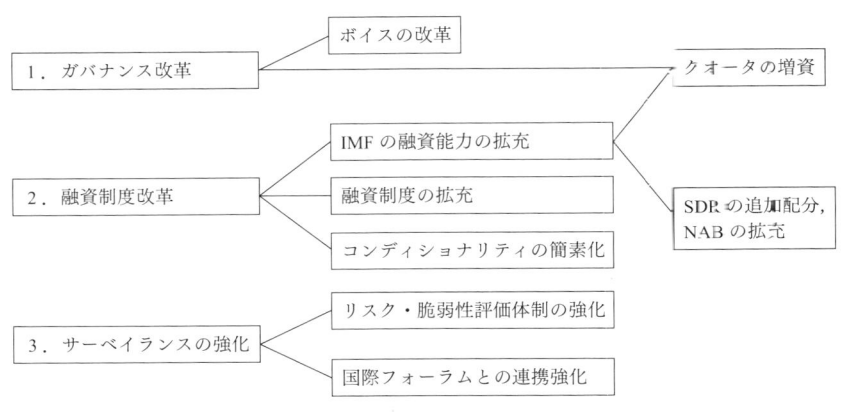

図序-2　世界金融危機とIMFの改革

出所）筆者作成。
注）NAB（New Arrangements to Borrow: 新規借入協定）とは，1998年，資金規模の拡充を目的にIMFが主要加盟国25カ国との間で締結した借入協定のことである。

「歴史的位相」の関連性如何という論点を置き去りにした「なし崩し的」な改革では，有意義な IMF の役割を展望することはできないはずである。

　実際のところ，今次の危機の文脈において何をもって「国際通貨システムの安定」と捉えているのか，「IMF の改革」に言及する発言者の意味するところは必ずしも明確ではない。世界金融危機後のシステム不安とは，基軸通貨のあり方の問題なのか，主要国のマクロ政策運営あるいは主要国間の政策協調の問題なのか，よりミクロな多国籍金融機関の行動の問題なのか，仮にそれらすべてを含むとしてその相互関連性はどのように把握されているのかなど，はっきりしない点は少なくない。

　さらに，IMF 経済政策についても状況は同様である。IMF に特徴的な役割といえば，その融資政策の枠組み——借入国には一定のコンディショナリティが課される——や，サーベイランス等を通し加盟国の政策運営に注文をつけるといった方法，マネタリーアプローチにもとづくフィナンシャルプログラミングといった手法が想起されよう。実際，これら IMF 経済政策の枠組みについては，IMF エコノミストの作品も含め経済政策論・国際金融論の観点から優れた研究が次々と発表されている[1]。しかし現在では当然のことと考えられているこれらの政策体系は，設立当初から IMF に固有の役割だったわけではない。じつは，それらの政策体系は設立後の歴史的文脈のなかで徐々に形成されてきたものであった。本書で明らかにするように，加盟国の国際収支調整ないしマクロ経済管理のための原初的な理論——アブソープションアプローチ——やコンディショナリティの原型となる「融資条件」の枠組みは，とりわけ初期の IMF にその起源をもっている。

　このように，現状 IMF の改革は「国際通貨システムの安定」という理念から歴史制約性を捨象する一方，そのようにして普遍化した理念の範囲内で IMF の「マンデート」のあり方をソフトに解釈する形で進んでいる。改革論議が独り歩きするということ自体，今次の危機の深刻さを如実に物語っているともいえる。しかしそうした状況にあるいまだからこそ，IMF がどのような

---

[1] De Vries（1987），IMF（1987），Vreeland（2003），Polak（2004），白井早由里（1999），大田英明（2009），国宗浩三（2013）。

役割を担う国際機関として設立されたのか，どのように IMF に固有の経済政策が形作られてきたのか，これら国際通貨システムと IMF の役割の関係如何という原初的な論点についてあらためてその起源から問う必要がある。本書が戦後国際通貨システムの形成期における IMF を俎上にのせる背景には，以上の問題意識が存在する。

2　ブレトンウッズ体制下の IMF をめぐる言説――課題と方法

　もちろんこれまでも，戦後国際通貨システムの形成期における IMF について議論が行われてこなかったわけではない。それどころか，主に戦後国際通貨システム――ブレトンウッズ体制――との関連で同時代の IMF については数多くの研究が蓄積されてきたとさえいえる。そして目下，2 つの見方が基準となりつつあるが，本書で問題とする論点――IMF 経済政策の形成過程やその独自性如何――にまで踏み込んだ議論は行われてこなかったように思われる。これはなぜか。そして本書ではどのような方法を用いて課題にアプローチするか。以下，研究史を整理しながら説明する。

　初期の IMF をめぐる第一の通説は，じつは IMF によるアジア通貨危機への対処の失敗を契機に噴出した批判のなかで形作られてきた。1997 年 7 月，タイに始まった通貨危機への政策対応をめぐって，IMF に対し厳しい批判が噴出した。批判は，主に危機の原因をめぐって「外因説」の立場を採る論者たちから寄せられた。アジア諸国からの短資の突発的なフライトが危機の直接的な原因であるとみなす「外因説」の論者たちは，2 つの点から IMF の政策対応を批判した。

　第一は，IMF が履行を要求した「支援プログラム」の設計に対する批判である。支援を求めてきたタイ・インドネシア・韓国に対し，IMF は融資の条件すなわちコンディショナリティとしてマクロ政策運営における規律の重視と構造改革の徹底を求めた。ところが緊縮的マクロ政策の要求は伝統的な経常収支危機に対する処方箋であり，通貨危機が金融危機そして経済危機へと深化し

てゆくなかで各国の経済情勢を悪化させた。さらに構造改革の要求は，通貨危機の「内因説」すなわち危機はアジア諸国に根付いた縁故資本主義であるとか金融部門の脆弱性であるとかいった制度的・構造的な腐敗に起因するとの見立てをベースに導入されたものであったが，危機の鎮静化と伝染（Contagion）の抑止がまずなされるべき状況下での改革は経済情勢の悪化に拍車をかけた。

　第二の批判は，1980年代後半以降，IMF自身が積極的に資本自由化＝金融グローバル化を唱道し危機の温床を用意したというものである。実際，そうしたIMFの方針は，通貨危機に先立つ1997年4月28日，IMFの暫定委員会（interim committee）における次のような合意——資本自由化の促進をIMFの特別の目的としかつ資本移動にかんする特定の権限をIMFに与えるためにIMF協定を改正する——に帰結していた。ところが周知のように，急速な資本自由化はアジア諸国の未発達な金融市場を短期的・投機的な資金移動にさらすことになったのだった[2]。

　こうした事態に対し，外因説の代表的な論者であるジョセフ・スティグリッツ（Joseph Stiglitz）は，その著書 *Globalization and its Discontents* において次のようにIMFの経済政策の「変貌」について説明している[3]。彼によれば，設立当初のIMFは国際公共機関として「健全な」理念にもとづいていたという。すなわちブレトンウッズ体制下のIMFは，「市場の失敗」を前提とする「ケインズ主義」に立脚し，景気逆循環的なファインチューニングによって完全雇用と経済成長を図ることこそ政府の役割でありその実現のために国際協調が必要

---

2) アジア通貨危機の経緯とIMFの対応については荒巻健二（1999），外因説論者の主張については，Sachs (1997), Feldstein (1998), Stiglitz (2002), 吉富勝（2003）に詳しい。また危機に至るまでのIMFの政策に対する評価については，McQuillan et al. eds. (1999) ほか，2001年7月，「IMFに関連する諸問題について客観的かつ独立の評価を実施するため」IMF理事会によって設置された「独立評価機関（Independent Evaluations Office; IEO）」による報告，IEO (2005) (2008) が存在する。さらに，危機の背景をなした資本自由化とIMFのあり方については，Fisher ed. (1998) に詳しい。同書では，資本自由化の効果およびそのシークエンスや適切な資本規制のあり方など，リーマンショックを経ていっそう活発化の様相を見せている資本自由化論争へと連なる論点が提示されている。

3) Stiglitz (2002), pp. 11–18.

であるとの認識を有していた。さらに短期的・投機的な資本移動を均衡破壊的なものとみなし，為替自由化における経常収支と資本収支——とりわけ短期資本収支——を明確に区別する考え方に立っていた。

ところが「発足からかなりの年月を経て，IMF は驚くほどに変貌してしまった」とスティグリッツは慨嘆する。彼によれば，1980 年代に入り「レーガノミクス」や「サッチャリズム」といった「新自由主義」的な経済政策が台頭するなか[4]，IMF もまた「ケインズ主義」を放棄して市場原理主義者へと変貌した。市場は自ずと効率的な結果を生み出すとの信念にもとづいて小さな政府を標榜し，マクロ政策運営における規律を重視し，マクロ経済に対する政府の介入を否定し，規制緩和・民営化といった構造改革を唱道するとともに投機的であっても自由な資本移動は望ましいというスタンスに転換したという。

こうした IMF の「変貌」をめぐる把握はいまや通説的となっており，アジア通貨危機を契機に IMF の功罪をめぐって活発化した議論のなかでこの「使命の変質＝ミッション・クリープ（mission creep）」に触れないものはほとんど皆無であるといってよい。近年の IMF 改革が一方で今次の危機への対応を目的とするものでありながら他方でコンディショナリティの改革など IMF の「変貌」に対する一定の修正を含んでいることは明らかであり[5]，この意味でこうした「IMF 健全説」は一見説得的であるかに見える。

続いて第二の通説について説明しよう。第二の通説はブレトンウッズ体制の成立過程をめぐる歴史（国際金融史）研究の領域において形成されてきた。そして興味深いのは，上記の「IMF 健全説」と異なりこれら歴史研究は IMF の役割について押し並べて肯定的な評価を下していないという事実である。以下，戦後国際通貨システムの帰趨を跡付けながらこの点を確認する。

ブレトンウッズ体制と IMF の設立をめぐり，英米間において繰り広げられ

---

4) 伊藤正直は，レーガノミクスやサッチャリズムといった政策体系を「アングロ・アメリカ的」な新自由主義と述べ，フランスやドイツなどの欧州に起源をもつ新自由主義と区別している。以下，本書で新自由主義という場合，断りのない限りこの「アングロ・アメリカ的」な新自由主義のことを指す。伊藤正直ほか編（2011）。

5) 改革の詳細は巻末附表 2「IMF 融資制度の改正　2．コンディショナリティの改革」を参照のこと。

た交渉の過程については現在に至るまで数多くの研究が蓄積されてきた[6]。これらの研究が明らかにしているように，ブレトンウッズ体制はその構想に携わった英米両国の対抗と妥協の産物であったが，一方で1930年代の経験を繰り返すまいとの共通の認識に支えられたものでもあった。

まず国内政策面では，裁量的なマクロ政策を通した完全雇用および経済成長の追求と金本位制との間に生じていた矛盾を「調整可能な釘付け制度（Adjustable Peg System）」とよばれる為替相場制度と一時的な国際収支の失調を補塡するためのIMF融資とによって緩和することが想定された。また国際的には，近隣窮乏化政策と経済のブロック化を防ぐため国際貿易の発展に資する「多角的決済体制（＝交換性通貨体制）」の樹立が追求された。もちろん周知のように，資本移動とりわけ短期資本移動は国際金融における均衡破壊的な要素とみなされたため為替自由化はあくまで経常勘定の範囲に限定された。そしてこうした枠組みの実現と維持に向け，国際協調を促進することがIMFの使命とされたのだった。

ところがこの「IMFによる通貨調整を通し国際通貨システムの再建を図る」という構想は，必ずしも同時代のコンセンサスではなくむしろ当の英米両国内において強い批判にさらされていた。多角的貿易決済体制の構築をめぐる実践方式として，IMFのような国際機関を用いることは非現実的であるとの認識が存在したのである。実際，戦後のドル不足の影響で，主要各国ではシステムの設計者たちが当初想定していたデフレではなく大規模な復興需要に起因する激しいインフレが生じ，国際貿易は多角的決済体制ではなく双務協定によって規定された。

もちろん当初より，多角的決済体制を一朝にして確立することが困難であることは英米間の交渉において予想されていた。このためIMF協定では，第14条に「過渡期条項」とよばれる一条が用意された。この条項は，1947年3月のIMFの業務開始から5年間を「戦後過渡期」という加盟国にとっての一種の「調整期間」として規定した。そしてこの間に限り，加盟国は協定第8条

---

6) 例えば，Harrod (1951), Gardner (1969), Boughton (2002a), Steil (2013) 等が存在する。またわが国では，本間雅美（1991），岩本武和（1999），伊藤正直（2014）が詳しい。

表序-1 加盟国のIMF8条国移行（西欧主要国の14条国時代の長期化）

年	国　名
1946	アメリカ，エルサルバドル，メキシコ，パナマ
1947	グアテマラ
1950	ホンジュラス
1952	カナダ
1953	ドミニカ，ハイチ
1954	キューバ
1961	ベルギー，フランス，西ドイツ，アイルランド，イタリア，ルクセンブルク，オランダ，スウェーデン，イギリス，ペルー，サウジアラビア

出所）Horsefield et al. (1969), Vol. 2, pp. 248, 292.

2-4項における「経常取引に係る通貨の交換性回復」の義務の履行を「国際収支上の理由」から免除された。

　しかしボルドー（Michael Bordo）が述べるように[7]，多角的決済体制の成立には1958年末における西欧主要通貨の対外交換性の回復および1961年2月における西欧主要国のIMF8条国への移行を待たねばならなかった（表序-1）。「戦後過渡期」は，当初の想定のおよそ3倍もの長きにわたって継続したのである。この間，国際決済構造は，双務主義に特徴づけられる「双務的段階」から1950年9月の欧州決済同盟（European Payments Union; EPU）発足に伴う「二元的段階」の成立を経て漸進的・段階的に多角的決済体制へと発展を遂げることになった[8]。

　さらに「過渡期条項」は，IMF資金の有限性からIMFはドル不足と復興需要に起因する資金需要には応じない旨を規定していた。戦後復興期における国際流動性の供給は，IMFによってではなく戦後圧倒的な大国となって立ち現れたアメリカ政府による公的なドル供給によってその大部分が賄われた。結局，1950年代中頃にかけ加盟国によるIMF資金の利用は低迷の一途を辿った（図序-3）。

　1950年代は主要各国が対ドル相場の安定と為替自由化を達成した時期，より直截的には戦後圧倒的な大国となったアメリカとの間の経済的不均衡すなわ

---

7) Bordo (1993).
8) Tew (1977), Solomon (1982).

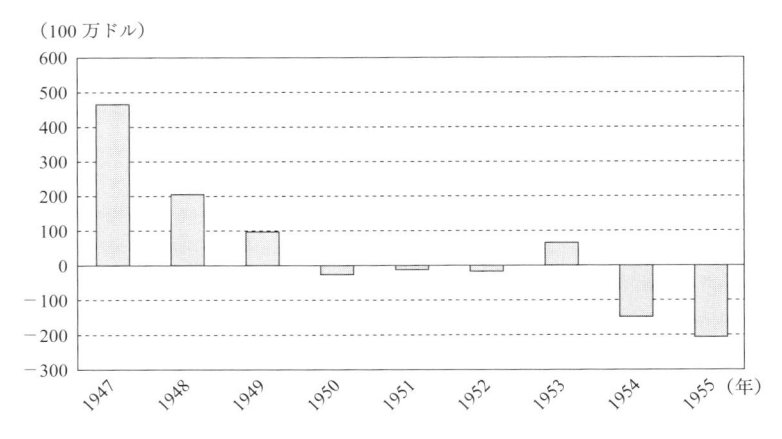

図序-3 1950年代前半におけるIMF融資の減少

出所) Horsefield et al. (1969), Vol. 2, pp. 460–467.
注) 新規引出額から買戻し額を差し引いた額。

ちドル不足問題を解消していった時期となった。ドル不足からドル過剰への転換が起きる50年代末以降になると圧倒的なアメリカの経済的地位によって支えられていた国際通貨システムの安定は揺らぎ始め，時代はドル危機の60年代へと推移していくことになる。

　以上，通説的な歴史認識の示すところは次のようにまとめられよう。IMFが所期の機能を果たすには戦後過渡期の諸問題が解決されねばならなかったが，当初よりIMFはそのための十分な機能を欠いていた。そして戦後過渡期が終了した後においては，IMFは早くも国際通貨システムの動揺に直面することになった。このように，第二の通説は「機能不全のIMF」という「健全」とは異なる像を提示する。

　では，この「健全」と「機能不全」という2つの評価をどのように把握すればよいのだろうか。じつはなぜこれまでIMFの経済政策の形成過程が正面から語られてこなかったのかという研究史上の問題は，この一見すると相反する通説をいま一歩掘り下げ統合的に把握しようとするなかで見えてくる。

　実際のところ2つの評価は共通の視角から導出されている。それはすなわち「IMF＝主要国の設計した国際通貨システムに従属的な存在，ないしアメリカ

はじめ主要国の戦略・利害を補完するための存在」という見方，これである。そしてこうした方法論のために，そもそもIMFそれ自体が検討の対象とされなかったのである。

　まずIMFの「変貌」を唱える研究における「国際公共機関として健全なIMF」という評価は，戦後国際通貨システムをその創設の理念のみに着目し「調整可能な釘付け制度＋裁量的なマクロ政策＋経常取引に限定した通貨の交換性回復」と解釈し，そうしたシステムの理念とIMFが実際に果たした役割とを同一視するところから導かれている。すなわち，IMFはそうした国際通貨システムの下で設定された「ゲームのルール」に従属的な存在であるとの見方が立論の前提に存在している。このためIMFの「変貌」を指摘する研究は，IMFが「国際公共機関として」健全に機能していたとしながらも，IMFが国際機関としてどのような理論や方法にもとづいて何を行っていたのかという点については踏み込んでいない。これらの研究は，IMFの「設立の理念」とアジア通貨危機に帰結するそのいわば「現代的な役割」との間の距離感に目を奪われ「変貌」の「インパクト」を強調しようとするあまり，自らの拠って立つ歴史像，すなわち戦後国際通貨システムの形成をめぐる歴史的文脈を等閑視してきたのである。そしてそれゆえに，IMFの政策論についても「健全」なケインズ主義の理念にもとづいていたという一般的な把握に止まっている。

　一方，国際金融史の領域における「機能不全」という評価もまた根本的には同様の見方に立脚している。すなわち，IMFが「アメリカはじめ主要国の期待通りには」機能していなかったという評価の仕方である。こうした評価の前置きには，「主要国の戦略・利害を補完することこそ，IMFの本来的な役割であるにもかかわらず」との一文が言外に示されている。実際，「機能不全」という評価を下すに止まっていることからもわかるとおり，多くの歴史研究はIMFの機能の「成否」を論じるのみであった。IMFの政策路線の理論的・方法的特徴や，その形成過程については言及していない。

　もっともIMFの組織構造や沿革といった客観的な諸条件に立ち入ってみれば，先行研究がIMFの役割を主要国の戦略や利害に従属的なものとして描いてきたことは，それ自体，不自然なことではない。図序-4は現代のIMFの組

```
                    最高意
  独立評価機関      思決定      総務会
      IEO          者   →   Board of Governors   ←   助言
                                  │                      │
      │                        権限を委譲          国際通貨金融委員会
    サポート                      ↓                      IMFC
      └──────────→        理事会
                         Executive Board
                              │     │
                            選出   議長
```

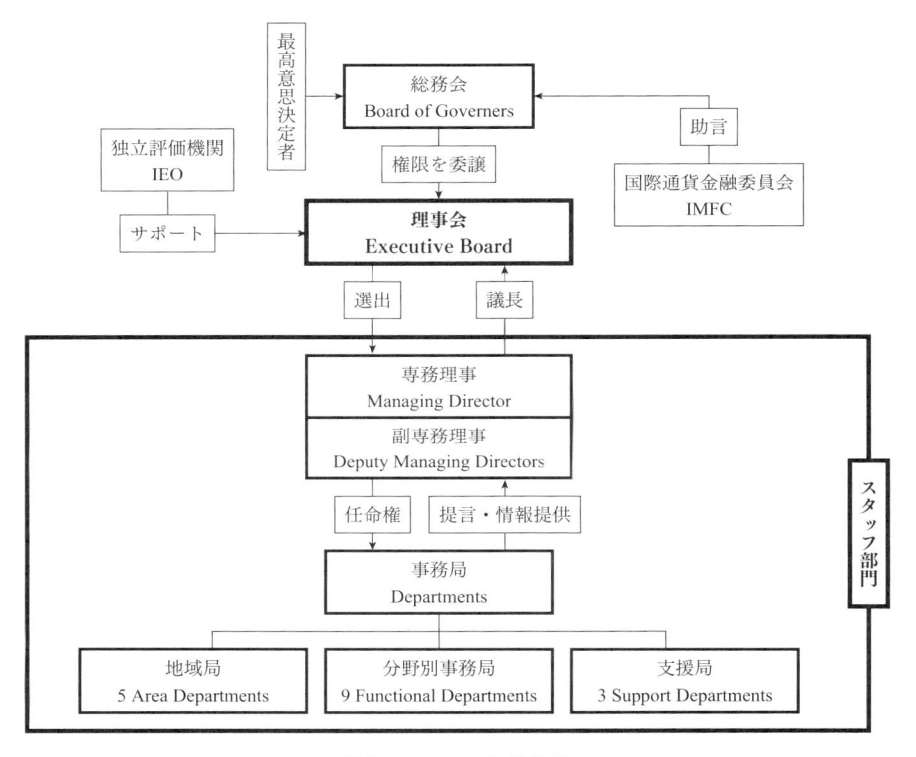

図序-4　IMFの組織構造

出所）IMF ウェブサイト（http://www.imf.org/external/about/orgfin.htm）より筆者作成。
注）国際通貨金融委員会（International Monetary and Financial Committee; IMFC）とは，1999年にIMF暫定委員会の改組によって誕生した組織である。国際通貨金融システムの運営をめぐって総務会に助言を行うことを役割としている。独立評価機関については，本章注2を参照されたい。

織構造を示している。IMFは専務理事（Managing Director）を頂点に戴き具体的な政策立案や調査研究に携わるスタッフ部門を抱える一方，加盟国の通貨当局者によって構成される総務会（Board of Governors）および理事会（Executive Board）を最終的な意思決定者として置いている。この基本的な構造は設立当初より変わっていない。

　IMFの重要事項の決定は基本的に加盟国の投票によってなされており，投票権は出資額の多寡に依存している。このことは，裏を返せば一握りの主要国

が拒否権を有していることを意味している。理事会では投票の対象とならないような日常的な案件も扱うが，出資額の大きい加盟国が「指名理事（Appointed Directors）」とよばれる代表を個別に立てることができるため主要国の発言力は必然的に強くなる[9]。

また周知の通り，IMF は英米間の交渉とりわけアメリカの影響下で創設されたという生い立ちを持つ。ギルピン（Robert Gilpin）の「覇権安定論」は，IMF を覇権国アメリカの提供する「国際公共財」でありアメリカの利害を貫徹するための「ツール」であるとみなしている[10]。すなわち，圧倒的な政治力・軍事力・経済力を擁するアメリカの主導で生み出された同国の戦後構想および利害を反映した戦後国際通貨システムこそ IMF であると捉える国際経済観である。さらにギルピンの研究と同様の潮流に属するグールド（Erica Gould）の研究では，IMF はいわばその「補完的出資者」の意向に沿う機関であるとみなされており，ブレトンウッズ体制下においてはやはりアメリカの影響下にあったと位置づけられている[11]。

このため本書は，従来の「IMF＝主要国の部分集合」であるとの見方を全面的に否定するものではない。しかし繰り返し主張してきたように，従来の方法論のもとでは時間をかけて彫琢されてきた IMF の経済政策の独自性ないし歴史制約性を明らかにすることはできないように思われる。同時代の国際通貨システムの帰趨と，IMF の経済政策の成立過程との接合が追究されなくてはなるまい。

では，国際通貨システムと IMF の政策枠組みのあり方を結びつけるこのと

---

9) なお新興国の経済的地位の向上を背景に，近年「クオータとボイスの改革」が進められており，これら新興国の発言力は強化されつつある。詳しくは巻末附表 2 「IMF ガバナンスの改革」を参照のこと。
10) Gilpin (1987).
11) グールドは IMF コンディショナリティにはいったい誰の利害が強く反映されるのかという問題を設定し，コンディショナリティはその時々の「補完的出資者」の意向に沿ってアレンジされてきたと結論付けている。IMF 自身の資金だけでは，加盟国の救済に必要な額を十分に賄いきれないことがある。結果，コンディショナリティには融資の補完者──当初はアメリカ，1980 年代以降は多国籍銀行にシフト──の意向が反映されることになるという議論である。Gould (2006).

表序-2 スタッフの国籍・給与別分布（1947年4月末時点）

（単位：人）

	1万ドル以上	7千-1万ドル	4千-7千ドル	4千ドル以下	合　計
アメリカ	3	17	31	173	224
欧　州	3	9	15	15	42
カナダ	1	2	2	25	30
イギリス	1	5	3	14	23
中南米	―	4	4	12	20
極　東	―	4	3	4	11
中　東	―	1	2	1	4
南アフリカ	―	1	―	―	1
合　計	8	43	60	244	355

出所）IMF, *Annual Report of the Executive Directors for the Fiscal Year ended April 30, 1947*, 1947, p. 51.

は何か。私見によれば，それは「IMF自身の自律性」，より具体的にはIMFの組織としての利害の担い手であったと考えられるIMFスタッフ部門の自律性であるように思われる。IMFが主要国の意向に沿う機関であるとしても，いったん創られた組織にはその組織に独自の論理や利害が生じる。表序-2に示したように，当初，スタッフの大部分はアメリカ出身であり高給の職員は欧米主要国が独占していた。しかし主要国の代表としての色彩が強い総務や理事と異なり，彼らは必ずしも主要国の利害に還元されない独自の論理を有していたと考えられる。

　はたして，IMF内部において理念の「健全」性はどのように捉えられていたのか。「健全」性とは裏腹の「機能不全」という現実は無批判に受け入れられていたのか，自らの役割を模索しようとする能動的な力学は働かなかったのか。「加盟国に対し内外均衡の同時追求がもたらす矛盾を緩和するための短期融資を提供しながら経常取引に係る通貨の交換性回復を促してゆく」という創始者たちから与えられた役割を，ドル不足という現実を前にしながらどのように追求しようとしていたのか。IMFの「組織としての自律性」という視点を設定すれば，直ちにこれらの疑問が生じる。

　実際，本書で明らかにするように，IMFが機能不全に陥ってゆくとされる時期――1950年代――はアブソープションアプローチやマネタリーアプローチといった国際収支調整理論および融資条件の制度といったIMF経済政策の

「現代的な骨格」が形成された時期と重なっている。重要なことは，IMF の意思決定に主要国の意向が反映されることを前提にしたうえでなおスタッフの側の問題意識や現状把握がどのようなものであったのかという点に注目すること，すなわち IMF の「組織としての自律性」とその経済政策の形成過程との接合を追究することである。

じつはこうした論点は，従来の IMF 研究においても，比較的，等閑視されてきた。IMF 研究としては，かなり早い段階でホースフィールド（John Keith Horsefield）とドフリース（Margaret De Vries）の手による IMF の正史が存在していたが[12]，通史として最新の成果はジェームス（Harold James）の大著であろう[13]。ブレトンウッズ体制下における IMF の役割に対する彼の基本的な認識は従来の歴史研究と同様に否定的なものであるが，1956 年に第 3 代専務理事に就任したヤコブソン（Per Jacobsson）の主導性に対しては高い評価を与えている。彼によれば，ヤコブソンは，スエズ危機に見舞われたイギリスに対し迅速かつ大規模な融資を実施しその救済を図るとともに 1950 年代後半を通しスタンドバイクレジットを梃子として主要通貨の交換性回復を積極的に主導したという。そしてこうしたヤコブソンの働きによって，IMF は 50 年代中頃までの「休眠状態」を打破し国際金融の表舞台へ復活を果たしたという[14]。

ジェームスの研究は，スタッフ部門の「主導性」を検出することで部分的とはいえ「休眠状態」という IMF への評価を修正した点で意義があったといえる。しかし彼の分析は，結局のところ IMF の意思決定における「影響力」が主要国の側にあるのかそれともスタッフの側にあるのかという組織運営の「主導性」をめぐる二者択一の枠組みに依拠したものとなっている。そしてその限りで，主要国の側の影響力を強調する従来の研究と根本的なフレームワークは同様であった。

---

12) Horsefield et al. (1969). わが国でも，IMF の組織構造や統治構造にかんする解説書・研究書が刊行されている。詳しくは，堀江薫雄（1962），荒木信義（1964），井川紀道（1992），谷岡慎一（2000），有吉章（2003）等を参照されたい。
13) James (1996).
14) そうしたヤコブソンの主導性から，近年ヤコブソンの娘エリン（Erin Jacobsson）の手による彼の伝記にも注目が集まっている。Jacobsson (1979).

これに対し，国際金融機関の視点や独自性に光を当て主要国との関係性をめぐる像を相対化しようとする試みが始まったのは近年のことである。例えばその先駆的な論者の一人である矢後和彦は「これまで，国際金融機関は国際通貨システムの所与の一部としての消極的な役回りを与えられてきた」との問題提起を行うとともに[15]，自身は国際決済銀行（Bank for International Settlement; BIS）史の解明に取り組んだ。彼は中央銀行間協力の場としての BIS を，①主要国の中央銀行代表者が影響力を行使する領域と，②総裁や金融経済局を中心とするスタッフなど主要国の権力が及ばない空白領域とが混在する，いわば「役者と黒衣」が入り乱れる場であったと評価する[16]。また同様の潮流に属する最新の成果として伊藤正直・浅井良夫編の研究を挙げることができる。この研究では，欧米や日本など各国のマクロ政策運営や国際金融市場の動向に対しIMF を能動的なアクターとしてかかわらせようとする試みが展開されている[17]。本書もまたこれらの研究と視角を共有している。

　さて，ここまで IMF の政策枠組みの構築過程における「組織としての自律性」の重要性について説明してきた。では，「IMF の自律性」ひいてはその政策路線——為替自由化政策路線——の形成に影響を与えた歴史的条件として同時代の国際通貨システムについてはどのように検討するか。本書では，この点についてイギリスの為替自由化過程を跡付けながら分析に採り入れる。第二次大戦後，世界の金準備の約 80％，工業生産力の過半を占める大国としてアメリカが立ち現れた一方，イギリスは巨額の戦時負債を抱え他の多くの国と同様に通貨の交換性を停止せざるをえなかった。ところが図序-5 が示しているように，広大なスターリング地域を背景に依然として公的準備に占める比率においてポンドはドルを上回る地位にあった。

　こうした若干の客観的指標からも明らかなように，キーカレンシーであったポンドとドルの間の為替の安定や交換性回復は戦後国際通貨システムの帰趨を

---

15) 矢後和彦（2001）（2007）。
16) 矢後和彦（2010），序論。
17) 伊藤正直・浅井良夫編（2014）。また伊藤と浅井は，対日協定14条コンサルテーションの分析を通し，日本が戦後国際通貨システムへと参入する過程について当局者の視点から明らかにしている。伊藤正直（2009），169-184 頁，浅井良夫（2005, 2007）。

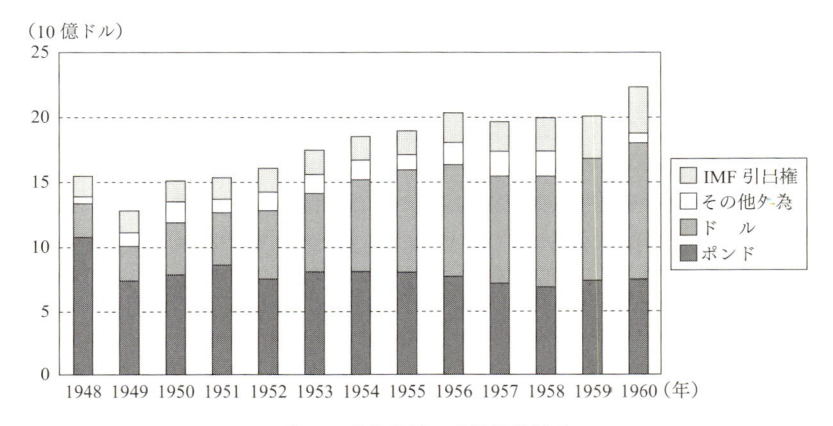

図序-5 戦後世界の公的準備構成

出所）IMF, *International Financial Statistics 1972 Supplement*, 1972, pp. 4-11 より作成。
注）データは金を除く値。

左右する同時代のホット・トピックだった。このためイギリスの為替自由化過程それ自体については，イギリス通貨当局の内部対抗やスターリング地域との対外金融関係に注目するもの[18]，EPU内部において「特別な地位」を求めるイギリス当局と大陸欧州およびアメリカとの間の対抗に注目するものなど[19]，すでに優れた研究が蓄積されている。従来の研究は，イギリスの為替自由化政策が「EPUへの参加」と「ドル地域からの自由化圧力」によって，そして自律的なマクロ政策運営が「国際収支の天井」によって規定されたことを明らかにしている。

これに対しIMFの対英関係についてはこれまでほとんど明らかにされてこなかったが[20]，イギリスがIMFにとって特別な重要性を持つ国であったことはいうまでもない。実際，本書で明らかにするように，イギリスは1950年代を通して最大のIMF資金利用国であったし，対英14条コンサルテーションや

---

18) Strange (1971), Cairncross et al. (1989), Fforde (1992), Schenk (1994) (2010), 金井雄一 (2014)。
19) Kaplan et al. (1989).
20) IMFの役割と関連付けた研究は，内外問わず，Nishikawa (2011)，西川輝 (2011) (2013a) (2014)，靏見誠良 (2014) を除いて管見の限り存在しない。

対英融資といった一連の対英関係は，IMF の「組織としての自律性」にも影響を与えながら国際通貨システムの形成に向けた同時代の IMF の為替自由化政策路線を彫琢するひとつの要因となった。直接の課題とはしないが，ポンドの問題に IMF をかかわらせることで本書は「ブレトンウッズ体制とは何であったのか」という国際金融史上の論点をも射程に収めることになる。

ちなみに「14 条コンサルテーション」とは，1947 年 3 月の IMF の業務開始から 5 年を経過した後も為替制限を維持していた 14 条国に対し為替自由化と 8 条国への移行を促す目的で IMF が実施した年次協議のことである。コンサルテーションの場では，IMF スタッフと各国通貨当局者との間で為替制限を維持する「国際収支上の理由」の有無をめぐり討議が行われた。協議において IMF スタッフは，加盟国の為替政策だけでなく為替政策の成否と不可分の関係にある財政金融政策の運営にも注文をつけた。IMF の経済政策を読み解くうえで，コンサルテーションは好個の素材である。

以上，本書の課題を簡潔にまとめれば次のようになる。本書は，① IMF の「組織としての自律性」と，② ポンドを中心とする戦後国際通貨システムの動向とを縦軸と横軸にとりながら，IMF の為替自由化政策路線の形成過程を明らかにすることを目的とする。

さて本書は，分析の対象とする時期に応じて 4 つの章から構成される。ここで，前もって各章で検討する論点について示しておきたい。第 1 章「多角主義からアブソープションアプローチへ――IMF 経済政策の起源 1944-52」では戦後復興期の IMF が対象となる。戦後世界に多角主義を打ち立てるとのブレトンウッズ構想は，その具体的な設計においても，実現の方法においても，多様な対抗軸を内包するものであった。復興と自由化に向けた枠組みが欧米主要国間で着実に構築されていく一方，IMF は「開店休業」状態を余儀なくされた。ところが，加盟国の国際収支調整・マクロ経済管理のための理論および IMF 資金の利用に付随する「条件」の枠組みといった現代まで続く政策路線の基礎が確立されてゆくのもまたこの時期であった。こうした事態は，IMF の「組織の自律性」との関連でどのように説明することができるのか。2 人の専務理事ギュット（Camille Gutt），ルース（Ivar Rooth）を中心とするスタッフの

取り組みに焦点をあてて検討する。

　第2章「14条コンサルテーションの開始とポンド交換性回復の試み——為替自由化をめぐるマクロ政策調整 1952-54」では，IMFコンサルテーションの始まる1952年から1954年までが対象となる。コンサルテーションによって為替自由化の推進主体としての制度的な基盤を得たIMFスタッフたちは，多角的決済体制の樹立に着手した。他方，折しも復興を遂げつつあった西欧諸国の間でも為替自由化の方途をめぐる議論が活発化していた。議論は，イギリス当局が立案した交換性回復計画の是非をめぐりイギリスと大陸諸国との間で展開した。多角的決済体制の実現はIMFにとってどのような意味を持ったのか，多角的決済体制の樹立においてポンドの交換性回復はどのような意味を持ったのか。そしてルースを中心とするIMFスタッフたちは，ポンドをめぐる政策論争においてどのような独自の立場をとったのか。そこにはどのような「組織としての自律性」が存在したのか。第2章ではこれらの論点を検討する。

　第3章「為替自由化とポンド危機——マネタリーアプローチと融資政策 1955-57」では，1950年代後半を対象とする。50年代後半に入ると，ドル不足の緩和と西欧諸国の為替自由化を受け，IMF内部では「戦後過渡期の終了」との機運が高まった。主要国の8条国移行が現実的なものとして検討されるようになったばかりか，アメリカをはじめドル地域の諸国からは西欧諸国の維持するドル地域に偏重した為替管理に対する不満も示されるようになった。一方こうした発展の背後で，50年代後半を通しイギリスは度重なる国際収支危機・外貨危機に見舞われその自由化に向けた歩みは停滞を余儀なくされた。イギリスの危機とポンドの不安定化という多角的決済体制への歩みを根底から揺るがす危機に対し，IMFは戦後初めて本格的な危機管理者としての役割を果たすことになる。IMFスタッフたちはどのような危機管理策を展開したのか。またこの危機は既存の為替自由化政策路線にどのような変容をもたらしたのか。第3章ではこれらの論点を検討する。

　第4章「多角的決済体制の樹立からシステム不安へ——資本自由化の潮流とIMF 1958-61」では，1950年代末から60年代初頭の国際通貨システムの転換期を対象とする。この時期は，西欧主要通貨の交換性回復・8条国移行とい

った発展とゴールドラッシュとドル危機という一見すると相反するキーワードに彩られている。多角的決済体制の実現は「ドル不足と為替管理」という戦後経済の終焉であると同時に，その「ドル過剰と不安定な短資移動」への転化をも意味していた。戦後過渡期の終了は，ニクソンショックに帰結するシステム不安の時期への幕開けでもあったのである。実際，トリフィン（Robert Triffin）の「流動性ジレンマ論」に代表されるように同時代になって国際通貨制度改革をめぐる論争が始まる。第4章では，こうした自由化と不安定化へのIMFスタッフたちの対応を明らかにする。

　最後に，本書で用いる主要史料について付言しておく。本書では，ワシントンD. C.のIMFアーカイブスが所蔵する一次史料を用いる。これらの史料を本格的に用いた研究は管見の限りほとんど存在しない。とりわけ対英コンサルテーション関連史料について本格的に用いるのは本書が初めてである。また適宜『為替制限にかんする年次報告書（*Annual Report on Exchange Restrictions*）』，および『総務会摘要記録（*Summary Proceedings of the Annual Meeting of the Board of Governors*）』といったIMFの刊行物も補完的に用いていく。

第1章

多角主義からアブソープションアプローチへ
————IMF 経済政策の起源 1944-52————

1　多角主義の方策をめぐる論争と IMF

1）戦後多角主義の起源

　第二次大戦後の国際通貨システムは，戦前の金本位制とは異なり国際協調を意識的に組み込んだ「設計主義」にその特徴があった。こうしたシステムが構想された背景とは何だったのか。IMF の所期の役割とは何であったのか。これらの点を意識しつつ，IMF の成立をめぐる歴史的背景から本書の議論を始めることにしよう。

　戦後世界に多角主義（多角的貿易決済体制）を確立すべきとの理念が初めて公に標榜されたのは，1941 年 8 月の大西洋憲章第 4 項と 1942 年 2 月の相互援助協定第 7 条においてであろう。これら英米両国の間でなされた合意において，多角主義は戦後における双方共通の目標として明言された。

　大西洋会談を持ちかけたルーズベルト（Franklin Roosevelt）の目的は，如何にしてイギリスを支援しナチスに対抗するかという政治的・軍事的なものであり経済の問題については関心が薄かったといわれる。大西洋会談の時点でアメリカは大戦に参加していなかったが，ルーズベルトは連合国への軍事支援に熱心でありすでに 1940 年 11 月末の炉辺談話でアメリカが「民主主義の兵器廠」となる方針を打ち出していた。さらに彼は第一次大戦後の国際経済の混乱の原因が戦債問題にあったと認識しており，軍事支援にあたり「犠牲の平等」原則を

適用すべきこと，すなわち連合国への軍事支援に明確な見返りを求めないことを謳っていた。

　これに対し政府内部では，第一次大戦後に国際経済が混乱した原因を戦後計画の不備に求め「戦後経済計画は戦時中にあらかじめ立案されるべき」との見方が強かった[1]。さらに議会では，ルーズベルトの示した「犠牲の平等」原則に対する抵抗が根強かった。1941年3月，辛うじてイギリスに軍事支援（Lend Lease）を提供するための「武器貸与法」が成立していたが，それ以上に戦争へ加担するために，政府はイギリスに対し何らかの「見返り」を求める必要があった。

　大西洋会談に戦後の経済問題を持ち込んだのは，戦後経済政策の立案を担当していた国務省であった。国務省の構想は，多角的貿易体制を戦後世界に築くことにあった。そうした構想は「自由貿易主義者」という国務長官ハル（Cordell Hull）個人の考えにもよっていたが，同時に，アメリカの貿易業者に対し巨大な差別的経済圏として立ち現れていたスターリング地域の解体を望む産業界の声に応えること，およびナチスの「欧州新秩序」が謳う双務主義を軸とした経済計画へ対抗する必要性に依っていた[2]。こうした経緯から，多角主義の標榜が会談における議題のひとつになったのである。

　さて，ではもう一方の当事者であったチャーチル（Winston Churchill）は多角主義をどのように考えていたのか。彼はナチスの「欧州新秩序」への対抗という意味で多角主義の必要性を理解していたが，何よりも多角主義を否定し得ない現実に直面していた。戦争遂行のためにアメリカからの軍事支援が不可欠だったという事情がそれである。イギリス政府は，すでに国内消費の圧縮，国内資本の消化，海外資産の処分等を行って戦費を捻出していた。しかしそれでも足りず，開戦から1940年末までの間に約20億ドルもの金ドル準備を消費しており，1941年初頭の時点で当局の手元にはわずか3億ドルの金ドル準備しか

---

1) Gardner (1969)，邦訳，105頁。
2) 欧州新秩序とはナチス経済相のフンク（Walther Emanuel Funk）が1940年7月に提唱した計画。当時すでにドイツは，西欧の大部分を支配下に収めていた。欧州新秩序は，このナチスの勢力圏をマルク圏として統一するだけでなく，中南米や東欧・南欧などの域外諸国と双務協定を結びその経済圏を拡大していくことを謳っていた。

残されていなかった。アメリカからの支援を維持するには，アメリカと多角主義の理念を共有する必要があったのである。

　もっともチャーチルとしては，戦争遂行のため国内世論をまとめ上げる必要からスターリング地域の解体を約束するわけにはいかなかった。というのも，イギリス国内では産業界を中心にスターリング地域の維持を要望する声が強かったからである。こうしたチャーチルの姿勢は，大西洋会談と同時期に行われていた「相互援助協定」の締結をめぐる協議でも同様だった。この協議では，レンドリースの返済条件がひとつの焦点となった。米国務省が返済の条件としてスターリング地域の解体を約束するよう求めたのに対し，チャーチルは，多角主義の理念を共有することは認めつつスターリング地域の解体には明確な言質を与えなかった。

　このように，戦後世界に多角主義を築くという構想は英米双方および英米両国内における対抗と妥協のうえに抽象化されたレベルで合意されたものだった。当初，対立は戦争の遂行という喫緊の課題の前に覆い隠されていたが，多角主義の実践方式——IMFの設立——をめぐる英米間の議論において顕在化することになる。

2）ブレトンウッズ協定とIMFの誕生

　周知のとおり，多角主義の実現に向けた両政府の具体案を作成したのはケインズ（John Maynard Keynes）とホワイト（Harry Dexter White）であった[3]。さきほど，当初アメリカの戦後対外経済計画の立案を主導していたのは国務省であったと述べたが，ルーズベルトは「国務長官ハルは偏屈で保守的なきらいがある」として，次第に財務長官であったモーゲンソー（Henry Morgenthau）に対外経済問題を任せるようになっていた。政府内部では，財務省が国際金融面，国務省が通商政策面の政策立案を担当する体制が築かれ，モーゲンソーの下で財務次官補を務めていたホワイトが政策立案の衝にあたることになっていたのである。1943年4月に公表されたケインズ案とホワイト案は，それぞれ英米両

3）Ibid, 邦訳，198頁。

国の国益を反映してその内容に差異を含んでいたが，多角主義の実践方式においては3つの点で共通の理解に立っていた。

すなわち第一に，国際通貨システムの再建を通して多角的な国際貿易体制を復活させることに重きを置いていた。この背景には，投機的な短資移動・競争的減価・為替管理といった「通貨面」での問題が大戦間期の国際通貨システムの混乱，そして1930年代における国際貿易の縮小につながったとの見方があったといわれる[4]。こうした理念から，IMF協定では第8条の「加盟国の一般的義務」において為替管理の廃止が規定された。もっとも周知の通り，短資移動は均衡破壊的なものとみなされていたので自由化の義務は経常勘定に係る通貨の交換性回復に限定された。また第二に，国内的には裁量的なマクロ政策運営を通して完全雇用を追求しながら対外的には国際収支の均衡の維持を可能とする，それによって国際貿易に膨張圧力を生じせしめることを可能とするような国際通貨システムが構想された。

そして第三に，第一と第二の点を実現するために新たな国際金融機関を設立することが計画されていた。国際金融の領域に国際機関を設立しようとする試みは，自由放任主義を否定する同時代のケインズ経済学の考え方に依っていた。例えばモーゲンソーは，「世界の金融中心地をシティおよびウォール・ストリートから米財務省に移し，国際金融について諸国間に新しい概念を導入する」，「民間の金融業者ではなく主権国政府の媒介機関として新しい国際機関を設立する」，「国際金融の神殿から高利貸しを追放する」意図をもっていたとされる[5]。ケインズが「国際清算同盟 (International Clearing Union)」，ホワイトが「連合国安定基金 (United Nations Stabilization Fund)」とよんだこの国際機関が後のIMFである。この新設の機関は，その加盟国に対し，内外均衡の同時追求がもたらす矛盾を緩和するための融資を提供しながら経常取引に係る通貨の交換性回復を促すという通貨調整を実施することが期待された。

他方，両案の差異はこの国際機関の設計において見られた。すなわち，①流動性の規模とその加盟国への供給方式，および，②加盟国の国際収支不均

---

4) Ibid, 邦訳，202頁。
5) Ibid, 邦訳，202頁。

衡の調整方式がそれである。まずケインズの設計した国際清算同盟に，260億ドル規模の流動性を有し，その供給方式においては黒字国に同盟への信用供与を求める一方で赤字国に同盟からの当座借越しを認める銀行原理を採用していた。もっとも流動性の供給は一時的なものに限定されており，国際収支不均衡が拡大した場合はその是正に別の手立てが求められた。この点についてケインズ案では，赤字額および黒字額が一定の額を超えた場合，その超過額に金利を課すことで赤字国・黒字国双方にマクロ政策の是正圧力を加えることが計画された。ただしこの金利負担は黒字国に偏ったものとなっており，不均衡はいわば黒字国による黒字減らしの努力——拡張的マクロ政策の採用——によって調整されるべきとの考え方が貫かれていた。

　ケインズは，戦後イギリス経済にとっての脅威はインフレではなく，むしろアメリカにおける景気後退すなわちデフレと失業の発生およびそのイギリスへの波及にあると考えていた。このため国際清算同盟は，イギリスに完全雇用政策へのコミットを可能にすると同時に，対英黒字国となるアメリカに拡張的マクロ政策を採用させることで国際貿易を拡大均衡に導くことができるような設計になっていた。

　これに対しホワイトの設計した安定基金は，加盟国の出資にもとづく50億ドルの流動性を有し基金原理にもとづく流動性供給方式を採用していた。そして国際収支不均衡については，安定基金が加盟国に対し国内政策の是正を勧告する権利を持つとされており，赤字国と黒字国の双方に調整負担を求めることが計画された。ホワイトとしては，完全雇用政策の追求と国際貿易に膨張圧力をかける必要性を認識する一方で，そのことがアメリカによる過度の信用供与や国際収支黒字の調整負担によってなされることは回避する必要があったのである。

　1943年9月，両者はワシントンで交渉に入った。この交渉では，周知のとおりアメリカの経済的な優位性を背景にホワイト案に沿う形で妥協点が見いだされることになり，新設の国際機関は88億ドルの規模を持つ基金として設立されることが決まった。これに対し，機関の規模縮小と銀行原理の放棄を余儀なくされたケインズは次の3点をアメリカ側に要求した。すなわち，①完全

雇用政策の遂行と対外均衡との間に生じる矛盾を緩和するための手段として為替相場変更の可能性を検討すること，②アメリカの国際収支黒字が拡大した際の対抗措置として「稀少通貨条項」を導入すること，③基金の資金を自動的に利用できるようにすることである。

①については，原則として為替相場の安定を重視する一方，基礎的不均衡の場合にのみ加盟国に平価の変更を認めることが決められた。「調整可能な釘付け制度」の誕生である。また②についても，もともとホワイト案の側に盛り込まれていたものであり互いに合意をみた。しかし③については，資金利用の可否を判断するにあたり「基金の裁量性」を求めるアメリカ側との妥協が成立しなかった。最終的に，資金利用の条件について定めたIMF協定第5条では「〔引出しを希望する〕当該通貨が現に必要である旨を示すこと」が条件であるとされた。しかしこのあいまいな表現が，後に「自動性論争」を惹起することになる。この点は第3節で触れる。

さて，このように英米間の交渉は主として通貨調整の仕組みをめぐって展開したわけであるが，同様に解決されるべき問題があった。戦後復興の問題をどのように解決するか，という点がそれである。戦後世界において，英米間で経済的な不均衡すなわちドル不足が生じることは容易に予想された。アメリカが圧倒的な経済大国として立ち現れる一方，イギリスは戦災からの復興と多額の対外債務の処理の2つに取り組まねばならない状況にあった。

周知のとおり，復興の問題に対処するために，1942年初頭に作成されたホワイトの戦後構想では長期融資を担う復興銀行の設立が検討されていた。この銀行は，加盟国からの出資金を準備として銀行券を発行する機能を有し，復興問題の解決と国際収支の長期的・基礎的不均衡の解消に寄与することを目的とするものだった。ところが，銀行の信用創造機能はインフレ圧力をもたらすものとして連邦準備制度理事会（Federal Reserve Board; FRB）から懸念が表明されていたばかりか，民間金融機関の業務と競合するような銀行による長期融資はニューヨークの金融界や議会の保守層から強い批判を受ける恐れがあった。こうして国内からの批判を予想したホワイトは，銀行案そのものが棄却されることを恐れ，銀行の規模縮小と融資機能の制限という修正を加えざるを得なかっ

た。1943年4月のホワイト案においても銀行案の発表は差し控えられ，ワシントン会談でも銀行案は俎上に上らなかった。

銀行にかんする英米交渉は，基金をめぐる交渉でほぼ妥協が成立した後の1944年6月，アトランティックシティにおける会議で行われた。この会議においてケインズは，イギリスには巨額の金ドルを銀行に出資する財政的余裕はないとして銀行の規模と機能を縮小するよう求め，件の事情からホワイトもまたこれを受け入れた。結局，IMFとともに成立した世界銀行（International Bank for Reconstruction and Development; IBRD）は，信用創造能力を持ち巨額の復興需要に応える機関としてではなく，むしろ「民間部門による国際投資を促進するための投資保証業務に徹する」機関として設立されることになった。

こうして世界銀行の機能が縮小する一方，戦後過渡期への対応として，IMF協定では第14条に「過渡期条項」なる一条が設けられることになった。本条は，IMFが復興に対応する機関ではないと断ったうえで，戦後過渡期においては加盟国に対し国際収支上の理由にもとづく為替管理の維持を認めた。もちろん為替管理の採用は無条件に認められるものではなく，1952年3月以降については管理の廃止についてIMFとコンサルテーションを行うことが義務付けられた。

一方，イギリスの対外債務にかんして懸案だったのが「ポンド残高（sterling balance）」の問題であった。イギリス政府がアメリカからの軍事支援を受けていたことは既述のとおりだが，さらに政府は，戦争遂行の過程でポンドを対価として海外のスターリング地域で物資・サービスの供給を受けていた。大戦を通し，イギリス政府のスターリング地域諸国に対する債務は5億ポンドから37億ポンドへと急増していた。

この問題について，ホワイト案では基金を通した残高の処理が計画されていた[6]。具体的には，① 基金が任意の通貨（例えばドル）を対価としてポンド残高を債権者から一時的に買い上げる，② その後20年間にわたって，基金が買い上げたポンドの40％をスターリング地域諸国が，残りの40％をイギリスが，

---

6) 以下，ポンド残高の処理をめぐるホワイト案およびケインズの構想については，岩本武和（1999），289-300頁を参照した。

それぞれ年間2％ずつ基金から買い戻していくことが計画されていた。

当初ケインズはこの計画を好意的に受け止めていたが、戦後過渡期におけるドル不足問題を想定したうえで基金の規模ではポンド残高の対ドル交換要求に対応しきれないだろうとの懸念を持った。またイギリス政府内部ではポンドの問題を国際的なレベルで処理することへの抵抗が強く、あくまで関係諸国との間で双務的に処理する方針が採られていた。こうした事情から、ポンド残高の本格的な処理はIMFの役割から外されることになった。ただしドル不足が存在する下ではポンド残高が交換性回復の障害になることは明らかであり、協定第8条には経常勘定に係る通貨交換性回復の義務は「最近になって獲得された自国通貨」に限定される旨が明記されることになった。この規定が、「戦時中に獲得されたポンド」については交換性回復の義務を免除することを謳ったものであることはいうまでもない[7]。

さてこのように戦後過渡期の問題への対応に未解決の論点を残していたが、英米の妥協案は1944年7月の国際会議において連合国44カ国の合意のもとブレトンウッズ協定として成立し、ここにIMFの創設が決定した。IMFは、多角的な国際貿易を金融面から実現すること——加盟国に対し内外均衡の同時追求がもたらす矛盾を緩和するための融資を提供しながら経常取引に係る通貨の交換性回復を促すこと——を使命として誕生した[8]。ブレトンウッズ協定は、1945年12月31日を最終期限として各国の批准に供されることになり、クオータの65％を占める国の批准によって発効することが決まった。

3) 英米金融協定からマーシャル援助へ

ところが、古くはガードナー（Richard Gardner）の研究が明らかにしているよ

---

7) 協定第8条の定義については、米倉茂（2005a）を参照されたい。
8) 他方、貿易障壁の撤廃を通し多角的な国際貿易の発展に寄与するための組織として国際貿易機関（International Trade Organization; ITO）の設立が構想された。この構想は、1945年11月にアメリカ国務省が発表した「世界貿易および雇用の拡大にかんする提案」で提示され、1948年に「ITO憲章」として53カ国の合意を得た。しかし同憲章は、英米両国を筆頭に51カ国で批准されず流産し、自由通商の追求という理念はGATT（General Agreement on Tariffs and Trade）に継承された。

うに，じつはこのブレトンウッズ構想はケインズ案とホワイト案が公表された当初から英米両国において批判をもって受け止められていた。こうして協定を批准する過程では，ブレトンウッズ構想そのものの是非をめぐって議論が行われることになった。

アメリカ議会では，1945年1月から批准に向けた議論が始まった。ブレトンウッズ協定への批判は，主に，① アメリカの国益の観点からのものと② 戦後過渡期の問題に対する協定の有効性をめぐるものに大別される。①について，例えば共和党保守派のタフト（Robert Taft）は「アメリカの発言権が乏しい〔全投票権の3分の1〕機関にアメリカの資金を拠出する」ことを問題視し「赤字国は国内政策への干渉を受けずにアメリカの拠出した資金を使うことができるうえ，過渡期においては為替管理まで認められるというのはおかしい」との批判を展開した。

また後者については，1945年4月の議会でハーバード大学教授のウィリアムス（John Williams）から批判が寄せられた。彼は「英米の二国間協力関係」より「国際機関における多国間協力」を重視すること，「戦後過渡期の問題の解決」より「国際通貨システムの再建」を重視することの非現実性を批判した。そして多角的決済体制を樹立するための方法として，① 対英復興支援を提供するとともにポンド残高を処理し英米間の経済的均衡を回復すること，続いて，② まずはポンドとドルの間で交換性と為替相場の安定を実現すること，然る後に，③ 漸次こうした二国間協力体制の枠組みを多国間に広げていくことを提案した。彼は，IMFによる通貨調整はそうしたプロセスを経た後に展開されるべきであると論じた。「基軸通貨案」として知られる彼の主張は，多角主義を志向する点でブレトンウッズ構想の理念を否定するものではなくあくまでその実践方式を問題にしたものであった。しかし当時は，ブレトンウッズ協定に対する有力な代案として注目を集めた。

以上の批判に対し，政府は対応に苦慮した。そしてまず，「IMFと世銀の運営にアメリカの国益を反映させる」方針を示し議会の批判を回避しようとした。当初ホワイトは，IMFを「純粋に国際的な，加盟国の政治的な問題と関わりなく機能する」機関にするため「各国政府の代表より，偏見のない金融の専門

家によって運営される」統治構造をとるべきとの立場を堅持していた。しかし他の政府関係者が，議会を懐柔するため，アメリカの対外金融政策を立案する「国際通貨金融諮問委員会（National Advisory Council on International Monetary and Financial Problems; NAC）」を設立し，アメリカのIMF・世銀代表者をこの委員会からの指示に従わせるとの方針を決定した[9]。さらに「多角的決済体制の樹立はアメリカにとって有益であり，そのための機構としてIMFは有効である」とブレトンウッズ構想の意義と効用を繰り返し訴えることで，「基軸通貨案」を否定した。1945年7月，アメリカ政府は辛うじて協定を批准に持ち込むことに成功した。

　イギリス議会でも，ブレトンウッズ協定の批准は遅れていた。スターリング地域の維持に固執する産業界を中心にブレトンウッズ協定の理念それ自体に抵抗する勢力が存在したことに加え，IMFの設計がイギリスに完全雇用政策へのコミットを十分可能にするものになっていないことへの根強い批判も存在していた。しかし何より批准が遅れていた背景には，「対米不均衡と対外債務の累積」という戦後過渡期の問題を解決する方策が見いだされていないという問題があった。太平洋戦争の終了に伴いレンドリースは打ち切られていたが，これら戦後過渡期の問題を緩和するために，ひいてはブレトンウッズ協定の批准を進めるためにアメリカからの新たな支援は不可欠とみなされた。イギリス側は，ブレトンウッズ協定の批准に先立ち「レンドリースの返済免除，60億ドルの無償援助」を内容とする支援をアメリカ側に求める方針を決めた。

　こうして対英支援の交渉に臨むことになったアメリカ政府は，交渉に際し2つの問題を念頭に置いていた。第一は，1945年12月末という期限までにブレトンウッズ協定をイギリスに批准させることだった。仮にイギリスが構想に不参加となれば，ブレトンウッズ協定が有名無実と化すことは必至だったからである。批准の過程で「基軸通貨案」の謳う二国間協力にもとづく対英支援構想を退けていたものの，政府としては対英支援を避けるわけにいかない状態にあった。

---

9) Gardner (1969), 邦訳, 201, 277頁.

しかし第二に，政府としては，イギリスに支援を与えることを議会に納得させるための何らかの「見返り」をイギリス側から引き出すこともまた不可欠であった。イギリス側の求める無償の追加支援を受容することはほとんど不可能な状況だったが，ローンの形を採るにしても何らかの経済的な「見返り」が必要であると考えられた。こうして，ポンドの交換性回復とスターリング地域の解体という条件が登場することになった。こうした条件は，アメリカ代表団の副団長で経済担当国務次官補だったクレイトン（William Clayton）が熱心な自由貿易主義者だったことからも影響を受けていたが，折しもニューヨークの金融界および産業界を中心に高まっていたイギリスの為替管理の撤廃を求める声を意識したものであった[10]。

　英米両国の代表は，1945年9月からワシントンにおいて交渉を開始した。レンドリースの債務については免除されることが決まったが，問題になったのは支援の性格と金額であった。この点には両者の間で条件に大きな懸隔があり1カ月もの議論が繰り広げられたが，最終的にアメリカ側の条件に沿って妥協が成立した。支援はローンの形式で37.5億ドル，2％の金利が付されることになった。なお37.5億ドルという金額は経済的に裏付けられたものではなく，むしろ「どの程度の金額なら議会は承認するか」という政治的要因にもとづいて決められたものであった。アメリカ代表団の団長であったヴィンソン（Frederick Vinson）が35億ドル，クレイトンが40億ドルを提示し，最終的にトルーマン（Harry Truman）がこの中間を取ることを決定したとされる[11]。

　続いて，金融支援の条件としてポンドの交換性回復が議論された。ここで問題になったのは，交換性回復という目標の導入よりむしろ交換性回復に踏み切る期限であった。アメリカ側は議会対策として交換性回復に期日を設けることに固執し，1946年12月末日という条件を提示した。これに対しイギリス側の団長であったケインズは，そうした拙速なポンドの交換性回復によってポンド残高が金ドル準備への取り付けに向けられることを恐れた。しかし最終的には，① 期日を「英米金融協定の発効から1年後」へと先延ばしにすること，さら

---

10) Ibid, 邦訳, 360 頁。
11) Ibid, 邦訳, 372 頁。

に②他の諸国が「交換性回復を悪用した場合」すなわち手持ちのポンドをイギリス当局に対する投機的な金ドル交換要求に向けるようなことがあればポンドの交換性を停止しうるとの留保条項を引き出すのみにとどまった。こうして金融支援の見返りについては、アメリカ側の意向に沿って妥結することとなった。

　さらにアメリカ側は、かつてケインズとホワイトの間でも議論となったポンド残高の処理についてもイギリス側に要求した。巨額のポンド残高の処理はポンド交換性回復の成功にとって不可欠な問題だったからである。イギリス政府は、この問題へアメリカが関与することに反対せよとの指示をケインズに伝えていたため交渉は長引いた。しかしブレトンウッズ協定の批准の最終期限が近づくなか、残高の処理について「3分の1は帳消し、残り3分の2のうち90％は長期債務へ転換」することで合意を見た。

　こうして1945年12月初頭、ブレトンウッズ協定の批准の最終期限を目前に英米金融協定が締結された。イギリス議会では、無償援助の獲得に失敗したこと、ポンドの交換性回復を期日まで決めて約束したことに対する批判が強かった。しかし政府は、金融協定を批准しなければレンドリースの債務も免除されずアメリカからの金融支援も受けられないことを訴え、議会の反対派を切り崩していった。こうして12月27日、イギリス政府は辛うじてブレトンウッズ協定と英米金融協定を批准に持ち込むことに成功した。同日、ブレトンウッズ協定は発効した。

　ところが今度は、1946年1月に始まったアメリカ議会が英米金融協定の批准をめぐって紛糾した。批判は、イギリスに対し新たな支援を提供することそれ自体に向けられることになった。アメリカの国益の観点から政府の掲げるブレトンウッズ構想に反対してきた議員たちにとっては、ブレトンウッズ協定の批准に加え、協定をイギリスに批准させるためにレンドリースを棚上げするという措置を認めること自体、政府に対する大きな譲歩であった。彼らは、多角主義の採用をイギリス側に求めるためにこのうえ金融支援まで提供することに強い抵抗を感じていたのだった。彼らは、①イギリスの問題にブレトンウッズ機関（世銀）で対応しないのはなぜか、②この金融協定を契機に、アメリカ

は二国間支援方式での対外援助をたびたび求められる羽目になるのではないかといった疑問や批判を政府に向けた。

これに対し政府は，世銀はより長期的な問題に対応する機関であること，対英支援は極めて例外的な措置であり二度目はないということを説くほかなかった。そして「ブレトンウッズ協定の過渡期条項では1952年3月まで為替管理の維持を認めているが，英米金融協定はその期間を大幅に短縮するものである」ことを強調し，支援の目的はあくまでアメリカにとって有益な多角主義の実現であるとの論法で対応するほかなかった。

批准が難航するなか，最終的に決め手となったのは政府による説得ではなく共産主義の脅威であった。すでに1945年末から米ソ関係は悪化しつつあったが，1946年春頃になるといっそう政治的な緊張が意識されるようになった。そして議会では，次第に経済的な観点からではなく政治的・軍事的な観点から英米金融協定の意義を重視する声が出始めた。こうして1946年7月，英米金融協定はアメリカ議会で批准され発効した。

一方1947年に入ると，政治的にも経済的にもブレトンウッズ構想の早期実現が困難な状況が次第に顕在化し始めた。すなわち政治的には，米ソ間の緊張関係がいっそう強まった。3月には，アメリカ政府によるギリシャとトルコへの軍事支援の表明，いわゆるトルーマンドクトリンが発表され，世界は冷戦体制へと突入していった。そして経済的には，西欧のドル不足が顕在化し始めた。1946年には約82億ドルだったアメリカの貿易黒字は47年に約113億ドルに拡大し，一方で欧州諸国の貿易赤字は1946年から47年にかけ約55億ドルから約86億ドルへと拡大した。折しも1946年から47年にかけての冬は記録的な厳冬になり，欧州諸国の生産は深刻な打撃を受けた。

アメリカ政府にとって，安全保障上の観点からも，また多角的貿易決済体制を実現するためにも，まず西欧の復興を実現することが焦眉の課題となった。こうして1947年6月，マーシャル（George Marshall）国務長官による「欧州復興援助計画（European Recovery Program; ERP）」が発表されることになった。この後，1952年までに西欧諸国を復興させることを目的としてマーシャル援助が発動され，1948年から1951年にかけ西欧諸国に対し100億ドル超の規模の

支援が提供されることになる。

　1947年7月，英米金融協定にもとづいてポンドの交換性回復が行われたのはそうした状況下においてであった。結果については周知のとおりである。当初ケインズが懸念していたように，ポンドはイギリス当局への金ドル交換要求へと向けられた。瞬く間にローンは消尽し，8月，ポンドの交換性回復は失敗に終わった。

　この事態を受け，イギリス政府は為替管理を強化する方向に舵を切った。まず1947年9月，スターリング地域諸国の代表は緊急会議を開催し，① 輸出入計画を見直してドル地域に対する支出を削減すること，② それによってスターリング地域の金ドル準備を維持することについて合意した。さらに10月，イギリス政府は「為替管理法」を制定し厳格な為替管理制度を敷いた。詳しくは次章で説明するが，この法律によって非居住者の保有するポンドの交換性は厳格に管理されることになった。交換性回復の中止自体はケインズがアメリカとの交渉で引き出した留保条項に依るものだったが，事態はそれだけにとどまらず厳格な為替管理制度の確立へと至ったのだった。もっともアメリカ側としては，欧州の政治的・経済的状況に鑑みればこうした事態を追認するほかなかった。

　以上がIMFの成立をめぐる歴史的背景である。ブレトンウッズ協定は確かに英米交渉の妥協の産物であった。しかし協定は，戦後構想をめぐる同時代のコンセンサスとはなっていなかったしまた戦後過渡期への対応について積極的な手立てを備えていなかった。この意味でIMFは，一方で「多角的貿易体制を金融面から実現する」という使命を負いながらも他方でそうした機能を果たすうえでの前提条件に発足当初から不安定性を抱えていたといえる。この点を念頭に置きながら，第2節以降では戦後復興期の世界においてIMFがどのような役割を模索していたのか明らかにする。

2 「開店休業状態」のIMF――OEECとEPUの台頭

マーシャルによる欧州復興援助計画の発表を受け，1947年7月，西欧では援助の受入機関として欧州経済協力会議（Committee of European Economic Cooperation; CEEC）が結成された。こうしてアメリカ政府が西欧の復興に乗り出す一方，西欧諸国の側もまた域内通商の活性化に向けて自律的な動きを見せ始めた。戦後西欧の域内通商は双務協定に依存して展開していたが，そうした双務的な貿易拡大には限界があること，そのため域内決済の多角化が必要であることが次第に認識されるようになっていたのである。ここで双務協定とは，二国間で締結される貿易支払協定のことを指す。協定当事国は，支払協定にもとづいて一定の為替相場で一定額の自国通貨を同額の相手国通貨と――自国の中央銀行に相手国名義の自国通貨勘定を開設する形で――交換しあう。同額の通貨を交換しあうという点からも明らかなように双務協定は二国間収支の均衡を前提としており，この均衡を確保するために貿易協定が締結された。協定では「スイング（swing）」とよばれる信用枠が設定され取引に一定の弾力性が与えられていたが，両国間の収支尻が設定されたスイングを超えた場合，超過部分は金ドルで決済されることになっていた。このため，欧州域内で貿易が再開し貿易額が漸次増加するなかで金ドル決済額が拡大すると，双務協定の赤字国は金ドルを節約するためにその他欧州諸国からの輸入を双務協定で設定された金額内に制限するようになっていたのであった[12]。

CEECの結成を契機に，西欧諸国は双務協定のスイング部分を多角化するための域内決済機構づくりをめぐって協議を開始した。アメリカ政府もまた，西欧の復興には双務協定の廃止が必要であるとの認識を有していた。例えば1948年4月には，アメリカの対外援助を司る機関として経済協力局（Economic Cooperation Administration; ECA）が設立されたが，初代局長のホフマン（Paul Hoffman）は「欧州単一市場構想」を打ち出し西欧諸国の域内決済多角化に向

---

12) Triffin (1966), p. 408.

けた取り組みを支援した。

　こうした主要国間の動きを IMF はどのように見ていたのか。専務理事のギュットはじめ IMF スタッフたちにとって重要だったことは，西欧の動きが限定的とはいえ IMF が使命とする通貨の交換性回復を追求する計画だったということである。IMF スタッフたちは，1950 年 9 月に EPU の成立へと至る西欧の動向との関わり方を模索してゆくことになる。

1）欧州における域内多角化構想

　IMF と西欧の接触は，西欧からのアプローチを契機に始まった。1947 年 7 月末，CEEC が，域内決済の多角化に向け始動することを正式に決定するとともにこの決定のなかで「IMF は，欧州域内決済の多角化に向けて助言を行うという重要な役割を果たすべきである」との方針を示したのである[13]。

　IMF の初代専務理事であったギュットは，CEEC の検討委員会に出席を要請された。8 月の IMF 理事会でギュットは，招待されている事実について報告するとともに「現在，国際経済が直面している経済的・金融的な諸問題の根深さに鑑みれば，欧州における国際的組織〔CEEC〕との協議および協調は不可欠である」と述べ，IMF が西欧の試みに関与してゆくことの必要性を説いた。理事たちからはギュットが独断で IMF と欧州との関係性を決定づけるような協議を行うことに対して懸念が寄せられたが，ギュットは「西欧側から具体的な協議のテーマについては打診されていない。〔……〕理事会や総務会との議論を尽くすことなく具体的な関与のあり方を決定することはない」と断り，オブザーバーとして 8 月にパリそして 9 月にロンドンで開催された委員会に参加した[14]。

　この段階では西欧側の IMF に対する期待は具体性を欠いており，ギュットと理事会との間に西欧へのアプローチをめぐって温度差も見られた。このため IMF としての明確な方針が打ち出されることはなかったものの，IMF は西欧

---

13) Horsefield et al. (1969), Vol. 1, p. 213.
14) IMF Archives（以下 IA），Executive Board Minutes 47/203., European Committee for Economic Cooperation, August 12, 1947.

との接触を開始した。

　IMFによる西欧への関与の具体的なあり方についてひとつの可能性が示されたのは，10月末のことだった。理事会の場で，ギュットに帯同し渡欧していた調査局（Research Department）長のバーンスタイン（Edward Bernstein）がCEECの計画について概説するとともに計画に内在する問題点とIMFによる介入の可能性について明らかにしたのだった[15]。

　計画に内在する問題とは，各国間の利害対立であった。そもそも西欧諸国の目的は，双務協定の制約を打破しドル不足下においてなお域内貿易を発展させることにあった。そしてこの目的を達するには，各国間の双務協定の収支尻を多角的に清算し決済する機構の確立が必要だった。しかし，二国間債権債務関係の多角的清算は域内通貨間の交換性回復を意味しており，計画には巨額のポンド残高を抱えその交換性回復を回避したいイギリスが抵抗を示していた。さらに，域内の黒字国であるベルギーとフランスやオランダなど域内の赤字国との間の債権債務関係の決済の方法についても妥協点が見いだされなくてはならなかった。黒字国は金ドルでの決済を望んだし，金ドルを節約したい赤字国は信用供与による決済を要求したのである。

　こうした事情から機構の成立は難航していた。ベルギーはじめ5カ国しか機構への参加を表明していないという事態を説明したうえでバーンスタインは，これら諸国が域内決済用の資金をIMFに依存する可能性があることを示唆した。理事会は，現段階では何らかの方向性を打ち出すべきではないとしながらもスタッフにIMF融資の利用可能性について検討するよう要請した。

　それから1カ月後の1947年11月，ベルギーはじめ5カ国は第1次多角通貨相殺協定（The First Agreement on Multilateral Money Compensation）を締結した。協定の実施期間は1947年12月から翌年6月までと決められた。しかし，参加国が少なかったこと，参加国間の債権債務関係の不均衡が著しかったこと等の理由から双務協定の制約を打破することはできず，十分に収支尻の清算が進むことはなかった。

---

15) IA, Executive Board Minutes 47/218., Committee of European Economic Cooperation, October 23, 1947.

12月末，調査局のスタッフによって欧州域内決済に対するIMF資金の利用可能性についてメモが作成された[16]。このなかでスタッフは，次の二点に触れ西欧への積極的なアプローチを提言した。① 欧州の機構に対しIMFが信用を供与することは可能である。域内債務国に債権国通貨を提供すれば当該債権国のIMFからの引出権は拡大する。域内債権国は，IMFの保有するドルを利用することができる。② 双務協定の多角化はIMFにとっても喫緊の関心事である。多角化の地理的範囲を拡大していくためにも，信用供与を行うことで，また決済機構の代理人となることで，この動きに積極的に関与すべきである。

2) 欧州からの後退

専務理事のギュットを筆頭とするスタッフ部門は，融資を通じ西欧諸国による欧州域内決済機構への関与を志向していた。一方で，西欧の側もIMFに対する期待を示していたことは注目に値する。しかしそうしたスタッフ部門の意向とは裏腹に，この後，IMFと西欧の多角化との間には溝が形成されていく。結論を先取りすると，西欧に対するIMFのアプローチを妨げたのは，西欧諸国によるIMFの介入に対する抵抗とIMF理事会すなわちIMF自身によるIMFの西欧への介入に対する批判であった。少なくとも外見上は，西欧とIMFが互いに距離をとりあう格好となったわけである。では，こうした状況の変化はなぜ生じたのか。この背景には，① 代理人問題，および ② ERPの決定と対欧融資計画の後退という2つの問題が存在した。以下，順に説明する。

ⓐ代理人問題

第1次多角通貨相殺協定がCEECで検討されていた1947年10月，協定に参加する予定であったベルギーなど5カ国の専門家は，パリで会合し債権債務の清算業務を行う代理人について協議を行った。先に述べたように，IMFはCEEC内部における検討の開始当初から委員会への出席を要請されており，この10月のパリ会議にも招待を受けていた。協定参加国は，IMFに代理人を依頼する予定であった。

---

16) IA, Staff Memoranda 47/160., The Unresolved Problem of Financing European Trade, December 16, 1947.

ところが IMF は，このパリ会議に代表を送らなかった。一方で，この会議に代表を送っていたのは BIS であった。BIS の代表は，会議において自らが代理人の役割を果たすことを申請し 5 カ国の代表もこの申し出を受諾した。結果，BIS は，第 1 次多角通貨相殺協定に始まって 1950 年代を通し欧州域内における決済の代理人であり続けた。IMF は，BIS に代理人のポストを奪われる形となったのである。

IMF はなぜ代表を送らなかったのか。実際のところ，その理由は一種の事故のようなものだったということしかわかっていない。およそ 1 年後の 1948 年 11 月，理事会の場でギュットは，「BIS は上手くやったのだ。誰も責めることはできない。まったくの勘違いであったが，IMF はその会議〔1947 年 10 月のパリ会議〕に代表を送らなかった。しかし BIS は送ったのだ。BIS はその素晴らしいオフィスの提供を申し出て，欧州諸国はそれを受け入れたのである」と述べている[17]。この点について，ホースフィールドは，「招待状が届いた際に専務理事も調査局長もワシントンを留守にしていたため，この招待にかんしまったく指示が出されないまま IMF は機を逸してしまったというのが実態ではないか」と分析している[18]。

機構において代理人になるか否かは，西欧の多角化に関与する上で重要な意味を持っていた。1948 年 4 月，CEEC は新たに欧州経済協力機構（Organization for European Economic Cooperation; OEEC）へと装いをかえる。そして OEEC の下，欧州は地域的な紐帯を築き上げてゆく。そうしたなかで代理人の役割を逃したことは，IMF が西欧諸国にとっていわば「よそ者」になったことを意味していた。IMF は，事故によって西欧への足掛かりを得る機会を逃してしまったのである。

ⓑ 「ERP の決定」と対欧融資計画の挫折

代理人問題を抱えていたものの，IMF には融資の提供という「武器」があった。この西欧にアプローチするために残されていた手段を，少なくとも外見上は自ら封じ込めることになったのが「ERP の決定」であった。

---

17) IA, Executive Board Minutes 48/382., European Payments Arrangement, November 12, 1948.
18) Horsefield et al. (1969), Vol. 1, p. 215.

1948年1月初頭のIMF理事会で，ギュットは，マーシャル援助にかんするアメリカ議会の公聴会にIMF代表として出席する意向の有無についてアメリカ政府から非公式に問い合わせを受けていることを明かした。ギュットの議会への出席について理事会では見解が分かれ，結果，まずは理事会でERPとIMFの関わり方について検討を行うべきことが決定された[19]。

　その後，4月にマーシャル援助が発動されるまで，約3カ月にわたり理事会で協議が行われた。具体的には，マーシャル援助による復興支援を受ける欧州諸国にIMF融資の利用を認めるか否かが論点となった。アメリカ理事のオーバビー（Andrew Overby）は，IMFが欧州に対して米ドルで融資を実施すればアメリカ政府の欧州復興援助計画を混乱させることになると述べ，マーシャル援助の被支援国は――復興目的にとどまらず国際収支調整目的のものも含め――全般的にIMF資金への依存を控えるべきであると主張した。さらに彼は，根本的な問題として，IMFの資金は欧州の膨大な復興需要によって消尽されるべきではなく復興期が終了した後の資金需要にも対応してゆかなければならないとの事情にも言及した。

　これに対し欧州諸国の理事たちは，マーシャル援助のような計画の存在によって直ちにIMF資金の法的な利用権が削られることはないと述べて抵抗した。すなわち戦後復興期におけるIMF融資の利用については，協定第14条5項で「IMFは戦後過渡期が調整期間であることを認め，調整期間であることに起因する加盟国の要請の受理について決定するにあたり相当の疑義に対しては加盟国に対し有利な決定を下すこと」と規定されていたが，欧州諸国の理事たちは援助の存在によって「相当の疑義」をめぐる評価は厳格化されるべきではないと主張したのであった。さらに彼らは，IMF資金の保護の問題についても各国が自制すれば対応できるとして抵抗した[20]。

　しかしオーバビーは，アメリカ政府による復興計画が始まった以上「相当の疑義」に対する解釈を厳格化させざるを得ないとの考えやIMF資金の保護についても主張を譲らなかった[21]。こうして1948年4月5日，IMF理事会は，

---

19) IA, Executive Board Minutes 48/241., European Recovery Program, January 6, 1948.
20) IA, Executive Board Minutes 48/288., Use of the Fund's Resources-ERP, March 18, 1948.

オーバビーの意向に沿いマーシャル援助の被支援国はIMFを通した米ドルの利用を原則として控えるべきであるとの決定を行った[22]。「ERP参加国は例外的あるいは予測不可能な事態に際してのみIMFにドル資金の利用を要請することができる。IMFとERP参加国の共通の目的は，ERPが終了した後にERP参加国がIMF資金にアクセスし得るようにするためにもERPの実施期間を通してIMF資金を安定的に維持することにある。〔……〕過渡期において加盟国は，過渡期の終了後におけるIMFの融資能力を棄損するような行動をとるべきではない」。

この「ERPの決定」は，融資の提供を通し欧州域内清算機構への関与を試みるスタッフたちの計画に影を落とすことになった。すでに1948年1月，「ERPの決定」に向けた議論と並行し，理事会ではバーンスタインが清算機構への信用供与を実行するよう理事たちに訴えていた[23]。彼はCEEC5カ国間による第1次多角通貨相殺協定の下での清算の進展がはかばかしくない現状を説明し，IMF融資の供与によってこの閉塞状況を打破することが可能であると主張した。一方バーンスタインは，2つの要因が欧州諸国によるIMF資金の利用を妨げているとも述べた。第一に，仮に米ドルの引出を行わなくともIMF資金の利用によって米ドルのIMF引出権が低下してしまうことが欧州の債務国に懸念されているということ，第二に，資金の利用によって生じる買戻しの義務には米ドル等の交換性通貨で対応しなくてはならないということだった。これに対し，理事会はスタッフに具体案の検討を要請した。この段階では，IMFによる対欧融資について理事会の姿勢は柔軟であった。

ところが，「ERPの決定」を経て理事会の柔軟な姿勢は一転した。1948年5月の理事会で，スタッフは「欧州諸国が双務協定において互いに設定している信用枠を最大限利用したとしても，ベルギーを中心とする域内黒字国に3億3800万ドルに上る債権超過が生じる」と試算したうえで，「IMFは3億3800万ドル相当の債権国通貨を追加的に提供可能である」との提言を行った[24]。こ

---

21) IA, Executive Board Minutes 48/253., European Recovery Program, January 21, 1948
22) IA, Executive Board Minutes 48/294., Use of the Fund's Resources-ERP, April 5, 1948.
23) IA, Executive Board Minutes 48/253., European Recovery Program, January 21, 1948.

れに対し理事会では，すでにマーシャル援助が発動されている状態でIMFが追加的な信用を供与することは欧州諸国によるぜいたく品の輸入を促すのではないかとの疑問，さらに「ERPの決定」と欧州への介入との整合性にかんする疑問が提示された[25]。

さらに6月の理事会では，オーバビーがIMFが欧州に融資を行うようなあらゆる計画を批判した。彼の主張は，アメリカの欧州復興援助計画に対する影響，欧州によるぜいたく品の輸入が増加する可能性，IMFの資金が欧州諸国によって消尽されるリスクなどに言及したものであり，それまで彼が示してきた見解を集約する内容であった[26]。このオーバビーの主張を受け，理事会はIMFによる欧州の清算機構への融資を制限する決定を行った[27]。このように，「ERPの決定」を契機にスタッフたちの計画は後退を余儀なくされたのであった。

一方，OEECでは，第1次多角通貨相殺協定の期限が近づくなか新たな清算機構の設立に向けて議論が行われていた。清算を促進する上での課題は，最終的な決済に充当する資金をどのようにして確保するかにあった。IMFからの融資が望めない状況下で，OEEC諸国は，マーシャル援助の実施機関として1948年4月に設立されたECAと交渉を行い援助の一部を決済資金に充当することを認められた。

こうして10月，新たな清算機構である第1次欧州域内相殺協定（The First Agreement for Intra-European Payments and Compensation）が設立された。この機構は，各国が双務協定の相手国に「引出権」とよばれる一種の「援助枠」を設定しあった点に特徴があった。債務国による引出権の利用は債権国から債務国への「援助」を意味するが，債権国は一方的に援助を行うわけではなく，供与した引出権と同額のドル，いわゆる「条件付援助」をマーシャル援助から受け取ることができた。こうした工夫によって，協定への参加国は増加した。もっとも

---

24) IA, Staff Memoranda 48/226., Multilateralization of European Payment Agreements among Fund members, May 7, 1948.
25) IA, Executive Board Minutes 48/316., European Clearing Arrangements, May 12, 1948.
26) IA, Executive Board Minutes 48/322., European Payments Arrangements, June 2, 1948.
27) IA, Executive Board Minutes 48/323., European Payments Arrangements, June 4, 1948.

この機構もまた，既存の双務協定を基礎として各国の収支尻を清算・決斉するという点において前年の協定と根本的に同様であった。引出権の設定はあくまで二国間に限られており，その多角的な利用は認められていなかった。

こうしたなかギュットは，1948年11月の理事会で「IMFはパリの動向と深く本質的な利害関係にある」というタイトルの演説を行いOEECを軸に展開する清算機構へのIMFの関与を強く訴えた。彼は「パリで計画されていることは，多角化すなわち通貨の交換性回復である。IMF協定もまた交換性回復を目指しており，この意味でパリでの動向とIMFは無関係でいられない」と述べ，OEECを中心に進められている域内多角化の試みに強い関心を示した。さらにギュットは，「国際的な通貨政策の実施主体はひとつしか存在しない。それはただひとつIMFだけである。したがって，IMFはあらゆる動きに関与しあらゆる組織をその国際的な通貨政策に従属させなくてはならないのである」と訴えた。

一連の発言からは，本来は自らが推進主体となるべき西欧の為替自由化がOEECの下で推進されていくことへの懸念が透けて見える。実際，当時IMF調査局のスタッフだったドフリースが「欧州諸国はOEECを原則として純粋に欧州の機関にしておきたかったのだ」と述べているように，OEECが編成されて以降，欧州諸国はIMFの関与を敬遠するようになっていた。さらに1948年夏頃には，IMF理事でありまたOEECの金融委員長でもあったアンシオ (Hubert Ansiaux) が，その他の国際機関からOEECの会議に出席者を受け入れることについてOEEC内部に抵抗があるとの情報を伝えていたとされる[28]。一方すでに述べてきたように，「ERPの決定」以来IMFによる西欧への関与に対する理事会の姿勢もまた一貫して否定的であり，ギュットの訴えが受け入れられることはなかった[29]。

1949年9月，第1次欧州域内相殺協定は第2次欧州域内相殺協定 (The Agreement for Intra-European Payments and Compensation for 1949-1950) へと発展し双務的に固定されていた引出権の25％が多角化された。しかし引出権の75％に

---

28) Horsefield et al. (1969), Vol. 2, p. 328.
29) IA, Executive Board Minutes 48/382., European Payments Arrangement, November 2, 1948

ついては依然として双務的に固定されており、多角的な清算機構に向けて課題を残していた。

3) EPUの成立
ⓐEPU設立交渉への関与の失敗

清算機構の多角化は、1949年12月、ECAによる提案を契機に大きく前進することとなった。この提案は、各国間の貿易収支尻を「欧州域内清算同盟」と名づけられた機構を通し多角的に決済すること、すなわち同盟参加国間の債権債務を新たに創設される共通計算単位に換算したうえで「同盟に対する」債権債務に置き換えて決済することを謳っていた。また提案では、同盟と債権国・債務国との間に一定の信用枠を設定すること、すなわち引出権の多角化も計画していた。こうした清算同盟の成立は、欧州諸国の目的であった多角的清算機構の誕生を意味していた。

ギュットにとって問題だったのは、この清算同盟が独自の運営理事会（Managing Board）によって運営されること、その運営理事会が、IMFではなくOEECの下で政策決定を行う可能性があることだった[30]。1950年1月の理事会で、彼は「(a) IMFは欧州の支払問題と強い利害関係にある。このため現在欧州で行われている協議に、技術的・政策的レベルで関与すべきである。(b) IMF加盟国のうち欧州で構想されている計画に参加する加盟国は、IMFに事前に相談すべきである。(c) 仮に地域的な通貨機構が必要なのであれば、そうした機構はIMFによって提供されるべきである」との持論を展開した。

しかし理事会では「これまで欧州に対し否定的な姿勢を採ってきた以上、この期に及んでIMFが欧州諸国に協議を呼び掛けるのは適当ではない」との見方が大勢を占めた。欧州域内の多角化にIMFが積極的に関与すべきであるとするギュットの提案は、またしても受け入れられなかった[31]。

他方、欧州の側でもIMFの介入に対する抵抗は根強かった。ドフリースはこうした抵抗の背景を次の4点に求めている[32]。①「ERPの決定」によって

---

30) Horsefield et al. (1969), Vol. 2, p. 327.
31) IA, Executive Board Minutes 50/520., European Payments Arrangements, January 13, 1950.

IMFの保有するドル資金の利用が制限されてしまったことで，欧州諸国がIMFに対し失望感を抱くようになったこと，②①とも関連して，IMFはアメリカ政府の傀儡であるとの見方が存在したこと，そのうえで，すでにECAを通してアメリカ政府と連携している以上，IMFの関与は不要であるとの見方を欧州諸国が有していたこと，③ECAと国務省を中心とするアメリカ政府の一部も，欧州の統合を進めるために不可欠な手段としての清算同盟の独立性にコミットしていたこと，④同盟の運営を円滑化するうえで，OEECの決定にIMFの承認が必要となるような仕組みは欧州諸国にとって都合が悪かったこと。

　1950年9月，清算同盟案はEPUとして具体化した。EPUを通した決済には西欧諸国に加えスターリング地域やフラン地域といった西欧諸国の通貨地域も参加した。西欧諸国の試みは，ドル地域と西側世界の決済圏をほとんど二分するほどの多角的決済機構を生み出したのであった。当初，1952年6月までをその起源として設立されたEPUは，1950年代を通して更新され1958年末に西欧諸国が通貨の交換性を回復するまで存続した。

　EPUの仕組みは，基本的にECAの提案を引き継いでいた。参加諸国の抱える二国間債権債務は多角的に清算され，その収支尻が共通の計算単位によって同盟に対する債権債務へと換算された。各国は同盟に対する引出権の設定が認められ，この引出権の範囲内であれば債権債務関係は信用によって決済された。一方，引出権を超える債務を計上した債務国は，超過額の一部について同盟から信用を供与されたが残りは同盟に対し金ドルの支払によって決済することを求められた。これに対し引出権を超える債権を計上した債権国は，超過額の一部について同盟に対し信用供与を求められたが残りは同盟から金ドルでの支払を受けることができた。金ドルを用いた決済比率については，表で示した通りである（表1-1）。この表1-1からもわかるとおり，この決済方式によると，EPUが債務国から金ドルで支払いを受ける額と債権国に対し金ドルで支払う金額は必ずしも一致するとは限らない。このためEPUには，運転資金として

---

32) Horsefield et al. (1969), Vol. 2, pp. 328-329.

表 1-1　EPU の決済メカニズム

(単位：%)

債権・債務額の割当額に対する比率	EPU に対する債務国		EPU に対する債権国	
	EPU からの信用供与比率	EPU に対する金ドル支払比率	EPU に対する信用供与比率	EPU からの金ドル支払比率
0– 20%	20	0	20	0
20– 40%	16	4	10	10
40– 60%	12	8	10	10
60– 80%	8	12	10	10
80–100%	4	16	10	10
合　計	60	40	60	40

出所）Kaplan et al. (1989), pp. 92–94.

マーシャル援助から 3 億 5000 万ドルの金ドルが供与された。

ⓑ 1950 年代の IMF と OEEC

　結局のところ，IMF は EPU の設立をめぐる協議にオブザーバーを派遣するにとどまりその設計に関与することはできなかった。しかし 1950 年代を通し，OEEC と IMF の関係が疎遠のまま推移したわけではない。最後にこの点について触れておきたい。

　IMF と OEEC との関係の改善の契機は，1952 年 6 月，ベルギーに対するスタンドバイクレジットの供与を IMF が決定したことによって訪れた。1952 年 6 月，OEEC 諸国は EPU を 1 年間延長する旨を決定した。しかしこの頃までにベルギーが域内において累積債権国になっており，各国は EPU の更新にあたり累積黒字を金ドルで決済する必要に迫られていた。「5 年間の分割払いによる決済」という各国の提案に対してベルギーが抵抗する一方，運転資金を提供してきたアメリカ政府もまた，この時点でマーシャル援助は終了していたことから EPU に対する追加的支援は行わない方針を打ち出していた。こうした閉塞状態を解決したのが，IMF 融資であった。ベルギー政府からの要請を受け，IMF 理事会では第 2 代専務理事のルースが融資の承認を主張し理事たちはそれを支持した。理事会は，ベルギーに対する「期間 5 年間・5000 万ドル」というスタンドバイクレジットの供与を決定した[33]。

　1952 年 7 月，OEEC 理事会は IMF の対応への謝意を公式に声明するととも

に「IMFとOEECとの間で共通の問題について有意義な協調関係を築いていくことが可能である」と宣言した[34]。そしてこの結果，IMFパリ事務局のスタッフが頻繁に「EPU運営理事会（Managing Board of EPU）」に招かれるようになった。さらにOEEC諸国がIMFの目的とする為替自由化に向けた動きを開始するようになると，IMFとOEECとの間で情報交換が行われるようになった。

1953年6月，ルースはOEEC側から協調関係の促進と情報交換の開始について要請を受けた[35]。理事会では，一部の理事から自国の内部情報が開示されることへの懸念が示された。しかしルースは，特定の内部資料，例えばコンサルテーションペーパーの第2部（当該国のマクロ経済情勢）など関係国の理事が認める場合に限ってOEECに資料として公開することについて提案し，理事会もまたこの「条件付き」での情報交換について承認した[36]。なお1956年4月には，コンサルテーションペーパーの第1部（コンサルテーションの概略）についても「条件付き」で情報提供することが理事会で決定した。

このように1950年代を通してIMFとOEECの関係は改善していったが，その関係性は前者が後者を包含するというよりはむしろ水平的なものとして推移することになった。ギュットが西欧へのアプローチを模索する過程で繰り返しIMFの「プレゼンス」に言及し危機感を示したことは，同時代のIMFを取り巻く状況を物語っている。

3　マクロ政策介入の理論と方法——IMF復権に向けた試み

西欧諸国はマーシャル援助の下で着実に復興を進め，1950年の時点で戦前水準を超える工業生産力を回復するに至った（図1-1）。他方インフレは収束しておらず（図1-2a，図1-2b），アメリカとの間の経常収支不均衡は顕著であっ

---

33) IA, Executive Board Minutes 52/34., Use of Fund Resources-Belgium, June 19, 1952.
34) IA, Executive Board Documents 52/116., OEEC Council-Statement by Belgian Delegation, July 11, 1952.
35) IA, Executive Board Documents 53/87., Co-operation with OEEC, July 1, 1953.
36) IA, Executive Board Minutes 53/52., Relation with OEEC, July 8, 1953.

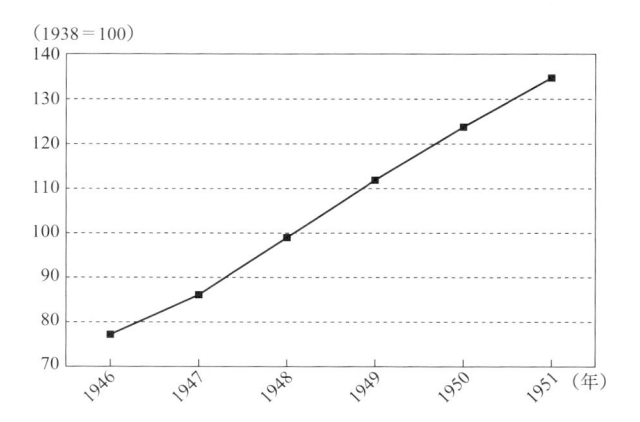

図 1-1　戦後復興期における OEEC 諸国の工業生産力の回復
出所）OEEC, *General Statistical Bulletin*, 1954 July.

た（図 1-3）。なお，ドル地域に対し為替自由化を実現する条件は十分に整っていなかったといえよう。

この段階で IMF 協定第 14 条は，依然として国際収支上の理由から加盟国に為替管理の採用を認めていた。しかし OEEC と EPU の台頭によって自らのプレゼンスが脅かされていくなか，IMF スタッフたちは早くも加盟国に為替自由化を促すための方策を検討し始めた。為替自由化の障害となっている国際収支上の要因とは何か，そうした要因をどのような方法で解消してゆくべきか，これらの点について検討を始めたのである。本節では，① 為替制限にかんする年次報告書の刊行と国際収支調整理論の発展，および ② IMF 融資制度改革の二点に注目し IMF がどのような政策路線を確立していったのか明らかにする。

1）為替自由化政策路線の形成

ⓐ為替自由化への隘路――戦後インフレとドル不足

IMF は加盟国の為替管理と国際収支不均衡との関係をどのように捉え，どのような方法で為替自由化を推進しようとしたのか。この点を知るうえで有益なのは，1950 年から IMF が刊行を開始した『為替制限にかんする年次報告書

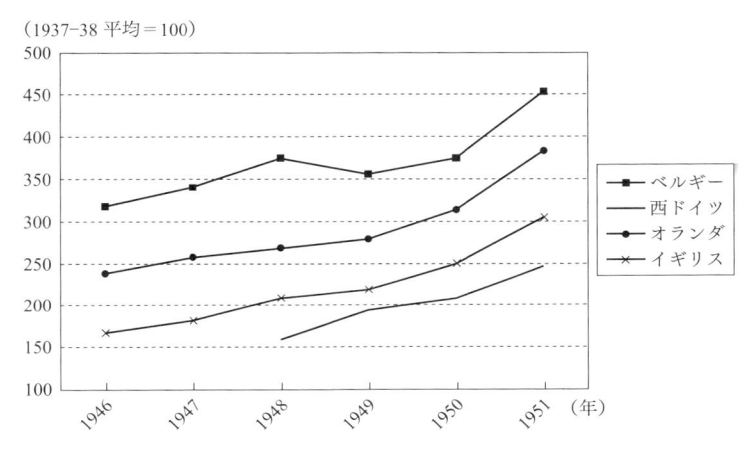

第1章 多角主義からアブソープションアプローチへ——49

（1937-38 平均＝100）

図 1-2a 西欧諸国におけるインフレの昂進(1)

出所）OEEC, *General Statistical Bulletin*, 1954 July. IMF, *International Financial Statistics*, Vol. 4, 1951.
注）卸売物価指数。

（1937-38 平均＝100）

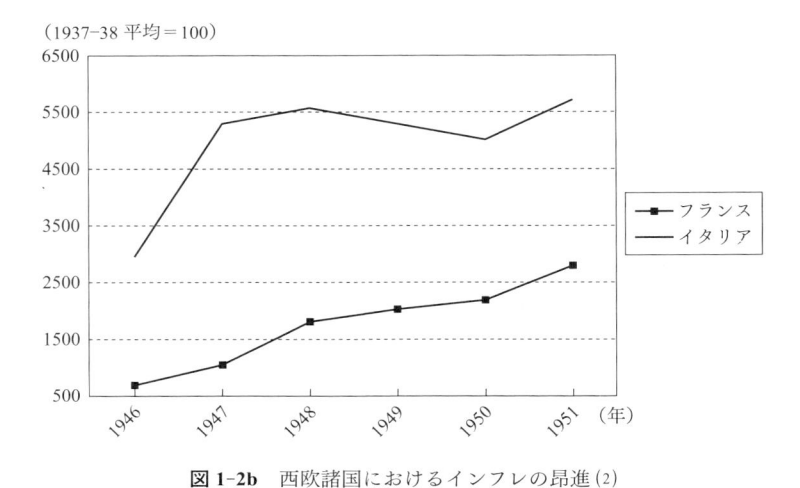

図 1-2b 西欧諸国におけるインフレの昂進(2)

出所）OEEC, *General Statistical Bulletin*, 1954 July. IMF, *International Financial Statistics*, Vol. 4, 1951.
注）卸売物価指数。

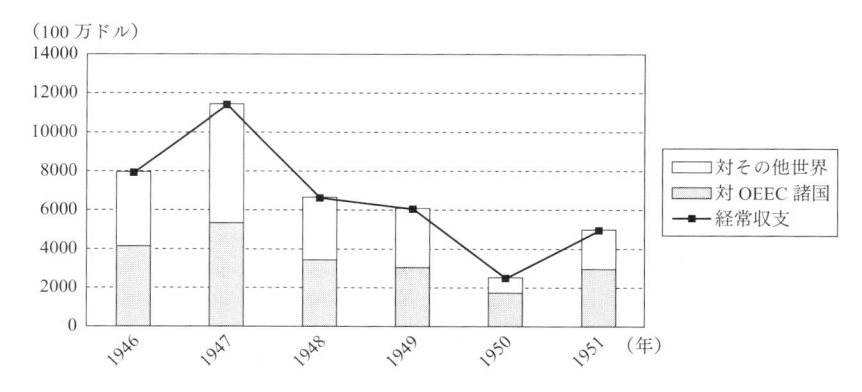

図1-3 戦後復興期におけるアメリカの経常収支の推移

出所）IMF, *Balance of Payments Yearbook*, Vol. 2, 4, 1938-47, 1950-51.
注）ただし寄付・贈与は除く。

(*Annual Report on Exchange Restrictions*)』である。過渡期条項とよばれる協定第14条は，その第4項で「IMFは業務開始から3年以内におよびその後毎年，経常取引に係る為替制限の状況について報告する」ことを規定していた。報告書は，この規定にもとづいて刊行されたものであった。

この報告書は，その名称が示すとおり加盟国の採用する為替制限の現状とその撤廃に向けたIMFの方針についてまとめた刊行物である。報告は2部構成になっており，第1部では為替制限の全般的な状況やその背景要因にかんする分析と為替自由化に向けてIMFの採るべき方針が示され，第2部では国別の為替管理制度の概要がまとめられた。この意味で，本書の分析にとってはとりわけ第1部が重要となる。

さて，スタッフが『第1次為替制限にかんする年次報告書』を作成したのは1950年2月から3月にかけてのことだった[37]。原案のなかでスタッフは「為替制限の撤廃はとりわけ現在の経済情勢下では多くの困難を内包するものであると認識し，IMFは為替制限を一挙に廃止しようとは思わない。為替自由化

---

[37] IA, Staff Memoranda 50/436., First Annual Report on Exchange Restrictions, February 6, 1950 pp. 39-44. IA, Staff Memoranda 50/436 Revision 2., First Annual Report on Exchange Restrictions, March 1, 1950 pp. 44-53.

に踏み切る加盟国は，自由化に伴うリスクを最小限に抑えなくてはならない」と述べた。そして「現在の経済情勢」については各国の国際収支（ドル地域に対する経常収支）が依然として不安定であることを指摘し，①残存するインフレ圧力と，②国際的に根強いドル不足をその要因として挙げた。

そのうえでスタッフは，まずインフレ圧力への対処においては次のように緊縮的マクロ政策の重要性に言及した。「IMFとしては，加盟国と頻繁に協議を行うことで国内政策の技術的な側面だけでなくそれらの政策が国際収支に与える影響について助言を提供するつもりである。〔……〕すべての加盟国は，自国の為替平価を長期的に維持することができないような財政金融政策を採用すべきではない。現在のようなインフレを回避し，その国際収支に対する悪影響を除くような緊縮的政策を採用するよう求める」。一方，ドル不足への対処については次のように国際政策協調の必要性を指摘した。「加盟国の国際収支を圧迫しているのは明らかに国際的な要因であり，これについてはいかなる加盟国も単独では対応しえない。〔……〕加盟国の行動は著しく相互依存的である。ある加盟国が為替制限を撤廃しうるということは，他の加盟国の政策及び行動の結果であることが多い。このことは協調にもとづく計画の必要性を強調するものであって，各国の政策は為替自由化を志向する加盟国の努力を阻害するのではなくこれを最大限援助するものでなくてはならない」。

このように，スタッフは「加盟国が為替制限を維持している理由は国際収支不均衡である，国際収支不均衡は各国のマクロ経済政策で対処すべき側面を持ちながらも根本的には国際的なドル不足問題の存在に影響を受けている」と現状を分析した。そして，「通貨の交換性回復に対するこの2つの障害に立ち向かうにあたり，加盟国に積極的な協力と助力を差し伸べることがIMFの方針である」，「各国は通貨分野における統合的な調整および協力機関として，IMFの果たすべき役割を認めている。IMFは，加盟国間の協調的行動を主導し多角決済体制の樹立に寄与したい」等，自らが為替自由化の推進主体であることを強調した。

スタッフは，この原案を理事会に諮りながら修正を加え最終稿へと仕上げていった[38]。その過程で理事たちからは，IMFが「インフレ抑制のための緊縮的

マクロ政策の採用」を加盟国に求めることに対し失業問題への懸念から強い批判が寄せられた[39]。このため，加盟国の国内政策にかんする上記の文言に「IMFの見解は，加盟国に深刻な失業の増大をもたらすような破壊的デフレ政策を断行させようとするものであると解釈されてはならない。高水準の雇用の重要性は協定においても強調されており，IMFは加盟国の財政金融政策に助言するにあたりこの点を念頭におく」という表現が追記された[40]。他方，国際収支不均衡の緩和と為替自由化を進めるうえで国際政策協調の果たす役割については理事たちの支持を集めた。各国の理事たちは，自国のマクロ経済政策への介入については抵抗を示しながら，為替自由化の自助努力を免ぜられるかのようなニュアンスを持つ国際政策協調については歓迎の意を示したのであった。

なお「加盟国のマクロ経済管理と国際政策協調を通した為替自由化の追求」という同様の方針は，1951年4月の第2次報告でも示された。IMFスタッフたちは，為替自由化を推進する主体としての地位を確立するために「インフレと戦後のドル不足に起因する国際収支不均衡」の解決に取り組まねばならなかったのである。こうした役割は，当初ケインズとホワイトの構想した「加盟国による内外均衡の同時達成を短期融資の供与で支援する」という役割，すなわち戦後の「デフレと失業」を想定した役割とは異なるものであった。

ⓑ **国際収支調整理論の発展──アブソープションアプローチ**

さて『為替制限にかんする年次報告書』においてIMFスタッフは，為替自由化の障害としてドル地域に対する経常収支不均衡を挙げその是正には緊縮的マクロ政策を通したインフレの抑制が重要であると謳っていた。それでは，国際収支の問題を国内マクロ政策運営と結び付ける考え方はどのようにして生まれたのだろうか。

当初，対外不均衡の調整手段としては，国内マクロ政策運営よりむしろ，短

---

38) 以降，同報告書はスタッフの原案に理事会が注文をつけるというプロセスを経て作成された。しかし1952年3月から協定14条コンサルテーションが始まると，スタッフ原案に対する理事会の注文は第2部の各国分析にその焦点がシフトし，第1部でスタッフが示した方針が大幅に変更されることはなくなっていった。

39) IA, Executive Board Minutes 51/534., Exchange Restrictions Report, February 20, 1950.

40) IMF, *First Annual Report on Exchange Restrictions*, 1950, p. 30.

期的な失調にはIMF融資，そして深刻なドル不足のような「基礎的不均衡」の場合は「調整可能な釘付け制度」の活用によって是正されるものと想定されていたはずである。実際ドフリースが述べるように，金本位制下においては「自動調整メカニズム」が，そして1930年代末以降は為替相場の変更によって経常収支が調整されるとする「弾力性アプローチ」が一般的な国際収支調整の考え方となっていたことから，必ずしも同時代において国際収支の調整をマクロ政策と関連付ける方法が自明だったわけではない[41]。そこで「アブソープションアプローチ」とよばれる国際収支調整理論について説明し，同時代におけるIMFの国際収支調整の考え方について明らかにしておきたい[42]。

アブソープションアプローチは，経常収支（CA）を国内総生産（Y）と国内総支出（アブソープション＝消費・投資：A）の差として把握する（CA＝Y－A）（ΔCA＝ΔY－ΔA）理論である。この理論にもとづくと，経常収支の改善はYの拡大とAの抑制によって達せられるが，完全雇用下では国内総生産の水準を変化させることはできない。このため「経常収支を改善するには，財政金融政策の引締によってアブソープションを抑制せよ」，これがこの理論の政策的含意となる。

この理論は，国際的なインフレという戦後過渡期の問題に起因する国際収支不均衡に対応する過程で，調査局のスタッフたちによって考案されたものだった。すでにIMFの業務開始当初から，バーンスタイン率いる調査局スタッフたちは「戦後の国際収支不均衡はインフレに起因している」との認識を有していた。そして1950年頃までに，加盟国へのミッションの経験等を通し「インフレの背景をなす過剰な国内総支出を抑制しなければ，為替減価を行っても不均衡を是正することはできない」というアブソープションアプローチの考え方の基礎を形成していった[43]。

この意味で，アブソープションアプローチは為替相場と貿易収支との関係を

---

41) De Vries（1987），p. 12.
42) この理論は調査局のポラック（Jacques J. Polak）によって発展し，次のアレキサンダー（Sidney Alexander）の論文で広く知られるようになった。Alexander（1952）．
43) Black（1991），p. 63.

めぐる弾力性アプローチの効果を検証する試みを通して生み出されたものであったといえる[44]。弾力性アプローチの下では，為替相場の変更と貿易収支の関係は，専ら貿易財の相対価格の変化と貿易財の価格弾力性の関係から分析される。為替相場の変化が総生産や総支出に与える影響について分析しない点で，弾力性アプローチは部分均衡分析であった。

　一方，アブソープションアプローチでは為替相場の変更が総生産や総支出に与える影響が考慮される。例えば為替減価が行われると，切下げ国の輸出品価格は低下し同時に貿易相手国ではその財の輸入需要が増加する。切下げ国はこの輸入需要の増加分を満たすことが求められるが，そのためには輸入需要の増加分だけ国内総生産を拡大するかその財に対する国内総支出を抑制し輸出に回さなくてはならない。国内総生産が拡大するとき，国内総生産の増加分すべてが輸出に回されるわけではなく「国内吸収性向（c）」とよぶべき乗数を通じて国内総支出に影響を与える（$\Delta A = c\Delta Y - \Delta B$，ただし$\Delta B$は為替減価がY以外の変化を通じて国内総支出に与える影響である）。ところが，完全雇用下では短期的に国内総生産を拡大することができない。このため完全雇用水準を超えてインフレ圧力が存在する場合であればなおさら，いずれ国内総支出が抑制されない限り為替減価によっても貿易収支は改善しないことになる。

　国際収支の調整において加盟国のマクロ政策運営に注文をつけるといういわば「現代的」なIMF経済政策の方法の理論的基礎は，IMFスタッフがドル不足とインフレが残存するなかで為替自由化を追求せざるを得ない状況のなかで彫琢されたものだった。もっとも「現代的」とはいえ，アブソープションアプローチは「政府の失敗」を強調したり総需要管理政策を否定したりするものではなかった。さらに，経常勘定の自由化というスタッフたちの為替自由化目標もまた，短資移動を前提とする現代的な観点からすればむしろその為替「管理」としての側面が際立つものであるかもしれない。しかしこの理論の登場に

---

44) 無論，アブソープションアプローチの登場が弾力性アプローチの理論的な意義を全面的に否定したというわけでは決してない。あくまで「過剰な国内総支出にもとづく国際収支不均衡」の是正において，IMFスタッフたちがアブソープションアプローチを適用するようになったということである。

より，IMF にとって完全雇用政策はそれが過剰な国内総支出を生み出し国際収支不均衡を拡大させる限りにおいて為替自由化という目標の下に制限されるべき政策となったのである。

2）IMF 融資制度改革――「融資条件」の明確化

　現代の IMF 融資には原則として「コンディショナリティ」が付され，融資を利用する加盟国は一定の政策的条件を呑まなくてはならない[45]。このため融資制度は，IMF にとって加盟国のマクロ経済管理を行うための好個の手段となる。ところが，IMF 融資制度のそうした役割が業務開始当初から自明だったわけではない。

　融資の「利用条件」を整備し，「コンディショナリティ」の概念を導入し[46]，融資制度を加盟国のマクロ経済管理のための手段として確立させたのは，1950年代初頭におけるギュットとルース，2人の専務理事であった。本項では IMF 融資の利用条件をめぐる IMF 内部の対立について触れた後，2人の専務理事の融資制度改革に焦点をあて IMF が加盟国のマクロ経済管理を行うための「具体的な手法」を確立させていく過程を明らかにする。

ⓐ 自動性論争

　IMF 融資の利用については，協定第5条がその原則について規定している。しかしその内容は，すでに第1節で触れたように「あいまいさ」を残しており業務開始当初から理事会内部ではその解釈をめぐる対立が続いていた。とりわけ争点となったのは，協定第5条3項「利用にかんする条件」(a)(i) の「通貨の買入を希望する加盟国は，この他 IMF 協定の規定に合致する目的の支払をその通貨で行うために，その通貨が現に必要である旨を示さなくてはならない」という一文であった。こうしたあいまいなフレーズは，IMF 設立交渉をめぐる英米間の「妥協の産物」であった。すなわち「その通貨が現に必要であるか

---

45) ただし近年，構造面を中心にコンディショナリティの緩和および簡素化が進められている。詳しくは巻末附表2の「IMF 融資制度の改正　2．コンディショナリティの改革」を参照のこと。
46) なお，コンディショナリティという「用語」が正式に登場するのは1968年のことである。

否か」を厳格に IMF の裁量で審査すべきであるとするアメリカと,「その通貨が現に必要である」ことを唯一の条件としてほとんど自動的に IMF 資金を利用可能とすべきであるとするイギリスとの間の対立が背景に存在していたのである。

アメリカ理事が欧州諸国の反対を押し切り,「ERP の決定」によって IMF 資金（とりわけドル資金）の利用を制限する方針を押し通したことについては先に触れた。しかし 1950 年代に入る頃になると, アメリカ政府は資金利用の原則を明確化する必要に直面し始めていた[47]。マーシャル援助の終了を念頭に施行された相互安全保障法（Mutual Security Agreement; MSA）によって軍事目的以外の対外援助が制限されるにおよび, アメリカ政府はドル供給メカニズムとしての IMF 融資制度の確立を必要とするようになっていたのである。オーバビーの後を継いでアメリカ理事となったサザード（Frank Southard, Jr.）は,「通貨が現に必要であるか否か」という点に加え「買戻しの義務を履行しうる見込みがあるか否か」についても融資の可否を承認するうえで厳格に審査すべきであるとの提案を繰り返すようになった。これに対し, 欧州諸国の理事たちは抵抗した。

1950 年 5 月, スタッフは融資の可否をめぐる「プライアー・レビュー」という考え方を提案した。これは, 加盟国のマクロ経済情勢やマクロ経済政策の運営状況を「事前に」理事会が「審査」しておく代わりに加盟国からの融資申請には「ほとんど自動的」に対応するという提案であり, いわば欧米双方の要求を両論併記の形で提案したものだった。しかし理事会は,「成績の悪い加盟国のブラックリスト化」につながるであるとか審査の手間が膨大であるとかいった理由でこの提案を拒否した[48]。

すでに「ERP の決定」によって低落傾向にあったものの, IMF 融資の利用条件が明確に定まらないことは必然的に加盟国の資金需要を低迷させる要因となった。IMF の融資額は, 1947 年度の 6 億 600 万ドルから続く 3 年間につい

---

[47] 浅井良夫（2014），68 頁。
[48] IMF 融資の利用条件をめぐる IMF 内部の対立については, Horsefield et al. (1969), Vol. 1, pp. 397-401 を参照されたい。

ては1億1940万ドル，5180万ドル，2800万ドルへと急速に減少していった。

ⓑ ギュットの声明と改革の始まり

　こうした融資の利用条件をめぐる対立を融和しIMF融資の活性化に向けた制度整備が行われる契機となったのは，ギュットによる融資制度改革であった。1950年11月，理事会の非公式セッションにおいてギュットは，このセッションに先立つ10月の非公式セッションにおける欧米双方の対立の構図について次のように整理した。「欧州諸国もIMFによる審査それ自体を否定しているわけではない。単に，『直近の審査』で融資の利用について問題ないと判断された加盟国に対して再度審査を課すことを拒否しているだけである。アメリカとしても，IMFによる審査を重視しているが『直近の審査』で問題のない加盟国についてはその審査にもとづいて融資の可否に判断を下すことについて異存ないようである」。

　ギュット自身が「10月のセッションについては議事録を残していない」と述べていることから，そこで何が話合われたのかは定かではない。しかしギュットの要約のなかに登場する「直近の審査」といった用語から察するに，一度は拒否されたスタッフの「プライアー・レビュー」の考え方が再度争点になった可能性はある。ともあれギュットは「重要なことは，両論の中間的な解決を図ることである」，「理事会における争点を円満に解決するような現実的な提案をしたい。論理が逆と言われるかもしれないが，私の目的は唯一前進することだけである」と続け，融資の利用条件にかんする対立の緩和を優先する姿勢を表明した。

　ギュットが対立の緩和を急いだ背景には，こうした対立がIMF資金の死蔵を招きひいてはIMFの立場を貶める方向に作用しているとの認識が存在した。彼は「明らかなことは，IMFは議論を尽くす組織であると同時に何よりも実行力ある組織でなくてはならないということである。IMFは，加盟国による資金の利用を制限するのではなく彼らに資金利用を認める方向で活動すべきである」と述べ，IMF資金の積極的な利用を認める姿勢を示した。

　しかしギュットの提案には，もうひとつの仕掛けがあった。彼は「IMFの資金は，IMF協定の目的に向けて実効的な計画を採用する加盟国によって活

用されるべきである。この実効的な計画は，加盟国とIMFスタッフとの協議を通して決定され理事会に承認を受けるだろう」と述べた。すなわちギュットは，IMF資金の積極的な利用を謳いながら，一方でその利用には「IMFの目的と整合的な計画の履行」という条件が付されるべきことを主張したのだった。

では，IMFの目的と整合的な「計画」とは何か。その内容についてギュットは「融資の対象となる実効的な計画とは，インフレ抑制であり，現実的な為替相場の設定であり，通貨の交換性回復でありまた差別的措置の廃止である」と説明した。彼は「これはIMFにとっても建設的なことだろう。主導権と活動の場を獲得し，これまで失われてきた権威を回復する契機である」と述べた。

ギュットは，IMF資金への可能な限り自由なアクセスを望む欧州側とIMF資金の利用に条件と審査を付けて管理しようとするアメリカ側の双方に配慮しながらも，資金利用の条件のなかに「通貨安定と為替自由化」というIMFの目的を巧みに織り込んだ。そして，「融資の活性化」と「為替自由化の推進主体としてのIMFのプレゼンスの復権」という2つの目標の同時達成を追求したのであった[49]。

1951年に入ると，4月末の理事会でギュットの提案が議論された。依然として資金利用に対し政策面での条件が付されることを嫌う一部の理事からは反対もあったが，ほとんどすべての理事がIMF融資の利用にかんするひとつの原則としては承認し得るとの姿勢を示した[50]。こうして5月初頭の理事会で，ギュットの示した方針は承認された。

ⓒルースによる改革——制度化の進展

1951年5月に任期を終えたギュットに代わり，融資制度改革は第2代専務理事のルースに引き継がれた。ギュットの提案は，IMF融資の利用にかんする方針を打ち出した点で画期的だったが依然として「原則」の域を出るものではなかった。ルースは，IMF融資を活性化させるべくより具体的な資金利用の条件について改革を進めた。

---

49) IA, Executive Board Documents 51/828., Use of the Fund's Resources-Managing Director, February 5, 1951.
50) IA, Executive Board Minutes 51/670., Use of Fund's Resources, April 25, 1951.

まずルースが着手したのは，金利手数料体系の改革であった。1951年10月末の理事会で，彼は「短期的な資金の利用を促進するとともに，長期間にわたる資金の利用を抑制してゆきたい」と述べ，従来の金利手数料の体系について，① 期間の長さにかかわらず徴収される手数料を引き下げるとともに，② 短期間の資金利用にかかる金利と長期間の資金利用にかかる金利との間の差を広げる提案を行った。

理事会では，多くの理事がこの提案を支持した。資金利用に条件が付されることに抵抗していた理事たちも「直接的な統制ではなく，金利の上昇という『自動的な』力によって利用期間が決定されていくようなメカニズムが望ましい」と述べて提案を支持した[51]。提案は，11月の理事会で承認された[52]。

またルースは，資金の短期的な利用を促すために金利手数料体系の改革と並行して「買戻し」の条件について明確化する作業にも着手した。IMF協定は第5条7項で買戻しの条件について規定していたが，具体的な期限については明記していなかった。1951年11月の理事会で，彼は「理事会は，IMF協定の目標の達成に資するような具体的な行動計画を実行する加盟国をサポートすることがIMF融資の役割であるとの，私の先代による提案を支持した。〔……〕理事会各位と同様に，私もIMFの目的を達するためにIMFの資金を流動的にしてゆきたいと考えている。そしてまた，IMFを回転基金とするために加盟国の買戻しの期間を比較的短期間に区切りたいと考えている。加盟国に短期の資金利用を促す金利手数料体系の改革に加え，IMF資金の積極的な回転を促すために，個人的には3年から5年の間に買戻しを行うことが望ましいと考えている」と述べた。

短期資金の利用を促す金利体系と買戻し期間の短縮は（表1-2），IMF資金の利用を厳格化する提案であるかのようにも見える。しかしルース自身が述べているように，その狙いは資金の利用期間の短縮を通しIMF資金の回転を促すことにあった。あくまでIMF融資の活性化が目的だったといえよう。

実際，これらの改革と併せルースは政策面での条件の緩和にも着手した。11

---

51) IA, Executive Board Minutes 51/710., Use of Fund Resources-Charges, October 26, 1951.
52) IA, Executive Board Minutes 51/717., Use of Fund Resources-Charges, November 19, 1951.

表 1-2　IMF 融資にかんする金利手数料体系の改革

	[従来の金利手数料体系] (%)					[ルースの提案] (%)			
利用期間	クオータ超過分				利用期間	クオータ超過分			
	0/25%	25/50%	50/75%	75/100%		0/25%	25/50%	50/75%	75/100%
最初の 3 カ月	0.0	1.0	1.5	2.0	最初の 3 カ月	0.0	1.0	1.5	2.0
3 カ月から 6 カ月	0.5	1.0	1.5	2.0	3 カ月から 6 カ月	0.0	1.0	1.5	2.0
6 カ月から 1 年	0.5	1.0	1.5	2.0	6 カ月から 1 年	1.0	1.5	2.0	2.5
1 年から 18 カ月	1.0	1.5	2.0	2.5	1 年から 18 カ月	1.5	2.0	2.5	3.0
18 カ月から 2 年	1.0	1.5	2.0	2.5	18 カ月から 2 年	2.0	2.5	3.0	3.5
2 年から 30 カ月	1.5	2.0	2.5	3.0	2 年から 30 カ月	2.5	3.0	3.5	4.0
30 カ月から 3 年	1.5	2.0	2.5	3.0	30 カ月から 3 年	3.0	3.5	4.0	4.5
3 年から 42 カ月	2.0	2.5	3.0	3.5	3 年から 42 カ月	3.5	4.0	4.5	5.0
42 カ月から 4 年	2.0	2.5	3.0	3.5	42 カ月から 4 年	4.0	4.5	5.0	
4 年から 54 カ月	2.5	3.0	3.5	4.0	4 年から 54 カ月	4.5	5.0		
54 カ月から 5 年	2.5	3.0	3.5	4.0	54 カ月から 5 年	5.0			
5 年から 6 年	3.0	3.5	4.0	4.5	事務手数料（固定）	0.5			
6 年から 7 年	3.5	4.0	4.5	5.0					
7 年から 8 年	4.0	4.5	5.0						
8 年から 9 年	4.5	5.0							
9 年から 10 年	5.0								
事務手数料（固定）	0.75								

出所）IMF, *Annual Report of the Executive Directors for the Fiscal Year ended April 30, 1952*, 1952, p. 91.

月の理事会で彼は「IMF 資金の利用は，もちろん加盟国が融資を与えるに値する政策を採用するかどうか，および買戻しの見通しがあるかどうかという要素と結び付いている」と述べつつ，ゴールドトランシェの範囲内での資金利用については「このトランシェの資金利用については，すべての合理的な疑いについて加盟国に善意の解釈を行うべきである。加盟国によるこの範囲内での資金利用に対し柔軟に対応することについて，理事会が支持することを期待する」と述べ，政策面での条件を緩和する計画を提案した[53]。

なお図 1-4 に示したが，ゴールドトランシェとは IMF が保有する加盟国通貨のクオータに対する割合が 100 ％ までの部分である。加盟国は，加盟に際し，IMF に対して設定されたクオータのうち 25 ％ を金で 75 ％ を自国通貨で払い込むことが原則として義務付けられていた。一方で，IMF 資金の利用は自国通貨を対価にした他国の通貨の買入という形式を採る。このため IMF 資金を利用した加盟国通貨の IMF による保有高は，その国の IMF 資金利用額と同じだ

---

53) IA, Executive Board Minutes 51/714., Use of Fund's Resources, November 7, 1951.

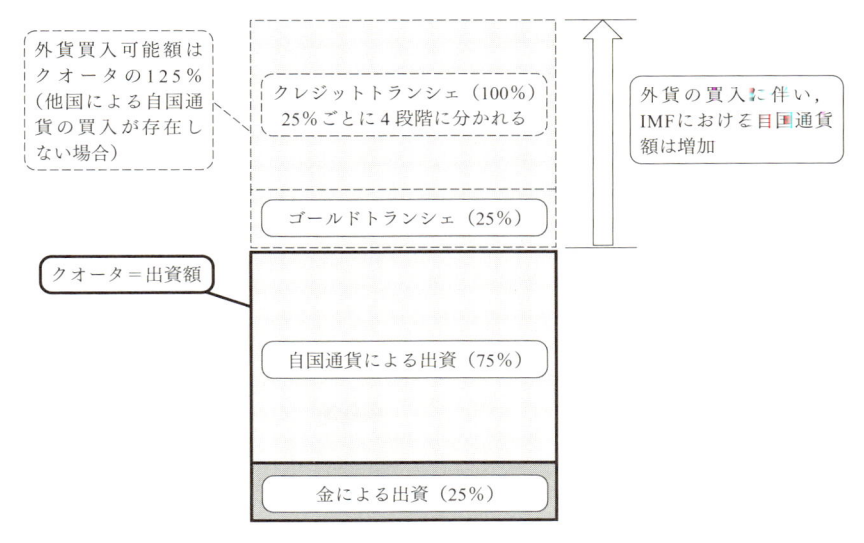

第1章　多角主義からアブソープションアプローチへ——61

```
┌──────────────────────────────────┐
│  外貨買入可能額は      クレジットトランシェ（100%）        ↑    外貨の買入に伴い、
│  クオータの125%        25%ごとに4段階に分かれる              IMFにおける自国通貨
│ （他国による自国通                                            額は増加
│  貨の買入が存在し      ゴールドトランシェ（25%）
│  ない場合）
└──────────────────────────────────┘
         クオータ＝出資額
                         自国通貨による出資（75%）

                         金による出資（25%）
```

図 1-4　IMF 資金の利用とトランシェの構造

出所）筆者作成。
注）各数値はクオータの額に対する比率（%）。

け増加することになる。IMF からの資金の引出限度については，協定第 5 条 3 項 (a)(iii) で「その資金利用によって，過去 12 カ月間の IMF の資金利用国通貨の保有額が同国のクオータの 25％を超えて増加しないこと，かつ IMF の資金利用国通貨の保有額が同国のクオータの 200％を超えないこと」と決められていた。この規定からも分かるとおり，加盟国による IMF 資金の利用は，単一の利用額がクオータの 25％を超えずかつ累積買入額がクオータの 125％を超えない（200％のうち 75％はすでに払い込まれているため）範囲で認められていた。この 125％のうち高次の 100％は「クレジットトランシェ」とよばれ，25％ごとに第 1 クレジットトランシェから第 4 クレジットトランシェまで区分されていた。そして高次のトランシェになるほど，その資金利用には厳しい条件が課された。ルースの提案は，この 125％のうちもっとも低次の 25％にあたるゴールドトランシェの範囲内については，事実上，政策条件を緩和することで資金利用を促そうとするものであった。

以上の提案は，理事会でも支持を集めた。1952年2月の理事会では，「① 加盟国が適切な政策を実施することが融資の可否において重要となること，② ゴールドトランシェの資金利用について IMF は事実上審査を行わないこと，③ 加盟国は引出後3から5年以内に自国通貨の買戻しを行うべきこと」が正式に決定された。この提案は，考案者の名前をとって「ルース・プラン（Rooth Plan）」とよばれた。ルースが「この決定は，IMF が自らの目的に沿って資金を活用していくうえで現実的な基礎を与えるものである」と述べたように，ルース・プランは1950年代を通じ IMF の融資制度の骨格をなしていくことになった。

　さらに同じく2月の理事会で，ルースは「場合によっては，喫緊の資金利用の要請にかんする協議ではなく6カ月から12カ月以内に加盟国から資金利用の必要性が示された場合はいつでも直ちに資金の利用を認めるという保証を加盟国に与えるための協議が必要かもしれない」と述べ，いわゆる「融資予約」の制度の必要性に言及した[54]。1952年10月の理事会は，この提案を採用し「ゴールドトランシェの範囲内の金額かつ6カ月以内」という条件で融資予約を認める旨を決定した[55]。以降，IMF 融資制度の中核をなしていくスタンドバイ協定制度の誕生である。

　ギュットの声明に始まりルースの創意によって進められた改革によって，IMF 資金の利用条件が整備され理事会内部の対立も終息した。しかし注目すべきは，資金の利用条件が整備されたことそれ自体よりむしろその利用条件に「適切な政策の履行」が含まれたことであろう。以後，加盟国は，IMF 資金の利用にあたり融資を活用した交換性回復の実行ないし為替自由化の障害となっていた経常収支不均衡を是正するための緊縮的マクロ政策の履行を求められることになった。1950年代初頭の段階ではなお IMF 資金の利用は低迷していたが，IMF は融資制度を加盟国のマクロ経済政策に介入するための手法として

---

54) IA, Executive Board Minutes 52/10., Use of Fund's Resources and Repurchases, February 13, IA, Executive Board Minutes 52/11., Use of Fund's Resources and Repurchases, February 13, 1952.
55) IA, Executive Board Minutes 52/57., Stand-by Credit Arrangements, October 1, 1952.

3）自律性の発露と政策形成

　本章で述べてきたように，戦後復興期において IMF は「開店休業状態」を余儀なくされることになった。しかし同時に，そうした状況とは裏腹に 1950 年代初頭は IMF の政策体系の基礎が形成された時期でもあった。では，こうしたパラドキシカルな状況をどのように理解すればよいだろうか。

　そもそも，IMF は欧州の復興に対応するための機関ではなかった。また IMF 協定の「過渡期条項」に鑑みれば，依然として IMF が加盟国の為替自由化に乗り出す段階にはなかったと見ることもできる。しかし，IMF スタッフの側は事態について危機感をもって受け止めていた。アメリカ理事の押し通した「ERP の決定」が欧州諸国の IMF に対する失望を招く一方，マーシャル援助を機に登場した OEEC は西欧の貿易決済多角化に向けた歩みを主導した。ギュットは OEEC の台頭を「為替自由化の推進主体」としての IMF の役割を脅かすものと把握したが，OEEC も IMF 理事会も IMF の西欧への関与に難色を示していた。そうした状況の下では，IMF スタッフたちにとって，戦後復興期が明けた後，西欧諸国の為替自由化をめぐる協議の場が OEEC から IMF コンサルテーションへとスムーズに移行する保証などなかったのである。

　折しも EPU が成立をみる直前の 1950 年 8 月，為替制限局（Exchange Restrictions Department）長として加盟国の為替自由化を所掌する立場にあったフリードマン（Irving Friedman）は[56]，理事たちにあてたメモのなかで次のように焦燥感をにじませている。「もし加盟国が多角主義に向かって前進する意向を持っているのであれば，これを支援しうる立場にいるのは IMF である。国際的な

56）為替制限局は，加盟国の為替制限にかんする諸問題に中心的に対応することを役割として 1950 年 3 月に設置され，1960 年代半ばにかけ協定 14 条コンサルテーションを主導し主要国の 8 条国移行に携わった部局である。同局は，1965 年に為替貿易関係局（Exchange and Trade Relations Department）へと改編され，貿易決済のみならず加盟国の経済安定化などのより広い問題を扱う部局となった。フリードマンは，為替制限局が設置されてから同局が為替貿易関係局へと改称されるまで為替制限局長として令名を馳せた人物である。

アンパイア』たる IMF こそ，外貨準備不足などをめぐり加盟国間に生じうる諸問題を適切に調停できるのである。『国際的な金融アドバイザー』たる IMF こそ，その知的な蓄積をもとに加盟国の直面する問題解決に尽力することができるのである[57]」。

　さらに 1951 年 3 月 19 日の理事会でギュットが行った退任演説は，スタッフたちの問題意識を浮き彫りにするものだった。彼の演説は，「なぜ IMF は影響力を持てなかったのか」をテーマに行われた。"Off the Record" 扱いとされたこの演説のなかで，彼は IMF を「学生に敬遠される寒い部屋の大学講師」になぞらえながら次のように不満を述べている。「ERP の決定は，非 ERP 諸国を含む多くの加盟国にそれが IMF の原則であるかのような誤解を与えてしまった。彼らはすっかり，IMF が彼らの引出を妨害しているかのように受け止めてしまっている。この決定は，IMF に対する期待を冷え込ませついには無関心の域にまで貶めてしまったのである。〔……〕加盟国は，IMF が資金の利用は可能なだけでなく望ましいと考えていること，加盟国を支援するための存在であると考えていること，そして建設的な計画であれば喜んで歓迎する意向であるということについてもっと知るべきである」。「OEEC と良好な関係を築くことは必要かもしれないが，これは嫌気のさす問題でもある。現実と異なり，もし IMF がより確固たる権威を有していたならば関係を築くことは簡単だっただろう。しかし，いまになってそれをやろうとすれば相当な外交力が必要になる。〔……〕当初，欧州の側は IMF との強い協調関係を主張していたのだ。もちろん私はそれが純粋なものだとは決して思わなかった。この歳になっても相手の真意をきちんと理解できないとすれば，それは哀れなことだろう。いずれにせよ，欠席や不参加は常に悪い結果をもたらす。1948 年 11 月の理事会で私は欠席こそ敗北だったといったはずだ。世の中に真空状態は存在せず，我々がいないところには必ず別の主体が入り込むようにできている。あの時，我々の地位に取って代わろうとしたのは BIS だった。そして現在，BIS と親密な OEEC が堂々と IMF に取って代わろうとしている。いまや人々の関心は OEEC

---

57) IA, Staff Memoranda 50/522., Multilateralism versus Restrictionism in the New World Situation, August 4, 1950.

を拡大し IMF に取って代わらせることにある。いや，それはアメリカの承認なしにできないしアメリカ財務省はそんなこと認めないという者がいるかもしれない。しかし多くのアメリカ人はいまや BIS を支持している。アメリカ財務省では戦時中から『BIS』は禁句だったはずなのに。EPU でアメリカが果たしている役割については，もはや説明はいらないだろう。このうえ何か起ころうとも驚くまい[58]」。

　ギュットのラストスピーチからも窺えるように，IMF の「開店休業状態」は，意思決定におけるスタッフ部門に対する理事会の優越，理事会における主要国とりわけアメリカ理事の発言力の強さと不可分の問題であった。このことは，ホースフィールドとドフリースによる次の説明とも整合的である。「加盟国政府は，IMF に正式な申請・要請を行うにあたりまず自国を代表する理事を通じ他の理事とりわけ最大の出資者たるアメリカ理事に話を通すことが常であった。アメリカ理事が支持をして初めて，当該国はその申請・要請を前に進めたものであった[59]」。「アメリカ理事のサザードはスタッフ部門の独立性を確保することは支持したが，理事会の認めない専門的な報告を IMF が発表することには賛同しなかった。〔……〕理事たちは自国の問題について，スタッフ部門よりも他の理事と議論する傾向があった。もっともスタッフ部門より理事会が決定権を有していた以上，それは自然なことでもあった[60]」。

　一方，アメリカ理事の発言の背後には対外政策をめぐるアメリカ内部の対抗関係が存在していた。先に述べたように，アメリカの対外政策はブレトンウッズ構想の時点からすでに一枚岩ではなかった。アメリカの利害を追求する方式をめぐっては，IMF を軸とした国際協調体制を重視する財務省のいわば「ブレトンウッズアプローチ」に対し，ニューヨーク金融界や議会の保守層が強く抵抗していた。さらに多角主義の実践方式をめぐっては，IMF による通貨調整を重視する財務省の「理想主義」的な路線に対し，IMF による通貨調整は

---

58) IA, Organization Files/O100 Managing Directors (Gutt)/Notes for the Statement Made by the Managing Director, M. Camille Gutt, to the Executive Board of the International Monetary Fund at Meeting 652, March 19, 1951.
59) Horsefield et al. (1969), Vol. 2, p. 11.
60) Horsefield et al. (1969), Vol. 1, p. 471.

時期尚早でありまずは英米の二国間関係を通した復興と安定が重要であるとするウィリアムスの漸進主義的な「基軸通貨案」が有力な対案として存在していた。そして冷戦の始まりとドル不足という政治経済的環境のなかで前面に出てきたのは，IMF の枠外で西欧の復興を優先する方針であった。

　しかし主要国の発言力の強さは，「開店休業状態」の創出を通じスタッフたちに「組織の自律性」を誘発する要素でもあった。ドル不足とインフレへの挑戦とマクロ経済管理の方針，そして IMF 融資制度の形成はこうした自律性の延長線上に位置づけられる。もちろん 1950 年代初頭は，それまでの時期と比べ IMF スタッフたちの意向と主要国の利害との軋轢が緩和された時期であったことは事実である。マーシャル援助の終了を受け，ドル供給システムとして IMF がアメリカ政府にも意義を持つようになり，また IMF による介入に抵抗を見せていた西欧の側も，ベルギーへのスタンドバイクレジットに示されるように EPU の決済機構の不備を補うものとして IMF を必要とするようになっていた。だが，加盟国のマクロ経済を管理するという IMF 経済政策の「方式」を少なくともその起源において彫琢したのは，主要国の側ではなく，まして主要国に対するスタッフ部門の影響力の強さなどでも決してなく，むしろ主要国の発言力の相対的な強さゆえに喚起されたスタッフ部門の「組織の自律性」であった。戦後復興期の IMF をめぐるパラドクスを演出したのは，この「IMF の自律性」の発露だったといえよう。

第2章

14条コンサルテーションの開始とポンド交換性回復の試み
―― 為替自由化をめぐるマクロ政策調整 1952-54 ――

1 IMF協定14条コンサルテーションの始まり

　マーシャル援助を通して西欧諸国は復興を進め，さらにOEECの下で軟貨圏の大部分を包含するEPUが成立した。これに対しIMFスタッフたちは，IMFが唯一の「為替自由化の推進主体」であるとの認識から開業当初から西欧への関与を試みてきた。OEEC側の抵抗そしてアメリカ理事の意向によってそうした試みは制限され，IMFの活動は「開店休業状態」を余儀なくされた。しかし，スタッフたちは加盟国に為替自由化を促すための方策を検討していた。そうした歴史的背景の下に，1952年3月，協定14条コンサルテーションが始まった。最終的に戦後過渡期の終了までには約15年を要したが，加盟国の為替自由化に向けたIMFの取り組みが漸進的だったわけではない。専務理事のルースはじめスタッフたちは，コンサルテーションの開始とともに多角的決済体制の樹立に取りかかった。

　本節では，まず議論の導入としてIMFコンサルテーションについてとりわけ技術的側面に注目しながらその概要を説明する。続いて，同時代におけるイギリスの為替自由化をめぐる方針について為替管理制度とマクロ経済改革の特徴について概観することで，対英コンサルテーションの歴史的前提をまとめる。

1) IMF コンサルテーションの手順

　ドフリースは，IMF コンサルテーションの手順を「三段階プロセス」として整理している[1]。第一はスタッフによる準備の段階，第二はスタッフと加盟国当局者との協議の段階，そして第三は理事会によるコンサルテーションの検討段階である。

　コンサルテーションの実施主体は，IMF スタッフである。一般的に 3–4 名程度のスタッフがチームを構成し，コンサルテーションの任に当たった。図 2-1 は，1953 年時点の IMF の組織図を示している。ここからも分かるとおり，スタッフ部門のうち事務局は「地域局（Area Departments）」と「分野別事務局（Functional Departments）」に大別される。通常，スタッフチームは，当該加盟国の属する地域局のスタッフ（イギリスの場合，欧州局）と為替自由化にかんする問題の全般を所掌する為替制限局のスタッフとで構成された。また協議内容に応じ，政策理論面での中枢を担う調査局のスタッフや協定解釈など法的な問題を扱う法律局のスタッフがチームに加わることもあった。

　最初のステップとして，スタッフは，加盟国のマクロ経済情勢と為替管理制度についてサーベイした資料（Background Material; 背景資料）を作成するとともにコンサルテーションにおける議題の設定を行う。議題は，該当する地域局の長，為替制限局長，専務理事ないしは副専務理事，また関連する問題がある場合，その他関連部局の長に承認を受けたのち事前にコンサルテーションの相手国に通知された。

　コンサルテーションの実施期間は概ね 2 週間程度だったが，状況に応じて 1 週間から 5 週間程度まで幅があった。この間，スタッフチームと加盟国の代表との間で広くマクロ経済政策全般にわたって協議が行われた。なお加盟国側の代表は，財務省，中央銀行，通商産業部門の政策担当者が中心であり，また当該国の IMF 理事がオブザーバーとして協議の場に同席することが多かった。

　協議の終了後，スタッフは理事会に提出するためにコンサルテーションの議事録を用意する。議事録には，当該加盟国に対するスタッフの政策勧告案

---

1) Horsefield et al. (1969), Vol. 2, pp. 241–243.

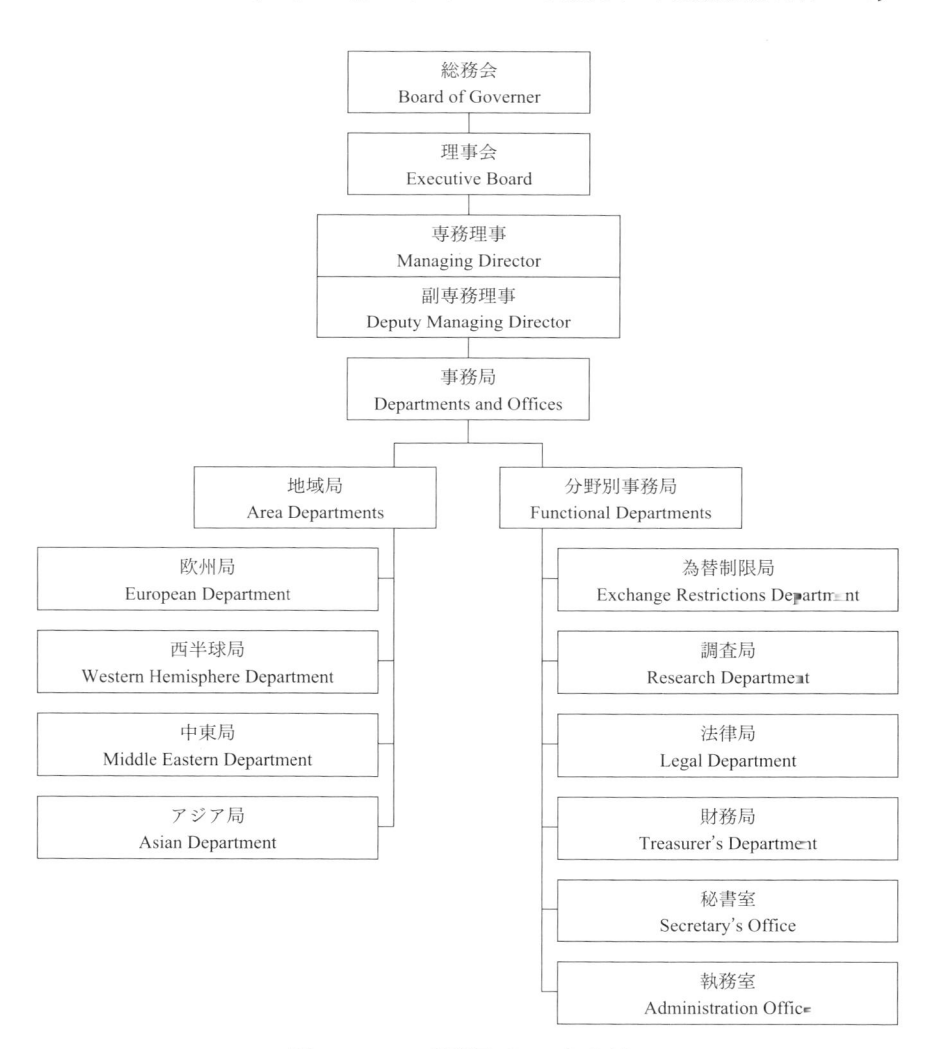

第2章 14条コンサルテーションの開始とポンド交換性回復の試み —— 69

```
                    ┌─────────────────────┐
                    │      総務会          │
                    │ Board of Governer   │
                    └──────────┬──────────┘
                               │
                    ┌──────────┴──────────┐
                    │      理事会          │
                    │  Executive Board    │
                    └──────────┬──────────┘
                               │
                    ┌──────────┴──────────┐
                    │     専務理事         │
                    │  Managing Director  │
                    ├─────────────────────┤
                    │    副専務理事        │
                    │Deputy Managing Director│
                    └──────────┬──────────┘
                               │
                    ┌──────────┴──────────┐
                    │     事務局           │
                    │Departments and Offices│
                    └──────────┬──────────┘
                ┌──────────────┴──────────────┐
          ┌─────┴─────┐               ┌───────┴────────┐
          │  地域局    │               │  分野別事務局   │
          │Area Depts │               │Functional Depts│
          └─────┬─────┘               └───────┬────────┘
                │                              │
        ┌───────┤                      ┌───────┤
        │  欧州局                        │  為替制限局
        │European Department            │Exchange Restrictions Department
        ├───────┤                      ├───────┤
        │  西半球局                      │  調査局
        │Western Hemisphere Department  │Research Department
        ├───────┤                      ├───────┤
        │  中東局                        │  法律局
        │Middle Eastern Department      │Legal Department
        ├───────┤                      ├───────┤
        │  アジア局                      │  財務局
        │Asian Department               │Treasurer's Department
                                       ├───────┤
                                       │  秘書室
                                       │Secretary's Office
                                       ├───────┤
                                       │  執務室
                                       │Administration Office
```

図 2-1 IMF の組織図（1953 年時点）

出所）Horsefield et al.（1969）, Vol. 3, p. 636.

（Recommendation）が付された。この資料とスタッフが事前に用意する背景資料とを合わせたものが，「コンサルテーションペーパー」である。コンサルテーションペーパーは，各部局の代表者による審査と専務理事による承認を経て理事会に提出された。なお専務理事の承認から理事会までの間，コンサルテーションペーパーの内容は当該国のIMF理事と政府によっても確認を受けた。理事会では，コンサルテーションペーパーにもとづく質疑応答と政策勧告案の検討が行われた。

このように，スタッフの政策勧告案は複数回にわたってレビューを受けた。各部局の代表者による審議と専務理事による承認の過程については史料を入手することができなかったため，その段階におけるスタッフ間の協議の実態については明らかではない。しかし実際のところ，スタッフの政策勧告案はほとんど変更なく理事会に提出された。

また理事会での審議は形式的で，政策勧告案が大幅な修正を受けることはほとんどなかった。もちろんこのことは，スタッフの意向を無批判に理事会が受け入れていたことを意味するわけではない。第1章でも見てきたように，IMF理事会は主要国間の利害対立の場であると同時にIMFスタッフと自国の意向を反映する理事たちとの間の協議の場としての側面をもっていた。この後者の機能が，実質的にコンサルテーションの場それ自体に移行したと見るべきだろう。以上を踏まえると，IMFの政策路線如何を問題とする本書にとっては，ドフリースの分類では第二段階にあたるプロセス，すなわち加盟国とスタッフとの間の協議に注目しその実態を分析することが直接の課題となる（図2-2）。

すでに『為替制限にかんする年次報告書』で示されていたように，IMFスタッフが加盟国の為替自由化の障害として認識していたのは各国のインフレ圧力と国際的なドル不足問題に起因する国際収支不均衡であった。そして彼らは，「加盟国のマクロ経済管理と国際政策協調の推進」を通して為替自由化を追求する方針を掲げていた。一方，IMF協定第14条は「為替制限を維持する国際収支上の理由の有無」を検討することがコンサルテーションの目的であると謳うに止まっており，その検討の具体的な対象や手法等については詳しく規定していなかった。このため上記の事情を反映し，コンサルテーションは加盟国の

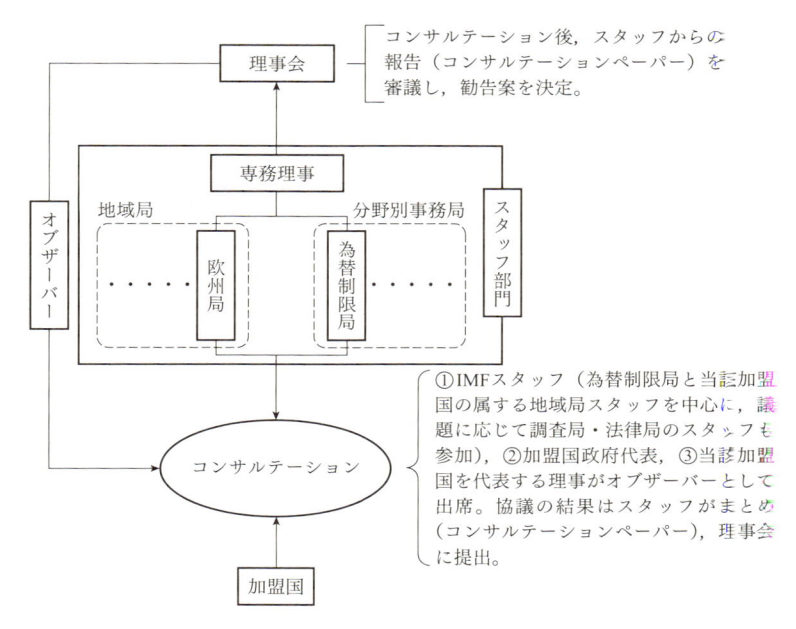

図 2-2　協定 14 条コンサルテーションの枠組み

出所）筆者作成。

為替政策のみならずマクロ政策全般のあり方について IMF スタッフが注文を付ける場となった。

2）イギリス当局の為替自由化政策路線

では一方，イギリスは為替自由化という課題とどのように対峙したであろうか。第1章で述べたように，当初，イギリス国内ではスターリング地域の維持という観点から多角主義の採用に対する抵抗は根強かった。しかしすでにブレトンウッズ協定を批准している以上，当局としては為替自由化の方策を検討しなくてはならなかった。実際，ポンドの国際通貨としての地位を維持するためにもいずれ交換性回復は不可避であった[2]。

---

2) Strange (1971), 邦訳, 297-303 頁。

他方，戦後構想をめぐる交渉から英米金融協定の失敗に至る過程が示しているように，イギリスが多角的決済体制に参画するうえで障害となっていたのはドル不足とポンド残高の存在であった。実際，戦後イギリスの為替管理制度は，この「ドル不足とポンド残高の累積」という事情を反映し，居住者の保有するポンドであれ，非居住者の保有するポンドであれ，その金ドルに対する交換性を厳格に管理することを主眼においた設計となっていた[3]。なお為替管理制度上の「居住者」とは，イギリス本国の居住者とその他スターリング地域の居住者，この両方を含んでいた。一方，非居住者とはスターリング地域外の居住者を指していた。

まずイギリス本国の居住者が保有するポンドの交換性，すなわち金ドルの利用は，イギリス当局への外貨集中制度と当局による外貨割当すなわち輸入数量管理制度（輸入ライセンス制度）の下で管理された。この「外貨割当制を通した輸入管理」は，1945年12月に制定された「輸入品目管理令」にもとづいている。その骨子は，限られた金ドル準備を当局の意向にそって利用するために民間部門の輸入をライセンス制度によって管理するというものだった。ライセンスにはさまざまな種類が存在したが，金ドルでの決済を必要とするドル地域からの輸入に対するライセンスの発行がもっとも厳格に管理された。こうしたドル地域に偏重した輸入管理が敷かれた結果，輸入自由化の指標である「輸入自由化率」はドル地域に対する数値とOEECなどその他地域に対する数値との間で差を生じがちであった。IMFコンサルテーションでは，為替自由化の絶対的な水準もさることながら，この差の存在が「ドル地域に対する差別的措置＝ドル差別」として問題視され解消の対象となった。

続いてスターリング地域の居住者が保有するポンドへの管理であるが，図2-3からもわかるとおり，このポンドがポンド残高の大部分を占めていた。主に戦争遂行の対価として戦時中に累積したポンド残高の利用を如何にして処理

---

[3] 本書は，イギリスの為替自由化過程の解明を直接の課題とするものではない。このため本項では，議論を進める便宜上，同国の為替管理制度について重要な箇所に限定してその概形を示す。詳細については，東京銀行調査部編（1958），金融制度研究会編（1959）を参照されたい。

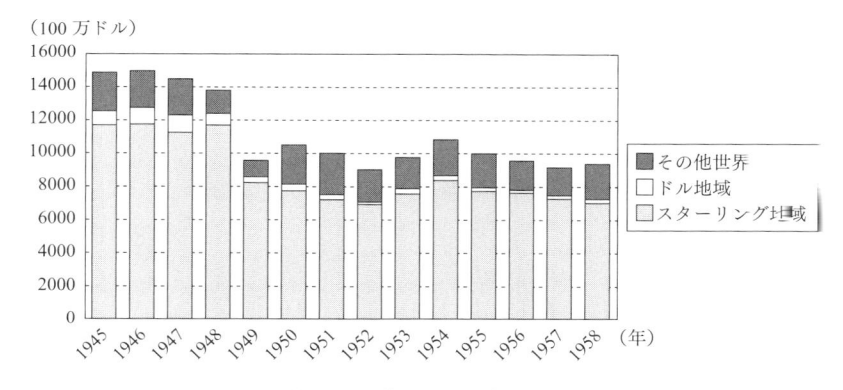

第2章　14条コンサルテーションの開始とポンド交換性回復の試み — 73

図 2-3　戦後ポンド残高の推移

出所）IMF, *International Financial Statistics*, Vol. 4-13, 1951-1960.

するか。この問題の解決がイギリスが多角的決済体制に参加するための条件になるとみなされ、英米交渉において争点となっていたことについてはすでに見てきたとおりである。

　結局、スターリング地域諸国が保有するポンド残高の利用については、原則として次のような管理体制が築かれた。まず「指定地域勘定」とよばれる一般の経常勘定において保有することが認められるのは、戦後経常取引によって新たに獲得されたポンドのみとされた。ただしこの「指定地域勘定」のポンドについても、金ドルとの交換性はもちろん非居住者勘定への振替も厳格に制限された（図2-4）。一方、戦時中に累積したポンドについては「凍結勘定」とよばれる封鎖勘定に繰り入れてその利用は制限された。すでに英米交渉の過程で、IMF協定第8条に「戦時中に累積したポンド残高については交換性回復の義務がない」旨、挿入されていたことは既述のとおりである。この凍結勘定の解除と一般勘定への移行については、スターリング地域諸国との二国間協議を通して個別に対応が図られることになった。

　なお、スターリング地域の居住者に対する為替管理はポンドの利用に対する制限だけではなかった。イギリス当局は「金ドルプール制」とよばれる仕組みをスターリング地域諸国との間に築き、これら諸国の当局が獲得した金ドルをポンドを対価としてイングランド銀行に集中させる体制をとっていた。スター

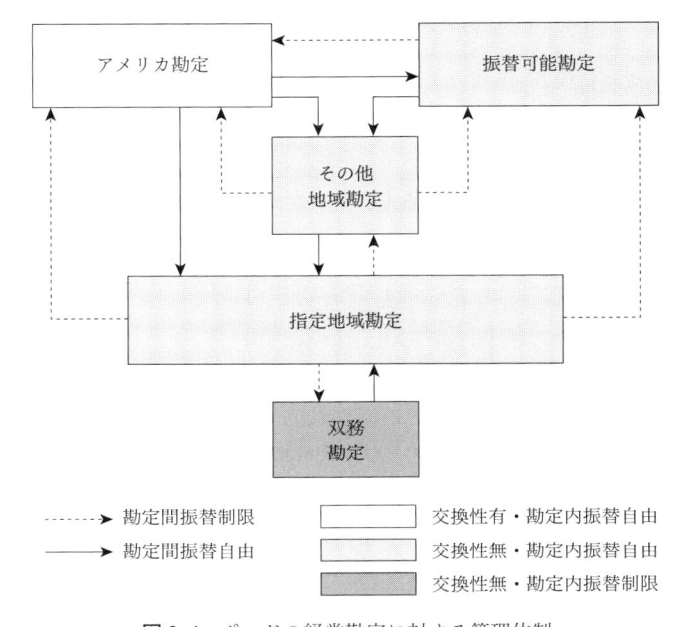

図 2-4 ポンドの経常勘定に対する管理体制

出所）東京銀行調査部編 (1958), 109-124 頁。

凡例：
- ------> 勘定間振替制限
- ———> 勘定間振替自由
- □ 交換性有・勘定内振替自由
- ▨ 交換性無・勘定内振替自由
- ▨ 交換性無・勘定内振替制限

勘定区分：アメリカ勘定、振替可能勘定、その他地域勘定、指定地域勘定、双務勘定

リング地域の当局は，ドル地域に対する経常支払など必要に応じてこのプールからの金ドルの引出が認められた。

　この枠組みは，英米金融協定にもとづくポンドの交換性回復が失敗した直後，1947年9月に英連邦の首脳間で合意されたものであった。この合意はあくまで紳士協定としての側面が強かったが，この枠組みの下で，スターリング地域諸国は自国において外貨集中制を採用しドル地域に対する支払を極力制限するという暗黙のルールにしたがうことになった。この意味で金ドルプール制は，スターリング地域に対ドル差別圏としての性格を付与する役割を果たしていたといえる。もっともドル地域に対する差別は，制度的にはスターリング地域各国の為替管理制度にもとづくものであり対英コンサルテーションで金ドルプール制それ自体の解体が争点になることはなかった。金ドルプール制は，一方でドル不足が深刻な世界にあって金ドル準備の維持という目的の下にスターリン

グ地域の紐帯を守るための仕組みであった。また他方で，スターリング地域諸国による金ドルの利用に制限を加えてポンドの利用を促すことでスターリング地域におけるポンドの国際通貨としての地位を支える機能を果たした。

最後に非居住者の保有するポンドに対する管理だが，こちらは1947年10月に制定された「為替管理法」に起源を持つ。英米金融協定にもとづくポンドの交換性回復が非居住者からの大規模な取付によって失敗に終わると，当局は非居住者のポンドの経常勘定をポンド保有者の居住地に応じて細分化し，金ドルとの交換性および勘定間・勘定内の振替性の観点から勘定ごとに異なるルールを設けた（図2-4）。具体的には，①アメリカ勘定（ドル地域諸国），②振替可能勘定（大陸欧州の大部分，北欧，東欧諸国），③双務勘定（振替可能勘定地域に属さない欧州諸国，日本，中国ほかアジア諸国の一部），④その他地域勘定（アフガニスタン，韓国，ネパールなど①-③に属さない国々）の4つの経常勘定が設定された。このうち，当初より金ドルとの交換性が認められているのはアメリカ勘定のみであった。そして，それ以外の勘定のポンドが振替を通じてアメリカ勘定に流れアメリカ勘定から当局に対する金ドル交換要求に向かうことをさけるため，各勘定のアメリカ勘定への振替は制限された。

このように，イギリスの為替管理制度は戦後過渡期の問題への対応に重点を置いた設計になっていた。そこには，ドル不足が解消されないうちは膨大なポンド残高の金ドルとの交換性を制限せざるを得ないという当局の事情が反映されていた。そしてこうした制度の下でイギリスに求められたIMF協定第8条の義務は，第一に本国における輸入数量管理の廃止と「指定地域勘定」に対する交換性および非居住者勘定への振替性の付与（居住者交換性回復），そして第二に非居住者勘定に対する交換性の付与および勘定間における振替性の付与（非居住者交換性回復）であった。

翻ってイギリス当局は，ドル不足の解消に対しどのような方針を採っていたのだろうか。為替自由化をめぐる方策について検討するためには，この点についても明らかにされなければならない。以下，イギリスのマクロ政策運営の方針に注目しながらこの点について説明する[4]。為替自由化を追求するための方針としてIMFが掲げていたように，仮にドル不足に起因するものだとしても

国際収支不均衡を是正するためにはインフレ抑制策すなわち緊縮的マクロ政策へのコミットが必要であった。実際，第1章で見たように，他の西欧主要国と同様に戦後のイギリスにおいてもインフレが進行していた（前掲図1-2a）。しかしブレトンウッズ協定をめぐる英米間の交渉においても示されてきたように，戦後イギリス当局のマクロ政策運営の目標は対外均衡の追求ではなく国内均衡の追求にあった。すでに1944年の白書において「高い安定した雇用の維持」との目標が表明されていたが，この方針は戦後保守党・労働党のいずれの政権においても共通の中心的政策課題であり続けた。為替自由化のために国際収支不均衡の是正が必要だとしても，イギリス当局にとって対外均衡の達成はあくまで黒字国の責任においてなされるべきものであった。

以上，イギリスの為替自由化をめぐる方針をまとめると次のようになる。それは，厳重な為替管理によってドル不足の金ドル準備に対する影響を抑制する一方，あくまでマクロ政策は国内均衡の追求に振り向けドル不足の解消については黒字国側の努力を求めるという枠組みであった。こうしたイギリスの姿勢は，IMFの方針と微妙な位置関係にあったといえる。すなわち「国際収支不均衡の是正におけるマクロ政策の役割」をめぐる認識において対立する一方で，「ドル不足への対応における国際政策協調の必要性」をめぐる立場においては親和的であった。ではこうした微妙な関係は，コンサルテーションにおいてどのように調整されたであろうか。次節以降で検討する。

2　多角的決済体制とポンド

1）国際政策協調の追求

IMFスタッフは，1952年5月に刊行された『第3次為替制限にかんする年次報告書』において，次のように加盟国の為替自由化における国際政策協調の重要性に言及した[5]。「多くの為替制限の目的は，国際収支上の困難に対処す

4）以下，戦後イギリス当局のマクロ政策運営については，鬼塚豊吉（1988），49-64頁を参考にした。

ることにある。しかしこの困難は，輸出市場における措置の結果生じるものである。貿易為替制限あるいはその他方策による一国の輸入制限は，その他諸国の収入を制限し，結果，これら諸国の制限を招来する」。スタッフに，各国が政策面で協調すれば国際収支上の困難すなわちドル不足問題を緩和することが可能であるとの従来の認識を示したのであった。

ⓐポンド交換性回復の「条件」——1952 年度コンサルテーション

　国際政策協調を進めるべくまず IMF スタッフが着手したのは，各加盟国の「為替自由化の条件」について明らかにすることだった。こうして 1952 年度の対英コンサルテーションは，イギリス側に為替自由化の条件を質問する場となった。

　1952 年 6 月から 7 月にかけて実施された初回コンサルテーションの場でスタッフチーム団長のウェイヤー（G. A. Weyer）は，イギリス側に次の 2 点を質問した。① 対外経済情勢の改善と為替自由化のいずれを優先するか。② ポンド交換性回復の条件は何か。

　第一の点にかんし，イギリス側は金ドル準備の再建が最優先目標であり為替自由化は長期的な目標であると回答した。また第二の点については，「ドル地域が深刻なドル不足に直面していることは，ポンドの交換性回復に不利に作用する。このような状況下で交換性の回復が行われれば，非ドル地域諸国はスターリング地域からの輸入を制限する一方，輸出を促進することでポンドを獲得しそれを金ドルに換えようとするだろう。〔……〕ポンド残高も交換性回復にとって障害となっている。金ドル準備の金額は，このような巨額のポンド残高に対応するにはまったく十分ではない」として，現行の金ドル準備では大規模なポンド残高の交換要求に対応しえないと述べた。

　そのうえで，「次の方法によって準備不足に対処することができる。イギリス自身が直接的なドル供給を受けること，またはドル供給と同様に魅力的なドル地域に対する輸出によって経常収支黒字を計上すること。直接的なドル供給については，IMF 借入ないし米加借款が利用できるかもしれない」と述べた[5]。

---

5) IMF, *Third Annual Report on Exchange Restrictions,* 1952, p. 5.

イギリス側の主張は，為替自由化の障害はドル不足である，このため自由化には金ドル準備の増強が必要だが，金ドル準備の増強はイギリス自らドル地域への輸出を通して金ドルを獲得できるような状況が整うこと，ないし外部からの直接的なドル供給によって達せられるというものだった。この主張には，ドル不足への対応において黒字国アメリカに協調を求めるというイギリス側の姿勢が示されている。なお1952年12月に開催された英連邦経済会議（Commonwealth Economic Conference）においても，イギリス代表はスターリング地域諸国に対し，①国内の通貨安定，②対外情勢の好転，③金ドル準備の十分な蓄積をポンド交換性回復の条件として挙げた。

ⓑポンド重視の政策調整

初回のコンサルテーションを経て，専務理事のルースはドル不足への対処をめぐりアメリカを対象に黒字国責任論を展開するようになった。1952年9月に行われた年次総会の場で，ルースは「赤字国はもはやアメリカによる復興援助への依存を望んでいない。輸出を拡大することができれば，赤字国も自力で対外支払いを行いうるはずである。しかるにアメリカの関税は極めて高い」と述べた[7]。

為替自由化にはドル地域に対する貿易黒字と金ドル準備の増強が必要であるとイギリス側は主張していたが，ルースの示した黒字国責任論はまさにそうした見解と整合的な方針だった。この方針は，対米赤字国イギリスの立場から黒字国アメリカにも国際収支不均衡の是正と国際貿易に膨張圧力を加える努力を求めたケインズの主張，すなわち「国際的ケインズ主義」と重なる方針である[8]。

さらにルースは，「IMF資金は，各国がリスクを受け入れ交換性回復に踏み

---

6) IA, C/U. K./420. 1., Exchange Restrictions Consultations in 1952, Record of Second Meeting with U. K. Representative, June 24, 1952, p. 6. IA, C/U. K./420. 1., Exchange Restrictions Consultations in 1952, Record of Third Meeting with U. K. Representative, July 2, 1952, pp. 2-5.
7) IMF, *Summary Proceedings of the Seventh Annual Meeting of the Board of Governors,* 1952, pp. 14-15.
8) 国内均衡重視の一国的なケインズ主義に対し，こうした黒字国責任論を，岩本は「国際的ケインズ主義」とよんでいる。岩本武和（1999），10-14頁。

切る助けになることを意図している」と発言した[9]。コンサルテーションにおいてイギリス当局が交換性回復には然るべき金融支援が必要であるとの認識を示していたことを考慮すると，ルースの発言はイギリス当局にIMF融資を梃子とした交換性回復を促す内容であったと見ることができる。

それではなぜ，ルースの標榜した国際政策協調はイギリスの主張と整合的な内容だったのだろうか。イギリスの為替自由化は，ルースの推進する国際政策協調においてどのような意義を持っていたのだろうか。

イギリスの為替自由化の意義についてスタッフは，1953年5月に刊行された『第4次為替制限にかんする年次報告書』のなかで明らかにしている[10]。報告のなかでスタッフは，「1952年度のコンサルテーションにおいてIMFは，多くの加盟国から自由化に向けて前進しうる程度はポンドの交換性回復に依存しているとの表明を受けた。IMFは，ポンドの交換性回復が全加盟国の利益増進につながるとの見解を持っておりイギリス政府が努力を払っていることに対し歓迎の意を表する」と述べた。この報告書における記述は，1952年度コンサルテーションの場で多くの加盟国が「ポンドの交換性回復」を自国の為替自由化の条件として挙げていたことを示唆している。ルースにとってポンドの交換性回復は，それ自体が最終的な目標であったというよりもむしろ他国にも為替自由化を促し多角的決済体制を樹立するうえでまずもって実現すべき課題だったのである。イギリスの主張する「為替自由化の条件」に整合的であるかに見えた国際政策協調は，じつは多角的決済体制の樹立を展望したものであった。

なおこの第4次報告においてもスタッフは「加盟諸国が多角的決済体制へ参加するためには，有効な国際政策協調が必要になることは明白である。〔……〕イギリスなどが強調する『援助よりも貿易を（Trade not Aid）』のスローガンは，関税の引下げ・輸入割当の撤廃といった通商政策をアメリカ政府が採用するよう訴えるものである」として黒字国責任論を繰り返した。さらに「IMFは，

---

9) IMF, *Summary Proceedings of the Seventh Annual Meeting of the Board of Governors*, 1952, p. 18.
10) IMF, *Forth Annual Report on Exchange Restrictions*, 1953, pp. 16-17, 24-25.

こうした国際政策協調を主導する機関として発展していく意図を持っている」として国際政策協調ひいては多角的決済体制の樹立を「IMF が中心となって」進めてゆく意向を強調した。

　翻って，スタッフたちが追求したイギリスの為替自由化とは具体的にどのような内容だったのだろうか。第 4 次報告においてスタッフは「イギリスは，ポンドが大きな役割を演ずる多角的貿易決済体制の回復に関心を払うようになってきている。これについてはアメリカ，OEEC との間で議論の主題となっている。こうした状況を踏まえ，今年度のコンサルテーションでは交換性の要不要よりそのための時宜がいつ到来するかを討議したい」と述べており，イギリス当局が独自の為替自由化計画を有していたこと，イギリスの為替自由化が主要国間で議論の的になっていたことを示唆している。そこで次に，同時期において西欧で展開していた為替自由化をめぐる動きについて確認する。

ⓒ **西欧における自由化論争——漸進か急進か**

　1952 年初頭まで時間を遡ると，この時期，ちょうど欧州においても為替自由化に向けた動きが見られていた。1951 年末にマーシャル援助は終了していたものの，EPU の設立によって双務協定の収支尻を多角的に決済することに成功した OEEC は，独自に欧州域内の貿易自由化に着手していたのである[11]。OEEC は，EPU の設立とほぼ同時期の 1950 年 8 月，「域内貿易自由化コード」を採用し加盟国に対し「域内自由化率＝OEEC 自由化率」の数値的な「ノルマ」を課すことでその貿易自由化を主導した。さらに 1952 年 4 月には，「貿易運営理事会（Steering Board for Trade）」を設け域内の貿易自由化を促進する体制を整えた。同理事会は，「EPU 運営理事会」とともに欧州域内における貿易決済の自由化を推進する要となった。

　しかし OEEC 諸国が，必ずしもこうした為替自由化の方途に対し一様のスタンスをとっていたわけではなかった。とりわけ，他国と一線を画した為替自由化計画を構想していたのがイギリスだった。そしてこのイギリスの自由化構想が，1950 年代前半を通し西欧で論争を惹起していくことになる。

---

11) OEEC による域内貿易自由化政策については，Boyer et al. (1955) に詳しい。

イギリス当局にとってのジレンマは，一方ではドル不足下にあって厳格な為替管理を必要としながらも，他方では交換性回復によってポンドを貿易媒介通貨および準備通貨として復活させなければポンドの国際通貨としての地位を維持することは覚束ないとの事情を抱えていることにあった[12]。実際，厳格な為替管理下にありながら，振替可能勘定のポンドはニューヨークやチューリッヒの闇市場で「1ポンド＝2.80ドル」の公定相場を下回る相場で公然と取引されており裁定取引の温床となっていた。このポンドに対する信認を回復し「チープスターリング」を撲滅するためにも，正式なポンドの交換性回復が急がれたのであった。

　1951年末以降，朝鮮戦争のブームと景気過熱に起因する輸入増加の影響でイギリス経済は深刻な経常収支危機に見舞われ，1952年初頭にかけて金ドル準備は大幅に減少した。こうした経済情勢の悪化に伴ってチープスターリング問題が深刻さを増すなか，イギリス当局内では具体的にポンドの交換性回復計画が構想されるようになった。

　こうした危機への抜本対策として発案されたのが，管理フロート制（変動相場制）への移行を伴う非居住者勘定のポンド交換性回復計画である『ロボット（ROBOT）』であった[13]。この計画では，前掲図2-4のように区分されていたポンドの非居住者勘定を新設の「海外勘定」に統一しこの勘定に交換性を付与すること，そして1ポンド2.8ドルという公定相場から上下15％の変動を認める管理フロート制に移行することが企図された。ロボットの発案者たちは，管理フロートへの移行によって経常収支の調整を，ポンドの交換性回復によって

---

12) ただしストレンジ（Susan Strange）は，当初はポンドの国際通貨性を高めるために実施したシティの活性化が，最終的にはユーロドル市場としての発展をもたらし皮肉にもドルの国際通貨性を高める結果を招いたと述べている。Strange (1971), 邦訳, 297-303頁。

13) ロボット計画については，Schenk (1994), pp. 114-119に詳しい。なお「ROBOT」という名称の由来については2つの説がある。ひとつは，計画の推進者3名——ローワン（Leslie Rowan），ボルトン（George Bolton），クラーク（Otto Clarke）——の頭文字をとったとする説。いまひとつは，計画の骨子である管理フロートへの移行がイギリスの国際収支をより自動調節型のメカニズムに委ねようとすることを意図したものであったことから「ロボット」が連想されたとする説である。

ポンドの復権とチープスターリング問題の解消を，それぞれ計画したのである。

このロボット計画については，「管理フロートへの移行に伴うポンドの減価は，輸入原料価格の高騰を惹起しかえって貿易収支を圧迫することになる」との批判，「ドル不足下でポンドのみが交換性回復に踏み切れば，たちまち非居住者の保有するポンドは当局への金ドル交換に向けられることになるのではないか。そして取付の原資であるポンドを獲得するために，各国はイギリスに対して制限を課すのではないか」といった懸念が内部から示された。結局，1952年6月頃までにロボット計画は廃案になったが，9月以降，当局の方針は新たな計画——「共同計画（Collective Approach）」——へと集約されていった。

共同計画は，為替相場の変動幅が平価の上下5％とより小幅なものへ変更されていたとはいえ，管理フロートへの移行を伴う交換性回復案だった点でロボットと大差ない計画であった[14]。あくまで，為替相場の変動による国際収支の調整が期待されたのであった。しかしロボットの独行的な特徴と異なり，「共同」という名称が示しているように計画ではアメリカと大陸欧州諸国も計画に参加することが構想されていた。ポンドが単独で交換性を回復すれば金ドル交換要求がイギリスに集中することが予想されたことから，大陸諸国もイギリスと「共同」で交換性回復に踏み切ることが計画されたのであった。またアメリカはじめ計画に参加している対英黒字国はイギリスが輸入管理を維持することについて許容すること，といった条件まで構想に含まれていた。

ところが，こうしたイギリスの利害を最優先する形での交換性回復計画は大陸諸国にとって容認しがたいものだった[15]。またそもそも欧州諸国は，早急な交換性回復よりも域内貿易の活性化に主眼を置き，EPUの下で漸進的に為替自由化を進めることを望んでいた。第1章で述べたように，EPUを通した決済では部分的に金ドルが利用される。大陸欧州諸国はこの金ドルでの決済比率を漸進的に高めていくことで，域内通貨の交換性回復を達成しようと考えたのであった。こうしたアプローチは，「EPUの硬貨化（hardening）」とよばれた。

1953年に入ると，6月に予定されたEPUの更新期限を目途に，イギリスと

---

14) 共同計画の内容については，Kaplan et al. (1989), pp. 168-169 を参照されたい。
15) イギリス案と大陸欧州案との対立の過程については，Ibid, Chapter 9-11 を参照されたい。

大陸欧州諸国はそれぞれ自らの案を実現させるべく議論を開始するとともに双方とも自らの計画への支持を取り付けるためにアメリカ政府にも接近した[5]。3月にイギリス代表団がワシントンを訪れドルとポンドを軸とした二国間協調体制の構築と共同計画への金融支援を要請すると，4月には大陸諸国の代表がアメリカ政府との交渉に臨んだ。

　しかしアメリカ側は，国際貿易の拡大のために為替自由化が重要であることは認めつつもイギリスはその他西欧諸国とともに漸進的に交換性の回復を図るべきであるとの姿勢を採っておりイギリス側の要請を拒否する一方，「欧州の問題は欧州内部で解決すべき」との方針を示し大陸欧州案にも肩入れすることはなかった。政権に就いたばかりのアイゼンハワー（Dwight Eisenhower）の対外通貨戦略は，国務省の掲げるドル外交路線——共産主義への対抗を旗印として南米を中心にアメリカ資本の利益追求を優先する路線——であり[7]，この意味でIMFの理念である多角的決済体制の樹立とは微妙な距離感をもっていた。さらにアイゼンハワーの対外経済政策で中心的な位置を占めていたのは，「援助よりも貿易を（Trade not Aid）」とのスローガン，すなわち国際貿易の発展とそれに資する自国の通商政策の修正であった。1930年代以来，アメリカ政府は関税を中心に高い貿易障壁を維持しており1951年には互恵通商法の2年延長が決まっていたが，1952年後半以降「援助よりも貿易を」との声がイギリスを筆頭に西欧諸国であがっていた。これは直接的な援助ではなく国際貿易の拡大に資する通商政策の採用をアメリカに求めるものであり，マーシャル援助の終了を経てもなおドル不足が残存する状況下で台頭した考え方であった。

　このためアイゼンハワーにとって，西欧通貨の交換性回復は貿易の問題とセットで検討すべきトピックであり，この意味で彼の方針はむしろ大陸欧州の構想と親和的な内容だった。しかしこの段階では，通商政策の変更について見通しが立っていなかったことから大陸欧州諸国に対し自らの見解を示さなかったものと思われる。結局のところ，共同計画とEPUの硬貨化との決着はつかなかった。こうして1953年6月，改編を加えることなくEPUを1年間延長する

---

16) 以下，アイゼンハワー政権の方針については，Kaufman (1982), p. 16を参照されたい。
17) 靎見誠良（2014），118-120頁。

ことが決まった。

ⓓ**共同計画への期待──1953年度コンサルテーション**

こうしたなか，7月に入ると1953年度の対英コンサルテーションが始まった。スタッフチーム団長のフリードマンは，前年と同様にポンド交換性回復の条件について質問した。これに対しイギリス側もまた前年の協議と同様に「貿易相手が国際貿易の拡大に資するような通商政策を採用すること。IMFその他から適切な金融支援が受けられること」と述べて，資金源の確保に言及した。さらに「交換性回復は目標だが，その期日を予想することは不可能であることをご理解頂きたい」との見通しを示した[18]。共同計画の成否が不明瞭だったため，IMFに対しこうした慎重な対応がなされたものと思われる。

これに対しフリードマンは「IMFは，イギリス政府がアメリカ政府およびその他諸国との間で交換性回復に向けて協議を行っていることに注目する。ポンドの国際通貨としての重要性および交換性回復がイギリスのみならず他国にも多大な利益をもたらすことに鑑み，そうした取り組みを歓迎する。他国とのコンサルテーションにおいて，それらの国はポンド交換性回復がカギであるとしておりそれなくして自国通貨の交換性は回復しえないとの見解を示している」と述べ，ポンドの交換性回復に期待を示した[19]。

またフリードマンは「スタッフは，コンサルテーションの場が，他国によって採られている措置が為替制限の廃止や交換性回復へ前進する能力に対しどのような方法でどの程度影響を与えているか明らかにする上で適切な場であると認識している」と述べ，イギリスの為替自由化を阻害する他国の制限措置について尋ねた。これに対しイギリス側は「アメリカに対する輸出がバイ・アメリカン条項や関税によって阻害されている。こうした保護主義的な措置によってアメリカ市場への参入が妨げられている」と回答し，アメリカの輸入制限措置を槍玉にあげた[20]。イギリスは，IMFに対し為替自由化の障害はあくまで黒字

---

18) IA, C/U. K./420. 1., Exchange Restrictions Consultations in 1953, Minutes of First Meeting with U. K. Representative, July 2, 1953, p. 11.
19) IA, C/U. K./420. 1., Exchange Restrictions Consultations in 1953, Minutes of Third Meeting with U. K. Representative, July 29, 1953, p. 2.

ⓔ **ポンド交換性回復をめぐる課題と対応**

　さて共同計画への期待を示しながらも，この段階でIMFスタッフはドル地域に対する輸入管理の維持や管理フロートへの移行といった計画に内在する「争点」についてはイギリス側に具体的な立場を示さなかった。しかし，ルースやスタッフたちが共同計画の詳細について知らなかったわけではない。彼らにはIMFのパリ事務局から西欧の動向が随時伝えられており，例えば1953年7月に作成されたメモでは，1953年3月以降，イギリスと大陸諸国との間で論争が続いていること，議論の争点，双方の計画の詳細，今後の協議の予定など西欧での動向が詳しくまとめられていた[21]。それではいったい，IMFにイギリス当局のポンド交換性回復計画をどのように認識していたのだろうか。

　コンサルテーション終了後の9月，年次総会の場でルースは「国際収支上の困難が解決されれば自ずと交換性回復は実現するだろうから，そうした条件が整うまで交換性回復に向けた努力は時期尚早であるとの見方もある。しかし交換性回復の準備が整った国が試みを延期するようなことがあれば，非難されるべきだろう。為替自由化には国際収支の強化が必要かもしれないが，黒字国による協調的な通商政策の実施と国際収支困難を補塡する融資の供与で対応できる」と述べた[22]。

　このルースの発言ではフロートにかんする見解は示されなかったが，少なくとも輸入管理の廃止（＝居住者交換性回復）を含めた通貨の交換性回復に対しては，黒字国による政策調整とIMF融資の供与によって対処しようとしていたことが窺える。このため以下では，(1)黒字国責任論，(2)IMF融資の供与，(3)フロート制への対処について具体的に如何なる方策が練られていたのか

---

20) IA, C/U. K./420. 1., Exchange Restrictions Consultations in 1953, Minutes of Second Meeting with U. K. Representative, July 18, 1953, p. 13.
21) IA, Office of Managing Director Records/Ivar Rooth Papers/11. 162, OEEC Discussions on Convertibility, July 9, 1953.
22) IMF, *Summary Proceedings of the Eighth Annual Meeting of the Board of Governors*, 1953, p. 12.

86

それぞれいま一歩ずつ掘り下げてみたい。

①**黒字国責任論とアメリカ**　アメリカ当局と IMF スタッフが，この問題について直接接点を持ったことを示す史料は見つかっていない。このため現時点では，IMF からアメリカに対する政策調整要求は年次総会におけるルースの声明によってなされたと判断するほかない。

　一方，アイゼンハワー政権の姿勢は黒字国責任論と親和的なものだった[23]。政権の方針は，先に述べた「援助よりも貿易を」の方針に沿った「アメリカは，国際貿易の発展に資する通商政策を採用する責任がある」というものであり実際に関税政策の見直しが検討されていた。ところが，農業界・産業界の圧力団体はもちろん保護主義者たちが中枢を占める共和党内部では政権の方針に対する抵抗が根強かった。このため少なくとも 1953 年の段階でアメリカが通商政策を修正することはなかったが，党内の抵抗に対抗するためアイゼンハワーは対外経済政策にかんする私的諮問委員会の設立を画策した。こうして 1953 年 8 月，民間人のランドール（Clarence Randall）を委員長とする「米国対外経済政策委員会（Commission on Foreign Economic Policy）」，通称ランドール委員会がつくられた。アメリカ政府の通商政策・為替自由化策をめぐる見解は，翌年 1 月，この委員会の報告を通し表明されることになる。

②**IMF 融資の活用**　「IMF 融資を梃子とした通貨の交換性回復」という融資制度の活用方法自体は，目新しいものではなかった。第 1 章で示したように，すでにギュットとルースによって「IMF の目的とするところに向けて前進する実効的な計画を有する加盟国には，IMF 資金の利用を認める」という方針が打ち立てられていた。

　この融資政策と通貨の交換性回復との関係については，1953 年 8 月の時点でスタッフによってより具体的な検討が行われていた[24]。そこでスタッフが検討しているのは，スタンドバイ協定制度の活用であった。すなわち，交換性回復に踏み切ることを決定した加盟国に対し事前にスタンドバイクレジットの供

---

23) Kaufman (1982), pp. 12-17.
24) IA, Office of Managing Director Records/Ivar Rooth Papers/7. 90, Stand-by Arrangement, August 26, 1953, p. 2.

与を認める計画である。スタッフは「いくつかの加盟国は，協定の締結期間が最長6カ月ではあまりに短いと感じていることだろう。この期間の短さが，スタンドバイ協定の有効性を損ねる恐れがある」との見解を示した。交換性を回復した加盟国は，一定期間にわたって金ドル準備の流出に見舞われるリスクを抱えていた。こうした準備の流出に対応するには，6カ月間のスタンドバイ協定では不十分であるとの認識を示していたわけである。

1953年の年次総会の最終日，ルースは欧米主要国の代表を集めスタンドバイクレジットについてコメントを要求した[25]。これに対しイギリス代表は，「スタンドバイ協定制度の目的は交換性回復に踏み切る国をサポートすることにあるが，協定の締結期間が6カ月だとすれば到底この目標は達せられまい。締結期間の長期化が検討されるべきである。〔……〕イギリス当局の関心事は，ポンドが交換性を回復しその他の国々に広く利用されるようになることである」と述べた。西ドイツ，オランダ，フランス，イタリア，ベルギーの各代表たちも，イギリス代表と同様，スタンドバイ協定の期間の延長が望ましいとのコメントを寄せた。

この非公式協議を通し「将来，ポンドの交換性回復に踏み切る際イギリスはスタンドバイ協定の締結を望むだろう」との認識を強くしたルースとスタッフたちは[26]，スタンドバイ協定制度の改革に着手した。もともと1952年10月に創設された際，スタンドバイ協定制度は1953年12月末を期限として理事会による見直しを受けることが予定されていたのだった。この機会をとらえスタッフは，12月に開催された理事会に次のような協定期間の延長を提案した[27]。「スタンドバイ協定の締結期間は，6カ月を超えない期間に制限される。ただし理事会の決定によって，更新することが可能である。また予想される支払問題は6カ月間のスタンドバイ協定では対応しえないと加盟国が考える場合，IMFは，加盟国が直面している問題と問題解決のために加盟国が講じている

---

25) IA, Office of Managing Director Records/Ivar Rooth Papers/11. 162, Mr. Rooth's Luncheon-Meeting, September 13, 1953, p. 6.
26) IA, C/United Kingdom/1760, Stand-by Arrangement for U. K., December 8, 1953, pp. 1-2.
27) IA, Staff Memoranda 53/93., Use of the Fund's Resources Decisions Expiring on December 31, 1953, November 23, 1953.

措置に照らしより長期間のスタンドバイ協定の締結について好意的に対応する」。

　理事会ではアメリカ理事のサザードが「6カ月を超えるスタンドバイ協定を一般化することは支持しない。6カ月を超える協定の締結が要請されるもっとも好ましいケースは，加盟国による通貨の交換性回復が計画される場合である。協定の条文に，6カ月の制限が例外的に緩和されるケースとは『とりわけ積極的な交換性回復に向けた計画が示される場合である』との文言が含まれるべきである」と述べ，6カ月を超えるスタンドバイ協定の使途を交換性回復の支援に限定する旨を主張した。これに対し一部の理事が交換性回復に使途を限定することに否定的な見解を示したため，「とりわけ」という箇所は「例えば」という表現に変更することになったがすべての理事がスタッフの案を概ね支持した[28]。こうしてIMFスタッフは，加盟国に通貨の交換性回復を促すべくスタンドバイ協定の改革を実現したのであった。

　もちろん，この改革の目的のひとつにポンド交換性回復が含まれていたことはいうまでもない。じつはこうした制度改革と並行して，スタッフたちはポンドの交換性回復に焦点を絞った融資計画，すなわち「対英スタンドバイ協定」の実行にかんする具体案についても検討を行っていた。為替制限局スタッフのブレナー（Richard Brenner）は，1953年12月，ルースに宛てたメモのなかで「IMFは6カ月以上のスタンドバイ協定を準備すべきである」と述べると同時に「IMFとしては融資の供与にあたりイギリス側に条件を求めることになるが，イギリス当局が障害なく交換性回復に踏み切ることができるよう双方が合意できる条件を定めることが必要である。これは，専務理事とイギリス蔵相との間で極秘に文書をやりとりすることで達せられるだろう」と，ポンド交換性回復の方途を展望した[29]。1954年に入ると，対英融資について本格的な検討が始まってゆくことになる。

③フロート制の許容　　IMF協定は，加盟国の採用すべき為替相場政策について

---

28) IA, Executive Board Minutes 53/90., Use of the Fund's Resources, December 9, 1953. IA, Executive Board Minutes 53/95., Use of the Fund's Resources, December 23, 1953.
29) IA, C/United Kingdom/1760, Stand-by Arrangement for U. K., December 8, 1953, pp. 1-2.

第4条で規定している。とりわけ第4項の「為替の安定にかんする義務」において、「加盟国は、為替の安定を促進し、他の加盟国と秩序ある為替取極を維持し、かつ為替の競争的変更を防ぐためIMFと協力することを約束する」ことを謳っていた。少なくとも協定上は、固定平価の維持と相場変動の抑制が望ましいとされていたわけである。

ところが、IMFの加盟国すべてが厳格に固定平価を維持していたかといえば必ずしもそうではなかった。実際、IMF理事会は、1949年11月にはペルー、1950年10月にはカナダに対しそれぞれフロート制への移行を承認していた。無論、理事会はフロート制を支持していたわけではない。ペルーについては固定平価の適正水準を見いだすための手段として、またカナダについてはアメリカからの大量の資本流入に対処するための手段として、フロート制の一時的な採用を承認したのだった[30]。

こうして1951年7月に刊行された『年次報告（*Annual Report of the Executive Directors*）』では、フロート制の採用をめぐるガイドラインが示された[31]。そこでは「フロート制は協定に記されておらず、ゆえにIMFとして認めることはできない。しかし、加盟国にフロート制の採用を余儀なくさせるような状況が起こらないとも限らない」としたうえで、以下の条件を満たす場合はフロートへの移行を認める旨が記された。条件とはすなわち、フロート制の採用は一時的なものに止めること、他国に悪影響を与えないこと、固定平価の設定に向けてIMFと定期的に協議を行うこと等であった。

じつはIMFスタッフは、「ロボット」の時点でイギリスの計画が管理フロートへの移行を伴うものであることを把握していた。そして当初は、協定との整合性の観点からポンドの管理フロートへの移行は平価システムを崩壊させる恐れがあるとの理由で批判的に受け止めていた[32]。しかし上記のとおり、加盟国によるフロート制の採用に対する姿勢は弾力的であった。ルースはじめスタッ

---

30) ところが実際のところ、カナダ政府は1962年5月までフロート制を採用し続けた。カナダの経験については、菅原歩（2014）を参照されたい。
31) IMF, *Annual Report of the Executive Directors for the Fiscal Year Ending June 30, 1951*, 1951, pp. 36-41.
32) Horsefield et al. (1969), Vol. 1, pp. 353-354.

フにとって，ポンドの交換性回復を実現するためにもイギリスによる管理フロート採用の是非について結論を出すことが不可避の課題となった。

ルースは，スタンドバイ協定にかんする協議と同様，年次総会後の非公式協議の場で主要国の代表にコメントを求めた[33]。しかしフロート制の採用については，各国の意見が分かれ協議は紛糾した。

例えばオランダとイタリアの代表は，それぞれ「国際貿易の発展において固定相場制が有効でありフロート制には賛同しかねる」，「フロート制は不安定化をもたらす。為替相場の変動幅は狭い方が良い」と述べ，フロート制に対し否定的な姿勢を見せた。一方で西ドイツの代表は「あるいは，緊急にフロート制を採用する必要に迫られることもあるかもしれない。とりわけフロート制は，一部の国にとって交換性回復の助けとなるだろう」と述べ，その効用を指摘した。またベルギー代表は「IMF が変動幅の拡大を認めることによって，どのような結果が生じるか大変興味深い。3-5％程度の変動幅であれば，EPU は問題なく運営できると思われる。IMF は，変動幅の拡大にかんする条件について決定すべきである」と述べた。各国の収支尻は固定平価にもとづいて EPU に対する債権債務へと換算されていたため，フロート制の導入は EPU の存続を脅かす恐れもあった。しかしベルギー代表は，「小幅な」変動幅の拡大であれば問題ないとしてむしろ変動幅の拡大に好意的な姿勢を見せたのだった。

これに対しアメリカ代表のサザードは「IMF の方針は，1951 年の年次報告で示されたとおりでありどのような検討もこの結果を変えるものではない。IMF 協定は例外的な場合にもフロート制をまったく認めないというわけではないが，ベルギー代表の発言はそうした特殊事情に対する解釈の幅を過度に広げようとするものである」と批判した。またカナダ代表も「フロート制の採用はカナダ経済に好ましい結果をもたらしたが，この経験が一般化されるべきではない」と述べ，フロート制への支持に警鐘を鳴らした。

こうして議論が紛糾するなかにあって，イギリス代表は「IMF 協定が，固定相場制それ自体を目標にしているとは思えない。固定相場制は手段であって

---

33) IA, Office of Managing Director Records/Ivar Rooth Papers/11. 162, Mr. Rooth's Luncheon-Meeting, September 13, 1953, pp. 1-5.

目的ではなく，IMF の目的はより広範なものであるはずだ」とコメントした。明言こそしなかったものの，イギリス代表は IMF によるフロート制への柔軟な対応を望んでいた。

結局この協議では，フロート制の採用にかんする明確な方針は見いだされなかった。ルースとスタッフたちは，先に述べた「対英スタンドバイ協定」計画を具体化する段階でイギリスによるフロート制の採用についてアドホックな対応を図っていくことになる。

2) 西欧経済の復興と為替自由化

IMF スタッフたちは，ポンドの交換性回復を多角的決済体制を樹立するための条件と認識しイギリスの計画への対応を進めた。他方，1954 年に入ると対英政策に影響を与える 2 つの変化が生じ始める。第一に，先に触れた「ランドール委員会」の報告を契機として為替自由化の方途をめぐる西欧での膠着状態が次第に解消され，結果，為替自由化に進展が見られるようになった。そして第二に，国際的なドル不足問題に改善の兆しが見られるようになった。こうした 2 つの変化から，IMF 内部では戦後過渡期の終了近しとの認識が台頭し始めた。スタッフたちは「対英スタンドバイ協定」の締結を急ぐ一方，イギリス側にドル地域に対する輸入管理の撤廃をめぐる自助努力を求めるようになった。

ⓐランドール委員会報告と漸進的自由化

まず，第一の変化から見ていこう。1954 年 1 月，ランドール委員会にアメリカ政府が採るべき対外経済政策について議会で報告を行った[34]。報告の内容は，対外援助，対外投資，農業問題など包括的なものであったが，本書との関連でとりわけ重要なのは「通商政策」と「通貨の交換性回復」にかんする箇所である。

ランドール委員会報告は序文で「対外経済政策にかんしてアメリカが採る行動は，世界全体に影響を与えるという厳重な認識が終始委員会の考えを支配し

---

34) 大蔵省大臣官房調査課編（1954），183-184 頁。

た。アメリカは世界の指導者としての責任を有しており，これは好むと好まざるとにかかわらず，将来，長期間にわたって負うべき運命である。〔……〕本報告の主旨は，国際的なドル不足を解決するためにアメリカが取り得る対外経済政策，同時にわが国の政治経済・安全保障上の利益に資する政策について検討することにある。すなわち，健全な国内経済と矛盾しない方法で国際貿易の拡大を志向することである」と委員会の理念と目的を表明した。

そして通商政策について「アメリカは，主として関税によりまた極めて限定された分野については輸入割当によって通商障害を設けている。しかし，他の諸国もまたこれらの措置を採っていることについて考慮しなければならない」としながらも，「もし物流上に存在する現在の障害の多くが弱まりこのような障害のために生ずる不要な不安定が取り除かれれば，自由主義世界はいっそう強力になりその結束を強めるだろう」と述べ，国際貿易の拡大に向けて貿易障壁を低減する必要性に言及した。

具体的な方策としては，以下の四点が議会に勧告された。①「バイ・アメリカン条項」の見直し，② 関税表の簡素化に向けた研究を開始すること，③ 大統領に与えられた貿易協定の交渉・施行にかんする権限を 3 年以上延長すべきこと，この間，多角的貿易決済体制を樹立するために内外で採用されるべき措置について検討すること，④ 大統領は，関税率を引き下げる目的で多角的交渉を行うための広範な権限を付与されるべきこと。アメリカによる一極的な輸入市場の開放が謳われたわけではなかったが，報告はルースの目指した黒字国責任論と整合的な方針を示していた。

一方，通貨の交換性回復については「本委員会は通貨の交換性回復は国際貿易の発展にとって不可欠な条件であると信ずるものであり，輸入制限を伴う交換性回復を歓迎しない」として，通貨面に特化した交換性回復計画を批判した。また「ポンドの交換性回復が EPU に及ぼす影響は重要である。EPU は臨時の機構であると考えられてきたが，じつに感銘するほどの成果をあげてきた。EPU に代わるいっそう優れた機構ができるまで，EPU を破壊するような手段が採られるべきではない」として，管理フロートへの移行を伴う交換性回復計画を批判した。さらに報告は，「貿易媒介通貨として国際貿易の 40％を担うポ

ンドが交換可能となれば，イギリスは貿易上・金融上の圧迫にさらされることになろう。〔……〕他の主要通貨がポンドと同時に交換性を回復することができれば，ポンドに対する圧迫はやわらぐかもしれない。しかし本委員会は，ポンドの完全な信用を回復するためにはイギリスの外貨準備がいっそう強化されねばならないと信ずる」とも述べた。ここからもわかるとおりランドール委員会は，共同計画の詳細についてはもちろんそもそもポンド交換性回復の試み自体が時期尚早であるとの見解を有していた。

　そのうえで委員会は，交換性回復を実現するためには外貨支援の枠組みが必要であるとの認識を持っていた。この点について報告は，「完全な交換性に向けて漸進的に接近するための十分な資金は，目下 33 億ドルに上る IMF の所有する金および交換性通貨をこれまでよりも積極的に活用することで見いだされよう」と述べ IMF の役割に注目した。さらに「通貨交換性回復の漸進的な実施に資するためそして各国の外貨準備を強化するために，本委員会は連邦準備銀行が外国中央銀行とともにスタンドバイクレジットないしクレジット枠を設定する可能性について調査するよう勧告する」とも述べ，連銀による信用供与の可能性にも言及した。なお靎見によると，連銀による対外信用という方式は「援助よりも貿易を」という方針の下で財政資金での対外援助を敬遠した政府が計画したものだった[35]。こうした委員会の方法は，一見すると IMF スタッフたちが計画していた「IMF 融資を梃子としたポンドの交換性回復」と整合的な方針であるかのように見える。しかし，交換性回復の方法に「漸進的であるべき」との条件が付されていた点でスタッフの計画とは明らかに温度差があった。じつは，ランドール委員会には「基軸通貨案」を提唱したウィリアムスが委員として参加していた。報告の内容は，多角主義の実践方式において漸進論を主張している点で「基軸通貨案」と親和的な内容であったといえよう。

　さて，こうしたアメリカ政府の方針は西欧における論争に影響を与えた。「野心的」な共同計画の見通しが次第に悪化したのである[36]。計画が完全に放棄されたわけではなかったが，イギリス内部では着実に交換性回復を進める方

---

35) 靎見誠良（2014），125 頁。
36) Schenk (1994), p. 124.

針へと転換が始まった。そして1954年3月，こうした方針転換によって振替性の拡大という形でポンドは交換性回復へと前進した。この措置によって前掲図2-4に示された「双務勘定」と「その他地域勘定」が「振替可能勘定」に統合され，これによって「双務勘定」と「その他地域勘定」のポンドに振替性が付与されることになった。非居住者勘定の交換性回復には，この「振替可能勘定」へ金ドルとの交換性を付与すること，さらにこの勘定から「アメリカ勘定」へのポンドの振替性を付与するプロセスが依然として残されていた。しかし，この措置はそれまで複雑に区別されていたポンド勘定の管理を大幅に簡素化するものであった。なお同時期には，西ドイツの封鎖マルク廃止，ベネルクス三国の為替管理の体制整備など他の西欧諸国でも交換性回復に向けた前進が見られるようになった。

1954年6月に刊行された『第5次為替制限にかんする年次報告書』において，IMFスタッフはこうした主要国における動向に注目した[37]。ランドール委員会報告については「米国対外経済政策委員会の勧告が実現すれば，為替制限を廃止する上で各国を鼓舞し支援することになるだろう」として，通商政策面で黒字国責任論と整合的な方針が表明されたことを歓迎した。また，西欧の為替自由化については「イギリスは大部分のポンド勘定にかんする制限を簡素化しポンドの振替性を拡大した。西ドイツも非居住者マルク勘定の振替性をさらに拡大する措置を講じ，オランダは資本の対外移動にいっそう大幅な自由を認めた。こうした諸措置の相互作用は，来るべき交換性回復の基礎を広げるものであった」と賞賛した。

ⓑ **戦後過渡期の終了に向けた機運——ドル不足の緩和**

こうした進展はそれ自体IMFスタッフにとって歓迎すべきことだったが，重要なことは彼らが進展の背景にドル不足問題の改善の兆しを感じ取っていたことだった。『第5次為替制限にかんする年次報告書』においてスタッフは，「IMF協定第14条の規定にもとづいて加盟国が維持している制限について顕著な特徴として挙げられることは，主要国間に為替制限の廃止に向けた動きが

---

37) IMF, *Fifth Annual Report on Exchange Restrictions,* 1954, pp. 19-22.

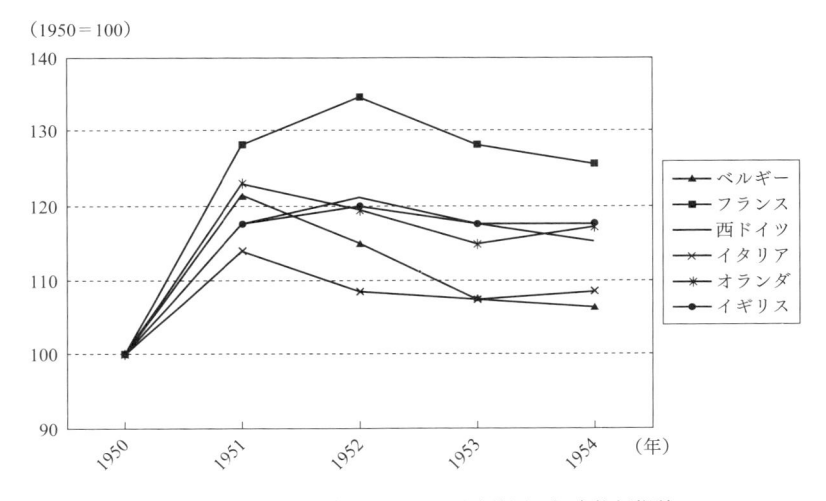

図 2-5　1950 年代前半における西欧諸国の卸売物価指数
出所）OEEC, *General Statistical Bulletin*, 1957 July.

見られることである。本報告期間を通し，ますます軌道に乗りつつあるこの動きは多くの主要国の国際収支の大幅な改善によって促進された。非ドル地域の金ドル準備は，全体で 25 億ドル増加した。非ドル地域のこのような準備の増加と国際経済のバランスの好転は，困難に満ちたここ数年間において維持されていた為替制限を縮小・廃止するうえで望ましい環境をつくり出した」との認識を示した。さらに彼らは「為替自由化に向けた今後の方策を検討すると，多くの国の姿勢はアメリカの経済情勢如何に影響を受ける。しかし，最近アメリカの経済が低迷したにもかかわらず，多数の国が望ましい水準の対米輸出を維持し得たことは，これら諸国の国際的地位の向上を示す喜ばしい兆候である。〔……〕通観するに，この 1 年ほど交換性と多角的貿易拡大のための条件が準備された年は IMF の創設以来かつてなかったのである」と述べ，いっそうの為替自由化に期待感を示した。

実際，1950 年代前半は，西欧諸国の経済情勢が国内的にも対外的にも大幅に改善した時期だった。とりわけ 1952 年から 54 年にかけて，戦後のインフレが落ち着きをみせ始めると同時に（図 2-5），工業生産力や金ドル準備はこの時

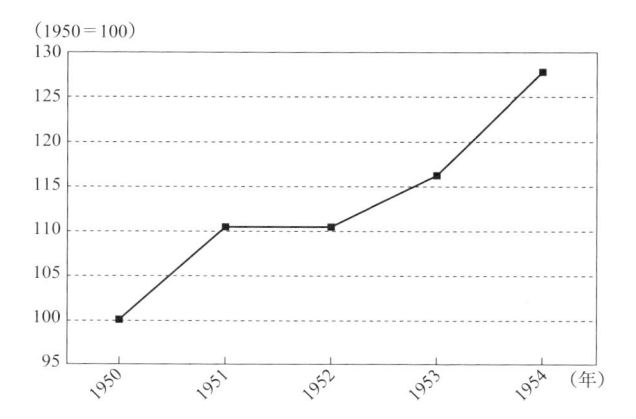

図 2-6 1950年代前半におけるOEEC諸国の工業生産力の回復
出所）OEEC, *General Statistical Bulletin*, 1957 July.

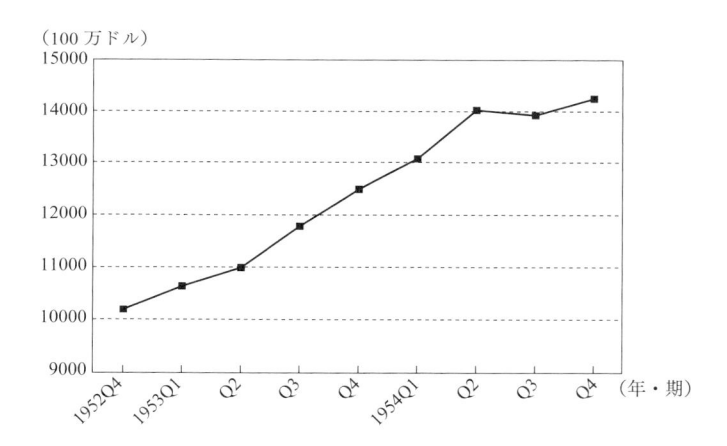

図 2-7 1950年代前半における西欧諸国の金および外貨準備の推移
出所）IMF, *International Financial Statistics*, Vol. 7-8, 1954-1955.

期に大きく改善した（図2-6，図2-7）。IMFスタッフは，これをドル不足問題の改善の兆しとして把握したのだった。そして西欧における為替自由化の進展と国際的なドル不足の改善，こうした状況・認識の変化からIMF内部では「戦後過渡期の終了近し」との機運が高まった[38]。

ⓒ 対英スタンドバイ協定の模索——独自のポンド交換性回復計画

　為替自由化に向けた機運が高まるなか，IMF スタッフたちは件の「対英スタンドバイ協定」締結に向けた具体案を練り始めた。すでに共同計画の見通しは悪化し始めており，1954 年 6 月には EPU における金ドル決済比率を 4 ）％から 50％に引き上げる旨が決定していた。これは大陸諸国の推す「EPU の硬貨化」に沿った為替自由化であった。ところが IMF スタッフたちは，ポンドの交換性回復を突破口とする多角的決済体制の樹立という従来からの方針に固執した。そしてイギリス当局から交換性回復への支援が要請されることを念頭に，計画について本格的な検討を始めたのである。

　スタッフたちにとって課題だったのは，イギリス当局の計画に付随する管理フロートとドル地域に対する輸入制限をどのように処理するかであった。残念ながらこの計画策定の過程については，残存している史料が極めて断片的でありその全容は明らかにしえなかった。1954 年春以降に検討が始まったこと，計画の策定がごく限られた人物——ルース，為替制限局幹部（フリードマン，ブレナー），調査局幹部（バーンスタイン，ポラック）——の間で極秘裏に進められたことしかはっきりしない。

　計画の策定は，スタンドバイ協定の締結を想定し協定を締結する際に取り交わす「取極書」の草稿を作成するという方法で進められた。この草稿が作成されたのは，5 月末のことだった[39]。本書の検討課題と関連する箇所を要約すると，次のとおりである。

- IMF と当局との間でポンド交換性回復計画について十分な議論が行われた結果，以下のスタンドバイ協定の締結が合意されている。
- 目的：本協定にもとづいてイギリスが利用可能な外貨は，当局が IMF に通知しているとおり，以下に示すような特徴を有する交換性計画を支持する目的で利用可能である。
- (a) 経常取引を通して IMF 加盟国が獲得したポンドを，早急にその他の通

---

38) Horsefield et al. (1969), Vol. 2, pp. 269-270.
39) IA, C/United Kingdom/1760., Secret (Stand-by Arrangement with U. K. -Draft), May 26, 1954, pp. 1-5.

貨と交換可能にする。(b) 状況が許し次第，速やかに経常取引に対する残存制限を緩和する。(c) IMFの目的に資するような財政政策，金融政策，信用政策を採用・維持する。(d)〈空欄：この箇所には必要があればポンドの変動幅拡大にかんする規定を挿入する可能性がある〉

- 残存制限について：イギリス当局はもはや過渡期条項を援用する意思を持っておらず，協定第8条2-4項までの義務を受け入れる準備はできている。IMFは，将来，事前の相談なしにイギリス当局が為替制限を強化しないことを条件に現在も残存する制限の維持を認める。イギリス当局は，状況が許し次第，速やかにそれら残存制限の緩和・廃止を進める手はずとなっている。当局は，これらの残存制限について定期的にIMFと協議を行う予定である。

- 為替相場：イギリス当局は，協定第4条3項と4項（為替の安定にかんする義務）に準ずる政策を追求する意思を有している。相場の変動を許容する必要が生じた場合，そうする前に専務理事と連絡を取り変動幅を伝えたうえで現行平価ないし新平価のもとでポンドを安定化させるための条件について専務理事の同意を得ることになる。そして変動が許されている期間中は，イギリス当局は専務理事と常に緊密な連絡を取り相場の変動に関連するすべてのことについて伝えなくてはならない。

ここからもわかるとおり，スタッフたちはドル地域に対する輸入制限や管理フロートへの移行といった要素について直ちに否定しない姿勢をとっていた。そしてそれらの要素については，スタンドバイ協定締結後，ルースとイギリス当局との協議を通して解決を図ることとされていた。

協議の具体的なあり方については，7月に次のようなガイドラインが策定された[40]。「① スタンドバイ協定を締結した後，専務理事とイギリス蔵相との間で交換性回復に付随する論点――輸入制限の維持，フロート制の採用を含むイギリスの為替政策――について協議する。②『理事会がこの件に介入することは交換性回復計画の成否を危うくする』との懸念をイギリス側が抱く可能

---

[40] IA, C/United Kingdom/1760., Consultative Relationship under Stand-by Arrangement with U. K., July 26, 1954, pp. 1-3.

第 2 章　14 条コンサルテーションの開始とポンド交換性回復の試み──99

表 2-1 イギリスの金ドル準備の不足
（単位：100 万ドル）

年	1952	1953	1954
金ドル準備	1846	2518	2762
ポンド残高	1952	1892	2173

出所）IMF, *International Financial Statistics*, Vol. 6-9, 1953-56.
注）値は年末時点のもの。

性があり，そうなれば情報交換が率直に行われなくなる危険がある。専務理事とイギリス側との間でやり取りする極秘情報については，理事会には明かさない。理事会に対しては 6 カ月ないし専務理事の裁量でより短い期間を設定してもよいが，適当な間隔で交換性回復の進捗状況について報告する」。

以上が，対英スタンドバイ協定の計画の概要である。計画には，ルースはじめ IMF スタッフたちが輸入管理についてはポンドの交換性を実現した後で速やかに撤廃させる意図であったこと，イギリスに 8 条国への移行を促すことまで視野に入れていたこと，管理フロートへの移行を例外的に認める方向であったこと等，ドラスティックな方針が示されている。しかしそれらの解決については「ルースとイギリス蔵相との間の極秘協議」にほとんどすべてが委ねられている状態であり，事実上スタンドバイ協定を締結したあとへ先送りする形となっていた。

さらに，対英スタンドバイ協定の実現をめぐってスタッフたちはより根本的な問題に直面していた。それは，IMF の資金規模にかんする問題であった。表 2-1 は，1950 年代における非スターリング地域諸国，主に振替可能勘定諸国のポンド残高の額とイギリス当局が保有していた金ドル準備高とを比較したものである。1947 年，英米金融協定にもとづいて行われたポンドの交換性回復時にはこの勘定のポンドが真っ先に金ドル交換要求へと向かった。この表から，振替可能勘定のポンド残高の規模はイギリスの金ドル準備を枯渇させるに十分な額であったことがわかる。また図 2-8 は，当局の管理をすり抜けてドルと取引されていた振替可能勘定ポンドの対ドル相場（振替可能相場）である。図からも分かるとおり，1950 年代前半を通しこの値は 1 ポンド＝2.8 ドルの平価よりもディスカウントされかつ大きく変動していた。

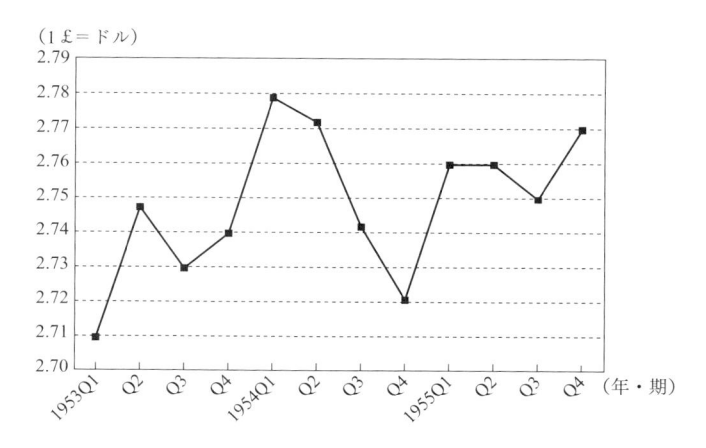

図 2-8 1950 年代前半における振替可能相場の推移
出所）IMF, *International Financial Statistics*, Vol. 6-9, 1953-56.

　こうした状況を踏まえ，1954 年 4 月，対英スタンドバイ協定について検討したメモのなかで，調査局長のバーンスタインは対英支援のために必要な金額について次のように分析している[41]。「現在のイギリスの金ドル準備だけでは，イギリスがポンドの交換性回復に踏み切ることは困難である。極めて緊縮的な信用政策，ポンド残高の取り崩しを規制する何らかの取極を結べば交換性回復後の資本流出はある程度抑制することができるだろう。しかしそれでもなお，相当の資本流出が見られるはずである。この資本流出に対応して為替相場を減価させることは現実的な対応ではない。交換性回復に必要なドルクレジットの額は 20 億ドル以上，実際は 30 億ドル程度用意されることが望ましい」。

　さらにバーンスタインは「これほどの規模のクレジットを供与しうる主体は，連邦準備銀行と IMF のみである」と続けた。そして IMF については「IMF がイギリスの必要とするドル資金をすべて提供することができれば理想的だが，それは不可能である」と分析した。当時，IMF の資金規模は総額で約 90 億ドル相当であった。しかし，そのうち金および米ドル，カナダ・ドルといった交

---

41) IA, Research Department Immediate Office Department Director Edward Bernstein Subject Files/1. 1, Notes on Sterling Convertibility, April 2, 1954.

換性のある通貨の金額は 30 億ドル程度に過ぎなかったのである。すなわち「IMF はすべての加盟国に対しゴールドトランシェの資金利用をほとんど自由に認めているが，1954 年 1 月末時点で約 4 億ドルが英米を除く加盟国の未利用分である。この状態でイギリスのためだけに 20 億ドル相当の金および米ドル，カナダ・ドルが提供されるとなると，IMF に残されるそれら金ドルの金額は約 9 億ドルになる。この場合，その他の加盟国が交換性回復への支援を要請してきたとき，あるいは国際収支困難への支援を求めてきた場合に，それらの要請に応えられなくなる危険性が高くなる。〔……〕イギリスにスタンドバイクレジットを提供した後も，15 億ドル程度の金および米ドル，カナダ・ドルは残しておきたい。そうなると，IMF が提供できる金額は 15 億ドル以下ということになる」という状態であった。

一方，連銀については「仮に FRB にポンドの交換性回復を支援する意思があれば，ニューヨーク連銀が他の連銀の代表としてイギリスにクレジットを供与することができる。技術的には，イングランド銀行の発行するポンド債券をニューヨーク連銀が購入することでなされよう。連銀の当局者はそうした信用供与を望んでいるように思われるが，アメリカ政府がそうした取引を支持するかどうかは分からない。ただ，ランドール委員会報告はそうした勧告を行っている。そしてこの勧告は，議会の承認がなくとも実行可能である。〔……〕IMF からの借入可能額が 15 億ドル以下だとすると，最低 5 億ドル，望むらくは 10 から 15 億ドル程度，連銀から信用供与を受けられるとよい」と述べた。さらに彼は「IMF にとって適切な方策は，交換性回復を支援するためのスタンドバイ協定にはすべて応じるということ，追加的な資金源が必要になった際はアメリカ当局に対し IMF への追加融資を依頼することである」との見解も示した。

先に述べたように，ランドール委員会は連銀による交換性回復支援のためのドル供給を提案していたが実際にはどのような措置が講じられていたのだろうか。靎見の研究によれば[42]，結局，FRB は中央銀行間のクレジットライン案

---

42) 靎見誠良（2014），125-127 頁。

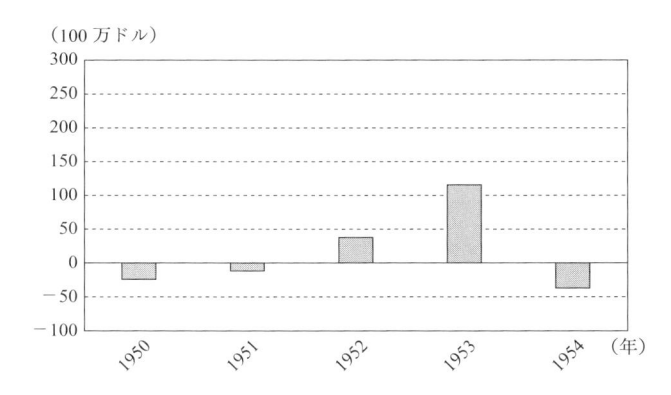

図 2-9 1950 年代前半における IMF 融資利用額の低迷
出所）Horsefield et al. (1969), Vol. 2, pp. 460–467.
注）新規引出額とスタンドバイ協定締結・更新額の合計値から，買戻し額を差し引いた額。

を受け入れなかったという。財務省との「アコード」を経て金融政策の市場化を進め，当時「ビルズオンリー」政策を採用していた FRB は対ポンド支援においてもその原則を貫いておりそのために銀行引受手形市場（Banker's Acceptance market; BA 市場）の育成と国際マネーマーケットの確立へと向かっていたのだった。

図 2-9 で示したように，1950 年代前半における IMF 資金の利用額は低迷しておりこのために 1950 年代前半の IMF は「休眠状態」にあったといわれてきた。ところがそうした状況とは裏腹に，IMF 内部ではむしろ資金規模の不足が認識されていたのである。

一方イギリス側では，蔵相のバトラー（Richard Butler），イングランド銀行総裁のコボルド（Cameron Cobbold）ほか一部の関係者のみがこの対英スタンドバイ協定の計画について情報を把握していたようである。IMF スタッフがポンドの交換性回復を急ぐ一方，イギリス当局者もまた交換性回復は共同計画によってなされるべきとの姿勢を放棄していなかった。しかし共同計画の実現の見通しが後退するなか，彼らは交換性回復には金融支援が必要であると認識する一方で，IMF にスタンドバイ協定を要請することのリスクもまた意識し始め

ていた。というのも，仮にスタンドバイ協定を締結したとしても，協定の締結期間中に共同計画が実現しなければポンド保有者の当局に対する信認の失墜は免れないと考えられたからである[43]。

IMF融資が加盟国からの要請に応じて発動されるものである以上，対英スタンドバイ協定計画の帰趨はイギリス当局の意向に依存していた。そして当局者の意向は，共同計画の展望に左右されていた。こうしてIMFスタッフたちの計画の成否は，内的には前述の「未解決の論点」の解消如何に，そして外的には共同計画の行く末に規定されることになった。

1954年9月の年次総会でルースは「1953年度においては，交換性通貨を用いた国際貿易は全体の半分にも満たなかった。もしポンドが交換性を回復すれば，この比率は75％を超えるだろう。この意味でも私は，欧州の他通貨はポンドと共に交換性を回復すべきと考える。交換性回復が拡大すればするほどその維持も容易になるはずだ」と主張し，西欧諸国に交換性回復を促した[44]。対英スタンドバイ協定計画には「未解決の論点」が含まれており，IMF側に十分な準備が整っているとは言い難い状況だった。しかし戦後過渡期の終了に向けた機運が高まるなかで，この機を捉えポンドの交換性を回復し多角的決済体制を実現することはルースにとって喫緊の課題だったのである。

ⓓ ドル差別の廃止をめぐる議論——1954年度コンサルテーション

対ドル輸入制限の廃止をめぐって黒字国責任論が展開されていた1952年度と53年度のコンサルテーションでは，為替自由化の「条件」をめぐる議論が中心であった。ところが「戦後過渡期の終了近し」との機運が高まるなか，IMFスタッフは，一方でポンドの交換性回復をめぐる対英融資の供与を計画しながらも1954年度コンサルテーションではドル地域に偏重した輸入制限の廃止すなわちドル差別の廃止をめぐってイギリス側の努力を求めるようになった。なお1953年から54年にかけて，イギリスの輸入自由化度を示す輸入自由化率は対OEEC諸国について58 → 83％，対ドル地域について7 → 49％へと

---

43) Kaplan et al. (1989), pp. 206-209.
44) IMF, *Summary Proceedings of the Ninth Annual Meeting of the Board of Governors,* 195-, pp. 12-14.

上昇していた。

　11月に行われた1954年度コンサルテーションにおいて，スタッフチーム団長のフェラス（Gabriel Ferras）はドル差別の廃止がドル地域との経常収支に与える影響について尋ねた。イギリス側は，ドル地域からの輸入増加は必至であると回答した。前述のとおり，ドル差別とは「ドル地域に対する輸入自由化率」と「OEEC諸国に対する輸入自由化率」の差として把握される。イギリス側は，ドル差別の廃止に抵抗するとともに差別はOEEC諸国に対する相対的に早急な自由化がもたらした意図せざる結果であるとの論法でスタッフの追及を回避しようとした。そして為替自由化を非差別的に進める意向はあるか，との質問に対しては「差別的措置についてはできる限り回避しようという大まかな方針があるだけで，絶対的なルールはない」との回答がなされた[45]。

　最終協議でフェラスは「IMFは，イギリス政府が制限の緩和に高い優先順位をつけるよう望む。〔……〕現在の好ましい状況が続けば，制限の緩和と差別の廃止に向けた前進が可能になるはずだ」とドル差別の縮小が可能であるとの見解を示し，イギリス側の消極的姿勢に釘を刺した。これに対しイギリス側は「期待されている制限の緩和が，大幅な自由化ではなく漸進的な政策の継続を意味するのであれば同意する。〔……〕現在の自由化の水準に批判などないはずである」と強く抵抗した。こうした抵抗に対しフェラスは，「スタッフとしてはイギリスの自由化策に不要な圧力をかけるつもりはない。しかし現在の自由化に向けた勢いが殺がれないことを望む」と述べて議論を締め括った[46]。このように「戦後過渡期の終了近し」との機運が高まるなか，為替自由化の追求をめぐるIMFの方針は，国際政策協調を通したドル不足の緩和から為替自由化をめぐる自助努力の要求という方向へと次第にその重点を変え始めたのであった。

---

45) IA, C/U. K./420. 1., Exchange Restrictions Consultations 1954, Minutes of the Sixth Meeting, November 23, 1954, pp. 1-6.
46) IA, C/U. K./420. 1., Exchange Restrictions Consultations 1954, Minutes of the Seventh and Final Meeting, November 29, 1954, pp. 1-3.

3 対外均衡をめぐるマクロ政策調整——拡張路線への微温的介入

前節で見てきたように，当初，IMF スタッフたちはドル不足に対し国際政策協調で対処しようとした。一方，対外均衡の達成における国内マクロ政策の役割については，イギリス側と IMF とで認識にズレがあった。すなわちすでに述べたように，イギリス当局がマクロ政策を国内均衡の追求に振り向ける方針を採った一方，IMF は対外均衡の達成における緊縮的マクロ政策の役割を重視していた。1952 年以降，イギリスのインフレは安定化しつつあった（前掲図 2-5）。しかし表 2-2 に示した通り，1950 年代前半におけるイギリスの経常収支は全体として黒字を維持しながらも金ドルでの決済を要するドル地域との収支はなお一貫して赤字であった。

1952 年 9 月の年次総会で，ルースは「如何なる他の政策が必要であろうとも，赤字国がインフレを回避しようとしない限り支払問題を解決することはできない。〔……〕支払問題はあまりに長く続いているため，政府がその解決に関心を失ってしまう恐れがあることについてはほとんど理解されていない。インフレ的な環境は広範にわたって完全雇用の追求という目標と勘違いされるため，政府がインフレを許容してしまう恐れがあるのだ。むしろ，支払問題を引き起こすインフレ的な環境ほど雇用や生活水準をおびやかす要因はないということが事実である。持続的なインフレ圧力と国際収支赤字は，原料や食糧といった物資の輸入財の確保をますます困難にしがちであり，それゆえ完全雇用と高い生活水準の確保を困難にするのである」と述べた[47]。この発言からも分かるとおり，ルースは，マクロ政策を通してインフレを抑制することが結局は国内均衡を達する手立てであると同時にドル不足の解消と為替自由化を進める上で不可欠であるとの認識を有していた。

---

47) IMF, *Summary Proceedings of the Seventh Annual Meeting of the Board of Governors*, 1952, pp. 12-15.

表 2-2　1950 年代前半におけるイギリスの経常収支の推移

（単位：100 万ドル）

年	1952	1953	1954
全　　体	453	630	588
対ドル地域	−450	−11	−260

出所）IMF, *Balance of Payments Yearbook*, Vol. 5, 1954, Vol. 7, 1957. IA, Staff Memoranda 56/17., Background Material for 1955 Consultations, Feburary 16, 1956, p. 52.

1）1952 年度コンサルテーション

　1952 年度コンサルテーションが行われた時期，イギリス当局は経常収支危機への対応に追われていた。朝鮮戦争ブームで景気が過熱し輸入が増加したことから，1951 年下期以降，経常収支が大幅に悪化していたのである。金ドル準備も 1951 年 6 月の約 38 億 6700 万ドルをピークに減少を続け「危険水域」とされる 20 億ドルの水準を割り込み，52 年 6 月には 16 億 8500 万ドルまで急減した（図 2-10）。これに対し当局は，51 年 11 月から翌年 3 月にかけて非スターリング地域からの輸入を合計 6 億ポンド削減した。さらに，財政金融面での引締策も講じられた（表 2-3）。銀行貸出規制・民間企業の借入規制・賦払信用規制によって信用引締が行われ，51 年 11 月には，戦時中より 2％に据え置かれていた公定歩合の 2.5％への引上げすなわち「金融政策の復活」とよばれる措置が実施された。公定歩合は翌年 3 月に 4％へ引き上げられ，財政面でも緊縮予算が組まれた。

　1952 年度コンサルテーションでは，危機への対応をめぐって議論が行われた。イギリス側は，1952 年下期における国際収支の見通しは定かではないが状況が改善しない場合は「さらなる措置」を講じると述べた。これに対し直接的な輸入削減策が利用されることを懸念したスタッフは，「さらなる措置」は為替制限の強化ではなくマクロ政策の引締であるべきことを強調した。ところがイギリス側は，必要であれば 14 条国の権利としてマクロ政策だけでなく為替制限も活用すると抵抗した。こうした対応を問題視しつつも，スタッフたちは「一連の引締策は効果を上げ始めており年末までに国際収支は改善するだろう」との見通しを示すに止まった[48]。

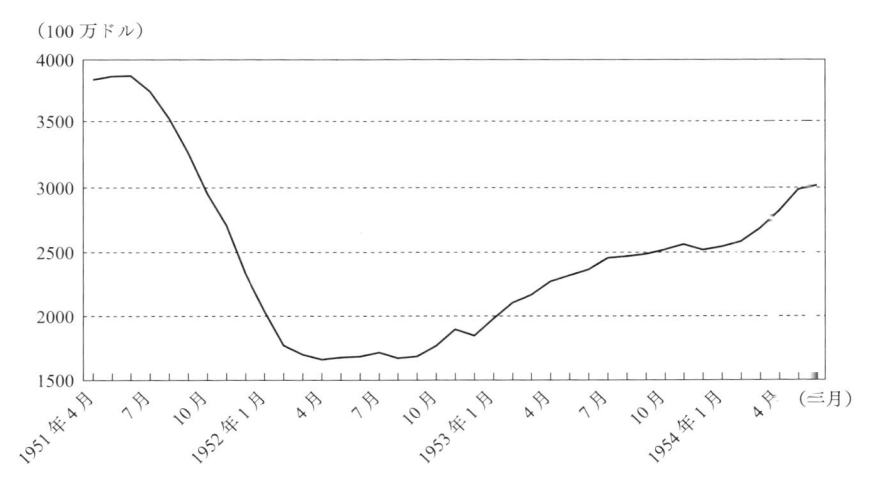

図 2-10 1950年代前半におけるイギリスの金および外貨準備の推移

出所）IMF, *International Financial Statistics*, Vol. 5-8, 1952-55.

表 2-3 イギリスの財政金融政策年表（1950年代前半）

日　時	政策手段
1951年11月8日	公定歩合引上げ（2 → 2.5％）
12月8日	銀行貸出規制の強化 民間企業の借入規制強化
1952年1月30日	賦払信用規制の強化
3月12日	公定歩合引上げ（2.5 → 4％） 黒字予算の発表
1953年4月15日	積極予算の発表
9月17日	公定歩合引下げ（4 → 3.5％）
12月19日	銀行貸出規制の緩和
1954年4月7日	積極予算の発表
5月13日	公定歩合引下げ（3.5 → 3％）
6月4日	賦払信用規制の全面的廃止
8月21日	民間企業の借入規制緩和

出所）Eckstein et al.（1964），pp. 110-115.

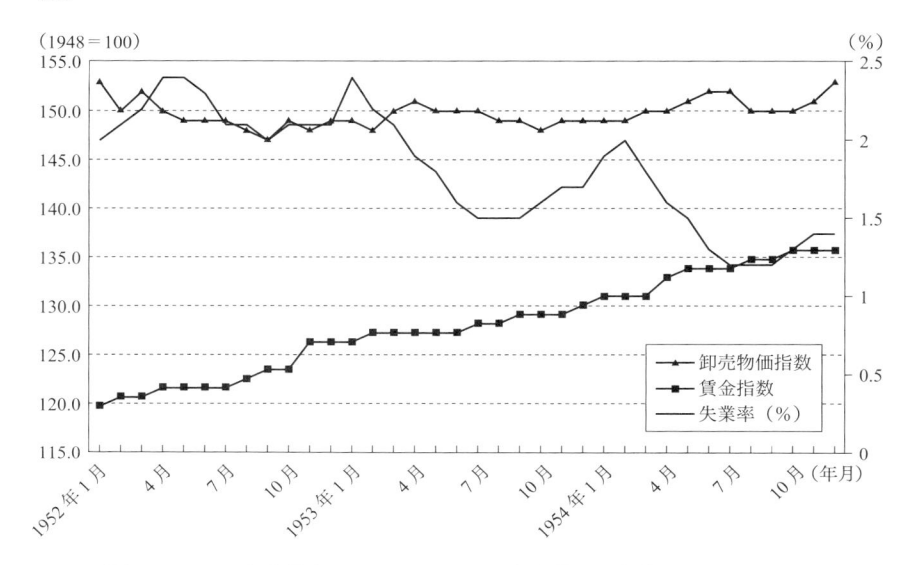

図 2-11　1950 年代前半におけるイギリスの卸売物価・賃金・失業率の推移
出所）IMF, *International Financial Statistics*, Vol. 5-8, 1952-55.

　イギリス側が追加的な緊縮的マクロ政策の採用に抵抗した背景には，一連の危機対策が景気を低迷させていることへの懸念があった。この点は，イギリス側の次の発言に現れている。公定歩合の引上げにより「金利全体が上昇してきている。銀行貸出が減少し多くの企業が影響を受けている。〔……〕イギリスは税金の重い国のひとつでそうした状況が景気を低迷させている。〔……〕現状はインフレの渦中ではなく調整過程にある[49]」。実際に 1952 年初から 9 月にかけて卸売物価は下落基調にあり，6 月にかけては失業率も上昇していた（図2-11）。もっとも戦後保守党・労働党にとって「高い安定した雇用」は共通の政策目標であり，1950 年代におけるイギリスの失業率は他の主要国に比べ極めて低い水準にあったこともまた事実である[50]。

---

48) IA, Staff Memoranda 52/44., 1952 Consultations-United Kingdom, July 28, 1952, pp. 7-9.
49) IA, C/U. K./420. 1., Exchange Restrictions Consultations in 1952, Record of Second Meeting with U. K. Representative, June 24, 1952, pp. 3-4.
50) Eckstein et al. (1964), pp. 92-93 および，馬場宏二編 (1988), 50 頁.

さて1952年秋以降，IMFスタッフたちが予想したとおりイギリスの経常収支は改善し始め金ドル準備も53年初頭に20億ドルの水準を回復した（前掲図2-10）。この回復は1954年に入ってからも続き，53年から54年上期にかけて経常収支黒字は拡大した。金ドル準備も，1954年中頃には約30億ドルに達した（前掲図2-10）。こうして危機が去ると，1953年以降，イギリス当局は財政金融政策を緩和し始め4月には直接税・間接税の減税を含む積極予算が発表された（前掲表2-3）。

2）1953年度コンサルテーション

1953年7月に行われた1953年度コンサルテーションにおいて，IMFスタッフは財政政策の緩和について説明を求めた。イギリス側は「危険はもはや超過需要にもとづくインフレ圧力ではなく，景気後退局面に入りつつあることにある。〔……〕戦後初めてインフレ圧力のない状況に直面し，そのために1953年度予算においてはインフレ抑制的な方法に頼る必要がなくなった。こうした状況下で生産・輸出の刺激を目的とした予算を編成した」と，現状は景気後退局面にあるとの認識を示し減税はデフレ圧力を解消するための方策だったと述べた。またこの時点では引締策が維持されていた金融面についても「公定歩合の引上げと緊縮的な金融政策の採用は圧力を生じている。民間部門は信用の逼迫を感じている」と述べ，引締策が景気刺激の足枷になりつつあるとの認識を示した[51]。

さらにスタッフは，上昇基調にある労賃についても説明を求めた（図2-11）。財政金融の緩和がもたらすインフレ圧力が「需要面」に起因するものである一方，労賃上昇は「コスト面」で通貨安定を阻害する。スタッフは，労賃上昇をイギリスの輸出競争力を圧迫し対外均衡の安定を阻害する要素とみなしていた。これに対しイギリス側は，賃金は上昇基調にあるがその上昇率は大幅に低下してきているとして輸出競争力への影響を否定した[52]。

最終協議でフリードマンは「イギリスは，インフレ抑制と競争力の維持ない

---

51) IA, C/U. K./420. 1., Exchange Restrictions Consultations in 1953, Minutes of First Meeting with U. K. Representative, July 2, 1953, pp. 4-6.

し改善に寄与する生産性改善に向けた措置を採用し続けるべきである」と総括し，イギリス側に通貨安定を維持するよう求めた[53]。もっともこの段階でフリードマンは，イギリス側に対し通貨安定を求めつつも国内均衡重視の政策路線の転換までは求めなかった。労賃の上昇率が低下していたこと，卸売物価指数が比較的安定していたこと（前掲図 2-11），金ドル準備が大幅に改善していたこと（前掲図 2-10）といったマクロ経済指標が考慮されたものと思われる。

　一方，1953 年 9 月の年次総会でルースは「予算の均衡ないし黒字化は交換性回復の確立を助けるだろう。信用拡張の抑制は交換性回復を容易にするだろう。利用可能な資金とバランスがとれた投資計画は交換性回復に貢献するだろう。賃金が生産性を適正に反映するようになることが交換性回復にとって重要だろう。それらの要因が交換性回復の成否を決めるのである」と述べた。彼は，交換性回復の成否と関連付けて引き続き需要・供給の両面でインフレ抑制を図るよう加盟国によびかけた[54]。これに対しイギリス当局は，1953 年秋から 54 年夏にかけて金融引締を解除した。公定歩合は二度にわたって引き下げられ，銀行貸出規制・民間企業の借入規制・賦払信用規制といった信用制限は緩和ないし廃止された。また，1954 年度も積極予算が組まれるなど財政面でも拡張路線が続いた（前掲表 2-3）。

3) 1954 年度コンサルテーション

　前節で述べてきたように，1954 年は，西欧における為替自由化の進展とドル不足の改善から IMF 内部で「戦後過渡期の終了近し」との機運が高まった時期であった。1954 年 9 月の年次総会でルースは「通貨の交換性を回復するということは，その国が貿易を国際競争にさらす意思を示すことである。交換

---

52) IA, C/U. K./420. 1., Exchange Restrictions Consultations in 1953, Minutes of Second Meeting with U. K. Representative, July 18, 1953, pp. 7-9. 戦後イギリス当局は所得政策によって賃金抑制に努めていた。しかし労働組合の協力を得ることができず，50 年代を通しそうした試みはほとんど成果を上げなかった。Shultz et al. eds. (1966), pp. 153-160.

53) IA, C/U. K./420. 1., Exchange Restrictions Consultations in 1953, Minutes of Third Meeting with U. K. Representative, July 29, 1953, p. 2.

54) IMF, *Summary Proceedings of the Eighth Annual Meeting of the Board of Governors*, 1953, pp. 12-13.

性を回復した国は，価格と品質のみに依存して輸入品を購入しなくてはならない。また逆に，同様の基準で輸出品を販売していかなければならない。それはより多くのより良いより安い商品を輸入できることを意味する一方，競争的な条件で自国の輸出品を販売しなくてはならないという要請は生産性の維持とインフレ回避へその国を駆り立てることになろう」と述べた[55]。

対外均衡維持のためにインフレ抑制の重要性を強調している点は，それまでと変わりない。ただその論調は，「通貨の交換性回復のためには対外均衡の達成ひいてはインフレ抑制が必要である」との見方から「通貨の交換性を回復すれば，交換性を維持するために対外均衡ひいてはインフレの抑制が必要となる」という見解へと，交換性回復をより現実的なものとして意識した内容へ変化した。

1954年度のコンサルテーションにおいても，イギリス側が拡張的マクロ政策にこだわる理由が論点となった。イギリス側は，それまでと同様，拡張的マクロ政策の目的はデフレ圧力への対処にあると説明した[56]。1954年中頃にかけて上昇をみせた卸売物価指数は10月にかけて安定化していたが，賃金指数は上昇基調にあり失業率も大幅に低下し始めていた（前掲図2-11）。このためフェラスは最終協議で「財政金融政策は，均衡を維持した成長の実現に成功している。スタッフチームとしても，均衡が維持された状況下でイギリス経済の拡張が起きていると感じている」としながらも[57]，「生産要素は逼迫してきており，このことが経済に及ぼす負担については注意を要する」と述べ，とりわけ供給面でのインフレの進行に対し懸念を示した[58]。

インフレに警鐘を鳴らしながらも，前年と同様，国内均衡重視の政策路線に対するスタッフの介入は微温的であった。その背景は何だったのだろうか。ま

---

55) IMF, *Summary Proceedings of the Ninth Annual Meeting of the Board of Governors*, 1954, p. 13.
56) IA, C/U. K./420. 1., Exchange Restrictions Consultations 1954, Minutes of the First Meeting, November 8, 1954, p. 5.
57) フェラスの認識と異なり，11月以降，卸売物価指数は上昇を始めている。ただし，コンサルテーション時にフェラスが知り得たのは10月までの数値であった。
58) IA, C/U. K./420. 1., Exchange Restrictions Consultations 1954, Minutes of the Seventh and Final Meeting, November 29, 1954, p. 1.

ず前年と同様，コンサルテーションの時点ではなお卸売物価指数が安定していたこと，金ドル準備が増加していたこと（前掲図2-10）等，比較的良好なマクロ経済面に対する評価が挙げられよう。他方，ポンドの交換性回復の方途を取り巻く環境の変化もまた影響していたように思われる。前節で分析したように，西欧において為替自由化が進展し国際的にドル不足に改善の兆しが見られたことで戦後過渡期の終了に向けた機運が高まりを見せていた。スタッフたちは「ポンドの交換性回復を達成すれば，然る後，イギリス当局は交換性維持のために対外均衡を維持する必要に迫られ緊縮的マクロ政策にコミットせざるを得なくなるだろう」との見方をしていたのではなかろうか。こうしてイギリスのマクロ経済指標が安定していたことおよびポンドの交換性回復が急がれたことから，マクロ政策の役割をめぐる認識は異なっていたものの，IMFスタッフの介入は微温的なものにとどまった。

コンサルテーションの行われた11月の時点では十分明らかではなかったが，1954年末以降，イギリスの経常収支は少しずつ悪化し始めていた。1954年上期の経常黒字が5億400万ドルだった一方で，下期の黒字は8400万ドルまで減少していた。とりわけドル地域に対する赤字の拡大は顕著で，上期の8000万ドルから下期には1億8000万ドルに拡大していた。こうして引締の遅滞から，1955年に入るとイギリスは経常収支危機に見舞われることになる。

第3章

為替自由化とポンド危機
――マネタリーアプローチと融資政策 1955-57――

1 対英政策の変容――マクロ政策介入の強化

1) ポンド交換性回復計画の保留
ⓐイギリスの国際収支危機

　イギリス当局による国内均衡重視の政策路線は IMF スタッフたちが懸念していたように景気の過熱を招き，1954 年末以降，インフレが高進した。失業率は 1％台という超完全雇用水準で推移し，労賃も大幅に上昇した（図 3-1）。
　こうして，すでに 1954 年下期から悪化し始めていた経常収支は 55 年に入ると急速に悪化しイギリスは経常収支危機に見舞われた。1954 年下期以降，ポンドの公定相場もまた急速に悪化し 1955 年に入るとその水準は当局が相場維持の義務を負う下限である 1 ポンド 2.78 ドル付近で推移するようになった（図 3-2）。さらに，当局の管理が及んでいなかった振替可能相場が低落したため為替平衡勘定による振替可能ポンドの買支えが行われた。この振替可能勘定のポンド市場に対する介入措置は，結果として振替可能勘定のポンドに金ドルとの交換性を付与することになった。当時，この措置は「事実上の交換性回復 (de fact convertibility)」とよばれた。依然として振替可能勘定からアメリカ勘定への振替は制限されていたものの，皮肉にもこの危機対応として講じられた措置よってポンドの交換性回復は前進することになり振替可能相場も一時的に好転した（図 3-2）。

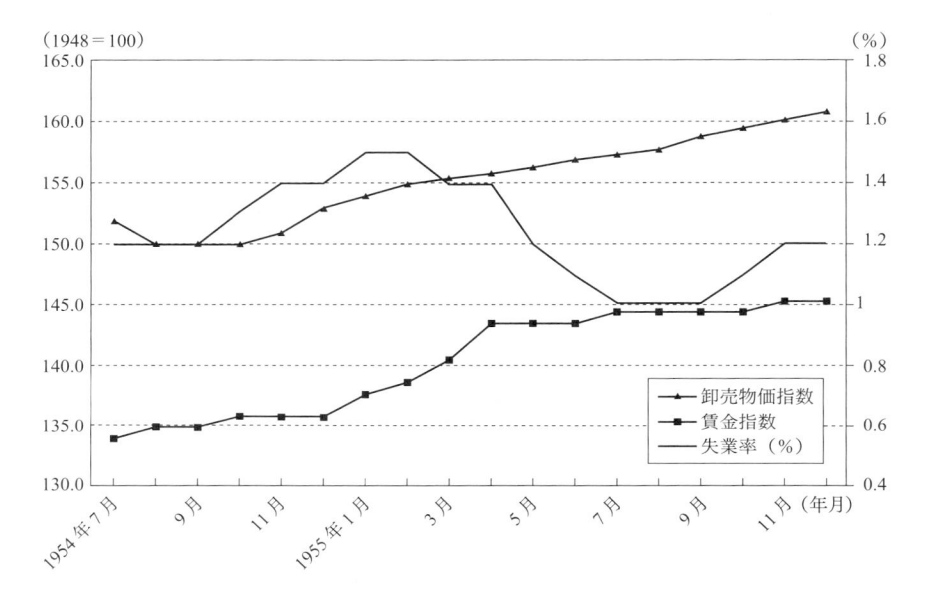

図 3-1 1954-55 年におけるイギリスの卸売物価・賃金・失業率の推移

出所) IMF, *International Financial Statistics*, Vol. 9-10, 1956-57.

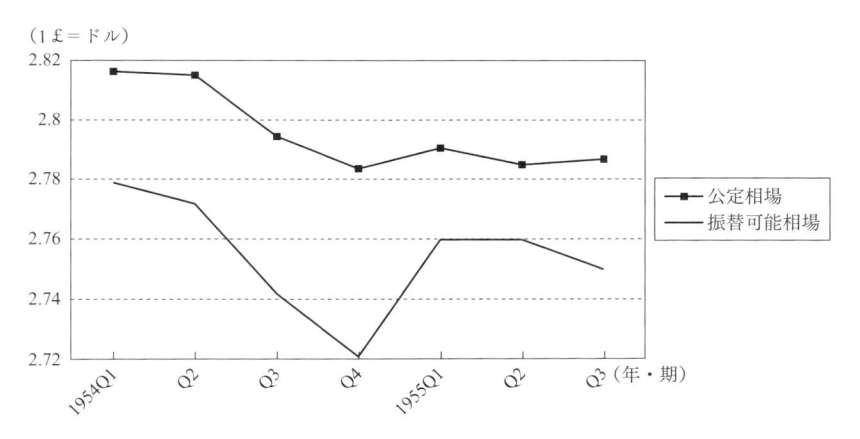

図 3-2 1954-55 年におけるポンドの対ドル相場の推移

出所) IMF, *International Financial Statistics*, Vol. 6-9, 1953-56.

表 3-1　イギリスの財政金融政策年表（1950 年代後半）

日　時	政策手段
1955 年 1 月 27 日	公定歩合引上げ（3 → 3.5％）
2 月 24 日	公定歩合引上げ（3.5 → 4.5％）
2 月 25 日	賦払信用規制の再導入
4 月 19 日	直接税引下げ
6 月 3 日	銀行貸出の量的規制の導入
7 月 26 日	賦払信用規制の強化
7 月 27 日	銀行貸出規制の強化
10 月 27 日	緊縮的補正予算の発表　直接税，間接税の引上げ
1956 年 1 月 13 日	公定歩合引上げ（4.5 → 5.5％）
2 月 18 日	賦払信用の規制強化
3 月 14 日	民間企業の借入規制強化
6 月 27 日	緊縮予算案発表
12 月 5 日	間接税引上げ
1957 年 2 月 7 日	公定歩合引下げ（5.5 → 5％）
4 月 9 日	積極予算案発表　銀行貸出規制の強化
5 月 20 日	賦払信用規制の強化
9 月 19 日	公定歩合引上げ（5 → 7％） 銀行貸出の量的規制及び民間企業の借入規制の強化 公共部門の資本支出抑制

出所）Eckstein et al.（1964），pp. 115-120.

　さらに当局は，公定歩合の引上および賦払信用規制の再導入など一連の金融引締によって経常収支危機への対応を図った（表 3-1）。しかし金融引締はすぐに効果を現さず，経常収支・金ドル準備ともに上期を通して悪化を続けた。このため 6 月にはロンドン手形交換所加盟銀行に対し蔵相から銀行貸出残高の 10％減が指示され，7 月には賦払信用規制および銀行貸出規制が強化されるなど追加的措置が講じられた。また財政面においても，4 月には減税が行われたが 10 月には緊縮的補正予算が組まれた（表 3-1[1]）。深刻な危機に直面し，イギリス当局は国内均衡重視の政策路線から緊縮的マクロ政策に転じるほかなかったのである。

さらに 1955 年中頃, 経常収支危機に加えてイギリスはもうひとつの危機に見舞われた。イギリス当局の共同計画が, ポンドの変動幅拡大を含むものだったことは先に触れた。すでに計画実現の見通しは遠のいていたが, EPU の善後措置を検討するため 6 月に開催された OEEC 理事会の席上でイギリス代表がポンドの交換性回復後における変動幅拡大の可能性に触れたことがリークされた結果,「当局は, ポンドの変動幅拡大に踏み切って改善の兆しを見せない危機に対処するのではないか」とのルーマーが蔓延しポンド投機が発生したのである。

投機は 8 月にかけて激しさを増し, 6 月から 8 月までの 2 カ月間で 2 億ドル以上の準備が失われた。最終的に, 1955 年 9 月に開催された年次総会の場でイギリス代表が「イギリス政府の為替相場政策に疑いを持たれる要素はない。ポンド相場は, これまでもこれからも, 現在も交換性回復後も 1 ポンド = 2.8 ドルである」と強調しルーマーの根絶に臨む事態へと発展した。声明の後, ポンドへの圧力は緩和したが, この事態は依然としてポンドに対する信認が極めて不安定な状態にあることを露呈させた。さらにイギリス代表は「為替制限の早急な廃止は考えていない。〔……〕ポンド交換性回復の期日も未定である」とも述べ, 当面は大幅な自由化が困難であるとの認識を示した[2]。

ⓑ 共同計画の断念と EMA の成立

イギリスの国際収支危機は, 西欧における交換性回復の方途をめぐる議論にも影響を与えた。イギリス当局の主張する「共同計画」の見通しはすでに後退を余儀なくされていたが, そうした状況に国際収支危機が追い打ちをかける格好となったのである。

1955 年に入ると「EPU の硬貨化」に沿った自由化論がますます勢力を増し, 1955 年 7 月には域内における金ドル決済比率を 75％に引き上げることが決ま

---

1) 1955 年度のコンサルテーションでイギリス側は, 4 月の予算における減税の目的は 1, 2 月に金融引締が行われたことを考慮し生産を刺激することにあったと説明した。また 10 月に緊縮的な補正予算が組まれた理由は, 民間投資が予想以上に増加し超過需要が顕在化したためであると説明した。IA, C/U. K./420. 1., Exchange Restrictions Consultations 1955, Minutes of the First Meeting, November 21, 1955, pp. 2-3.

2) IMF, *Summary Proceedings of the Tenth Annual Meeting of the Board of Governors,* 1955, p. 39.

った。さらに EPU 運営理事会では，EPU に続く機構である欧州通貨協定 (European Monetary Agreement; EMA) の合意に向けた協議も始められた[3]。この EMA は 1955 年 8 月に合意され，もって 1950 年代前半から続いてきた交換性回復の方途をめぐる論争はさしあたりの決着をみた。

EPU から EMA への移行の条件は，「EPU におけるクオータの 50 % 以上を有する加盟国が交換性を回復すること」と決められた。50 % という数字に，イギリス (25.5 %)・フランス (12.5 %)・西ドイツ (12 %) の 3 カ国のクオータが占める比率と一致していた。こうした枠組みからも明らかなように，EMA の成立はこれら主要国の共同歩調による通貨の交換性回復を前提とするものだった。カプラン (Jacob Kaplan) とシュライミンガー (Gunther Shleiminger) は，「EMA の調印は，真の意味での共同計画の実現だった」と述べている[4]。

結局のところ，この段階でイギリス側からポンドの交換性回復に向けたスタンドバイ協定の締結が IMF に要請されることはなかった。しかし EMA への移行の条件が示しているように，依然として西欧の為替自由化においてイギリスが枢要な地位を占めていることは明らかであった。実際ドフリースは「欧州諸国による通貨の交換性回復と 8 条国への移行は，つまるところポンドの交換性回復なくして実現し得なかった。そしてこうした共同移行の重要性は，1950 年代後半において欧州諸国の代表たちからルースに対し繰り返し訴えられた」と述べている[5]。

2) 通貨安定重視の政策路線へ

ⓐ対外不均衡をめぐる認識変化——ドル不足から平時の問題へ

では IMF スタッフは，イギリスの危機をどのように認識しどのような方針で為替自由化を追求したのだろうか。次にこの問題を検討する。周知のとおり，協定第 14 条の下で為替管理が許容されていたのは戦後過渡期においては為替管理を維持する「国際収支上の理由」が存在すると考えられたためである。そ

---

3) Kaplan et al. (1989), pp. 210-226.
4) Ibid, p. 162.
5) Horsefield et al. (1969), Vol. 2, p. 274.

して本書で示してきたように，イギリスの場合，この戦後過渡期における「国際収支上の理由」とはドル不足であった。このため IMF スタッフの対英政策を検討するには，まずイギリスの対外不均衡をドル不足との関連で彼らがどのように捉えていたか知る必要がある。

この点は，1955 年 5 月に刊行された『第 6 次為替制限にかんする年次報告書』のなかで示されている[6]。報告の序文においてスタッフは「戦争による破壊と混乱の影響が次第に消えゆくにつれ，14 条国の地位にあるすべての加盟国にとって戦後過渡期の終了がいよいよ近づいている」として，1950 年代前半から引き続いてドル不足問題に改善の兆しがあるとの認識を示した。さらに続けて「もはや国際収支困難に対処する手段としての為替制限の利用はせいぜい一時的なものでしかなく，国内の安定なくして健全な国際収支は達成されえない。IMF は，加盟国が維持する為替制限の多くは一義的に国内のインフレから生じた対外不均衡に対処することを狙ったものであるとの見解を持っている」と述べ，国際収支不均衡はもはやドル不足に起因する問題──戦後過渡期の問題──ではなくむしろ各国のマクロ政策運営の問題──平時の問題──であるとの見解を示した。

さらに 9 月に開催された年次総会の場でも，ルースが「国際経済取引の構造は大幅に改善し，多くの国が自力で支払いを行いうる環境になってきた」と述べドル不足が解消しつつあることに言及した。そしてイギリスについては「多くの国が国際収支を強化してきている一方で，数年にわたり経済の過熱が続いたイギリスは外貨準備の流出に直面している。〔……〕信用を制限するとともに，全体的な政府支出のあり方を見直すべきだ。そうした政策が，来年の国際収支に良好な影響を与えるはずである」とコメントした[7]。このように IMF スタッフにとって，イギリスの国際収支危機はもはやマクロ政策運営によって対処すべき平時の問題となっていたのである。以上を踏まえ，次に 1955 年度コンサルテーションの実態について見ていこう。

---

6) IMF, *Sixth Annual Report on Exchange Restrictions*, 1955, p. 1.
7) IMF, *Summary Proceedings of the Tenth Annual Meeting of the Board of Governors*, 1955, pp. 12-15, 69.

ⓑ緊縮的マクロ政策運営の要求——1955年度コンサルテーション

　11月下旬に始まった1955年度のコンサルテーションでは，1955年夏に発生した危機の性質と対応をめぐって議論が交わされた。フリードマンたちスタッフは，危機は資本収支危機であるとの見解を示すと同時に「最近のポンド相場の安定の背景には，イギリス当局が国内経済情勢の安定化に努めようとしているとの印象が海外のポンド保有者に持たれるようになったことがあるのではないか」として，危機の鎮静化においては「総会での平価維持に向けた声明」だけでなく一連の緊縮的マクロ政策が果たした役割を重視した。一方，イギリス側は，危機の性質については同意したがその鎮静化をめぐっては専ら「声明」の役割を重視する見解を示した。これに対しフリードマンは，「声明後に投機が終わったことは認めるが，海外のポンド保有者の行動にイギリスの経済情勢が与える影響が重要ではないのか」と応じた[8]。スタッフは緊縮的マクロ政策の採用すなわち通貨安定の追求（インフレ抑制）が，総需要の引締およびイギリスの輸出競争力向上を通して経常収支の改善に寄与するだけでなく，海外のポンド保有者の「ポンドに対する信認」を安定化させ，もって資本収支危機を鎮静化させるとみなしたのだった。

　最終協議でフリードマンは，次のように需要とコストの抑制による物価安定の追求を訴えて議論を総括した。「状況を慎重に観察しインフレ抑制策を採ることが重要である。現在の超完全雇用状態では賃金上昇圧力の発生は不可避である。この圧力はイギリスの競争力にとって必ず脅威となるはずだ。〔……〕信用の引締がイギリスの国際収支強化に役立つだろう。通貨安定をイギリス政府が重視するよう強く求める[9]」。1950年代前半までの微温的な介入から一転，スタッフはマクロ政策の引締圧力を強めたのである。

　続いて，為替自由化策についても議論が行われた。二度にわたる国際収支危機に見舞われたとはいえ，先に述べたようにイギリスの為替自由化が多角的決

---

8) IA, C/U. K./420. 1., Exchange Restrictions Consultations 1955, Minutes of the First Meeting, November 21, 1955, pp. 2-4.
9) IA, C/U. K./420. 1., Exchange Restrictions Consultations 1955, Minutes of the Sixth Meeting, December 7, 1955, p. 5.

済体制の樹立において枢要な地位を占めていることに変わりはなかった。まずポンド交換性回復の方途にかんする議論でIMFスタッフは，1955年2月，経常収支危機のさなかに実現した為替平衡勘定による振替可能勘定のポンド市場への介入措置すなわち「事実上の交換性回復」とよばれた措置の持つ意義に関心を寄せた[10]。フリードマンは，「ポンドの交換性の停止が，これまで他国が差別的措置を維持する要因になってきたと認識している。しかし『事実上の交換性回復』によって，硬貨と軟貨との差異は消滅してきているように思われる」との見解を示した。彼は，ポンドの交換性はほとんど回復されておりそれにより差別的措置の正当性も失われつつあるとの見方を示したのである。

これに対しイギリス側は「ポンドが事実上交換性を回復したというのは事実の半面に過ぎない。海外の自由市場の一部ではポンドを対価にドルを購入することができるようになったが，実際の取引はそれほど簡単ではない。〔……〕依然としてポンドは交換性を回復しておらず，協定第8条の義務を受け入れることはできない」と回答し，フリードマンの見方に反論した。こうした回答の背後には，「事実上の交換性回復」を契機にIMFが差別的措置の廃止に乗り出すことへのイギリス側の懸念が窺える。

さらにイギリス側は「仮に他の加盟国が差別的措置の廃止を強要されれば，各国はポンド売りドル買いによって金ドル準備の積み増しに走るかもしれない。そうなれば，ポンドの自由市場で生じる圧力は相当なものになる。現在の状況下で，IMFが金ドル準備の増加のペースを上回る速度でドル差別を廃止するよう加盟国に要求することは正当化されないのではないか」と述べた。イギリス側は，IMFが急速な為替自由化に乗り出せば自由市場でのポンド売りが進むとしてスタッフを牽制した。最終的にフリードマンは「イギリス当局が，加盟国全体の交換性回復にアプローチするIMFの取り組みにおいてポンドが枢要な地位を占めていることを理解し，交換性回復に向けてさらに前進していくものと信ずる」と勧告し議論を締め括った[11]。

---

10) IA, C/U.K./420.1., Exchange Restrictions Consultations 1955, Minutes of the First Meeting, November 21, 1955, pp. 2-6.
11) IA, Staff Memoranda 56/17., 1955 Consultations-United Kingdom, February 7, 1956, p. 19.

第3章　為替自由化とポンド危機　121

　続いてドル差別の廃止をめぐる議論が行われたが，IMF スタッフはドル差別を廃止することは難しいとのイギリス側の消極的な姿勢に直面した。イギリス側は「これまで欧州に対する自由化についてより速いスピードで前進してきた結果，差別的な性格の制限が生まれてしまった。イギリスはそうした制限の廃止に努力しており，差別的措置の解決に心を配っている。すでに自由化した貿易制限について再強化しようとは思っていない」と説明した。そしてドル地域に対する輸入制限を廃止すれば商品の輸入源がドル地域にシフトし輸入が増加する危険があると述べ，差別の廃止に抵抗した[12]。

　1954 年から 55 年にかけ，イギリスのドル差別は若干拡大していた（対 OEEC 自由化率：83 → 92％，対ドル地域自由化率：49 → 56％）。これに対し，フリードマンは「国内政策の成功によって 1956 年上期に経常収支は改善すると思われ，年央から差別の廃止に向けた前進が再開するはずである。〔……〕ポンドへの信認およびイギリスの金ドル準備は強化され，このことが早急な為替自由化への前進を正当化するだろう」との考えを持っていた[13]。フリードマンは，対外情勢が改善し次第，為替自由化に着手するよう強調して議論を締め括った[14]。

　1956 年に入ると，イギリス当局は公定歩合の引上と信用制限など追加的な緊縮的マクロ政策を採用した（前掲表 3-1）。そしてフリードマンの予想通り，1955 年に約 1 億 5000 万ドル近い赤字だった経常収支は 56 年上期において 4 億 5000 万ドルの黒字へと回復しドル地域に対する経常収支赤字も大幅に縮小した（表 3-2）。さらに 1955 年末まで減少を続けた金ドル準備も 56 年に入ると増加に転じ，1 月から 7 月にかけ 2 億ドル以上増加した。

　1956 年 5 月に刊行された『第 7 次為替制限にかんする年次報告書』において IMF スタッフは「IMF は，3 年続けて国際的な為替自由化の進展を記録す

---

12) IA, C/U. K./420. 1., Exchange Restrictions Consultations 1955, Minutes of the Fourth Meeting, November 24, 1955, pp. 3-7.
13) IA, C/U. K./420. 1., Exchange Restrictions Consultations 1955, Notes for Final Meeting, December 3, 1955, p. 8.
14) IA, C/U. K./420. 1., Exchange Restrictions Consultations 1955, Minutes of the Sixth Meeting, December 7, 1955, p. 6.

表 3-2　1950年代後半におけるイギリスの経常収支の推移
(単位：100万ドル)

年	1955	1956	1957
全　体	−148	829	932
対ドル地域	−792	−64	−252

出所) IMF, *Balance of Payments Yearbook*, Vol. 9-10, 1957-58.

ることができる。このような為替自由化の進展は，現状ならびに予見し得る将来において対外的な困難に対処していくためには為替制限に依存するよりむしろ金融面および財政面の手法を用いる方が自らにとって有益であると多くの加盟国が確信し始めていることを反映している」と述べ，対外不均衡の是正をめぐるマクロ政策の役割を強調した[15]。こうした認識の下で，対英政策もまた「国内均衡重視の政策路線に対する微温的介入」から「緊縮的マクロ政策を通してインフレ抑制と対外均衡を回復し，もって為替自由化を実行する」という論理にもとづく方針へと変化したのであった。

ⓒマネタリーアプローチの登場

なお1950年代後半において，IMF内部では「マネタリーアプローチ」とよばれる国際収支調整理論が考案されていた。マネタリーアプローチは，1955年以降，調査局のポラックによって構想され1957年に発表されたモデルであり国際収支の調整においてとりわけ国内信用の管理を重視する理論である。

ポラックが考案したマネタリーアプローチは，次の2本の式でマクロ経済における資金循環を表現する[16]。① $Y(t) = Y(t-1) + \Delta D(t) + X(t) - M(t)$，② $M(t) = mY(t-1)$。なお，Y＝国民所得の貨幣価値，D＝国内信用，X＝輸出の貨幣価値，M＝輸入の貨幣価値，m＝限界輸入性向，t＝期を表す変数，YとMは内生値，DとXは外生値である。ここで仮に輸出を一定とすれば，国内信用の増加は今期の国民所得の増加を招き（①式），この今期の国民所得の増

---

15) IMF, *Seventh Annual Report on Exchange Restrictions*, 1956, pp. 10-11.
16) ポラックは，1998年の論文では非金融部門の資本収支と外貨準備増減を組み込み次の4本の式でモデルを表現している。①$\Delta MO = k\Delta Y$（k＝貨幣の流通速度の逆数），②$M = mY$，③$\Delta MO = \Delta R + \Delta D$（R＝外貨準備），④$\Delta R = X - M + K$（K＝非銀行部門の純資本流入）。Polak (1998).

加は次期の輸入の増加につながって経常収支の悪化を惹起することになる（②式[17]）。

　こうして「経常収支を改善するには，財政金融の引締を通して国内信用の増加を抑制せよ」，というマネタリーアプローチの政策的含意が導かれる。なお後にポラックは，国内信用の増加が国民所得の増加を通して経常収支の悪化を惹起する過程には，限界消費性向，限界投資性向，限界輸入性向の3つを統合した「限界総支出性向」をベースとした乗数効果が作用していると述べ，らのモデルを「ケインズ主義的（Keynesian）」で「進化的（evolutionary）」なマネタリーアプローチと評している。

　同時代には，シカゴ学派のジョンソン（Harry Gordon Johnson）によって同じく国内信用の増加によって国際収支の持続的赤字を説明する「マネタリーアプローチ」が考案されていた[18]。ちなみにジョンソンのモデルは，国際収支を居住者の非居住者に対する支払差額として，すなわちB＝R－Pと把握する。ここで，Bは支払差額，Rは受取総額，Pは支払総額である。国際収支赤字は対外支払超過（B＜0）を意味するが，対外支払は「居住者の保有する国内貨幣が公的外貨と交換され，居住者の獲得した外貨が財と引き換えに海外に流出する」というプロセスを通して行われる。このため国際収支赤字とは外貨の流出超過と同義であり，公的外貨が手元現金より豊富であれば居住者の手元現金が「社会的に必要とされる最低水準」に達するまで持続可能である。現実問題として当局が赤字の持続を放置するわけではないが，手元現金の減少は，利子率の上昇，信用の収縮，対外支払の減少を通し「自己是正的」に対外不均衡を解消するかもしれない。また当局が国内信用を増加させて居住者の手元現金を補完しマネーサプライの水準を維持すれば，公的外貨が底をつくまで対外支払超過＝国際収支赤字は持続可能となる。ジョンソン自身，「国際収支困難は貨幣的現象である」と述べているように，ポラックもまたジョンソンのアプローチはマネタリストのモデルであるとして自らのモデルと区別している[19]。

---

17) Polak (1957).
18) Johnson (1958), pp. 153-168.
19) Polak (2004), p. 229.

ポラックのマネタリーアプローチは,「国際収支の問題をマクロ経済政策によって調整する」というアブソープションアプローチの考え方を引き継ぎながらも国民所得や経常収支の形成過程を通貨要因と信用要因と関連づけて示すことで,国際収支の調整手段をより具体的に提示したものであったといえる。そしてその枠組みは比較的単純だが,マネタリーアプローチはIMF支援プログラムの一環である「フィナンシャルプログラミング」の理論的な基礎として現代に至るまで維持され続けている[20]。

　通貨・信用面が意識された背景についてドフリースは,1930年代以来,財政政策が景気調節の手段として中心となっていたものの,1950年代に入り主要各国ではインフレ抑制の手段として金利政策や信用管理が活用されるようになったとの事情に触れている。そしてこうした戦後の「金融政策の復活」という流れのなかでIMFスタッフが加盟国のマクロ経済管理と国際収支問題への対応において金融面の指標を重視するようになり,とりわけ国内信用に天井を設定する方式を採用するようになったと説明している[21]。またポラック自身は,① 依然として国民所得統計が完全に整っている国の少なかった戦後間もない時期においては銀行部門と貿易関連の統計データのみが一般的に利用可能であったという事情,② 国内信用は政策的に管理しやすい指標であったという事情を挙げている。さらにこのモデルが現代に至るまで継承されてきたことについては,モデルが単純であるがゆえに多様なケースに対して適用可能であったことをその理由として分析している[22]。

　先に触れたように,コンサルテーションの総括においてフリードマンは対外均衡の達成をめぐる方策として信用制限の役割を強調した。このことは,1950年代後半以降,IMF内部においてマネタリーアプローチへの展開が進められていたことを反映しているといえよう。一方イギリス当局は,とりわけ長期投資に対する銀行信用が実質貯蓄の裏付けを伴わない過剰投資を生み出すことを

---

20) IMF (1987).
21) ドフリースは,国内信用に対するシーリングの設定はとりわけ中南米諸国へのミッションにおいて活用されたとしている。De Vries (1987), pp. 24-29.
22) Polak (2004), pp. 210-211.

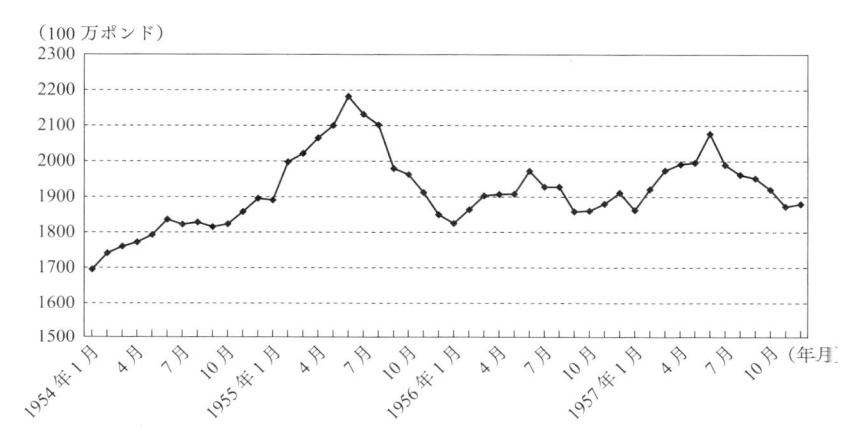

図 3-3 1950 年代後半におけるロンドン手形交換所加盟銀行による貸出の推移
出所）Central Statistical Office, *Monthly Digest of Statistics*, H.M.S.O., No. 121-145, 1956 Jan.-58 Jan.

問題視していた。しかし銀行信用は拡大傾向にあり，1950 年代後半を通し信用拡大と直接規制が繰り返される格好となった（図3-3）。

3）戦後過渡期の終了をめぐる諸論点

　ここまで見てきたように，1950 年代後半に入ると対英コンサルテーションではポンド交換性回復の見通しやドル差別の廃止が本格的に俎上に載せられるようになった。実際，IMF 内部では，1955 年から 56 年にかけ，①加盟国の 8 条国移行の条件，および②加盟国の差別的措置の廃止をめぐる IMF としての方針について検討が行われていた。イギリスは国際収支危機に見舞われていたが，IMF スタッフたちにとって，「戦後過渡期の終了」は現実味を増しつつあったのである。

ⓐIMF8 条国への移行条件

　ドフリースが「IMF の設立当初から，加盟国は協定第 8 条の下よりもはるかに大幅な為替管理を協定第 14 条の下では許容されるとの認識は存在したが，その程度については明確な定義がなかった」と述べているように，8 条国への移行をめぐっては必ずしも実際的な手続きが存在するわけではなかった。この

問題について，スタッフはすでに1954年末から検討を始めていた。1954年10月に作成されたメモでは，加盟国の8条国移行をめぐる論点として4つの問題が提示された[23]。① 具体的にどのような条件がそろった段階で，加盟国を8条国に移行させるべきか。② 加盟国が8条国に移行した後，IMFはどのような政策対応を行うか。③ 8条国に対し為替制限を認める場合は，その手順をどのように設定するか。④ 協定第8条の義務が広範に受け入れられるようになった場合，IMFの為替制限にかんする政策はどのような影響を受けるか。

これらの論点について議論した理事会では，理事たちから次のような提案が行われた[24]。① 為替制限の扱いをめぐるIMFの行動に一種の「コード」を設けてはどうか。② 8条国への移行は完全に交換性を回復するまで留保されるべきである，③ 加盟国の8条国移行に先立ち一時的なものであれば制限の導入・維持を認める保証を当該加盟国に与えてはどうか（prior approval requirement）。もちろんこの制限は速やかに修正されることを前提とする。

スタッフたちが8条国移行にかんする方針案を作成したのは，1955年5月のことだった。「協定第8条と第14条について」と題するメモで，スタッフは理事会に次のような勧告を実施した[25]。① 加盟国は，差別的措置を含む為替制限の主要な部分を廃止した後で14条国の地位を終了すべきである。残存制限については，8条国に移行後，合意された「猶予期間」を設定しその間に廃止を進める。② すべての加盟国が，一挙的に8条国へ移行することは望ましくない。あくまで移行は，個別的に行われるべきである。十把ひとからげに8条国に移行するようなことになれば，「8条国」というステータスの意義そのものが失われてしまう。③ 事前承認制については，承認の手順など実際的な運用においてなお検討すべき点が残されており即時の採用は難しい。

この勧告を受けた6月の理事会では，理事たちがスタッフの勧告案を概ね支持し最終的に次のような方針を決定した[26]。① 準備の整った国から個別的に8

---

23) IA, Staff Memoranda 54/107., Article VIII and Article XIV- Policy Aspect, October 21, 1954.
24) IA, Exchange and Trade Relations Department Immediate Office/ ETRAI Director Friedman Subject Files, Fund Studies and Discussions on Convertibility Problems during the 1954-55 Period, November 12, 1958.
25) IA, Staff Memoranda 55/35., Article VIII and Article XIV, May 24, 1955.

条国へ移行することが望ましい。② 猶予期間は 8 条国に移行した後ではなく 8 条国への移行を宣言してから実際に移行するまでの間に設定された方がよい，すなわち 8 条国に移行してからではなく 14 条国の地位にある状態で設定されるべきである。③ 事前承認制については，「為替制限の導入は一時的にしか認められない旨」制限を導入しようとしている加盟国に同意させておくだけで十分である。

なおこの理事会では，スタッフに対しイギリス理事のアルクール（Viscount Harcourt）から 8 条国への移行にあたり協定第 6 条 3 項との関連で資本管理の扱いはどのように考えるべきかとの新たな論点が提示されることになった。IMF 協定は，その第 6 条 3 項で「加盟国は，資本移動の規制に必要な管理を実施することができる。ただし如何なる加盟国も協定第 7 条 3 項(b)（稀少通貨条項にもとづく為替管理が認められる場合）および第 14 条 2 項（過渡期条項に維持が認められる場合）に定める場合を除き，経常取引のための支払を制限しまたは決済上の資金移動を不当に遅延させるような方法でこの管理を実施してはならない」と規定し，条件つきとはいえ資本移動に対する規制を認めていた。ここで問題とされたのは，経常取引に係る資金移動と資本取引に係る資金移動との区別をすることが実務的に難しい場合があるということだった。

1956 年 2 月，スタッフは 8 条国の資本管理に対する IMF の指針について次のような提案を行った[27]。原則として資本管理は経常取引への管理を含まないよう実施されるべきだが，それが技術的に困難でまた経常取引への影響が小さい場合，IMF は加盟国がそれらの管理を維持することに好意的な姿勢で臨む。4 月に開催された理事会では，多くの理事がこのスタッフの提案を総論として支持した[28]。

なおこの理事会では一部の理事から，協定上は資本管理が認められるとしてもそうした管理が複数通貨措置や差別的措置といった協定第 8 条の義務に抵触

---

26) IA, Executive Board Minutes 55/37., Article VIII and Article XIV, June 8, 1955. IA, Executive Board Minutes 55/38., Article VIII and Article XIV, June 8, 1955.
27) IA, Staff Memoranda 56/15., Controls on Capital Transfers, February 8, 1956.
28) IA, Executive Board Minutes 56/24., Controls on Capital Transfers, April 6, 1956.

128

する為替管理の形式をとることの是非について問題提起が行われた。最終的にこの問題は，IMF 協定の法的な解釈に判断を下す「解釈委員会（Committee on Interpretation）」に諮られることになった。委員会の理事会に対する報告は，7月になって示された[29]。この報告では「加盟国は，他国への差別的措置も含め必要と思われる管理を自由に実施することができる」との方針が示されるとともに，「資本管理のために実施される複数通貨措置については第8条3項との関係で IMF の事前承認が必要かどうかについて継続して審議すべきである」との提案が行われた。理事会はこの委員会の勧告案を承認した[30]。

ⓑ 差別的措置の廃止

さらに 1950 年代後半に入ると，IMF 内部では加盟国の採用する差別的措置の廃止についても関心が高まった。1955 年 6 月，すでに IMF 理事会は加盟国に双務協定の廃止を求めてゆくとの方針を決定していた[31]。しかしドフリースが「欧州諸国によるドル差別が，1950 年代中頃においてとりわけアメリカ・カナダの理事たちにとって関心事となっていた」と述べているように[32]，差別的措置の廃止をめぐる具体的な論点は欧州諸国の採用するドル地域に対する差別的措置＝ドル差別の正当性如何であった。

実際 1955 年 1 月から 9 月にかけ，主要国の外貨準備はアメリカとカナダを合わせて 5700 万ドルの減少，大陸欧州諸国は 11 億 4600 万ドルの増加，イギリスは 3 億 7000 万ドルの減少という推移を見せていた。イギリスを除く欧州諸国は，もちろん総体としてではあるが大幅に金ドル準備を積み増していた。

1955 年 9 月，為替制限局のスタッフたちは 14 条国の採用する差別的措置の実態にかんするメモを作成した。このなかでスタッフは「国際収支と外貨準備の観点から各国の差別的措置が『どの程度』過剰であるか判断することは難しい」としながらも，いっそうの差別の低減が可能であるとの見解を示した[33]。11 月の理事会では，多くの理事がこの見解を支持するとともにスタッフにさ

---

29) IA, Executive Board Documents 56/71., Report No. 7- Controls on Capital Transfers, July 11, 1956.
30) IA, Executive Board Minutes 56/39., Controls on Capital Transfers, July 25, 1956.
31) IA, Executive Board Minutes 55/42., Bilateralism and Convertibility, June 22, 1955, pp. 2-3.
32) Horsefield et al. (1969), Vol. 2, p. 275.

らなる検討を行うよう要請した[34]。

その後，1956年2月にかけスタッフは加盟国の差別的措置の実態とその正当性について三本のメモを作成した。一連の検討はおおよそすべての加盟国を射程に収めていたが，上述の経緯からとりわけ関心は欧州諸国の維持するドル差別に向けられた。

第一のメモ「近年における国際支払状況の変化」においてスタッフは「ドル差別を維持している国々とりわけ大陸欧州諸国は，強力な国際収支と良好な外貨準備ポジションを維持している」と述べ，欧州諸国によるドル差別の正当性に疑問を投げかけた。さらに「欧州諸国は，欧州の紐帯ないしOEECの主導する域内自由化政策の存在によってドル地域に対し強力な差別を維持する誘因を与えられているようである」と論じ，ドル差別の原因として「欧州の紐帯」およびOEECによる域内自由化政策の存在を指摘した。

前者についてスタッフは「国際収支を悪化させているイギリスとの共同歩調を望まなければ，欧州の一部の国はいっそうの為替自由化を進められるだろう」として，イギリスの存在が「欧州の紐帯」を重視する欧州諸国の為替自由化においてボトルネックになっており，そのことがドル差別に帰結していると分析した[35]。他方，後者の「OEECの域内自由化政策」についてだが，具体的にはEPUのあり方がドル差別につながっているとみなされた。すでに本書でも示したように，欧州域内の多角的決済を担うEPUの存在は域内の貿易自由化を支える機構であった。しかしドフリースの説明を引用すると「EPUの決済方法には問題があった。域内の赤字国に対する信用供与を通した決済が行われるために，域内の黒字国は黒字額と同額の金ドルをEPUから受け取ることができず，このためにドル地域に対する為替管理を緩和することができなかった」一方で「域内赤字国でありながらドル地域に対して黒字を計上している国々は，ドル地域から獲得したドルを域内決済に充当していた。しかしこれら

---

33) IA, Staff Memoranda 55/68., Survey of Present Discriminatory Practices in Countries Having Resources to Article XIV, September 12, 1955, pp. 5-8.

34) IA, Executive Board Minutes 55/58., General Survey of Discrimination, November 14, 1955.

35) IA, Staff Memoranda 56/16., Recent Developments in the World Payments Situation, February 16, 1956, pp. 6-11.

の国は，奇妙なことに赤字を計上している域内諸国に対してより黒字を計上しているドル地域に対しより厳しい為替管理を課していた」のであった[36]。

続いて第二のメモ「現在の差別的措置にかんする調査」においても，スタッフは，差別的措置の形態として，関税等の貿易障壁，外貨割当を通した輸入数量管理，双務協定の存在に加え「地域的協定（Regional Arrangements）」の存在に言及した。そして，「国際収支・外貨準備面で改善が続いているにもかかわらず依然としてさまざまな形で差別的措置が維持されており，IMFが加盟国にさらなる差別の縮小を要求することは正当化される」との結論を示した[37]。また第三のメモ「国際支払・決済手段にかんする近年の変化」でスタッフは，各国通貨の「支払手段としての通用可能性」の高低を「硬貨性（Hardness）／軟貨性（Softness）」という概念によって分析し，そうした観点から各国の差別的措置の正当性に検討を加えた。ここでもスタッフは，欧州諸通貨とドルとの「硬貨性」の差は縮小してきているとの見解を示しこの「硬貨性」の差に見合った水準までいっそう差別の縮小がなされるべきであると結論付けた[38]。

1956年3月，IMF理事会はスタッフのメモをとりあげ差別的措置についてIMFの採るべき方針を議論した[39]。争点となったのは，EPUの扱いであった。アメリカ理事のサザードとカナダ理事のラズミンスキー（Louis Rasminsky）は，欧州諸国が対ドル差別圏を形成しているとして次のような批判を展開した。①ドル不足が解消しつつあるなかで，もはやドル差別の維持は正当化されないのではないか。②ドル不足が深刻な時期においてEPUが欧州域内の貿易自由化

---

36) Horsefield et al. (1969), Vol. 2, pp. 275-276.
37) IA, Staff Memoranda 56/21., Survey of Present Discriminatory Practices, February 23, 1956, pp. 6-10.
38) IA, Staff Memoranda 56/22., Recent Developments Affecting International Means of Payment and Settlement, February 24, 1956, pp. 5-15.
39) IA, Executive Board Minutes 56/16., World Payments Situation and Discrimination March 12, 1956. IA, Executive Board Minutes 56/17., World Payments Situation and Discrimination March 12, 1956. IA, Executive Board Minutes 56/18., World Payments Situation and Discrimination March 14, 1956. IA, Executive Board Minutes 56/19., World Payments Situation and Discrimination March 15, 1956. IA, Executive Board Minutes 56/20., World Payments Situation and Discrimination March 16, 1956.

に果たした役割は認めるが，状況が変わった現在においてもなお EPU は必要なのか。EPU のような為替自由化に向けた地域主義的アプローチが，より国際的レベルで多角的決済体制を樹立するための手段ではなくそれ自体が目的と化していないか。③ イギリスを置き去りにしてでも，為替自由化に進むことはできないのか。

これに対し西ドイツのエミンガー（Otmar Emminger）やフランスのドラルジャンタイ（Jean de Largentaye）ら欧州の理事は，次のように述べ上記地域の理事たちからの批判に応じた。① さらなる為替自由化は必要でありまた大陸諸国の対外経済情勢が好調なのは事実であるが，今後の見通しには不確実性が残っている。② EPU の最終目標は地域的な枠を超えた国際的なレベルでの多角的決済体制を樹立することにあり，その目標は IMF の目指すところと一致する。③ 為替自由化の方途をめぐる「欧州の紐帯」についても理解してほしい。

結局，双方の議論は平行線を辿ったが，最終的にスタッフメモの結論——IMF が加盟国にさらなる差別の縮小を要求することは正当化されるとの主張——を総論として支持することが決定された。為替管理の廃止において，加盟国の側に自助努力を求めてゆく方針が明確に打ち出されたのであった。こうして 8 条国移行の条件およびより広義に為替制限をめぐって IMF の採るべき大枠の方針が定まった。

本節で示してきたように，ドル不足の問題が縮小し戦後過渡期の終了に向けた条件が整ってゆくなか，IMF は主要国の為替自由化をめぐる論点の解消に取り組んだ。加盟国の 8 条国移行をめぐる条件の検討を進めると同時にドル差別の問題と関連付けて OEEC と EPU のあり方を問題にし，これら機構の多角的決済体制への統合を俎上に載せた。こうした状況のなか，IMF が目的を達するうえで枢要な地位を占めたのは引き続きイギリスであった。すでに二度にわたる国際収支危機に見舞われたイギリスは，共同計画を断念し交換性回復をめぐる欧州諸国との共同歩調と EMA への移行に合意していた。そして，ルースたちの構想した「対英スタンドバイ協定計画」もまた棚上げを余儀なくされていた。

ところがイギリスと欧州諸国が共同歩調をとるということは，すなわちイギ

リスの状況如何が西欧全体の為替自由化の帰趨を規定するということを意味した。折しも1950年代後半を通し西欧諸国の金ドル準備が比較的順調に推移する一方，イギリスのそれは不安定かつ減少傾向にあり（図3-4，図3-5），そのことが西欧の為替自由化に向けた隘路となっていた。IMFスタッフたちにとって，ポンドの交換性回復は多角的決済体制の樹立における橋頭堡であり続けたわけである。

こうしたなかでIMFスタッフたちがとった対英政策は，緊縮的マクロ政策を通した国際収支危機への対応と為替自由化の推進を要求する内容だった。「インフレと経常収支不均衡には緊縮的マクロ政策で対処せよ」という予てからの方針が要求される一方，ドル不足が解消に向かうなかで為替自由化をめぐる国際政策協調の必要性は後景に退き自由化をめぐる自助努力が求められるようになったわけである。

こうしたIMFの考え方については，1956年9月の年次総会においてルースによって次のように説明された。彼は「国際収支困難は，もはや財政政策および信用政策によって対処することのできる平時の問題にすぎないということに各国は気がついている。〔……〕為替管理そして差別的措置の廃止には，結局のところ通貨の交換性回復が必要になる。この意味で，2つの主要な準備通貨のうちのひとつであるポンドの交換性回復は，戦略上，重要である」と述べ多角的決済体制の樹立を展望した[40]。総会後の10月，ルースは専務理事を退任したが戦後過渡期の終了は目前に迫っているかに見えた。

2　ポンドの危機とIMF——国際通貨システムの安定をめぐる挑戦

1956年に入り，ようやくイギリス経済は経常収支危機を脱したもののこの安定は長く続かなかった。1956年末と1957年夏，イギリス経済は二度にわたりポンド投機にもとづく深刻な外貨危機に見舞われたのだった。戦後過渡期の

---

[40] IMF, *Summary Proceedings of the Eleventh Annual Meeting of the Board of Governors*, 1956, pp. 13-18.

（100万ドル）

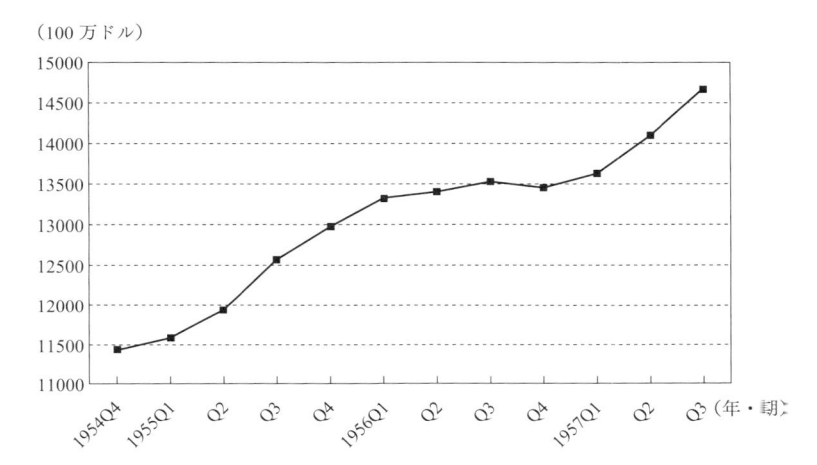

図 3-4 1950年代後半における大陸欧州諸国の金および外貨準備の推移
出所）IMF, *International Financial Statistics*, Vol. 8-11, 1955-58.

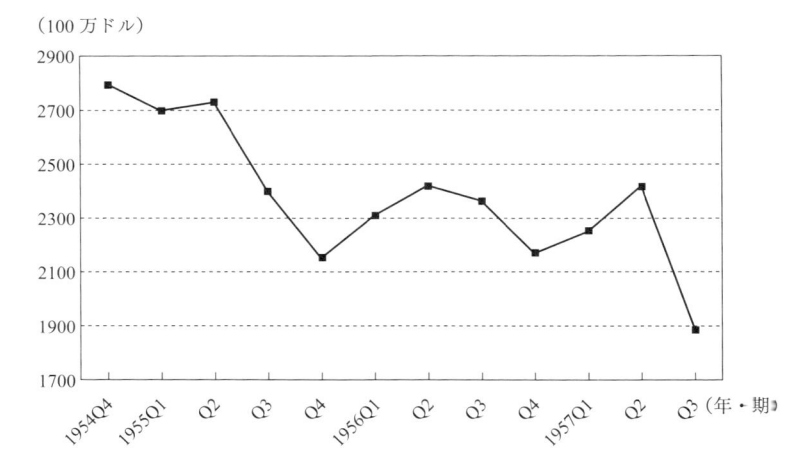

（100万ドル）

図 3-5 1950年代後半におけるイギリスの金および外貨準備の推移
出所）IMF, *International Financial Statistics*, Vol. 8-11, 1955-58.

終了を目前に，IMF スタッフたちは再びイギリスの問題への対応を迫られた。彼らは緊縮的マクロ政策へのコミットという方針を維持しつつ，イギリスが為替管理の強化に訴えることを懸念し大規模な対英融資の供与等を通し危機の鎮静化を図った。本節では，こうしたいわば「危機管理者」としての IMF の対応について明らかにする。

1) スエズ危機
ⓐ対英融資交渉

1956 年下期以降，イギリスはスエズ動乱の影響で深刻な外貨危機に見舞われた。1956 年 7 月末，折しも中東で台頭していたアラブ民族主義の流れに乗ったエジプトのナセル大統領（Gamal Abdel Nasser）はスエズ運河の国有化を宣言した。運河の所有権を有するイギリスは即座にエジプトのポンド残高および在英資産の凍結を発表し，9 月にはフランスとともにエジプトのスエズ国有化を非難する訴えを国連に起こすなど強硬策に踏み切った。そして 10 月末，イスラエルがエジプトに対し軍事侵攻を開始するとイギリスもまたフランスとともにエジプトに侵攻し，エジプトはスエズ運河の閉鎖という報復措置によってこれに対抗した。

戦況は一貫して連合軍優勢のままに推移したが，エジプトに対する金融制裁はポンド保有者のイギリス当局に対する不信感を惹起し，軍事侵攻はアメリカ政府の強い反発を招いた。膨大な石油資源やスエズ運河の存在に示されるように，冷戦体制下にあって戦略的な要衝であったアラブ地域の抵抗を招くような行動はアメリカにとって容認しがたい出来事だったのである。予てよりイギリス大蔵省やイングランド銀行を中心に懸念されていたことではあったが，イギリスに対する国際的な反感はリーズアンドラグズなどの手法による大規模なポンド投機へと発展した。アメリカでは連銀までもがポンド投機を行ってイギリス政府に撤兵圧力をかける有様であり[41]，イギリス大蔵省は振替可能相場の買支え幅の引下げを余儀なくされイングランド銀行は公定相場の維持に苦闘した。

---

41) Grabbe (1996), p. 15.

経常収支は黒字であったにもかかわらず，イギリスは10月末までに3億ドル以上の金ドルを喪失するに至った。

しかしアメリカはイギリスに対し「スエズから撤退しない限り金融支援を全面的に停止する」と圧力をかけ，直接的な支援のみならずそのIMF資金の利用をも阻害しようとした。国連もまた緊急総会を招集し，エジプトによる運河国有化の正当性を認める声明を発表するとともに連合軍に対し停戦を求める決議を採択した。こうした国際社会からの政治経済的な圧力を受け，イギリス当局は「投機の資金源となるポンドの対外信用を禁止することがせいぜい」という状況まで追い詰められてしまった。結局，イギリス政府は軍事侵攻からおよそ1週間後の11月6日に停戦を受諾し12月3日には無条件撤兵に応じた。このスエズ危機の結果，7月から11月にかけてのたった4カ月間で4億ドル以上の金ドル準備がイギリスから流出した（前掲図3-5）。ボートン（James Boughton）が指摘するように，スエズ危機は明確に資本収支危機の様相を呈していた[42]。

イギリスの無条件撤兵によって動乱の収束に目途が立つと，速やかにポンド危機への対応が始まった。アメリカ政府は一転して危機の収束に協力的な姿勢へ転じ，財務長官のハンフレー（George Humphrey）はIMFのアメリカ理事であるサザードに惜しみない対英支援に応じるよう指示した。戦中から戦後にかけて内部対抗を含みながら推移してきたアメリカの対外金融政策は，この頃になると西欧の為替自由化を急ぐという点では利害を一にしていた。政治的な利害からイギリスの軍事侵攻に反発していたものの，アメリカとしてはポンド危機が国際通貨システムの動揺に発展する事態もまた回避しなくてはならなかったのである。

12月4日，イギリスでは蔵相のマクミラン（Maurice Harold Macmillan）が議会でスピーチを行い，為替管理の強化を否定するとともに金ドル準備を増強すべくIMFに依存する方針を示した。「ポンド投機に対する我々の方針は，次のように明確である。第一に，ポンドの現行相場は維持する。そしてこのために

---

42) Boughton (1997), p. 12.

外貨準備の補強と国内経済の強化が必要である。第二に，イギリス経済が輸出に依存していることからも明らかなように工業生産を維持するために全力をあげなくてはならない。第三に，国際貿易を維持ないしできる限り増加させるよう努めねばならない。我々は世界中のいかなる国よりも国際貿易に依存している。その他の国は別としても我々が輸入管理に訴えることは間違いである。さて，外貨準備を増強するための具体的な方策に話を戻そう。これについてはIMF 資金の利用がありうる。加盟国は IMF にクオータを有しており，イギリスのそれは 13 億ドルである。もちろん，全額が必要に応じて自由に使えるわけではない。13 億ドルはいくつかのトランシェに分かれていて，それぞれに異なる条件が課されている。この一部について，すぐにでも引出を要請するつもりである」。

　さらに続けてマクミランは，緊縮的マクロ政策へのコミットについても次のように明言した。「外貨準備を動員するだけでは不十分であり，我々の国内経済を強化する必要がある。インフレ傾向を抑制する政策は，かなりの成功を収めてきている。しかし，中東からの石油供給の停止やスエズ運河の危機によって生じた混乱は国際収支に新たな圧迫を加えることだろう。このため，国内需要を抑制しなくてはならない。第一に，銀行およびその他の信用制限が厳格に維持されなくてはならず必要とあらば強化されねばならない。賦払信用規制は継続されるだろう。資本発行委員会による監督も緩和されることはまったくありえない。さらに銀行およびすべての金融機関に対し，信用供与を制限するよう依頼している。以上が信用政策である。次に財政措置についてだが，現時点で今年度予算の結果を判断することは難しい。しかし私が手にした情報では，全体的な財政収支は 4 月に予想したよりも良好である。中間予算を組むつもりはないが，国内需要の抑制のためには増税が必要となるかもしれない」。

　マクミランによるこの声明は，すぐに IMF 側に通知された。そして 12 月 5 日，ルースに代わり第 3 代専務理事に就任したばかりのヤコブソンは数名のスタッフたちとともにイギリス側と融資をめぐる非公式協議を行った[43]。まずイ

---

43) IA, C/United Kingdom/1760., United Kingdom Request for a Drawing, December 5, 1956, pp. 1-5.

ギリス側の代表で IMF 理事でもあったアルクールは，第 1 クレジットトランシェの資金を含む 5 億 6100 万ドルの買入を要請するとともにこの要請について早急に理事会で審議するよう希望した。

　ここで論点となったのは，イギリスの要請の金額であった。1952 年 2 月の「ルース・プラン」によって，ゴールドトランシェの資金について利用条件が緩和されたことについてはすでに触れた。じつはその後，1952 年 10 月よりスタンドバイ協定制度が始まったことを踏まえ，1955 年に第 1 クレジットトランシェまでの資金についても利用条件を緩和する方針が決められていた[44]。しかし利用条件が緩和されていたとはいえ 5 億ドルを超える通貨買入は，当時，前代未聞の規模だったのであり「単一の資金利用額がクオータの 25 %〔イギリスの場合，3 億 2500 万ドル〕を超えないこと」という協定第 5 条 3 項の原則を上回る規模であった。

　ヤコブソンは，巨額の資金を必要とする理由についてイギリス側に尋ねた。これに対しアルクールは，ポンドが国際通貨として流通し海外で保有されているだけに投機の規模もまた巨額になっているということ，そうした投機を鎮めるには必要最小限の金額では意味がなく中途半端な金額ではかえって投機熱を煽るだけであるということ，そして支援が巨額であれば巨額であるほど実際の利用額は少なくて済むであろうことを説明した。

　続いてヤコブソンは，スエズ危機はとりわけリーズアンドラグズに起因する資本収支危機であると分析し投機の規模について尋ねた。これに対しアルクールは，具体的な数値を示すことはできないとしながらも「イギリスと西欧諸国は，ここ数年にわたって交換性回復に向けて積極的に前進してきた。この方針を維持するためにも提示した金額が必要なのだ。必ずルース・プランで決められた 3 年から 5 年以内という買入期間を遵守する」と述べ，再度，早急な支援を要請した。そして，早ければ 12 月 7 日に正式な要請を行うことができると述べた。こうしたイギリス側の強い要請を受けヤコブソンとスタッフたちは，理事会で提示する資料の作成に着手すること，アルクールとともに理事たちに

---

44) Horsefield et al. (1969), Vol. 2, p. 404.

対し事前の根回しを始めることを決定した。

12月7日，IMFは，イギリス当局から5億6147万ドルの引出と期間12カ月・金額7億3853万ドルのスタンドバイ協定の締結を正式に要請された。総額13億ドルの資金利用は，イギリスのクオータと同額の規模であった。この要請を受け直ちに欧州局のスタッフを中心に融資の可否をめぐる理事会への勧告案が準備されたが，この勧告案においてスタッフはイギリスの要請を認めるよう勧告した。スタッフは，①「危機の克服には，国内的・対外的に通貨安定を実現するための強力な財政金融政策を維持し経常収支の改善に努めることが最低限必要な措置である」としつつ，1955年来イギリスの採用してきた緊縮的マクロ政策が超過需要の削減・労働市場の緩和および経常収支の改善に寄与してきたこと，②必要ならば銀行貸出規制の強化と所得税増税に踏み切る意思が示されていること，③状況が改善し次第，制限の廃止を進める姿勢が示されていること，④一連の措置が経常収支の強化に寄与するとしても，投機と資本流出によって金ドル準備が急減している状況には融資を動員して対処する必要があること，⑤イギリス当局が為替管理に訴えるようなことがあれば現在の自由な貿易支払体制が動揺しIMFの目的の達成は大きく遠のく恐れがあること，がその理由として挙げられた[45]。

このスタッフからの勧告を受け，ヤコブソンは対英融資の可否について理事会に諮った。12月10日の理事会では北欧諸国を代表する理事が「近年，イギリスがIMF資金の利用を要請することがあればそれは完全なポンドの交換性回復との関連においてなされるだろうとますます感じられるようになってきていた。〔……〕だが，残念ながら今回の資金利用はそういった目的ではなかった」と述べるなど，スタッフたちが計画してきたように資金がポンドの交換性回復に用いられないことを惜しむ声も存在した。

しかしアメリカ理事のサザードが「ポンドは準備通貨であり，また世界全体で広範に用いられている貿易媒介通貨でもある。ポンド平価の放棄やイギリス

---

45) IA, Executive Board Specials 56/44 supplement 1., Use of the Fund's Resources- United Kingdom, December 7, 1956. IA, 56/44 supplement 2., United Kingdom- Stand-by Arrangement, December 10, 1956.

第3章　為替自由化とポンド危機　　129

による為替管理の再強化によって，影響を受けない加盟国はほとんど存在しない。〔……〕もし IMF がキーカレンシーであるポンドを支えるべく行動しなければ，必ずや後悔することになるだろう」と述べたように，イギリス当局による近隣窮乏化政策を抑止するには IMF 融資が必要であるとの見解は共通しており，理事会はイギリス当局の要請を承認した[46]。そして，この迅速な IMF 融資の発動によってポンドに対する投機は急速に鎮静化した。さらにイギリスは米国輸出入銀行 (Export-Import Bank) との間で5億ドルのスタンドバイクレジットを締結するとともに，アメリカ政府から英米金融協定時の借款のうち1億1000万ドル分の利払いを免除された。

理事会の後，ヤコブソンは対英融資の内容と目的について次のように公表した[47]。「金ドル準備を補完するための5億6147万ドルの融資と，必要に応じて即座に引き出すことのできる7億3853万ドルのスタンドバイ協定の締結を決定した。12月4日に蔵相のマクミランが行ったスピーチも，また IMF のイギリス理事も，今回の資金利用はポンドの現行相場を維持すると同時に為替管理の強化を回避するための措置であったとしている。そしてこの目的を達するために，イギリス政府は国内的にも対外的にもイギリス経済を強化するための経済政策にコミットする意思を示している。こうした諸政策は IMF の目的に適うものであり，またポンドの国際通貨としての特別な重要性に鑑み IMF は今回のように巨額の支援を承認した」。

一連の融資交渉，そしてこのヤコブソンによる発表は，対英支援が「国際通貨システムの安定と多角的決済体制の樹立においてポンドの果たす役割ゆえに認められた『異例の措置』である」との認識が同時代の人々の間で共有されていたことを物語っている。この点について，ヤコブソンは興味深いメモを残している。それは融資決定の翌日，ヤコブソンとイングランド銀行総裁コブルドとの間で行われた会談の様子を書き残したものであった[48]。「会談で，私はコ

---

46) IA, Executive Board Minutes 56/59., Use of the Fund's Resources- United Kingdom, December 10, 1956, pp. 3-8.
47) IA, C/United Kingdom/1760., A Statement by Mr. Per Jacobsson Chairman and Managing Director of the International Monetary Fund, December 10, 1956, pp. 1-2.

ボルドに，昨日の理事会でカナダ理事のラズミンスキーがこっそりと私に『これほどまでの金額を利用するイギリスに対し IMF はどのような条件を課すのか，どのように継続的な協議を行っていくのか』と尋ねてきたことを明かした。そのうえで私はコボルドに『事前に当局との協議が必要だと考えたので，その点について理事会で議論しないよう努めた』と伝えた。コボルドは，そうした話題が理事会で出ていることを想定していなかったようだが『何かあればいつでもイングランド銀行に私信を送って欲しい』といってくれた。私は彼に礼をいうと同時に，『しかし問題の性質上，そうした話し合いでは不十分かもしれない』と伝えた」。その後，イギリスは1959年から61年にかけて着実にポンドの買戻しを行ったが，IMF にとって対英支援は極めて思い切った措置だったのである。

　巨額の IMF 融資は功を奏し，融資の承認と同時にポンド投機は鎮静化し金ドル準備の減少にも歯止めがかかった。またスエズ運河の閉鎖と中東における石油パイプライン封鎖がイギリスの貿易外収支に与えた影響も予想より小規模となり，1957年上期の経常収支は3億ドル以上の黒字となった（前掲表3-2）。

ⓑ **1956年度コンサルテーション**

　深刻な外貨危機は，IMF の対英政策にどのような影響をあたえたのか。この点についても確認しておこう。1956年11月末，スエズ危機が深刻化するなかで1956年度のコンサルテーションが始まった。まずスタッフは，1955年に経常収支危機の原因となった超過需要の削減をめぐる緊縮的マクロ政策の効果について説明を受けた。イギリス側は，賦払信用規制と銀行貸出規制によって1955年に拡大を見せた実質消費支出の削減に成功したこと，超過需要の削減によって労働市場の逼迫が緩和されてきていること，補助金削減などを通して財政支出の削減にも努めていること，その一方で固定投資は増加を続けていること等を説明した。フリードマンは，消費支出の抑制における信用制限の役割を評価しつつ投資の拡大が続いていることを受け国際収支の均衡を維持するには貯蓄投資バランスの維持が重要であると強調した。これに対しイギリス側は，

---

48) IA, C/United Kingdom/1760., Notes of Conversation with Mr. Cameron Cobbold, Governor of the Bank of Engrand, at 10 a.m. on December 11, 1956, December 11, 1956, pp. 1-2.

信用制限によって消費が抑制され貯蓄は顕著に増加していると応じた[49]。

続いて差別的措置の廃止をめぐる協議が実施されたが，スタッフは，前年同様，イギリス側の消極的な姿勢に撞着した。イギリス側は「依然として外貨準備は極めて低水準である。〔……〕このため制限の必要性は変わらず存在し，輸入制限緩和に向けたさらなる前進は正当化されないと考える。こうした状況下で差別的措置を廃止するには，その他地域の輸入制限を再強化するほかない」と説明した。さらにイギリス側は，ドル地域に対する差別を拡大することなく1955年から56年にかけて輸入制限の緩和が進んでいることをアピールした（対OEEC自由化率92→94％，対ドル地域自由化率56→59％）。これに対しフリードマンは「競争力が十分でない状態で北米市場において自由化をしても，輸入増加を引き起こすどころか大きな輸入源のシフトすら起きていないということが一部の国の経験である」と述べ，イギリス側の慎重な姿勢に警鐘を鳴らした[50]。

対英融資が決定した後，12月13日に行われた最終協議でフリードマンは「制限緩和を行うことがイギリスにとって困難であることを理解するが，対外均衡を達成し為替制限の廃止に向けたさらなる前進が可能となるような国内政策が維持されるべきである」と述べ，対外情勢が安定し次第，速やかにドル差別の廃止を進めるよう求めてコンサルテーションを総括した[51]。このように外貨危機のなかにあってもなお，緊縮的マクロ政策を通して為替自由化を追求するという対英政策は維持された。

1957年5月に刊行された『第8次為替制限にかんする年次報告書』においてIMFスタッフは「IMFは，為替制限の緩和について昨年は従来ほどではなかったにせよさらに前進が行われた事を報告できる。一部の主要国において外

---

49) IA, C/U. K. /420. 1., Exchange Restrictions Consultations-1956, Introductory Statement, November 27, 1956, p. 7. IA, C/U. K. /420. 1., Exchange Restrictions Consultations-1956, Minutes of the First Meeting, November 27, 1956, pp. 8-14.

50) IA, C/U. K./420. 1., Exchange Restrictions Consultations - 1956, Minutes of the Fifth Meeting, November 29, 1956, pp. 6-8.

51) IA, C/U. K./420. 1., Exchange Restrictions Consultations - 1956, Minutes of the Eighth Meeting, December 13, 1956, pp. 1-3.

貨準備の減少があったものの，為替自由化は維持された。〔……〕西欧諸国は大幅な再調整を行わなくとも完全な多角的決済体制に参加することができるように思われる」と述べ，戦後過渡期の終了と多角的決済体制の樹立に向けて着実に前進しつつあることに言及した[52]。

さらに「過去1年間を通じて特筆すべきは，国際収支危機に直面した国々も含め加盟国が自国の問題に対しより根本的な解決策を発見し為替制限の強化を回避しようと努力したことである。すなわち国内経済を強化し国際収支面に圧力をかけないよう需要の過熱を抑え，為替制限の必要性をなくすためには財政金融面での措置が必要であるとの認識が強まっている」として，マクロ政策によって対外均衡を達成することで為替自由化を実現することがもはや可能であるとの認識を引き続き示した。そして事例として「イギリス当局はポンドの信認をめぐって起きた突発的な危機に対処する際，為替制限の強化ではなくその他の方法を用いた。〔……〕イギリスが為替管理の再強化を避けたという事実は，国際的に維持されてきた為替自由化の動きに弾みをつけるうえで重要な役割を果たした」と述べ，イギリスの危機対応を評価した[53]。

2) 西欧域内収支の不均衡とポンド投機

ⓐポンド投機の発生

ところが1957年夏，イギリス経済は再び激しいポンド投機と外貨危機に見舞われることになった。危機の背景には，イギリス・フランス・西ドイツ三国間におけるEPU収支の不均衡拡大という事態が存在した。1950年代中頃までにEPU収支において西ドイツは黒字国としての地位を確立していたが，対照的にフランスは拡張的マクロ政策のために赤字を計上するようになっていた。そしてこのような不均衡から，市場では西欧通貨間の平価調整が行われるのではないかとの思惑が強まりつつあった。

---

52) 実際，すでに1956年度コンサルテーションの時点で，IMFスタッフは西ドイツに対し「もはや輸入管理を維持する必要はない」との判断を下していた。IA, Staff Memoranda 57/46., 1956 Consultations-Federal Republic of Germany, May 27, 1957, p. 29.

53) IMF, *Eighth Annual Report on Exchange Restrictions,* 1957, pp. 1-4.

表 3-3　英仏独の対 EPU 収支不均衡の拡大
（単位：100万ドル）

年	西ドイツ	フランス	イギリス
1955	361	132	−231
1956	1000	−654	−269

出所) IMF, *Balance of Payments Yearbook*, Vol. 9, 1958.

　実際,「強いマルク」を擁する西ドイツは平価調整のインセンティブを有しており，1956年7月には西ドイツからイギリスに対し OEEC 理事会において平価調整にかんして討議を行うよう要請が行われていた。この申し出についてイギリス側は拒否していたが，その後もスエズ動乱によってイギリスとフランスが国際的に孤立しポンドとフランが信認を失っていくなか EPU 収支の不均衡は拡大の一途を辿った（表3-3）。

　他方，この時期欧州では欧州経済共同体（European Economic Community; EEC）構想や自由貿易地域（European Free Trade Area）構想等，域内経済統合に向けた議論が活発化していた。このためイギリスにおいても平価調整の必要性に意識され始めていたが，当局は「ポンドこそ健全であり，ポンドを軸にマルクの切上げとフランの切下げによって調整を図るべき」との姿勢を取った。というのも，スエズ危機のさなかにあってポンド切下げルーマーの広がりだけは絶対に回避する必要があったからである。しかし西ドイツ当局は，デフレ政策を堅持しているドイツ・マルクこそ健全でありインフレ政策をとっている「弱い通貨」こそ切下げを行うべきであるとの立場を崩さなかった。こうしたイギリスと西ドイツとの応酬は，かえって「域内統合を目前に不均衡の是正を目的とした為替レート調整が行われる」とのルーマーを煽り立てることになり西欧では激しい投機が始まった。

　投機はまずフランス・フランを襲い，1957年8月に入るとフランは1ドル350フランから420フランへと20％減価した。このことはいわば「弱い通貨」の減価という形での為替調整への一歩でもあったが，フランが減価すると投機はポンドに向かうことになった。結果，7月から9月末にかけてイギリスの金ドル準備は約5億ドル減少した（前掲図3-5）。スエズ危機と同様，この危機も

資本収支危機だった。こうした事態に対し，9月19日，イギリス当局は，①公定歩合の引上げ（5→7％），②銀行貸出規制・民間企業借入規制による信用制限の強化，③向こう2年間にわたって公的部門の資本支出を57年度水準に抑制するという財政引締等を講じ通貨安定の追求に対する強い姿勢を内外に示した（前掲表3-1）。またイングランド銀行が公定歩合の引上げを実施する一方，ブンデスバンクが公定歩合の引下げ（4.5→4％）を実施することで投機的な資金移動の鎮静化が図られた。

さらに9月の年次総会で，イギリス，西ドイツ代表はともに平価の変更がないことを明言した。イギリス代表は，「ポンド平価は1ポンド2.80ドルのままである。我々は変動幅の拡大を認めない」として平価切下げとフロートへの移行を否定した。さらに西ドイツ代表も，「ドイツ・マルクの対外価値はその他の多くの通貨と同様に，ドルとの関係で決定されていることは周知の事実である。すべての経済指標が示しているように，ドイツ・マルクと米ドルの関係は変更を必要としていない。ドイツ・マルク切上げにかんするいかなる噂も根拠はない。ドイツ政府とブンデスバンクは，今後もマルクの通貨価値を維持するだろう。この政策は不変である」と平価維持の姿勢を表明した[54]。

またヤコブソンも「イングランド銀行が公定歩合を5％から7％に引き上げた。ポンドに対する投機はリーズアンドラグズの形を採っているが，投機家は投機のためには銀行信用に依存する必要があることを認識するべきである。この信用を得るためのコストが突然2％も上昇し，イギリス当局が為替相場を変更しないとの決意を明確に示しているいま，支払期日を変更するコストが膨大になることを認識すべきである」と述べ，ポンド投機の鎮静化を図った。さらに「西ドイツ当局は，マルク相場を変更する意思がないことを明確にしている。さらに最近数カ月，公定歩合引下げを含め国内経済を刺激し国際収支黒字を削減するための政策を採っている。彼らは，自らの債権国としての地位によって欧州の通貨を不要な圧力にさらすべきではないと考えている」と述べ，西ドイツ代表の声明をサポートするとともに「今後，ドイツ・マルク，英ポンドとも

---

54) IMF, *Summary Proceedings of the Twelfth Annual Meeting of the Board of Governors*, 1957, pp. 27-28, 43-51.

その価値に変更がないことがますます明らかになり，投機的な資金移動は鎮静化するに違いない」として，ポンド，マルクともに現行平価が適切であることを訴えた。こうしたポンドの平価維持をめぐる一連の対応によって，9月末以降，投機は急速に鎮静化した。

11月下旬に始まった1957年度コンサルテーションの冒頭，スタッフに9月19日に講じた措置の目的および今後の方針について説明を受けた。イギリス側は危機対策について「明らかにイギリスの経済政策の重点がシフトしたことを示している。それまで主な重点は拡大にあったが，この政策は重点を通貨安定に置くものだった。〔……〕国際的に極めて重要な役割を果たしている通貨であるポンドの国内的・対外的価値を安定させることを決定した」と述べ，一連の措置は国内的・対外的に通貨価値の安定を図ることが目的であったと説明した。すなわち国内的には総需要およびコストの両面からインフレの抑制を図り，対外的には通貨安定の追求に対する当局の強い意思を示してポンドに対する信認を維持することが目的だったと説明した。さらに通貨安定のための具体的方策は「銀行部門を通したものであれ政府支出を通したものであれインフレを生じさせるような信用創造は行わない」ことであると述べたうえで，「これらの政策が失敗するとは考えていないが，追加的な措置が必要ならばさらなる措置がとられるだろう」として，必要ならば追加的な信用引締を講じるとの意思を示した。

またドル差別については「早急な廃止は困難だが為替管理の再強化は行わない」としたうえで，むしろ差別は縮小してきていると主張した（対OEEC自由化率94％，対ドル地域自由化率59→62％[55]）。12月2日の最終協議でスタッフチーム団長のフェラスは，通貨安定の方策をめぐるイギリスの方針を支持し，国内的な通貨安定の追求によって経常収支の強化とポンドの信認強化を図り，もって通貨の対外価値の安定に努めるよう主張した。そして国内的・対外的な通貨安定によって対外均衡を達成し，ドル差別の廃止を進めるよう求めて協議を総括した[56]。

---

[55] IA, C/U. K./420. 1., Exchange Restrictions Consultations - 1957, Opening Statement by Sir L. Rowan, November 18, 1957, pp. 1-7.

コンサルテーションの途上にあった 11 月 25 日，IMF はイギリス側から 12 月で失効するスタンドバイ協定の 12 カ月延長を要請されていた。コンサルテーション後の 12 月 6 日，欧州局のスタッフによって融資の可否をめぐる勧告案が作成されたが，この勧告案においてスタッフは理事会にイギリスの要請を認めるよう勧告した。① 対外情勢は安定しつつあるが，イギリスが「ポンドに対する信認の不安定化」という御し難い要素に起因する外貨危機に度々見舞われてきたこと，② コンサルテーションの冒頭で表明されたイギリス側の通貨安定の追求に対する姿勢は評価に値すること，③ イギリス当局が適当な資金源にアクセスできないことがシグナルとなって再度信認が動揺するようなことがあれば当局の努力は崩壊しかねないこと，④ 結果，当局が為替管理の強化に踏み切るようなことがあれば多角的決済体制の樹立に向けた IMF の試みが阻害されかねないこと，がその理由として挙げられた[57]。

12 月 16 日，理事会はスタンドバイ協定の延長について議論を行った。前年同様，理事会では「IMF の支援がポンドの交換性回復を助ける目的で行われる日がそう遠くないことを期待する」と述べるなど，資金が交換性回復の支援に用いられる日の到来を望む声も存在した。しかし再び突発的な危機が発生すればイギリスは為替管理の強化を余儀なくされる可能性があるとの認識にもとづき，理事会は要請を承認した[58]。

ⓑ **危機の収束と自由化への漸進**

度重なる国際収支危機・外貨危機に見舞われたことで，1950 年代後半を通しイギリスの為替自由化が大幅に進展することはなかった。それでは一方，対外不均衡是正のための手段として IMF スタッフが求めた緊縮的マクロ政策の効果はどのようなものであっただろうか。本節の最後に，この点について考察を加えておきたい。

---

56) IA, C/U. K./420. 1., Exchange Restrictions Consultations - 1957, Minutes of the Sixth Meeting, December 2, 1957, pp. 1-3.
57) IA, Executive Board Specials 57/68 Supplement 1., United Kingdom - Renewal of Stand-by Arrangement, December 6, 1957.
58) IA, Executive Board Minutes 57/59., Use of the Fund's Resources- United Kingdom, December 16, 1957.

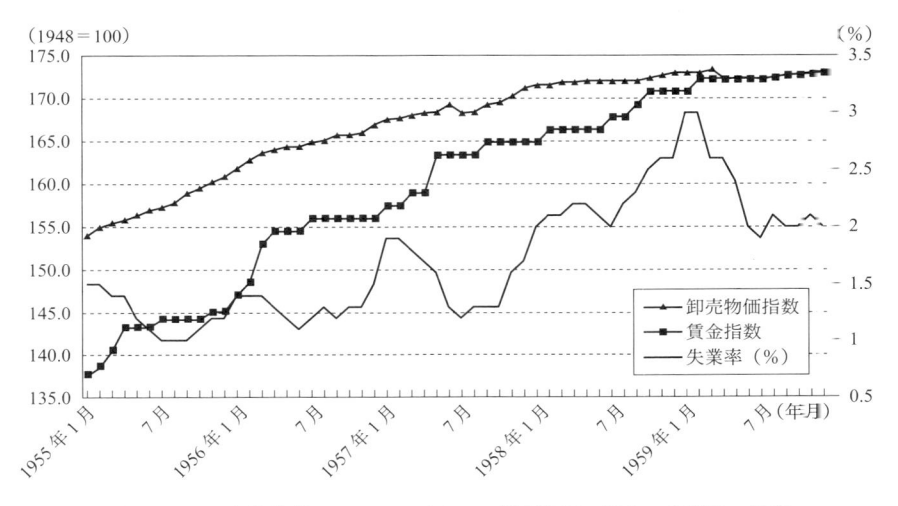

図 3-6 1950 年代後半におけるイギリスの卸売物価・賃金・失業率の推移

出所) IMF, *International Financial Statistics*, Vol. 9-13, 1956-60. Statistical Office of the United Nations, *Monthly Bulletin of Statistics*, Vol. 10-14, 1956-60.

　結論から述べると，通貨安定策は着実に効果を表していたといえる。図 3-6 からも分かるとおり卸売物価と賃金の上昇は次第に緩やかになり，失業率 1% 台という労働市場の逼迫も 1957 年末以降大きく緩和している。一方，ドル地域に対する経常収支は依然として赤字が続いており 1956 年から 57 年にかけて大幅に悪化した（前掲表 3-2）。しかしここで注意すべきは，1957 年における赤字の拡大はスエズ動乱に起因する石油調達難のためにドル地域から石油関連物資の輸入がなされたという一時的な要因に影響を受けていたことである。同時期のイギリスの石油・石油製品輸入は，約 1 億 9500 万ドル増加した。その大部分がドル地域からの輸入であったことを考慮すれば，ドル地域に対する収支の不均衡は着実に縮小していたといえよう。

　翻ってイギリス当局の緊縮的マクロ政策へのコミットにおける IMF の影響力については，どの程度，考慮すべきであろうか。一連の緊縮的マクロ政策は，当初，イギリス当局の自律的な国際収支危機対策として展開したものだった。また IMF の側は明示的なコンディショナリティを課しておらず，多額のスタ

ンドバイクレジットも実際には利用されなかった。しかし1956年12月における蔵相の声明や融資交渉および1957年9月の危機対策の内容から判断すると，イギリス当局が「IMFの求める政策路線の遵守が融資のコンディショナリティになる」と認識していたことは明らかだろう。実際，1957年9月の年次総会でヤコブソンは「各国は，自らが導入する政策や自らが採用を期待されている政策の方針についてIMFと緊密な連携をとるようになってきている」と述べている。さらに彼は，クレジットトランシェの資金利用について「現実的な為替相場の下で，当該通貨の持続的な安定を確立ないし維持するための政策，すなわち本格的な交換性回復に臨むための条件の確立に適合的であるとみなしうる政策の履行に合意する意図を加盟国が有している場合，好意的に受け入れられるだろう」と述べている[59]。IMFの意向は，融資を媒介にイギリスのマクロ政策運営に影響力を持ったのである。

3　IMFの復権

1）危機管理者としての役割

　イギリスに対する「異例の規模」の融資，そして通貨安定策の要求。これらの措置によってポンド危機が国際通貨システムの動揺に発展することは防がれ，イギリスのドル不足も順調に改善を見た。じつはスエズ危機の際，IMFは，フランス，イスラエル，エジプトといったその他の当事国にも融資を提供しておりまさに「危機管理者」としての役割を果たしていた。そしてこうした役割は，それまでのIMFに対する国際的な評価を一変させた。

　すでに繰り返し述べてきたように，1950年代前半を通してIMF資金の利用は低迷しイギリスに対する為替自由化路線もいったん停止を余儀なくされていた。IMF内部におけるスタッフたちの自律的な活動とは裏腹に，IMFは対外的には「休眠状態」に陥りつつあった。このような「IMFの低迷」を，1956

---

[59] IMF, *Summary Proceedings of the Twelfth Annual Meeting of the Board of Governors*, 1957, pp. 13-16.

年4月の『フィナンシャルタイムス』は「IMFは白い象〔持て余しもの〕」と書き立てた。また10月にはフランスの『ルモンド』が，IMFのことを「白い象」「顧客のいない銀行」と酷評し「IMFが役に立つとしたら，それは質のいい専門家と価値のある文書を取り扱う店としてだけであろう」と論評した[60]。さらにこうした「評判の低下」というレベルにとどまらず，対外的な活動の低迷は現実的な問題としてIMFの財政基盤を掘り崩しつつあった。

表3-4が示すように，1955/56会計年度（1956年4月30日締）にかけ，資金利用の減少に伴う業務収入の急減が支出超過（収入・支出の部）の拡大を招いていた。1956年1月には，赤字対策としてIMFの保有する金の一部を売却して得た資金を米財務省短期証券に投資することまで決定されていた。こうした苦境を一変させたのが，スエズ危機以降のIMF融資の急増だったのである（図3-7）。1956/57会計年度（1957年4月30日締）から，業務収入の急増に伴って財政収支は一挙に黒字へ転じた。1957/58会計年度（1958年4月30日締）には業務開始からの収支累積額が黒字に転じたことから，この黒字分を一般積立金（General Reserve）として，また投資収益等の一部を特別積立金（Special Reserve）として積み立てることすら可能になった。

1957年春，『ビジネスウィーク』は「汚名を返上したIMF」との記事を発表し，IMFを次のように賞賛した[61]。「一時は有害なものとみなされていたこの融資機関は，いまや高い評価を得ており危機対応において名声をあげている。一時は，アメリカ金融界において『ブレトンウッズ』は忌まわしい言葉だった。〔……〕誕生から約13年，そして融資業務の開始から約10年，IMFはいまやもっとも尊敬される存在でありその名声は国際経済の領域で長く留め置かれることだろう。IMFはニューヨークのウォール・ストリートからサンフランシスコのモントゴメリー・ストリートに至るまでアメリカの銀行家たちの信認を勝ち得ている」。当時の世論の急転は，やや滑稽ですらある。序章でも強調したように，本書はこうしたIMFの「影響力」の有無を基準とする「結果論的」な評価の仕方には与しない。

---

60) James (1996), p. 102.
61) IA, Press Report, IMF Wins over the Skeptics, March 30, 1957.

表 3-4　IMF の財務状況

	1953/54 年度	1954/55 年度	1955/56 年度	1956/57 年度	1957/58 年度
[資産の部]					
金	1,718,548,249	1,744,362,549	1,811,358,380	1,639,321,406	1,437,719,429
預託分	1,718,548,249	1,744,362,549	1,761,362,728	1,439,329,857	1,237,727,880
米財務省証券への投資	—	—	49,993,715	199,982,511	199,986,718
投資向け控え金	—	—	1,937	9,038	4,831
通貨及び証券	6,232,515,417	6,299,748,936	6,105,937,766	6,463,542,261	6,755,651,816
加盟国の出資金未払分	888,796,461	797,671,444	818,179,579	819,770,400	900,723,488
その他資産	977,296	948,953	1,092,975	4,595,557	5,520,918
現　金	6,406	6,356	5,204	4,875	22,436
預金・貸付債権等	86,369	86,058	91,125	113,637	346,774
前払金	31,270	39,775	40,617	46,506	46,178
対加盟国債権累積額	853,252	509,500	308,231	1,197,210	4,693,802
投資収益	—	—	121,292	825,284	411,728
建設仮勘定他	—	307,263	526,506	2,408,046	—
資産計	8,840,837,424	8,842,731,883	8,736,568,701	8,927,229,623	9,099,615,652
[負債・積立金・資本の部]					
資　本	8,840,510,227	8,842,487,285	8,736,288,156	8,925,204,261	9,088,000,000
加盟国による出資	8,848,500,000	8,728,000,000	8,750,500,000	8,931,500,000	9,088,000,000
各会計年度収支累積額	-7,989,773	-10,512,715	-14,211,844	-6,295,739	5,991,692
一般積立金への振替	—	—	—	—	-5,991,692
積立金	133,177	84,184	111,037	1,450,140	10,945,183
金改鋳費等積立金	91,085	—	—	—	—
スタンドバイ手数料等払戻積立金	42,091	84,184	111,037	1,450,140	2,122,930
一般積立金	—	—	—	—	5,991,692
特別積立金	—	—	—	—	2,830,560
負債額	194,020	160,415	169,508	575,222	670,469
負債・資本計	8,840,837,424	8,842,731,883	8,736,568,701	8,927,229,623	9,099,615,652
[収入の部]					
業務収入	4,970,490	2,329,758	1,551,777	8,384,865	20,250,155
事務手数料	1,206,105	288,154	426,642	5,756,969	4,609,454
加盟国に対する課徴金	3,764,385	2,041,604	1,125,135	2,627,896	15,640,701
投資収益	—	—	123,280	4,904,174	3,334,658
その他収入	14,710	16,668	279	335	497
収入計	4,985,200	2,346,426	1,675,336	13,289,373	23,585,310
[支出の部]					
総務関係費	139,066	171,004	347,160	178,898	196,011
理事関係費	730,076	705,373	747,299	793,507	840,627
スタッフ関係費	3,365,243	3,336,485	3,542,587	3,650,176	3,859,083
その他運営支出	774,770	776,510	704,554	741,116	815,705
金取扱い手数料・為替調整	856	1,372	8,414	19,906	13,937
支出計	5,009,159	4,990,743	5,350,016	5,363,696	5,725,363
収入超過分	-24,815	-2,644,317	-3,674,981	7,905,772	17,859,947
調整額（積立金からの繰入等）	—	121,375	-24,448	10,333	-5,572,516
支出超過分（バランスシート移行額）	-24,815	-2,522,942	-3,699,128	7,916,105	12,287,431

出所）IMF, *Annual Report of the Executive Directors for the Fiscal Year ended April 30, 1954-58*, 1954-1958.
注）金額は米ドル建て。事務手数料（収入の部）とは，IMF 資金の利用に伴い発生する手数料である。加盟国に対する課徴金（収入の部）とは，資金利用に伴い増加した IMF 保有の当該加盟国通貨に対する金利でありその累積額が対加盟国債権累積額として計上されている（資産の部）。

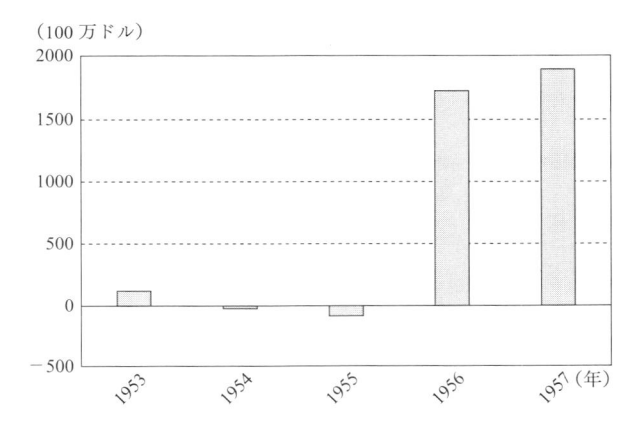

図 3-7　1950 年代後半における IMF 融資の急増

出所）Horsefield et al. (1969), Vol. 2, pp. 460-467.
注）新規引出額とスタンドバイ協定締結・更新額の合計値から買戻し額を差し引いた額。

　さらに同時代の記事には，1950 年代後半における「IMF の復権」とヤコブソンの「主導性」とを結びつける論調が多く見られる。例えば上記の『ビジネスウィーク』は，「現在の IMF 専務理事はヤコブソンである。彼はスウェーデン出身の金融専門家であり，IMF の専務理事に就任するまでは BIS で主要なポストにあってその洞察力と機知をもって銀行家や実務家の間で高い評価を得ていた人物である。ヤコブソンは，H ストリートの新しいオフィスビルのように，またそれまで煙たがられていた IMF が活躍し始めたという事実と相俟って IMF スタッフたちにとって象徴的な存在となっている。大規模な IMF 融資はヤコブソンの着任と同時に実現した。この 5 カ月間で行われた融資は 17 億ドルであり，それまでの融資合計額を上回る水準だった」と論じている。しかし，本書はこうした「ヤコブソン賛美論」もまた共有しない。ここまで示してきたことだが，「IMF の復権」は業務開始以来「為替自由化の推進主体」としての役割を不断に追求してきた IMF の自律的な試みの延長線上で実現したものである。この意味で，ヤコブソンの役割は相対化されるべきであろう。

　一方，ヤコブソンをめぐって興味深いのは彼の経済思想にかんする指摘であ

る。ヤコブソンの娘エリンの手による伝記では，市場主義者，ヴィクセリアンとしての彼の姿が記されている[62]。また矢後の研究は，① すでにマーシャル援助の発表当時から，ヤコブソンがドル不足は緊縮的マクロ政策すなわち予算の緊縮，信用政策の実施，金利引上げ等による貯蓄投資バランスの回復，賃金抑制による価格とコストの均衡を用いた通貨安定によって欧州自らが解決しなくてはならない問題であるとの論陣を張っていたこと，② EPU 設立交渉の時点で信用供与によって欧州の赤字国が「赤字削減と通貨安定に向けた自助努力」を免ぜられるようなシステムの限界を見通し，欧州通貨の早期交換性回復の必要性を唱えていたことを明らかにしている[63]。ヤコブソンの主張は政策転換後の IMF スタッフの主張と重なる点が多く，彼の先見性を如実に示している。本書では，ヤコブソンの就任以前に IMF の対英政策が「通貨安定を通した為替自由化の追求」へと転換していたとの立場を採るが双方の接点にかんする検証は今後の作業にゆだねたい。

2）融資の活性化と資金不足への懸念——クオータ増資の提案

　スエズ危機をきっかけに「危機管理者」として国際金融の表舞台に復帰したIMF であったが，融資の活性化は IMF の融資能力の限界をも想起させるものだった。1957 年の年次総会でヤコブソンは「1957 年 9 月 16 日の時点で，IMF が保有する金と米ドルおよびカナダ・ドルは 24 億 2800 万ドルであった。しかし 8 億 7400 万ドルにのぼるスタンドバイ協定の未払額を考慮に入れると，手元に残っている額は 15 億 5400 万米ドルである。依然として十分な額だと思われるが，前年の 36 億 6900 万ドルに比べれば半分以下である」と述べ，IMF の融資能力の低下に言及した。そして「多くの国のクオータは，1944 年のブレトンウッズ会議で決められた水準に固定されている。しかしその後，物価は 40％，国際貿易量は 70％ 増加している。こうした変化のなか，仮に流動性不足によって IMF の活動が阻害されるようなことがあれば遺憾である」と述べ，クオータ増資の必要性に言及した[64]。

---

62) Jacobsson (1979), 邦訳, pp. 331-341.
63) 矢後和彦 (2010), 第 4 章。

ブレトンウッズ会議の際に用意されたクオータの決定式は，当時，アメリカ財務省の職員だったマイクセル（Raymond Mikesell）が作成したもので，次のような設計になっていた[65]。①＝1940年の国民所得の2％，②＝1943年7月1日の金および交換可能外貨保有額の5％，③＝1934年から1938年までの間の最高輸出額の10％，④＝1934年から1938年までの年平均輸入額の10％，⑤＝1934年から1938年までの年平均輸出額を国民所得で除した値として，クオータ＝（①＋②＋③＋④）×0.9×（1＋⑤）。実際の金額は，クオータが各国の投票権を規定するものであった関係で（基礎票250票＋クオータ10万ドルにつき1票），必ずしもこの式に忠実に決められたわけではなく「政治的な配慮」が加味されたものになった。しかし少なくとも，経済指標は戦前のものが利用されている状態だった。

クオータにかんして規定した協定第3条では，その第2項においてクオータの見直しについて次のように明記していた。「① IMF は5年ごとに加盟国のクオータの調整を検討すること，② その他いかなる時期においても適当と認められる場合は加盟国の要請にもとづいて当該国のクオータを変更することができる」。このため IMF の誕生早々より，②の規定に沿ってフランスはじめ複数の国の個別的なクオータ改正は行われていた（表3-5）。しかしながら①の規定に沿った一般増資については，見直しの機会はあったものの実現することになかった。

IMF 規則 D-3 は，理事会に対し各5年間のクオータ見直し期間終了の1年前までに見直しにかんする報告書作成のための「全体委員会（Committee of the Whole on Review of Quotas）」を指名・組織するよう義務付けており，この規則に沿って，1949年12月，第1次見直し期間（1946-50年）の終了に際して委員会が組織された。委員会は戦後国際経済の成長に合わせてクオータを2倍に増資するよう提案したが，1950年に入り朝鮮戦争の勃発など国際情勢が不安定化したことを受け一般増資は見送られることになった[66]。また第2次見直し期間

---

64) IMF, *Summary Proceedings of the Twelfth Annual Meeting of the Board of Governors*, 1957, pp. 21–22.
65) Horsefield et al. (1969), Vol. 1, p. 95.

表 3-5　クオータ変更事例

(単位：米ドル)

変更日時	国　名	変更内容
1946 年 10 月 2 日	フランス	4 億 5000 万→ 5 億 2500 万
1946 年 10 月 2 日	パラグアイ	200 万→ 350 万
1947 年 9 月 14 日	エジプト	4500 万→ 6000 万
1947 年 9 月 14 日	イラン	2500 万→ 3500 万
1948 年 9 月 30 日	ホンジュラス	250 万→ 50 万
1952 年 4 月 30 日	ホンジュラス	50 万→ 250 万
1956 年 7 月 16 日	エクアドル	500 万→ 1000 万
1956 年 8 月 21 日	ニカラグア	200 万→ 750 万
1956 年 9 月 24 日	ドミニカ共和国	500 万→ 1000 万
1957 年 2 月 18 日	イスラエル	450 万→ 750 万
1957 年 4 月 18 日	ハイチ	200 万→ 750 万
1957 年 7 月 24 日	パラグアイ	350 万→ 750 万
1957 年 9 月 24 日	エルサルバドル	250 万→ 750 万
1957 年 9 月 24 日	ホンジュラス	250 万→ 750 万

出所）IMF, *Annual Report of the Executive Directors for the Fiscal Year ended April 30, 1947-58*, 1947-58.

(1950-55 年) に入ると，1951 年 11 月，国連の経済社会理事会 (United Nations Economic and Social Council; ECOSOC) は国際経済の安定化策にかんする報告を発表し IMF に対し加盟国が深刻なドル不足に陥った場合に備えその資金規模を増強するよう勧告した[67]。しかし IMF 理事会では「IMF 資金が遊休状態にあるなかでの増資は，加盟国に出資金払込のコストを負わせるに過ぎない」等，増資への否定的な見解も示され，結果「IMF としては緊急に増資を行う必要性を感じていない。加盟国の国際収支問題の解決を支援するという役割を自覚してはいるが，この役割は現在の資金規模でも果たし得る」との方針を決定した[68]。

1954 年 12 月には第 2 次見直し期間の終了に際し全体委員会が設置され，中南米諸国を中心に一次産品諸国から増資の希望が寄せられた。しかしアメリカ

---

66) Horsefield et al. (1969), Vol. 2, p. 355.
67) United Nations (1951).
68) IA, Executive Board Minutes 52/21., Measures for International Economic Stability -ECOSOC, April 18, 1952.

理事のサザードとイギリス理事のアルクールが，IMF 資金の利用が捗々しくないなかでの増資に反対する方針を採っていたことから一般増資は不可能な状況にあった。一般増資には投票権の 80％以上を有する国々の賛成が必要であり，投票権の約 30％を有するアメリカ一国が事実上の拒否権を有していた。最終的に委員会は「一般増資は必要ないが，クオータが少額の国からの個別的な増資要請については好意的な姿勢で臨む」との方針を決定し，1956 年 1 月の理事会はこれを支持した[69]。さらに理事会は非公式会合を通し「少額増資政策（Small Quota Policy）」なる方針を策定し，少額のクオータを有する加盟国について「500 万ドル未満の国は 750 万ドルに，500 万ドル以上 800 万ドル未満の国は 1000 万ドルに，800 万ドル以上 1000 万ドル未満の国は 1500 万ドルに，1000 万ドル以上 1500 万ドル未満の国については 2000 万ドルに増資する」との方針で，好意的に増資に応じる旨を決定した[70]。そして表 3-5 に示したように，1956 年以降，この決定に沿って多くの少額増資が行われたが一般増資はここでも見送りとなった。

しかしこうした状況は，1950 年代後半の外貨危機によって一変した。危機によって顕在化した資金規模の不足という事態は，一方で戦後為替自由化の進展と国際貿易の拡大という発展を反映しながらも，他方で国際通貨システム全体の安定を脅かす突発的な資本移動の存在を IMF に意識させるものであった。そしてこの問題は，それまで IMF 経済政策の枠組みであった「一国的なマクロ経済管理」の手法だけでは国際通貨システムの安定を維持することが難しくなってきたことをも示していた。また 1957 年以降，アメリカ経済が景気後退期に入り一次産品諸国の資金需要増が予想されたことは，一般増資に拒否権を有するアメリカに対してもクオータ増資のインセンティブを与えた[71]。

戦後過渡期の終了は，IMF にとって長らく目標であった。しかし本章で見てきたように，過渡期の終了が近づくにつれ IMF には「新たな課題」が提示

---

69) IA, Executive Board Minutes 56/3., Review of Quotas, January 19, 1956.
70) Horsefield et al. (1969), Vol. 2, p. 355.
71) IA, Departmental Memoranda 58/2., Prospects for International Payments and Reserves, January 10, 1958.

された。こうして IMF スタッフたちは，1958 年に入りクオータの一般増資に向けて検討を進めてゆく。このプロセスについては次章で説明する。

第4章

多角的決済体制の樹立からシステム不安へ
——資本自由化の潮流とIMF 1958-61——

1 多角的決済体制の樹立と戦後過渡期の終了

1) 為替自由化に向けた機運の高まり

ⓐ戦後ドル不足の解消

　1958年に入ると，戦後圧倒的な地位を築いてきたアメリカと西欧諸国との経済関係の力点に変化が生じた。図4-1および4-2が示しているように，戦後初めて西欧諸国は経常収支黒字をアメリカに対し計上するに至ると同時にその金ドル準備を順調に積み増していった。そしてこれと対照的にアメリカは西欧諸国に対し経常収支赤字を計上し，その金および外貨準備は1957年第3四半期をピークに減少の一途を辿った。西欧諸国は，戦後長らく残存してきたドル不足を解消したのであった。

　度重なる危機を克服したイギリス経済もまた例外ではなく，1958年に入るとイギリスの経済情勢は国内的にも対外的にも急速な改善を見た。前章の図3-6で示した通り，1958年以降，インフレは緩やかになり労働市場の逼迫も緩和された。さらに1950年代後半以降，好転の兆しを見せていた対ドル経常収支が戦後初めて黒字を計上したことは画期的であった（表4-1）。こうしてポンドに対する信認が急速に回復し資本移動も流入へと転じると，1957年第4四半期から58年第1四半期にかけてポンド相場は回復し強含みで推移した（図4-3）。そして金ドル準備もまた1年間で約6億ドル増加し（24億500万ドル→

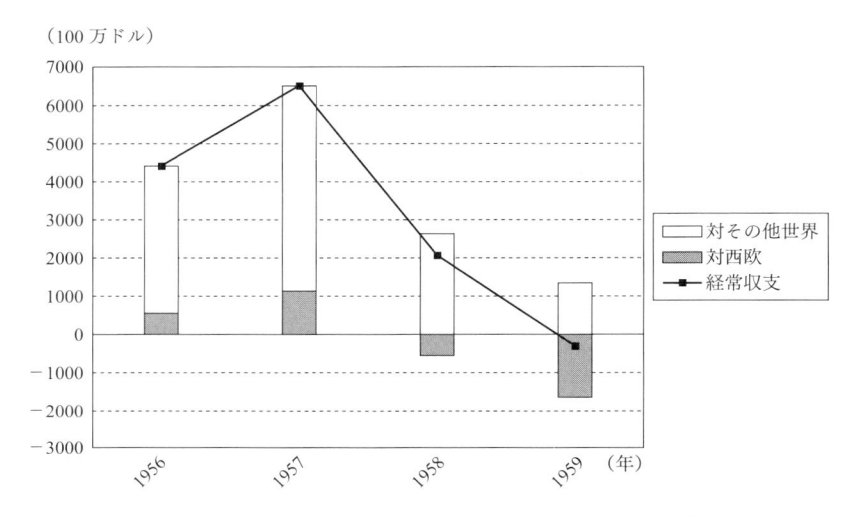

図 4-1　1950 年代後半におけるアメリカの経常収支の推移

出所）IMF, *Balance of Payments Yearbook*, Vol. 9-12, 1957-1960.
注）ただし寄付・贈与は除く。

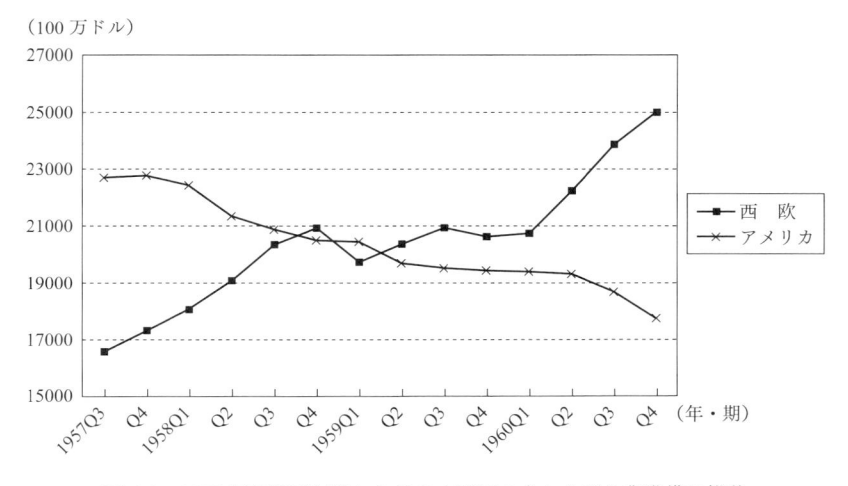

図 4-2　1950 年代後半以降における主要国の金および外貨準備の推移

出所）IMF, *International Financial Statistics*, Vol. 12-14, 1959-1961.

表 4-1 1950 年代末におけるイギリスの経常収支の推移

(単位：100 万ドル)

年	1958	1959
全体	1173	585
対ドル地域	143	406

出所）IMF, *Balance of Payments Yearbook*, Vol. 12, 1960.
注）1959 年は対アメリカ・カナダの値。

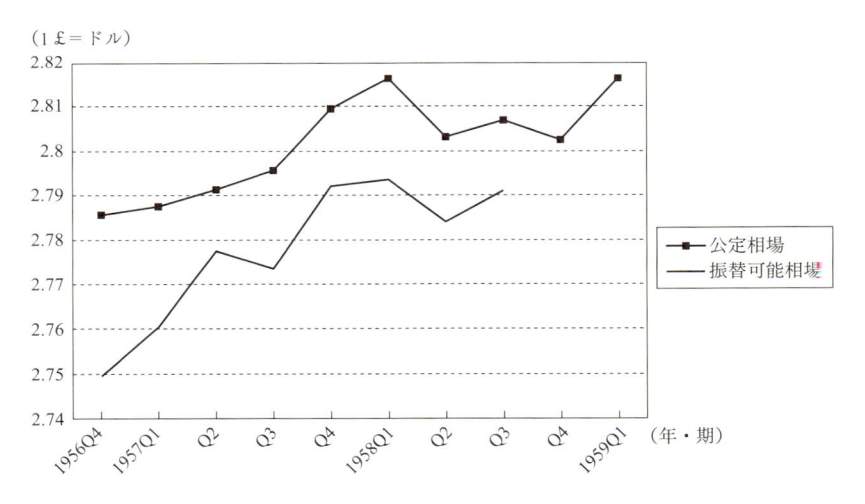

図 4-3 1950 年代後半におけるポンド相場の改善

出所）IMF, *International Financial Statistics*, Vol. 11-12, 1958-59.
注）1958 年 12 月末の非居住者交換性回復によって振替可能ポンドは消滅した。

30 億 6900 万ドル），朝鮮戦争後のブーム時の水準を回復した。

こうした発展を受けヤコブソンは，1958 年の年次総会で次のように述べてドル不足の解消を公に宣言した。「国際貿易は，1957 年から 58 年にかけて若干減少した。〔……〕この減少は，前年同期比 18％減を記録したアメリカの輸出激減に主として起因する。〔……〕アメリカの輸出減少は，欧州経済が成長し国内生産によって以前より十分に自国の需要を満たし得るようになった事実を反映している」。実際，イギリスの工業生産は 1958 年下期以降急速な伸びを見せていた（図 4-4）。ドル不足の解消によって，IMF の課題は加盟国の為替自

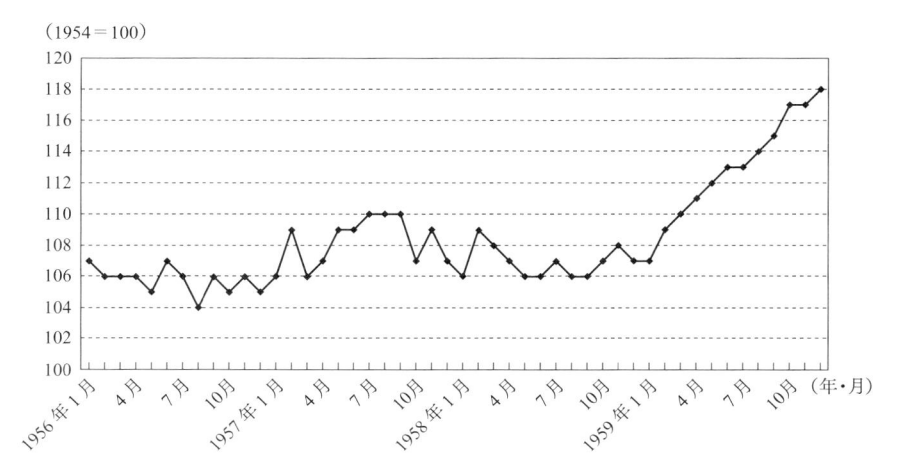

図 4-4 1950 年代末以降におけるイギリスの工業生産力の向上

出所）*Central Statistical Office, Monthly Digest of Statistics,* H.M.S.O., No. 147-171, 1958 Mar.-1960 Mar.
注）季節調整済の値。

由化へと集約されていった。ヤコブソンは「1957 年 9 月末から 58 年 6 月末までの 9 カ月間で，アメリカ以外の工業諸国の金ドル保有額は約 24 億ドル増加した。このような状況下で，これら諸国が貿易制限を維持すべき国際収支上の理由はなくなった」と述べ，自由化の時機の到来を宣言した[1]。

ⓑ **IMF の拡大──クオータの増資**

ドル不足の解消を宣言する一方，1958 年の総会でヤコブソンはクオータの増資を俎上に載せた。1950 年代後半にイギリスを襲った外貨危機と対英融資の発動は，IMF に国際貿易が拡大するなかで如何にして国際通貨システムの安定を維持しながら多角的決済体制を樹立していくかという問題を突きつけた。3 章で触れた通りそこで浮上したのがクオータの増資であり，1957 年の総会以降，IMF スタッフによって検討が行われていた。

IMF スタッフは，1958 年 9 月「国際準備と流動性（International Reserves and Liquidity）」と題する報告を発表した。このなかでスタッフは「加盟国が国際収

---

1) IMF, *Summary Proceedings of the Thirteenth Annual Meeting of the Board of Governors,* 1958, pp. 21-23.

支の失調に陥った際，大きな痛みを伴うことなく〔without great embarrasment〕問題に対処し得るだけの外貨準備を各国は保有しているか，IMFは加盟国をサポートするに足る流動性の供給源として機能し得るか」という観点から，クオータ増資の必要性について検討した。

ここでスタッフは，国際収支の悪化が生じた場合，これをマクロ政策によって是正する意志がない限りどれほど外貨準備が存在しても十分とはいえないとして対外不均衡の是正をめぐるマクロ政策の役割を強調した。しかしそのうえで，① 国際貿易の拡大によって国際収支の変動幅が拡大しているということ，② そうした状況下で信認の不安定化といった突発的な変化によって生じ得る各国間の資金の流出入の規模も拡大していること，③ 主要国が順調に準備を増強してきた反面，一部スターリング地域や中南米諸国の準備状況は一次産品価格の低下，開発計画の難航，インフレの慢性化等によって悪化の傾向を示していること，④ IMFの有する利用可能な資金は14億ドルに過ぎないこと等に触れ，IMFの資金規模が緊急事態に際し加盟国をサポートするに足るだけの水準にあるかどうかは疑わしいと結論付けた[2]。

総会の場でヤコブソンは「対英融資の発動によってキーカレンシー〔ポンド〕のポジションは瀬戸際で補強され，国際通貨システムの大崩壊は回避された」としながらも，「イギリスに対して発動した5億6100万ドルの引出と7億3900万ドルのスタンドバイクレジットの提供は過去最大の融資であった。当時，IMFがこうした大規模な支援を実現し得たのは部分的にはそれまでの融資額が少なく金および交換可能通貨が手つかずで残されていたことに起因する」と，スエズ危機の経験を引用しIMFの資力が十分ではないことを示唆した。そして「IMFは，今後も予め明確に見通すことのできない多くの偶発事に備えなくてはならない。〔……〕理事会に対しクオータの増資による資力の増強を検討するよう依頼する主導権を総務会が保有していることは，スタッフの研究の結論にも合致しており満足のいくことである」と述べ，総会の場でクオータの増資を提案した。

---

[2] Horsefield et al. (1969), Vol. 3, pp. 404-410.

総会では，多くの総務がヤコブソンの提案を支持した。例えばアメリカ代表は「突発的な国際収支問題への実効的な緩衝材を用意することは，喫緊の課題である。そうした措置は，加盟国の行動に信認をあたえ国際経済・貿易の持続的な発展に寄与する。IMF 資金の増強は，加盟国による交換性回復の動きを促進するだろう」と述べ，増資が自由化に伴う外貨流出圧力に抗するためのバッファーとして機能することを期待した。また彼は「自由主義世界で広く活動する IMF と IBRD の融資能力を拡大することは，加盟国の経済発展・経済金融の安定化に向けた努力を助けるだろう」と述べ，自由主義世界（西側世界）の発展という観点からも IMF の増資が望ましいとの見解を示し，加えてそれがアイゼンハワー政権の考えでもあることを指摘した[3]。

　アメリカ代表の発言に示されているように，西欧のドル不足が解消し IMF 内部で主要国の為替自由化に向けた機運が高まっていたこの時期は同時に冷戦と開発というもうひとつの力学が国際経済を支配した時期でもあった。アメリカではすでに 1949 年 1 月，トルーマン大統領が自らの就任演説で反共の旗印のもとに途上国の経済成長を謳った「ポイント・フォー計画」を発表していたが，とりわけ 1956 年の「スプートニクショック」以降，自国の戦略上，重要な国々に的を絞った経済援助を増大させていた。またアメリカに先駆けて，イギリス政府は 1945 年に「植民地経済開発」のプランを策定し，1946 年以降，アフリカや中近東諸国に対する「長期開発計画」の導入を進めていた。さらに 1950 年代に入ると「コロンボ計画」を発足させ，アジア地域の旧英領植民地の開発に関与していた[4]。

　国際金融機関もまた，こうした歴史的文脈と無関係ではなかった。例えばブレトンウッズ協定の下で IMF とともに設立され，発足当初，西欧諸国の復興

---

3) IMF, *Summary Proceedings of the Thirteenth Annual Meeting of the Board of Governors,* 1958, pp. 29-36, 46-47, 128-131.
4) 末廣昭（2000），119-122 頁。なお末廣は，1950 年代前半までのアメリカ政府の途上国に対する経済支援は貿易と直接投資の増加を重視するものに過ぎなかったこと，途上国が工業化を通して経済成長し先進国との所得水準の格差を縮めてゆく過程である「経済開発」の観点からすれば，アメリカ政府が本格的に途上国政策の中核に「開発」概念を据えるのはケネディ政権以降であると述べている。

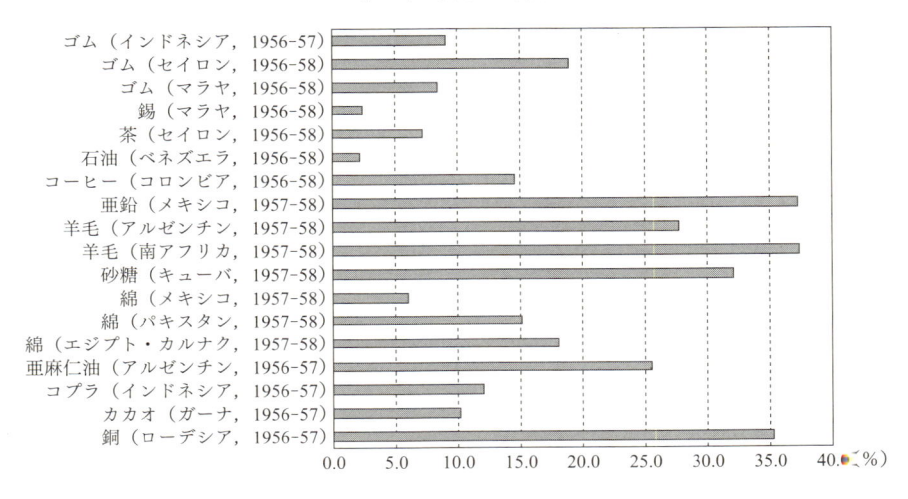

図 4-5　一次産品価格の暴落率

出所）IMF, *International Financial Statistics*, Vol. 12, 1959.
注）砂糖（キューバ）の値は，アメリカ以外への輸出価格。

に業務の重点を置いていた世界銀行は，マーシャル援助の発動以降，融資の対象を中南米諸国はじめ途上国の開発へと展開させていたが，1950年代後半から60年代にかけ国際金融公社（International Finance Cooperation; IFC）および国際開発協会（International Development Association; IDA）を相次いで設立し開発金融機関としての色彩をいっそう強めていた[5]。1963年8月には，IMFでも一時的な輸出の落ち込みや穀物輸入の高騰から国際収支困難に陥った加盟国に対処するための融資制度である輸出変動補償ファシリティー（Compensatory Financing Facility; CFF）が創設される。

折しも1957年から58年にかけ，一次産品価格の変動に伴いそれら品目への依存が大きい諸国の国際収支は悪化していた（図4-5，表4-2）。主要国が為替自由化を遂行するうえでのバッファーの拡充という意義に加え，当時，冷戦と開発という文脈からもIMFの融資能力増に対する期待が高まっていたことは

5）矢後和彦（2007），331-332頁。

表 4-2　1957 年度における一次産品輸出国の輸出額の減少

(単位：100 万ドル)

輸出先＼輸出国	中南米	スターリング地域	その他	合　計
アメリカ・カナダ	−210	−130	−30	−370
大陸欧州	−100	−220	−85	−405
イギリス	−30	−265	−20	−315
その他	−80	−245	−75	−400
合　計	−420	−860	−210	−1490

出所）IA, Staff Memoranda 58/21., Balance of Payments Effects of Recent Price Developments of Primary Products, March 12, 1958, p. 8.

増資への追い風となった。こうして総務会は「理事会は，増資を通した IMF 資金の拡大について速やかに検討すること。そして総務の声明および諸事を考慮したうえで増資が望ましいと考えるとき，理事会の判断で，総務会の場ないし総務の投票に供する形で，総務に対し適切な行動計画を提出すること」との決議を採択し，1958 年 12 月末までに増資の具体案を作成するよう理事会に要請した。

さて，11 月に入ると 7 日から 28 日にかけて理事会は非公式協議を行った。史料の制約からこの協議の内容は明らかでないが，その後の理事会でヤコブソンは次のように総括している。「そもそも，IMF の拡大をクオータの増資によって行うことが適当なのかどうか議論になった。さらに，増資による IMF の拡大が望ましい場合に生じうる多くの論点も提示された。何％の一般増資が必要なのか，少額増資政策は適用すべきか，個別の加盟国に対する特別増資を行うべきか，増資による金の払込負担を軽減するための措置は必要かといった論点である[6]」。

この非公式協議のさなか，11 月 13 日にスタッフは増資の「たたき台」を作成し 12 月 2 日には最終的に総務会に提出する報告書の原案を作成した[7]。こ

---

6) IA, Executive Board Minutes 58/50., Review of Quotas, December 3, 1958, p. 5.
7) IA, Executive Board Specials 58/59., Enlarging Fund Resources through Increases in Quotas, November 13, 1958. IA, Executive Board Specials 58/72., Enlarging Fund Resources through Increases in Quotas, December 2, 1958.

の原案でスタッフは，増資の必要性について紙面を割いた後に「増資の必要性について結論付ける前に，理事会はその他の方法についても検討した」との文言を加え IMF を拡大するための代替案についても言及する形をとった。この代替案についてスタッフは，すでに「たたき台」の段階で次のように検討を加えていた。「IMF の融資能力を増強する方法としては増資以外にも，① 加盟国から借入を行うこと，② 米ドル以外の西欧諸通貨の利用を促進すること，いわば『引出通貨の多様化』を進めること，③ 未払いの出資金を速やかに回収することが考えられる」。しかしスタッフは，これらの方法についてそれぞれ次のような問題点を指摘し増資がもっとも望ましい方法であると結論付けた。すなわち「借入には貸手国との交渉に時間を要するだけでなく貸手国への利払いまで発生する。また増資と異なり，貸付形式では貸手国に引出権の増加も投票権の増加ももたらさないため公平性の観点からも課題がある。さらに西欧諸通貨の利用を増やしたとしても，有事の際には米ドルの利用が増加する可能性がある。そして出資金の未払分はたった 2 件しかないうえ，すでに多くの買戻しは 3 年以内に順調に行われているため改善の余地は少ない」。12 月の原案では「理事会として，増資以外の方法は IMF が直面している状況を打開するものではないとの結論に至った」との文言とともに以上の分析が掲載された。

　増資の比率についてスタッフは「一方で，利用可能な金および交換性通貨の金額が十分な水準になるよう設定されなくてはならない。また一方で，出資に必要な金は加盟国の準備から拠出されるものであるから出資が過度な負担になってもいけない」と述べ，望ましい比率として 50 ％という値を提示した。そしてこの理由について，① 50 ％の一般増資によって新たに払い込まれる金はおよそ 10 億ドルであるがこれは金の年間新産額でありまた加盟国が保有する金準備の 3 ％程度の額に過ぎないこと，② 50 ％の一般増資によって IMF の保有する金および米ドルは 99 ％，金，米ドル，ドイツ・マルク，英ポンドは 59 ％増加すること，このことは IMF による危機対応能力を高めるに足る数値であることを指摘した。

　またスタッフは「いくつかの主要国のクオータは当該国が国際経済に占める役割に比して，また他の加盟国がそれらの国の通貨を利用する可能性があるに

もかかわらず過小である」として，主要国の個別的な増資すなわち「特別増資」についても総務会への提案に盛り込む方針を示した。さらに，クオータが2000万ドル以下の「少額国」についても言及された。3章で述べたように，クオータの第2次見直し期間を経てこれら諸国には「少額増資政策」が適用されることになっていた。しかしスタッフは，依然として大部分の国が特別増資を認められていないとして少額国は一般増資を完了した後に特別増資を申請することが可能であるとの趣旨を含める案を示した。

　さて理事会は，12月3日から19日にかけスタッフの原案をめぐって議論を行った[8]。50％の一般増資については早々にコンセンサスが得られたものの，特別増資については議論の大部分の時間が費やされることになった。というのも総会で一般増資の方針が決定して以降，この機を捉えてクオータを拡大させようとする数多くの加盟国から特別増資の要請が寄せられたからである。理事会で協議が行われている最中にも特別増資の要請は増加してゆき，11月中旬から1カ月でその数は7カ国から16カ国へと急増した。

　理事会ではまず西ドイツについて検討が行われ，それまでの3億3000万ドルから7億8750万ドルへの大幅な特別増資を提案する方針が全会一致で承認された。この金額は，一般増資後のフランスのクオータと同額であった。そもそも西ドイツ政府は特別増資を自ら要請したわけではなかった。特別増資の承認は，ヤコブソンや西欧諸国の推薦と後押しを西ドイツ代表が受け入れる形で行われた。金額についても，当初スタッフは西ドイツの経済力に鑑みれば7億9000万ドルから10億ドル超への増資も正当化されるとの試算を示していたが，これに対し西ドイツ側が試算の下限，最終的にはフランスと同額を希望するという手順で決められた。

---

8) IA, Executive Board Minutes 58/50., Review of Quotas, December 3, 1958. IA, Executive Board Minutes 58/51., Review of Quotas, December 5, 1958. IA, Executive Board Minutes 58/52., Review of Quotas, December 8, 1958. IA, Executive Board Minutes 58/53., Review of Quotas, December 10, 1958. IA, Executive Board Minutes 58/54., Review of Quotas, December 10, 1958. IA, Executive Board Minutes 58/55., Review of Quotas, December 12, 1958. IA, Executive Board Minutes 58/56., Review of Quotas, December 12, 1958. IA, Executive Board Minutes 58/57., Review of Quotas, December 15, 1958. IA, Executive Board Minutes 58/59., Review of Quotas, December 19, 1958.

一方，西ドイツの事例とは対照的にその他の要請については加盟国自身の裁量から希望額が提示されていたこともあり容易にコンセンサスは得られなかった。例えば日本政府は2億5000万ドルから5億ドルへの特別増資を希望していたが，1953年から57年の経済指標にもとづいて作成されたスタッフの記算では4億4500万ドルが最大とされていたこともあり一部の理事たちが5億ドルは過大であるとして反対した。これに対し日本を代表する渡辺武理事は，成長を続けている日本に対し1953年から57年の「平均値」を適用することには問題があること，一部途上国の日本円に対する需要は増加してきていること等を理由に反論を展開した。またメキシコによる9000万ドルから2億ドルへの増資要請，キューバによる5000万ドルから1億1500万ドルへの増資要請についても金額が過大であるとの異論が示され紛糾した。サザードは，この2国はすでに8条国に移行しているばかりか資本移動の自由化も進めている関係から国際収支の変動が激しいため寛容な対応が可能であると述べた。しかし，理事たちからは8条国という立場を数量面に反映することが難しい等の反論が提示された。この他，セイロンやタイ，トルコ，イスラエル，サウジアラビア，イラン，ベネズエラ，ノルウェー，デンマークなど，理事たちが自ら代表する国々の要望を次々と持ち出したため議論は膠着した。

こうしたなか理事会では，理事会の目的は一般増資の実現にあり特別増資の問題に時間を費やすべきではないとの見解が多数となり，最終的には2つの方針が決められた。第一に，特別増資の金額を決めるにあたって明示的な基準は設けないが一部の国々を除き原則として100％増を上限として考えること。この方針に沿って，日本やメキシコ，キューバはじめ多くの国々の増資額が合意に至った。第二に，加盟国の規模に応じて対応を区別する方針を総務会に提案することが決められた。すなわち，まずは(1) IMFの拡大に有意な影響を与える国々の特別増資を実現すること。具体的には，西ドイツ，カナダ，日本がこれに該当する。(2)「少額国」については，① 50％の一般増資を受ける，ないし② 少額増資（5億ドル未満の国は7.5億ドルに，5億ドル以上10億ドル未満の国は10億ドルに，10億ドルから15億ドル未満の国は15億ドル，15億ドルから20億ドルの国は20億ドルに増資）の適用を受けた後に50％の増資を受ける，あるい

は③①と②の間の値への増資を受けることができる。(3) その他の国々については、1959年の早い段階で別の決議として総務会に提案する。

　特別増資の議論と並行して、理事会では増資の「代替案」にかんする記述を総務会への報告書に掲載することについて理事たちから批判が寄せられた。とりわけIMFによる加盟国からの借入と引出通貨の多様化問題については、その是非はともかく総務会への提案書はこれらの問題を論ずるに適当な場所ではないとの指摘が相次いだ。これに対しヤコブソンは、「ある」加盟国当局からIMFによる借入という方策が適当ではないかとの提案を受けたためにスタッフは検討を進めてきたこと、このため借入という方策について検討したことすら記載しないこと、あるいは借入について記載しながら引出通貨の多様化問題に言及しないことは加盟国の疑問をよぶのではないかと述べスタッフの原案を擁護した。しかし理事たちの意向は変わらず、最終報告から「代替案」にかんする記述は全面的に削除されることになった。

　こうしておよそ2週間あまりの議論を経て、12月19日の理事会で最終的に3つの決議を総務会に諮ることが決まった。3つの決議とは、①50％の一般増資を行うこと、②「少額国」は一般増資と少額増資政策双方の適用を受けることができること、③カナダ（3億ドル→5億5000万ドル）、西ドイツ（3億3000万ドル→7億8750万ドル）、日本（2億5000万ドル→5億ドル）の3カ国について特別増資を行うことである。また金の払込が困難な加盟国に対する特例として、5年間の分割払込ないし3年間の買戻し期限付きでの金の借入措置も提案された。そして総務会が1959年2月2日ないしそれより前にこの決議を採択すること、9月15日までに75％以上の加盟国の合意をもって増資が発効するよう期待された。

　1959年2月2日、総務会はこの3つの決議を採択した。ちなみに、ボリビア（1000万ドル→2250万ドル）、エチオピア（600万ドル→1500万ドル）、グアテマラ（500万ドル→1500万ドル）、リビア（500万ドル→1500万ドル）が2番目の決議の適用を受けた。さらに4月6日には、この他に特別増資を希望していた諸国の要請についても採択され次の14カ国が特別増資を認められた。アルゼンチン（1億5000万ドル→2億8000万ドル）、ブラジル（1億5000万ドル→2億

表 4-3 クオータ増資上位 10 カ国の変化

増資前 (1959 年 4 月末時点)					増資後 (1960 年 4 月末時点)				
加盟国	クオータ	比重	投票権	比重	加盟国	クオータ	比重	投票権	比重
1. アメリカ	2750.0	29.80	27,750	25.39	1. アメリカ	4125.0	28.89	41,500	25.98
2. イギリス	1300.0	14.09	13,250	12.13	2. イギリス	1950.0	13.66	19,750	12.36
3. 中 国	550.0	5.96	5,750	5.26	3. フランス	787.5	5.52	8,125	5.09
4. フランス	525.0	5.69	5,500	5.03	4. 西ドイツ	787.5	5.52	8,125	5.09
5. インド	400.0	4.33	4,250	3.89	5. インド	600.0	4.20	6,250	3.91
6. 西ドイツ	330.0	3.58	3,550	3.25	6. 中 国	550.0	3.85	5,750	3.60
7. カナダ	300.0	3.25	3,250	2.97	7. カナダ	550.0	3.85	5,750	3.60
8. オランダ	275.0	2.98	3,000	2.75	8. 日 本	500.0	3.50	5,250	3.29
9. 日 本	250.0	2.71	2,750	2.52	9. オランダ	412.5	2.89	4,375	2.74
10. ベルギー	225.0	2.44	2,500	2.29	10. ベルギー	337.5	2.36	3,625	2.27
⋮	⋮	⋮	⋮	⋮	⋮	⋮	⋮	⋮	⋮
全加盟国計	9,228	100.00	109,280	100.00	全加盟国計	14,277	100.00	159,762	100.00

出所) IMF, *Annual Report of the Executive Directors for the Fiscal Year ended April 30, 1959-1960*, 1959-60.
注) クオータの単位は 100 万ドル, 比重の単位は％。

8000 万ドル), セイロン (1500 万ドル→4500 万ドル), キューバ (5000 万ドル→1億ドル), デンマーク (6800 万ドル→1 億 3000 万ドル), ガーナ (1500 万ドル→3500 万ドル), イラン (3500 万ドル→7000 万ドル), イスラエル (750 万ドル→2500 万ドル), メキシコ (9000 万ドル→1 億 8000 万ドル), ノルウェー (5000 万ドル→1 億ドル), サウジアラビア (1000 万ドル→5500 万ドル), タイ (1250 万ドル→4500 万ドル), トルコ (4300 万ドル→8600 万ドル), ベネズエラ (1500 万ドル→1 億 5000 万ドル)。以上の増資は, 75％を超える加盟国の同意をもって 1959 年 9 月 9 日に発効した。こうして, IMF の資金規模は約 90 億ドルから 140 億ドルへと大幅に拡大したのである (表 4-3)[9]。

2) 為替自由化の最終局面

ⓐポンド交換性回復と IMF──自由化圧力と対英融資

ドル不足の解消とクオータ増資に向けた前進。ここまで述べてきたように,

---

9) この増資の後, 第 4 次─第 9 次および第 11 次見直し期間において合計 7 回の一般増資が行われている。2010 年 12 月には第 14 次一般増資が総務会で採択されたものの 2014 年 3 月末時点で発効には至っていない。なお第 14 次一般増資が発効する と IMF の資金規模は約 7500 億米ドル相当になる。近年の増資をめぐる動向については巻末付表 2 の「IMF ガバナンスの改革」を参照されたい。

1958年を通し多角的決済体制の樹立と維持のために好適な条件が整備されていった。国際的な自由化機運は高まった。折しも西欧諸国に対して経常赤字を計上するようになったアメリカやカナダでは，ポンドはじめ西欧通貨の交換性回復を望む声，さらにこれら各国が依然としてドル差別を維持していることに対する不満の声が高まりつつあった。

例えば9月中旬にモントリオールで行われた英連邦経済会議で，カナダ代表は自国が英連邦に属していながらイギリスの為替管理法上はドル地域に分類され他の英連邦諸国より厳格な輸入制限を課されていることに対し強い不満を表明した。こうした不満に配慮したイギリスは，ポンドの交換性回復については「必要な条件が整ったら」前進するとしてその期日について明言を避けつつも，代償として機械類や新聞紙等の製品についてドル地域からの輸入制限を緩和する旨を宣言し会議後に実行した（対ドル地域自由化率：62 → 73％）。

1958年の年次総会でも，イギリスはじめ西欧諸国に対し為替自由化に向けた期待とも不満ともとれる発言がドル地域の代表たちから表明された。アメリカ代表は「この1年を通し，わが国の輸入は依然として高い水準だったが輸出は大きく減少した。アメリカは，国際貿易縮小のショックを自国の輸出勘定で吸収するとともに輸入水準を維持することで国際貿易の安定に寄与した。しかし今後は，アメリカ国内経済の回復のみならず他の諸国の国際競争力の強化が国際貿易決済の状況をいっそう強固なものにしていくだろう」と述べた。このアメリカ代表の発言は，西欧諸国に対し国際貿易の拡大に資する政策すなわちドル差別の廃止を期待する内容だったといえる。カナダ代表もまた「英連邦諸国としては，必要な条件が整い次第，早急にポンドは交換性を回復すべきであると考えている。もちろん最終的な決定はイギリス政府にゆだねられているが，この英連邦諸国の要望は必ずや考慮されるものと信じている。また我々は，差別的措置をいっそう廃止してゆくべきであるとも考えている」と述べ，イギリスに早急な自由化を求めた。一方，イギリス代表は「ポンドの地位が強化されてきたことは，我々に差別的措置のさらなる撤廃と念願であったポンドの交換性回復への接近を可能としてきている。これらの措置を行う上で必要と思われる条件がそろえば，我々はリスクなしに前進することができるだろう」と述べ，

やや遠回しな表現で為替自由化に向けた意思を示した[10]。

　イギリス代表の声明は「必要な条件」との「但し書き」がついた歯切れの悪さを感じさせる内容であったが，為替自由化に向けた当局の方針は実際のところどのようなものだったのだろうか。じつはイギリス当局内部では，折からの好調な経済情勢を背景に1958年の秋頃から——戦後何度目かの——ポンド交換性回復が独自に計画されていた。当初「オペレーション・ムーンシャイン（Operation Moonshine）」と名づけられ，その後「オペレーション・ユニコーン（Operation Unicorn）」へと名称変更されたこの計画は[11]，西ドイツとフランスはじめ西欧の主要通貨国とともにまずは非居住者勘定の交換性回復を目指すものであり，差別的措置の廃止や8条国移行については同時に行わない方針を採っていた。

　計画を実行に移すうえで「必要な条件」は，大きく分けて2つあった。ひとつは，すでに1952年からイギリス当局が主張してきたように経済面の諸条件であった。もっともこの論点については，すでに若干の指標で示した通り，またクオータ増資が前進をみていたことからも，当局の認識如何はさておくとして客観的にはほとんど解消されつつあったといってよい。交換性回復への道のりを複雑にしていたのはいまひとつの要因，大陸欧州諸国との関係であった[12]。すでに述べたとおり，EMAが調印された際，EPUクオータの50％を占める国々——事実上はイギリス・フランス・西ドイツの3カ国——の交換性回復がEPUを解散しEMAへ移行する条件として決められていた。ところがこの共同歩調のプロセスに，その後欧州連合（European Union; EU）へと至る経済統合の方途をめぐる対立と[13]，フランスの経済問題とが相互に関連しながら微妙

---

10) IMF, *Summary Proceedings of the Thirteenth Annual Meeting of the Board of Governors*, 1958, pp. 45-46, 61, 74-75.
11) なお「ユニコーン」という名称の由来については，2つの説が存在する。ひとつは，イギリスの国章にユニコーンが描かれていることに由来するという説。いまひとつは，計画者たちがポンドの交換制回復に対する意欲をクリュニー美術館所蔵の「貴婦人と一角獣」のタペストリー「我が唯一の望み（À mon seul désir）」によって象徴的に表現しようとしたという説である。Kaplan et al. (1989), p. 306.
12) 以下，西欧における交渉過程については，Kaplan et al. (1989), pp. 304-321を参考にした。

な影を落としていたのである。

　しばしば欧州石炭鉄鋼同盟（European Coal and Steel Community; ECSC）に始まったとされる経済統合への動きは，1955年6月のメッシナ会談，1957年3月のローマ条約締結を経て，1958年1月に欧州原子力共同体（Euratom）と欧州経済共同体（EEC）を生み出した。12年計画で「欧州共同市場（European Common Market; ECM）」の創設を進める方針を打ち出した大陸6カ国は，その第一段階として1959年1月1日から相互の関税引下げと対外共通関税の設定等，関税同盟の結成を計画していた。

　これに対しイギリスは，石炭業・鉄鋼業を国家の管理下に置いていたこともあって，当初，大陸諸国の試みと距離を置いていた。ところがイギリスにとって，ECMの誕生は大陸の輸出市場から自身が締め出される恐れがあったことから看過し得ない問題であった。このため1956年，イギリス当局はEEC構想に対抗して自由貿易地域構想を提唱し欧州に自由貿易地域を創設する計画を打ち出した。この計画は域内関税の撤廃を謳った点でEEC構想と同じであったが，農産物を対象外とすること，貿易自由化を最終目標としてそれ以上の経済統合を志向しないこと，域外関税政策については関税自主権を確保することといった諸点を特徴としていた。すなわちイギリスは，事実上，自国の経済的利害や政治主権を損なわない形でのECMへの参加を求めたのでありフランスはこれに強く反発していた。

　こうした欧州経済統合の方途をめぐる対立が続くなか，1958年10月中旬以降，「ユニコーン」計画は本格的にイギリス閣内でも検討されるようになっていた。当局内部では交換性回復に向けた機運が高まっていた。じつは1958年10月初旬に行われた総会で，イギリス代表はヤコブソンに対し内々に交換性回復に踏み切る意向を伝えていた。ヤコブソンは，こうした意向を歓迎したがフランス当局との関係に留意するよう求めた。

　当時，フランスの対外経済情勢は極めて不安定な状態にあった。すでに3章

---

13) 欧州統合に対するイギリスの姿勢，EEC加盟交渉の政治経済的過程については欧州統合史の文脈で膨大な研究蓄積が存在するが，通史的な文献として力久昌幸（1996），権上康男（2013），Eichengreen（2007）を参照のこと。

で触れたように，1957年夏，当局は投機を受けフランの大幅な減価を行っていた。こうしたなか1957年12月にはヤコブソンがフランスを訪れ，スタンドバイ協定の締結と引換えに予算赤字の上限設定，フランス銀行による中期信用供与の停止，1959年度予算までの長期計画を策定させることに成功していた[14]。しかしその後もフランスはEPUで最大の債務国であり，またその物価水準は他の大陸諸国に比べて10-20％程度高いといわれていた。このため交換性を回復するにせよECMに参加するにせよ，フランス経済のさらなる安定化——フランの切下げとインフレの抑制——が必要なことは明らかであった。大陸6カ国はEEC構想を堅持しフランスとともにEMAへ移行する方針を確認していたものの，ドゴール（Charles de Gaulle）の抵抗もあって安定化に向けた道筋は難航していた。

　こうした状態でイギリスが交換性回復を断行するようなことがあれば，ありうべきシナリオは2つであった。ひとつはフランスと西ドイツが追随して交換性を回復しEMAが誕生する可能性であり，いまひとつは独仏が追随せずイギリスが単独で交換性を回復しEPUを離脱するというストーリーであった。しかし問題は，いずれにせよイギリスの早急な行動がフランスの国際収支に圧力をもたらすということだった。EMAでは参加国の債権債務関係の100％が金ドルで決済されることになっており，このことが域内最大の債務国であったフランスにとって負担となることは明らかだった。またイギリスがEPUを離脱すれば，事実上，EPUは解散に追い込まれ債権債務関係の清算が行われることになるが，そのことが同様の圧力をフランスにもたらすことは容易に予想された。

　このためイギリス内部では，イギリスが交換性回復を主導すればフランスはフラン切下げをもって追随するだろう——イギリスへの「自発的な黙従」——との楽観的な見方があった一方で，自由貿易地域交渉を有利に進めるためにも交換性回復のタイミングを慎重に見極めるべきとの見解が存在していた。折しもフランスではIMFコンサルテーションが行われており，当局の信用政

---

14) 以下，交換性回復に至る対仏協定14条コンサルテーションおよびIMFの対仏政策については矢後和彦（2014），179-185頁を参照されたい。

策を中心に緊縮的マクロ政策のあり方が協議されていた。

ところが11月に入り，フランス側が自由貿易地域構想を完全に拒否する姿勢を示したことで事態は混迷を深めることになった。事実上，イギリスの自由貿易地域構想は暗礁に乗り上げ[15]，マスコミは「イギリスが，自由貿易地域構想の交渉失敗への報復措置として交換性回復に踏み切るのではないか」と書きたてた。さらに大陸6カ国以外のEPU参加国のなかにはEPUの継続を望む国々も出始め，これら諸国はEMAを敬遠する動きを見せるほどであった。大陸6カ国は，1959年1月1日のECMの発足と同時にEPUの解消とEMAへの移行を企図していた。このため1958年末は6カ国にとっていわば交換性回復の「タイムリミット」であったが，その見通しは立っていなかった。

こうして西欧諸国が不協和音を響かせるなか，11月中旬よりロンドンで1958年度の対英コンサルテーションが始まった。協議の冒頭，イギリス側は1950年代後半を通して採用してきた緊縮的マクロ政策の効果でイギリスの経済情勢が好転したことを説明する一方，「IMFの増資案が，ニューデリーで前進したことを歓迎する。我々は，IMFの資金は国際収支の安定を維持するために十分な規模であるべきだと考えている。IMFが我々に提供してくれた資金は，ポンドが信認を回復するうえで重要な役割を果たしてきた」と述べ，1950年代後半の度重なる危機に見舞われながらも漸進的な自由化を進められた要因としてIMFの役割に言及した。

そのうえでイギリス側は，1959年以降も漸進的にドル差別の廃止を進めてゆく計画をスタッフに提示した。この計画は，第一に自由化の負担が少ない品目についてできる限り為替制限を廃止し，第二に自由化によって許容し難い国際収支圧力が生じうる品目に対する輸入割当を増加させ，第三に自由化に特別な困難が伴う品目については時間をかけて制限の廃止を検討するという内容だった。そして「ニューデリーでも述べたように，イギリス政府は，必要な条件が整ったら，またリスクなしに前進できると判断すればさらなる為替自由化を

---

15) この後，イギリスは，スカンジナビア三国，スイス，オーストリア，ポルトガルを加え1960年7月に欧州自由貿易連合（European Free Trade Association; EFTA）を発足させた。こうして欧州は，EEC6カ国とEFTA7カ国に分かれることになった。

進める」と述べ，IMF スタッフにやや慎重な見通しを語った[16]。

　この初日の協議の後，スタッフチームの代表であったフリードマンはイギリス大蔵省のリケット（Denis Rickett）からスタンドバイ協定の更新について内々に要請を受けた。同日，フリードマンがヤコブソンに送った私信によれば「ランカスターハウスでの昼食後，リケットが会談を申し入れてきました。彼は，『マクミラン首相に対してスタンドバイ協定の更新を勧める予定であるが，イギリス当局はスタンドバイ協定の更新が正当化されるものと考えている』と述べました。更新の主要な目的は，スタンドバイ協定が差別的措置の廃止も含む広義の『交換性回復』に向けたさらなる前進をサポートするものであるということでした。〔……〕イギリス当局は，12 月 19 日金曜，14 条コンサルテーションの内容とスタンドバイ協定の更新について同時に IMF 理事会で協議することを望んでいます」とのことだった[17]。この段階では，依然として西欧域内の問題は解決していなかった。しかし 1 年以内に交換性回復が行われる蓋然性は高くイギリス当局はこれに資金面で備えておく必要性を感じていたのだろう。

　さらにこの翌日，フリードマンは「思うに，大蔵省あたりはスタンドバイ協定の申請書にあれこれと但し書きを付けたがるでしょう。例えば『状況が許せば』前進するといったような。しかし私としては，大蔵省やイングランド銀行に，意志をあいまいにするようなこうした表現をよしとしない人々もいると願っています。〔……〕私はリケットに，もちろん昨今見られた自由化やさらなる自由化に向けた当局の意向は尊重されるべきだが，なぜ交換性回復や差別的措置の廃止が重要なのか重ねて説明しました」とヤコブソンに報告した[18]。ここからもわかるとおり，IMF スタッフたちは為替自由化に消極的なイギリスに対し「融資と圧力」で対応する方針を採っていた。

　実際，本格的な協議が始まると，イギリス側は，依然としてドル地域からの輸入の 4 分の 1 が為替制限下にあるということ，すなわちドル地域への輸入制

---

16) IA, C/U. K./420. 1., Exchange Restrictions Consultations - 1958, Minutes of the First Meeting, November 17, 1958, pp. 1-5.
17) IA, C/United Kingdom/1760, Secret (Letter of Friedman to Jacobsson), November 17, 1958.
18) IA, C/United Kingdom/1760, Secret (Letter of Friedman to Jacobsson), November 18, 1958.

限が「無視できない規模」であることから急速なドル差別の全廃は受け入れられないと述べ自由化に抵抗した。こうした消極的姿勢に，フリードマンは苛立ちを隠さなかった。彼は「イギリスは制限の緩和と差別的措置の減少に，速やかに取り掛かるべきである。制限の廃止はイギリスの競争的地位を助長する。〔……〕ドル差別の撤廃が国際収支に甚大な影響をもたらすとは信じ難い。ドル地域におけるイギリスの輸出品や，アメリカの輸出先となっている第三国におけるイギリスの輸出品には競争力がある」と述べ，イギリス側の姿勢を痛烈に批判した。こうした圧力にイギリス側は困惑した。そして1958年を通して進められた制限の緩和によって「いまやドル地域からの輸入で制限下にあるのはたった4分の1に過ぎない」と自らの努力をアピールすることで批判を回避しようとし，かえって対ドル輸入制限が無視できない規模であるとした前言との間に論理的つまずきを見せる始末だった。

　一方，ポンドの交換性回復についてはその方途が不透明だったこともあり，イギリス側は，交換性回復はもはや時間の問題であり「必要な環境が整ったら」実行に移すだろうと述べた。そして大陸諸国との関係から適切なタイミングを見極める必要があるとしながらも「交換性回復には，1952年に述べたものと同様の条件が必要である。それは適切なサポートであり，この関係でスタンドバイ協定の更新が重要である。IMFの増資にも注目している」と述べ，IMFに対し支援を求めた[19]。

　以上を受けてフリードマンは「イギリス当局は，状況が許し次第，自由化と差別の廃止を進める意向である。そして当局は，そのための条件が1959年には揃うとの自信を有している。〔……〕我々は，さらなる制限の緩和と差別の減少が可能であると考える」と，ドル差別の廃止がイギリス当局の既定路線であるかのような表現で協議を総括しイギリス側に圧力をかけた。また，交換性回復については「依然としてイギリス政府の目的だが，不確実性が多く踏み切るタイミングを見極めなくてはならないとの報告を受けた。しかし，ポンドの交換性回復が間近に迫っていることは評価できる」と結論付けた。そして

---

19) IA, C/U. K./420. 1., Exchange Restrictions Consultations - 1958, Minutes of the Fourth Meeting, November 24, 1958, pp. 6-11.

「我々は，すみやかに為替自由化に向けて行動を起こすことがイギリスにとって利益になるとの認識を共有することができた。〔……〕我々は，イギリス当局がポンドの信認回復にとってIMFの支援が重要な役割を果たしてきたと考えていること，さらに現在のスタンドバイ協定がそれなくして踏み切ることができなかったような行動までも可能にしてきたことを知って嬉しく思っている。イギリス側は為替自由化の条件として適切な支援が得られることを挙げており，さらにスタンドバイ協定が重要であると考えている点は注目される」と述べ，スタンドバイ協定の重要性にも言及した[20]。

コンサルテーション後の1958年12月9日，IMFはイギリス側からスタンドバイ協定の12ヵ月延長を要請された。過去2回の要請がポンドに対する信認が不安定であることを理由に受諾された一方，すでに述べたように，この時はポンドの交換性回復とドル差別の縮小に踏み切ることで生じ得る国際収支上の圧力に備えることがイギリス側の申請目的だった。スタッフは，次のような理由に言及しながら理事会にイギリスからの要請を認めるよう勧告した[21]。すなわち「1958年を通して大幅な改善をみた国際収支状況は，1959年における為替自由化の前進を正当化するもの」であり，また「イギリス当局は引き続き国内の物価安定と国際収支の均衡に資するマクロ政策運営を継続する方針であり，1959年にドル差別の廃止を実行する予定である」ということ。そして「1956年と57年の危機時にIMFから提供された金融支援がポンドの信認回復に多大な意義を持ったこと，IMFの支援なしには現在のような好ましい状態は実現しえなかった」ことに鑑みても，スタンドバイ協定の更新は「自由化に伴いポンドに対して生じうる圧力を最小限に止めるうえで重要な役割を果たす」と期待されること。

1958年12月19日の理事会で，イギリス理事は「スタンドバイ協定が更新されれば，イギリスが1959年に実施し得るであろうと予想している貿易支払

---

20) IA, C/U. K./420. 1., Exchange Restrictions Consultations - 1958, Minutes of the Sixth Meeting, November 28, 1958, pp. 2-5.
21) IA, Executive Board Specials 58/77 Supplement 1., United Kingdom - Renewal of Stand-by Arrangement, December 12, 1958, p. 1.

面の自由化政策をいっそう進める上で重要な要素となるだろう。〔……〕スタンドバイ協定の更新は，イギリスが必要な時はいつでも適切な外国為替資金にアクセスすることができることを明確にするはずである。このためスタンドバイ協定の更新は，ポンドの強さそしてその強さを支えるポンドの信認を補強することになろう。これらはすべて，さらなる交換性回復に向けて不可欠である」と述べ，要請の主旨を説明した。

理事会では多くの理事がスタンドバイ協定の締結を支持したが，イギリスの為替自由化を心待ちにしていたドル地域の理事たちはとりわけ強い関心を示した。アメリカ理事のサザードは，「速やかにポンドの交換性回復に向けて前進するとの誓約や，対ドル輸入制限の緩和に向けた意思を歓迎する」と述べた。さらにカナダ理事のラズミンスキーは，「スタンドバイ協定においてイギリスができる限り速やかに自由化に向けて前進する意思を示していることを歓迎する」と述べた。こうして理事会は，イギリスの自由化に期待を込めてスタンドバイ協定の延長を認めた[22]。

一方，フランスの問題に解決の糸口が見えたのは1958年12月中旬になってからであった。北大西洋条約機構（North Atlantic Treaty Organization; NATO）首脳会議の際に行われた会談で，西ドイツ代表がフランスに対しフラン切下げの対価として3億ドル規模の借款を供与する可能性を提示したのであった。これを受けフランス内部でも，「クリスマスから新年の間」を期日とする交換性回復に向けて準備が前進を見た。1958年12月27日，フランス当局はフランの対ドル相場を420フランから493.706フランへ17.55％切り下げた。さらにドゴール政権は，財政赤字の圧縮を含むインフレ抑制策およびフランのデノミネーションを方針として打ち出した。

こうして12月29日，ポンドはその他の西欧主要通貨とともに対外交換性を回復した。翌日，ヤコブソンはイングランド銀行のコボルドに対し「オペレーションがフランスその他の大陸諸国との緊密な連携の下に，年内に完了したことは極めて喜ばしいことである。貴方たちがフランスのメンタリティーを熟知

---

[22] IA, Executive Board Minutes 58/59., United Kingdom-1958 Consultations, Repurchase and Stand-by Arrangement, December 19, 1958, pp. 5-6.

していたことが，イギリスと大陸諸国との関係を維持するうえで重要だったと確信している」との私信を送り，西欧諸国の調整と主要通貨の交換性回復が無事に完了したことについて感謝の意を伝えた[23]。もちろん50年代前半においてギュットとルースによって構築された「融資を梃子とした交換性回復支援」という枠組みが，ポンド交換性回復の最終局面をサポートしたことも忘れてはなるまい。通貨の交換性回復は，長らくIMFスタッフたちが追求してきた試みの延長で結実したものでもあった。なお，対英スタンドバイ協定は1959年12月の期限をもって失効した。1956年12月の締結から3年，協定は資金の引出を生じることなくその役割を終えた。

ⓑ 西欧諸国の8条国移行

こうしてポンドが交換性を回復すると，国際収支上の理由からイギリスがドル地域に対して差別的措置を維持する意義は失われた。さらにクオータ増資の決定は，為替自由化に踏み切ることによって加盟国の外貨準備に生じ得る圧迫に対処するためのバッファーが大幅に拡張することを意味していた。

1959年に入ると，IMFはドル差別の全廃をいっそう強く訴えるようになった。9月末に始まった年次総会で，ヤコブソンは「もはや硬貨と軟貨の間の差別は時代錯誤となった。〔……〕突然に差別を撤廃すればドル商品の輸入が増加し，このために国際収支の均衡が損なわれるのではないかという懸念も存在する。しかしこの種の恐れは，差別の程度を大幅に縮小した欧州諸国の経験により打ち破られている。その他の国も，自らの為替受取分の大部分が交換可能通貨となった以上，自国の輸入業者に対しもっとも安価な市場で財を購入する権利を与えることがその国の国際収支を損なうとは言い難いだろう。〔……〕多くの国にとって差別的措置を維持する国際収支上の理由は何もない。差別的措置が少しの遅滞もなく廃止されるべき時が来たのである」と主張した。

さらにヤコブソンは，「IMFにとって有効な流動性の額はかなり強化されてきている。1957年末までにおける全引出の92％が米ドルだった一方，その後の引出の4分の1がその他の通貨で行われるようになってきている。〔……〕

---

23) IA, C/United Kingdom/1760, Letter of Jacobsson to Cobbold, December 30, 1958.

クオータ増資の主目的は，短期的な経常取引のための追加資金の拡充にあるのではない。差し迫った国際流動性不足の兆しはまったくなく，実際のところ最近の通貨安定によって当面の資金需要は減少するかもしれない。むしろ増資の目的は，加盟国に対し緊急事態とりわけ短期的に大規模な支援が必要になるような場合において，彼らが IMF に有効な第 2 線準備をもっているという確信を与えることにある」と述べた[24]。彼は，① 引出通貨が多様化しつつあるということ，すなわちドル不足の解消と，② IMF の資力の増大すなわち加盟国にとってのバッファーの拡大について言及し，ドル差別を廃止しうる条件がすでに整っていることを強調したのだった。

一方，イギリス当局は，1959 年 5 月末にドル地域に対する輸入制限を緩和していたものの（対ドル地域自由化率：73 → 78％），差別の急速な全廃にはなお慎重な構えを崩さなかった。年次総会でイギリス代表は，「通貨交換性が回復した現状では，ある国がドルで支払を行おうとその他の交換可能通貨で行おうと差はない。しかし差別は長らく維持されてきたのであって，その廃止をめぐる政治的・社会的・経済的な問題に対処するための適当な時間が必要であるということは忘れてはならない。〔……〕今年 5 月，イギリス政府がドル地域からの消費財・食糧の輸入を自由化したことは重要なステップとみなされるべきである」と主張した[25]。

ところがイギリス側の抵抗とは裏腹に，年次総会直後から理事会では差別的措置の廃止に向けて IMF が採るべき方針について協議が始まった。もっとも西欧主要国がもはや国際収支上の理由からドル差別を正当化しえないことについては大方のコンセンサスが存在していたし，年次総会の直前にはスタッフによって次のように差別の全廃を支持する報告書が理事会宛てに作成されていた[26]。「現在，大部分の国際貿易が交換性を有する通貨によって，またそれら通貨の公定相場で行われている。主要貿易通貨が相互に交換可能となり多くの

---

24) IMF, *Summary Proceedings of the Fourteenth Annual Meeting of the Board of Governors*, 1959, pp. 12–16.
25) IMF, *Summary Proceedings of the Fourteenth Annual Meeting of the Board of Governors*, 1959, pp. 79–80.
26) IA, Staff Memoranda 59/62., Discrimination, Septmber 24, 1959, pp. 3–4.

加盟国にとってもはや外貨準備の構成が問題ではなくなったという事実は，IMFが多角的決済体制の樹立に向けて加速する正当な根拠を与えている。こうした状況は，これまでのドル差別をめぐる議論そのものを消滅させるものである。交換不能通貨で貿易決済が行われていない以上，『通貨面』での差別は存在しえない。さらにスタッフは，一部の国については国際収支や外貨準備を棄損することなく極めて短期間のうちに残存制限を排除することが可能であると考えている。それらの国は，残存制限がわずかであるにもかかわらず対外経済関係は良好である。これはすなわち現在のようなほとんど自由化された状態が苦もなく維持されているということであり，これら諸国が差別的措置を維持する国際収支上の理由がないことを裏付けるものである」。

理事会では，スタッフの報告が大方の支持を集め協議は短期間のうちに終了した。こうして10月23日，「国際収支上の理由から差別的措置は正当化されない」との理事会決定が行われた。このようにドル差別の廃止に対する国際的な機運が高まるなかで，11月9日，イギリス当局はドル地域からの輸入制限を大幅に緩和した（対ドル地域自由化率：78 → 95％）。

12月に行われた1959年度コンサルテーションの場で，スタッフチーム代表のフリードマンは「国際収支上の懸念が存在しないのに，なぜ差別が維持されているのかまったく理解できない」と述べ残存制限の維持に疑問を呈した。イギリス側は，差別の全廃は困難であり差別の解消には他地域への制限を再強化するほかないとの論法で抵抗した。しかしフリードマンの厳しい追及の前に「イギリス政府は，もはや国際収支上の理由で制限を正当化しようとは考えていない」と述べ，制限を維持する「国際収支上の理由なし」を宣言するに至った[27]。

最後となる14条コンサルテーションを締め括るに当たり，フリードマンは「イギリス当局が，残存輸入数量制限についてもはや国際収支上の理由で正当化することはできないと主張していることを喜ばしく思う。この進展はIMFにとって重要である。ポンドの国際的な利用を促進することになるこの取り組

---

27) IA, C/U. K./420. 1., Exchange Restrictions Consultations (Art. XIV) 1959, Minutes of the Fifth Meeting, December 9, 1959, p. 3.

みは，国際通貨システムの強化に重要な意義を有するだろう」と述べ，イギリスによる「為替制限を維持する国際収支上の理由なし」の宣言を歓迎した。そして同時に「現在の良好な状態が続くような政策を採る必要性を強調したい。つまり国内的にも対外的にも強いポンドを維持する政策である」と述べ，50年代後半以降強調してきた通貨安定策へのコミットを欠かさないよう求めた[28]。

イギリスの 8 条国移行は現実味を増した。この頃までに，その他の西欧主要国も「国際収支上の理由なし」を宣言し始めていた。こうした「戦後過渡期の終了近し」という機運の高まりをうけ，IMF スタッフは，8 条国が維持する制限をどのように扱うか，8 条国と継続的なコンサルテーションを行うべきか否か等，14 条国から 8 条国への移行を取り巻く論点について検討を進めた。この試みは，1950 年代中頃において行われていた同様の検討を引き継ぐものであった。

最終的に次のような方針が示され，1960 年 6 月の理事会はそれらを決定した[29]。① 8 条国に移行した加盟国は，IMF の承認なしに経常取引に対する為替制限を採用することはできない。② 第 8 条の義務を受諾する前に加盟国は，IMF の承認を要するような為替制限をできる限り廃止しておくこと，さらに予測可能な将来においてそうした措置へ後戻りすべきでないことを理解しておくべきこと。③ 将来的に国際収支上の理由から為替制限を導入することが必要になった場合，IMF はそれらが真に必要なものでありかつまた一時的なものである場合にのみ承認するだろう。④ 国際収支上の理由以外の事由にもとづく為替管理の採用については，最大限回避すべきである。⑤ 8 条国として引き続きそうした措置の維持を望む加盟国は，IMF と定期的に協議しなくてはならない。一方，そうした事情がなければこの 8 条コンサルテーションを受ける必要はないが，定期的な協議を行うことは加盟国にとっても IMF にとってもメリットがある。

---

28) IA, C/U. K./420. 1., Exchange Restrictions Consultations (Art. XIV) 1959, Minutes of the Seventh Meeting, December 15, 1959, p. 3.
29) IA, Staff Memoranda 60/34., Article VIII and XIV, May 13, 1960. IA, Executive Board Minutes 60/27., Article VIII and XIV, June 1, 1960, pp. 2-6.

理事会決定の内容からも分かるとおり，必ずしもすべての為替管理の廃止が8条国への移行の条件になっていたわけではなかった。実際のところ，すべての為替管理の性質と目的について，それが経常取引に係るものなのかどうか，あるいは国際収支上の理由によるものなのかどうかクリアに色分けすることが困難だったからである。理事会決定の後，IMFスタッフたちは欧州諸国の残存する為替制限にかんする報告書の作成を進めた。この作業は，1960年10月頃までに終了した。

　他方，14条コンサルテーションにおいて経常勘定に係る為替制限を維持する「国際収支上の理由なし」を宣言していた西欧諸国の間でも8条国への共同移行のタイミングが模索されていた。すでにEECとしての共同移行を決めながらも8条国への移行に煮え切らないフランス，EECが移行するタイミングを見計らうイギリスと北欧諸国との間での調整に時間を要していたのだった。ドフリースはこの点について，「欧州諸国は単独で先んずることが自国の通貨に対する圧迫を招くことを恐れていたが，一方で他国に遅れることもまたよしとしなかった。それは，自国の権威の問題でもあり欧州の紐帯にも影響があった」と説明している[30]。

　最終的に1月末から2月初頭にかけ，西欧諸国はIMFに対し2月15日をもって8条国に移行する旨を通知した。こうした各国の対応について，ヤコブソンは「これまでスタッフが協議を重ねてきた諸国が2月15日をもって8条国への移行を実現することは，誠に喜ばしいことである。1958年12月末の対外交換性回復よりもはるかに以前から進められてきた諸通貨の長い長いリハビリテーションは，ここに新たな段階を迎えている」と述べこれを歓迎した[31]。

---

30) Horsefield et al. (1969), Vol. 2, pp. 289-291.
31) IA, Executive Board Minutes 61/5., Future Activities of the Fund, Feburuary 10, 1961, pp. 22-23.

2　国際通貨システムの動揺と IMF——「新たな課題」の登場

1）ドル危機の発生——「ドル不足と為替管理」から「ドル過剰と短資移動」へ

　ここまで見てきたように，西欧諸国の復興とドル不足の解消は IMF にとって為替自由化を推進する有力な根拠であった。ところが戦後過渡期の終了がもたらした世界は，2つの点で IMF に「新しい課題」を提示した。

　第一に，圧倒的なアメリカの地位に支えられていた戦後の国際通貨システムが西欧諸国の台頭によって次第に揺らぎ始めたのである。為替自由化の障害であったドル不足の解消にはアメリカと西欧との経済的均衡を必要としたが，両者の経済的均衡の達成はドル不足の解消を直ちにドル過剰へと転換させた。1960年9月の年次総会でヤコブソンは「主要国の国際収支について，もっとも著しい変化はアメリカにおいて生じている。1957年の大幅な黒字を経て，アメリカは1958・59両年において35億ドルの国際収支赤字を計上した。〔……〕1958・59年におけるアメリカの国際収支赤字は，西欧諸国の巨額の黒字と対応するものであった」と述べ，アメリカと西欧諸国との間の経済関係の力点の変化に言及した[32]。

　第二に，為替自由化の進展は，ブレトンウッズ会議で構想された経常取引にかんする資金移動の範疇を超え次第に投機的な短資移動をもたらすようになった。とりわけ過剰となったドルが，不安定な短資として主要為替市場において投機的な動きを見せるようになった。ホースフィールドによれば，こうした資本移動の自由化はとりわけ経済統合に向けて始動した EEC 内部で顕著であり，1950年代を通し資本自由化は必ずしも望ましいものではないとの立場をとっていた OEEC 内部でも次第に自由化の利点が受け入れられるようになったとされる[33]。1960年の総会でヤコブソンは「多くの主要通貨が交換性を回復したことで，商業銀行はより多額の外貨操作のための資金を手にするようになっ

---

32) IMF, *Summary Proceedings of the Fifteenth Annual Meeting of the Board of Governors*, 1960, pp. 23-25.
33) Horsefield et al. (1969), Vol. 1, p. 503.

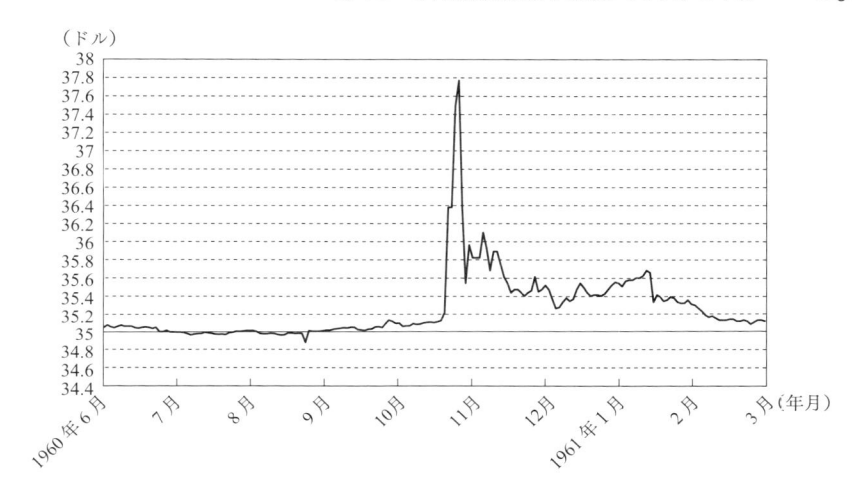

図 4-6　金価格の推移

出所）Economist Newspaper, *The Economist*, 各号（1960.1.2-1961.12.30）より作成。
注）値はすべて各日の終値。

た。部分的にはこうした自由度の増大の結果として貿易金融は大きく促進され，国際貿易の拡大をなす要因のひとつとなった。しかし同時にこれらの変化は，流動資金や貿易金融が相対的な金利水準の変化に応じて金融市場間を移動することを可能にするものでもあった」と述べ，為替自由化が国際貿易の拡大だけでなく短資の移動をも可能にする結果を招いたことを指摘した[34]。

西欧諸国のドル過剰への転換と短資移動の登場。こうした2つの変化は，「ゴールドラッシュ」という形で国際通貨システムの不安定化を招来した。1960年9月16日，公定価格の上限である1オンス35.24ドルをつけたロンドン自由金市場の金価格は，10月20日には一時40ドルまで高騰した。図 4-6 はロンドン市場での金価格（終値）の推移を示したものだが，この値は1961年に入ってからもしばらくは金現送点の上限を上回る価格を維持した。またすでにアメリカからの金流出は1957年末から始まっていたが，1960年代に入る

---

34) IMF, *Summary Proceedings of the Fifteenth Annual Meeting of the Board of Governors*, 1960, p. 23.

(100万ドル)

図 4-7 アメリカの公的金保有額

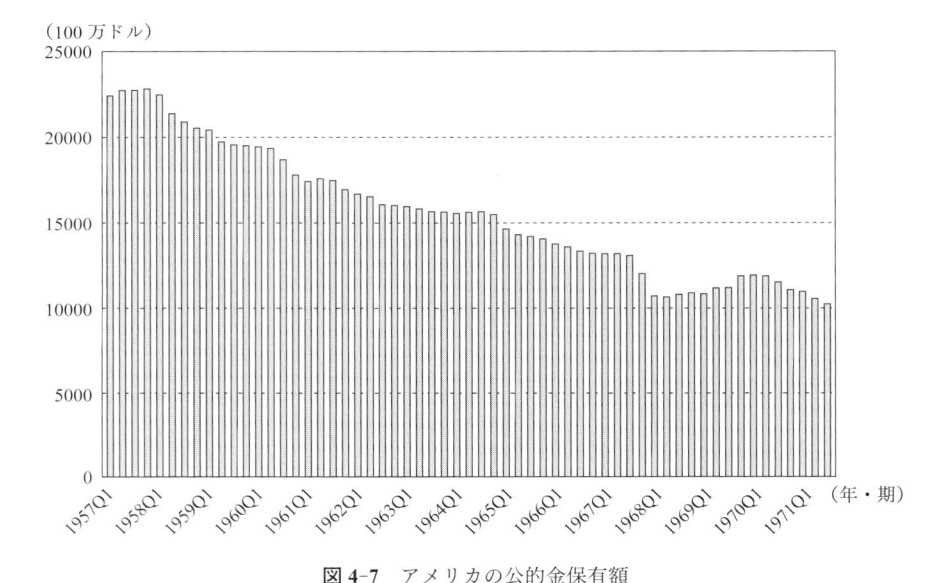

出所) IMF, *International Financial Statistics*, Vol. 11-25, 1958-72.

とアメリカの公的金準備は急速に減少を始めニクソンショックに至るまでほぼ一貫して流出を続けた（図4-7）。1961年1月，アイゼンハワーに続いて米大統領に就任したケネディ（John F. Kennedy）は，2月，国際収支赤字対策を発表するとともに金ドル平価の切り下げを否定するなどドル防衛の意向を表明しゴールドラッシュの鎮静化に努めた。さらにケネディは，危機に対応する手段としてIMFの資金を利用する可能性にも言及した。

このケネディによるドル防衛の声明を契機にいったんゴールドラッシュは鎮静化したものの，3月，ドイツ・マルクとオランダ・ギルダーの切上げを契機として今度はポンドが投機にさらされた。こうして主要通貨であるドルとポンドが投機の対象となるにおよび，主要国間ではドル防衛・ポンド支援のための枠組みが次々と構築されていった。ポンド危機に対処するためBISの月例会で「バーゼル協定」が結成され，スイス国立銀行（Swiss National Bank）による3億1000万ドルの「過剰ドル」の供与を中心にその他の中央銀行もイギリス

に合計約 10 億ドルにのぼる信用を供与した。また先物マルクの対ドルプレミアムの拡大に対処するため，ドルの先物操作が実施された。この際の介入資金はブンデスバンクがニューヨーク連銀に融資することで賄われたが，以降，中期のアメリカ財務省証券である「ローザ・ボンド」の発行によって調達されることになった。そして 11 月には，BIS 月例会の場で議論を重ねたアメリカと西欧の主要中央銀行は「金プール」の創設を決定しロンドン自由金市場の金ドル価格を維持するための体制を整備した。加えて 1962 年 3 月，ニューヨーク連銀とフランス銀行との間で発効した短期信用協定は，60 年代を通して拡充および多角化され「中央銀行間スワップ網」を形成していった。

　このように主要国の IMF8 条国移行に向けて準備が行われていた背後では，並行してニクソンショックに帰結する国際通貨システムの動揺が始まっていたのである。折しもドル危機の原因をめぐり，元 IMF パリ事務局のスタッフであり当時イェール大学の教授に転身していたトリフィンの「流動性ジレンマ論」が注目を集め始めていた[35]。

2) システム不安への対応——改革か補強か
ⓐヤコブソン声明

　主要国の 8 条国移行によって多角的決済体制の樹立に見通しがつくとすぐに，IMF もまた危機への対応に乗り出した。1961 年 2 月，ヤコブソンは「将来の IMF の活動」と題する報告を理事会で発表し，IMF として採るべき 5 つの対策を提案した[36]。報告の冒頭でドル危機へのケネディの対応を評価しながらも，すなわち危機対策として「一国レベルのマクロ政策運営」のあり方を依然として重視しながらも，彼は 5 つの面で IMF の政策を改善する必要があると主張した。

　まずヤコブソンは，IMF 資金の利用を 2 つの点でより弾力化する方針を示した。第一に，彼は IMF 引出権を外貨準備と同等の役割を果たすものとして加盟国が「気軽に」利用できるよう意識を変えてゆく必要があると述べた。す

---
35) Triffin (1960).
36) IA, Executive Board Doucuments 61/18., Future Activities of the Fund, February 10, 1961.

なわち，それまで IMF 資金は緊急時のみしか利用できないとの印象を持たれてきたが，緊急事態が生じた時だけではなくより平時の国際取引に関連して（as a matter of ordinary business）柔軟に利用できるようにすべきであると述べた。そして第二に，第一の点とも関連して資金利用額の制限についても緩和すべきであると述べた。先に触れたとおり，協定第 5 条 3 項 (a)(iii) では「その資金利用によって，過去 12 カ月間の IMF の資金利用国通貨の保有額が同国のクオータの 25％を超えて増加しないこと，かつ IMF の資金利用国通貨の保有額が同国のクオータの 200％を超えないこと」と決められていた。すでに 1952 年の「ルース・プラン」ではゴールドトランシェまでの資金が，そして 1955 年には第 1 クレジットトランシェまでの資金がほとんど自由に利用可能とされていたが，それ以上の資金利用については厳格な運用がなされていた。ヤコブソンは，そうした方針を変更し協定上認められたクオータの 200％まで柔軟に利用を認めるべきであると主張した。

続いてヤコブソンは，「引出通貨の多様化」を提案した。彼は，主要通貨が交換性を回復し外国為替市場で多角的に主要通貨の取引が可能になっているという状況に触れ，IMF が保有する西欧通貨の利用を流動化する方針を示した。この引出通貨の多様化案は，先に触れた通りすでにクオータ増資案の作成過程でスタッフによって検討されていたものであった。そしてその際は，西欧通貨の利用を拡大することで IMF の「事実上」の融資能力を増大するための方策として検討されていた。しかし融資能力の増大もさることながら，この段階で主な目的となっていたのは IMF から引き出される各通貨の比重と各国の国際収支・外貨準備等の状況とを平衡させることにあった。この点についてヤコブソンは，米ドルの利用が依然として多い状況を念頭に国際収支黒字や外貨準備が増大している国の通貨がより利用されることが自然であり望ましいと述べた。

以上のように IMF 資金のいわば「利用面」にかんする諸提案を行ったうえで，ヤコブソンはその「原資」を確保するための方策についても提案を行った。すなわちクオータ増資によって IMF の資金規模は大幅に拡大したが，それでもなお将来予想を超えた資金需要が発生する可能性に備えなくてはならないとして，IMF 自身が借入を行うことによって融資能力を増強する方法を検討す

る必要性を訴えたのである。そして具体的な方法として，① 加盟国からのローン，② 債券発行による資金調達，③ 有事の際に債権国となりうる国々とのスタンドバイ協定締結，④ 加盟国からの預り金の受入などの可能性があると述べた。

最後にヤコブソンは，為替自由化の進展とともに国際金融センター間を短資が飛び交うようになっていることに触れた。そしてそうした短資移動は基本的には日常的な金融取引の一部に過ぎないとしながらも，短資の流出によって一時的に外貨準備の減少に直面した加盟国に対しIMFの資金を提供できるよう融資制度改革を行うべきであると述べた。

以上の報告のなかで，ヤコブソンは繰り返し「主要通貨が交換性を回復した国際通貨システムのもとで予測しえない事態が招じる場合に備え，それらの事態にIMFが弾力的に対処し得るようにする」必要性に言及した。国際収支危機対策における国内的なマクロ政策の役割を重んじつつ，そうした「一国的なマクロ経済管理」だけではなく国際通貨システムそれ自体を安定化させるための方策が必要となっていたのである。翻ってこれらの提案のうちとりわけ後半の3点については，IMF協定との整合性や実施のための技術的な側面をめぐってコンセンサスが得られず直ちに理事会の容れるところとはならなかった。以下，(1)資本移動とIMF融資，(2)引出通貨の多様化問題，(3)IMFによる加盟国からの借入問題についてそれぞれいま一歩ずつ掘り下げておきたい。

①**資本収支危機への融資の供与**　この資本移動への対処を目的とするIMF資金の利用については，じつは資本移動について規定したIMF協定第6条の第1項(a)において次のように禁止されていた。「加盟国は，巨額なまたは持続的な資本流出に応ずるためにIMFの資金を利用してはならない。IMFは，こうした資金利用を防止するための管理を実施するよう加盟国に要請することができる。もしこの要請を受けた後に加盟国が適当な管理を実施しなかったときは，IMFは当該加盟国の資金利用資格を停止することができる」。さらに1946年9月の理事会で，アメリカ理事の意向に沿ってこの条項を「IMF資金は，一時的な経常収支赤字のファイナンスを支援する目的でのみ利用が認められるものとする」と解釈することが決定していた（理事会決定 No. 71. 2）。

すでに述べたとおり，IMF の創始者たちは資本移動とりわけ短資の移動を均衡攪乱的なものと捉えていた。そしてこうした事情を背景に協定では，IMF 資金はあくまで経常収支赤字への対処のために提供されるべきものであり持続的な資本流出については IMF 融資ではなく資本規制によって対処すべきことが謳われていたのである。多くの理事がヤコブソンの提案に対し，国際経済の環境変化に対応し資本収支危機への融資の供与を認可することに賛意を示したが，問題は如何にして法的な整合性を維持するかであった。すなわち協定第 6 条 1 項の内容を改正するのか，上記「理事会決定」の解釈に手を加えるのかといった論点がクリアされなくてはならなかった。

これに対し 1961 年 5 月，局長のゴールド（Joseph Gold）を中心に法律局のスタッフたちは，協定改正ではなく理事会決定を解釈し直す可能性を示したメモを理事会宛てに回覧した[37]。スタッフたちの見解は，① 1946 年の「理事会決定」は資本収支危機に伴う IMF 資金の利用を妨げないその他条項の存在を無視した「不完全」なものであり，このため解釈は「協定第 6 条を含むその他の条項との整合性の観点から，IMF 資金は一時的な経常収支赤字あるいは資本収支赤字のファイナンスを支援する目的で利用が認められるものとする」へと修正されるべきであるというものだった。

スタッフは，そもそも協定第 5 条 3 項（利用にかんする条件）が IMF 資金の利用に必要な条件として規定しているのは「その通貨が現に支払に必要である旨を示すこと」だけであり，経常勘定の通貨交換性回復について義務付けている協定第 8 条 4 項もまた交換性の範囲（IMF 資金の用途）を経常取引に限定しているわけではないと分析した。またそもそも協定第 6 条についても，1 項(a)が禁止しているのは「巨額かつ持続的な」資本流出への IMF 資金の充当であるため「巨額かつ持続的」でない資本収支赤字のファイナンスを妨げるものではないとの見解を示した。さらに 1 項(b)(i) は「輸出拡大のためまたは貿易業，銀行業その他の事業の通常の運営において必要とされる相当額の資本取引のために，IMF 資金を利用することについて妨げてはならない」と規定していた

---

37) IA, Staff Memoranda 61/45., Use of the Fund's Resources for Capital Transfers, May 24, 1961.

だけでなく，第 2 項「資本移動にかんする特別規定」ではより明確な条件の下で資本収支困難への資金利用を認めていた。「加盟国通貨の IMF 保有額が 6 カ月以上継続して当該国のクオータの 75％を下回るとき，その加盟国は，資金利用の資格を喪失していない限り，第 1 項(a)の規定にかかわらず，資本移動を含むいかなる目的のためにも IMF 資金を利用することができる」。

理事会では，6 月末から 7 月末にかけてこのスタッフの再解釈の妥当性について協議が行われた。協議では，再解釈の内容そのもの——資本収支困難への資金利用を認めるか否か——ではなく，再解釈の可能性をめぐって法的な観点から議論が行われた。協議では，フランス理事のドラルジャンタイが過去に下した解釈に遡って手を加えることに反対したため議論は長引いた[38]。しかしゴールドがそもそもの解釈に上記のような欠陥が存在することを強調したことに加え，多くの理事が再解釈に賛同した。そして最終的に，次のような解釈を適用することで合意を見た。① 1946 年に理事会が行った決定は大部分の加盟国が為替管理を採用していた当時の時代背景に即して理解されるべきであること。② IMF 資金の利用に抵触する可能性のあるケースとは，その資金が経常収支の季節的・循環的・非常時の変動に直面した加盟国の「一時的な」支援から逸脱する内容である場合，およびその資金が復興目的・軍備目的・「大規模かつ持続的な」資本流出への対応のために供与される場合であること。こうして理事会は，「理事会決定 No. 71. 2」は資本移動に対処する目的での IMF 資金の利用を妨げるものではないとの決定を行った[39]。

②引出通貨の多様化　　この「引出通貨の多様化」計画を進めるうえで必要だったのは，協定と計画との整合性を採ることおよび適切な「ガイドライン」を作成することであった。まず協定との整合性とは，具体的には資金利用の条件について規定した協定第 5 条 3 項(a)(i)「通貨の買入を希望する加盟国は，この他 IMF 協定の規定に合致する目的の支払をその通貨で行うために，その通貨

---

38) ドラルジャンタイは，資本収支に対する IMF 支援の拡大を「アングロサクソン諸国の策略であるとみなしていた」という。Jacobsson (1979)，邦訳，298 頁。
39) IA, Executive Board Minutes 61/43., Use of the Fund's Resources for Capital Transfers, July 28, 1961, pp. 5-11.

が現に必要である旨を示さなくてはならない」との整合性の問題であった。この条文を厳格に解釈するならば，直接に加盟国が支払のために必要とする特定の（単一の）通貨とIMFから引き出す通貨とが同一でなくてはならないことになるため，引出通貨を多様化することはできないことになる。

さらに「主要通貨が交換性を回復しその利用可能性を高めた」とはいえ，ほぼすべての加盟国が為替相場維持のための介入操作を米ドルないし英ポンドで行いそれゆえ準備通貨の大部分をこの二通貨が占めている状況下では，英米の国際収支と外貨準備やドルとポンドの為替相場の動向に関係なくこれら主要通貨に引出が集中するのは当然のことであった。法的に引出通貨の多様化が認められるということとは別問題として，実際に引出通貨を多様化させるための「ガイドライン」が必要だったわけである。こうして法律局と調査統計局（Research and Statistics Department）[40]のスタッフたちが，手分けして計画の具体案を作成することになった。

1961年3月，法律局のスタッフは，条文に登場する「その通貨で」という表現は厳格に解釈されるべきではなく状況に応じて柔軟な捉え方をすべきであるとするメモを理事会に回覧した[41]。スタッフの見解は「この条文の厳格な解釈は，為替管理と双務協定の下で加盟国間の債権債務関係が双務的に固定されていた戦後過渡期においては一定の根拠をもっていたが，主要通貨が交換性を回復した状況下では妥当性を失っている」ため，「加盟国は，自国通貨の価値を維持するため『直接・間接に』必要とする通貨を利用することができる」というものであった。

同時に調査統計局のスタッフは，現状分析と「ガイドライン」にかんする概要を理事会に対して提案した[42]。スタッフは「多くの国は為替介入を単一の通貨で行っている。その通貨とは米ドルないし英ポンドであり，それゆえこれら2つの通貨は多くの国で準備通貨としての役割を果たしている。加盟国にとっ

---

40) 調査統計局は，1956年5月，調査局の改称によって誕生した。
41) IA, Staff Memoranda 61/21., The Drawing of Currencies under Article V, Section 3 (a)(i), March 20, 1961, p. 5.
42) IA, Staff Memoranda 61/22., Fund Policy on Currencies to be Drawn, March 23, 1961, pp. 2-12.

ては，為替市場で自国通貨を買支えるために必要な金額だけこれらの通貨をIMFから買入れることがもっとも効率的な行動だろう」と分析しながらも，「IMFの役割が効果的であるためには，IMFを通して国際収支の強固な国から国際収支が不安定な国へと国際金融が行われなくてはならない。これはある国による買入と買戻しそして他の国による当該国通貨の買入と買戻しの結果，各国のIMFでのポジションと実際の公的外貨準備状況とが並行して推移することを意味する」と述べた。

スタッフが分析したように，事実上「ドル・ポンド体制」として機能してきたシステムの下ではドルとポンドに引出の大部分が集中することには必然性があった。しかしドルとポンドが投機にさらされ米英の外貨準備が圧迫される状況とは裏腹に，ドルとポンドへの引出が集中し続けることはIMFにおける米英のポジションを強化してゆくことになる。引出通貨の多様化とは，こうした事態を是正するための方策であった。

この点についてスタッフは「主要通貨の交換性が回復している現在，交換性のある通貨であれば米ドルや英ポンド以外の通貨であっても自国通貨を買支えるために利用することが可能である。例えばイギリス当局は，米ドルはもちろん，ドイツ・マルク，オランダ・ギルダー，その他交換性のある通貨を用いてロンドンその他の為替市場でポンド買い操作を行うことができる。〔……〕また仮にある通貨当局が『二段階アプローチ』の方が便利であると判断するならばそれも可能だろう。自国の為替市場で介入を行いたいとき，すなわちドルないしポンドが必要になるとき，IMFから別の交換可能通貨を引き出しその通貨をもっとも適当な市場で売却しドルないしポンドを得るという方法もある」と述べた。IMFスタッフは，「基軸通貨システムの不安定化を，主要通貨間の自由交換性を基礎とする多角的決済の仕組みによって抑制する」との方針を示したのであった。

そして以上の分析を踏まえ，引出通貨の多様化を担保するために次のような「ガイドライン」が示された。① 加盟国はIMF資金の利用にあたって——直接借入の場合は利用申請の際，スタンドバイ協定の場合は協定締結後，実際に引出を行う際——どの通貨を利用するか事前に専務理事と協議を行うこと。

② 専務理事は，各国の国際収支・外貨準備・為替相場の動向に留意しながら交換性を有する通貨を複数選定しそれらの最適な組み合わせ（ウェイト）を提案すること。ただし資金利用額が少額の場合は，単一通貨を利用することに問題はない。③ 直接介入操作に利用しない交換可能通貨をIMFから引き出し，その後，必要とする通貨に交換する場合，通常は為替市場が利用されることになる。しかしこの資金利用国が，市場取引ではなく中央銀行間取引によって引き出した通貨を必要とする通貨に交換することができるようになれば，引出通貨の多様化は加盟国にいっそう受容されることになるだろう。

　4月の理事会では，以上のスタッフメモについて協議が行われた。第5条3項(a)(i)の解釈をめぐっては，フランス理事のドラルジャンタイが厳格な解釈に固執したが多くの理事がスタッフの見解を適切なものとして受け入れた。またガイドラインについても，細部の技術的な論点については検討の必要性が指摘されたものの多くの理事が計画の趣旨に賛同した[43]。

　こうして1961年を通し，多様化計画は着実に進展した。例えば1961年7月に承認されたインドによる2億5000万ドルの借入では，1億1000万米ドル，6000万米ドル相当の英ポンド，4500万米ドル相当のドイツ・マルク，1500万米ドル相当のフランス・フラン，1500万米ドル相当のイタリア・リラ，500万米ドル相当の日本円と，6カ国の通貨が利用された。さらに顕著だったのは，翌8月に承認された対英融資であった。7月，イギリスは先に触れた「バーゼル協定」での借入を返済するためIMFに資金の引出を要請した。ヤコブソンはこの要請を認めるとともに，ポンドの救済を主要国に呼び掛けた。ヤコブソンの呼びかけに対しじつに9カ国が応じ，結果，イギリスはこれら9カ国の通貨合わせて15億ドルの引出を行った（4億5000万米ドル，2億7000万米ドル相当のフランス・フラン，2億7000万米ドル相当のドイツ・マルク，1億2000万米ドル相当のオランダ・ギルダー，1億2000万米ドル相当のイタリア・リラ，9000万米ドル相当のベルギー・フラン，7500万米ドル相当のカナダ・ドル，7500万米ドル相

---

[43] IA, Executive Board Minutes 61/18., Use of the Fund's Resources - Drawings of Currencies under Article V Section 3 (a)(i), April 26, 1961. IA, Executive Board Minutes 61/19., Use of the Fund's Resources - Drawings of Currencies under Article V Section 3 (a)(i), April 27, 1961.

当の日本円，3000万米ドル相当のスウェーデン・クローネ[44]）。

その後もスタッフによる検討と理事会での議論は続けられ，買戻しに用いられる通貨についても「ガイドライン」を設けることになった。そして最終的には，1962年7月の理事会でおおよそ次のような方針が正式に採用された[45]。① 引出および買戻しに利用される通貨について見通しを立て，四半期ごとにこの見通しにもとづいて予算計画を作成する。すなわち取引に利用されることが予想される通貨とその金額を予め決定する。② 計画の詳細は，専務理事が計画に含まれる通貨を保有する国の理事と協議して決定する。③ 通貨の選択とその比重については個別の借入ごとに協議して決める。④ 計画に含まれる通貨には，2つの条件がある。第一に，国際収支・外貨準備の動向に照らしIMFポジションが改善しても問題のない国。具体的には5億ドル相当以上の公的準備を保有する国。第二に，引出後に別の通貨に交換されるための適当な方法が存在する通貨を発行する国。

こうして，1960年代前半を通し引出通貨は大きく多様化した（表4-4）。1961年から65年における米ドルの利用は，1946年から60年にかけての15年間に比べ絶対額・比重ともに大きく減少し英ポンドもまた利用額に占める比重を低下させた。そしてこれら「キーカレンシー」に代わって，ドイツ・マルクの利用が最大となった。さらにフランス・フラン，イタリア・リラ，オランダ・ギルダー，ベルギー・フランなどの西欧通貨と日本円もその存在感を増していった。

③一般借入協定の成立　この「加盟国からの借入によるIMF資金の補充」計画については，稀少通貨条項とよばれる協定第7条2項で次のように認められていた。「IMFは，加盟国通貨の保有額を補充するため適当と認める時，次の措置の一方または双方を採ることができる。(i)加盟国がIMFと当該国との間で協定した条件でIMFに自国通貨を貸し付けること，またはIMFが加盟国の承

---

44) IA, Executive Board Specials 61/100 Supplement 3., Use of the Fund's Resources- United Kingdom, August 3, 1961.

45) Horsefield et al. (1969), Vol. 2, pp. 452-454. IA, Staff Memoranda 62/62 Revision 2., Currencies to be Drawn and to be Used in Repurchase, July 20, 1962, pp. 1-4.

表 4-4　1960 年代前半における引出通貨の多様化

	1946-60 年		1961-65 年	
	金額（100 万ドル）	比重（%）	金額（100 万ドル）	比重（%）
アルゼンチン・ペソ	—	—	16.0	0.2
オーストラリア・ポンド	—	—	35.0	0.4
オーストリア・シリング	—	—	73.0	0.9
ベルギー・フラン	11.4	0.3	360.5	4.6
カナダ・ドル	15.0	0.4	474.5	6.1
デンマーク・クローネ	0.8	0.0	30.0	0.4
ドイツ・マルク	116.2	3.2	1792.8	23.0
フランス・フラン	17.5	0.5	1195.0	15.4
イタリア・リラ	—	—	753.4	9.7
日本円	—	—	241.5	3.1
メキシコ・ペソ	—	—	9.5	0.1
オランダ・ギルダー	22.5	0.6	469.0	6.0
スペイン・ペセタ	—	—	128.5	1.7
スウェーデン・クローネ	—	—	157.0	2.0
英ポンド	297.4	8.1	353.6	4.5
米ドル	3202.8	86.9	1689.3	21.7
合　計	3683.5	100	7778.9	100

出所) Horsefield et al. (1969), Vol. 2, p. 449.

認を得てその通貨を加盟国の領域の内外を問わず他の源泉から借り入れることについて加盟国に要請すること。(ii) 加盟国に対し，当該国通貨を金と対価に IMF に売却するよう求めること」。しかし一方，この借入計画はヤコブソン声明の 5 つの提案のうちもっとも論争的で難航した計画でもあった。最終的に 1962 年 1 月の理事会で一般借入協定（General Arrangements to Borrow; GAB）として採用されるまで，主要国——具体的には一部の大陸欧州諸国——とヤコブソン率いる IMF スタッフたちとの間で議論が続けられた[46]。

ヤコブソンが声明で述べたように，すでに借入の方法をめぐってはさまざまな検討が行われていた。本章第 1 節で言及したように，1958 年末のクオータ増資案のなかでスタッフは増資の代替策として借入計画を検討していた。また 1960 年 7 月には，調査統計局長のポラックが「加盟国から金預金を受け入れ

---

46) 以下，GAB の成立過程にかんして，本書は Horsefield et al. (1969), Vol. 1, pp. 507-514 および Vol. 2, pp. 373-377 を参考にした。

る。預金の一部は投資に回し収益を預金国に還元するが，残った金は資金補充のための通貨購入に充当する」といった計画を検討していた。さらにIMFの外部では，元IMF調査統計局長だった（1958年1月に辞職）バーンスタインが，後に成立するGABと極めて酷似した計画を作成していた[47]。彼が1960年1月にアメリカ上下院合同委員会に提出した調書および12月にアメリカ経済学会へ提出した論文では，① IMFが主要国を対象に「確定期限付き，利付き，かつ為替保証付き」の債券（Debenture）を発行して資金調達を行うこと，②この仕組みが通常の融資業務を阻害することがないよう，また資本収支問題へは融資を行わないとの原則に抵触することがないよう「外貨準備決済勘定（Reserve Settlement Account）」という別勘定を設け同勘定が米・欧・日のあわせて9カ国と総額80億ドル規模のスタンドバイ協定を締結することを提案していた。

　そうした検討も踏まえ，1961年4月，スタッフは借入計画の具体案を用意した[48]。このメモは，その前半で資金補充の必要性，後半で借入手法について検討していた。まずスタッフは，交換性回復によって資金移動が活発化している状況に鑑み，IMFの資金規模は投機を未然に抑制するに足る規模でなくてはならないと資金拡充の必要性を説明した。そのうえで，クオータ増資は加盟国に対し外貨準備からの拠出という負担を課すために望ましくないとして，主要8カ国（オーストリア，ベルギー，カナダ，フランス，西ドイツ，イタリア，オランダ，スウェーデン）と日本から最大で合計50億ドル相当程度，アメリカから20億ドル，イギリスから（金額未定だが）ポンドを借り入れることを提言した。またその性質上，借入はIMF資金が減少してからでは遅いとして，IMFとこれら諸国が借入協定を事前に締結することが望ましいとした。さらにスタ

---

[47] 詳細は堀江薫雄（1962），216-222頁を参照されたい。堀江によれば，さらにバーンスタインは，①第1クレジットトランシェを超える資金利用についても自動性を導入すべきこと，②加盟国がIMFからの資金利用を「特別な」融資としてではなくより「日常の」資金操作の一環として利用すべきこと，③加盟国は自国の外貨準備額に協定上認められた引出権を算入すること，④協定第5条3項の規定を改正し引出通貨の多様化を図るべきことをも提言していた。これら諸提案はヤコブソン声明と極めて酷似しており，堀江はバーンスタイン構想がヤコブソン声明の出所であったと指摘している。

[48] IA, Staff Memoranda 61/34., Replenishment by Borrowing: An Introductory Study, April 21, 1961, pp. 3-4.

ッフは具体的な手順やルールにかんして，① 実際に借入が必要になったら各国の国際収支や外貨準備状況を参照しながら交渉を通して IMF への貸付分担額を決めること，② 協定期間は 5 年以内とするが IMF に貸し付けた資金は途中で払戻しを受けられること，③ この借入協定によって貸手国通貨の IMF 保有額が増加しても投票権・引出権は増加しないこと等を指摘した。

この提案は 5 月の理事会で検討を受けたが，大陸欧州の理事たちが次々とこの借入協定に疑問を呈した。協定において債権国になると見込まれたこれら諸国の理事たち，とりわけフランスとオランダの理事はそもそもの議論の前提——IMF の資金が不足するリスク——に対し懐疑的な見解を示した。また西ドイツの理事は，こうした借入協定がなし崩し的に IMF 融資の条件を緩めることになるのではないかとの強い懸念を示し借入協定を原資とする貸付には通常の引出以上の厳しい条件が適用されるべきであると主張した[49]。

こうした反応を受け，1961 年夏，ヤコブソンと IMF スタッフたちは渡欧して各国の見解を確認すると同時に資金拡充の重要性を説いて回った。そしてこの過程で大陸諸国が協定への参加に抵抗している理由は，大きく分けて 3 つ存在することが明らかになった。第一は，IMF に対する不信感であった。すなわち IMF はアメリカに支配されておりまたイギリスに対し寛容な機関であるため，大陸諸国が追加的な資金を提供してしまったら最後，イギリスそしてアメリカが危機に陥った際に極めて譲許的な条件でそれら資金が利用されることになるのではないかとの懸念が存在していた。1961 年 3 月のポンド危機以来，イギリスが不安定な状況にあったことはこうした懸念に現実味を与えており，IMF に貸付を行ってしまったら IMF は OEEC が管理する欧州基金（European Fund）よりも有利な条件で対英融資を断行するに違いないとの不信感が根強かった[50]。また第二に，この協定を通した IMF への貸付はクオータ増資と異なって投票権も引出権も増加させることがないという点にも抵抗があった。自らが債権国になることを予想していた大陸諸国は，借入協定への参加を一方的な貢献の強制として受け止めた。そして第三に，以上の二点とも関係し各国は協

---

49) IA, Executive Board Minutes 61/22., Replenishment by Borrowing, May 10, 1961, pp. 3-25, IA, Executive Board Minutes 61/23., Replenishment by Borrowing, May 10, 1961, pp. 2-17.

定への参加条件として「貸付金の使途にかんする債権国による管理権の保証」を望んだ。しかし理事会を事実上の意思決定機構とするIMFにとって，そうした権利を一部の主要国に認めることは不可能だった。条件をめぐる対立が解消する見通しはなく，欧州では大陸諸国がIMFとは別の「欧州通貨基金」を設立するのではないかとの報道が公然となされるほどであった。

　1961年9月，ウィーンで年次総会が開催された。この総会の直前，アメリカ総務が欧州諸国の総務を集めて開催した非公式協議では，借入計画それ自体については支持する方向で総会に臨むことが合意された。しかし，依然として計画への「参加条件」についてフランスなど一部の大陸諸国は強硬であった。総会では非公式協議の合意を反映し借入計画に対し明確な異論は出されなかったものの，フランスやオランダの総務は貸付金の使途について債権国が直接的な管理権限を持つべきであるとの主張を展開した。これに対しヤコブソンは「この1年間で，IMFからの引出額は約25億ドルにのぼった。このような多額の資金利用によって取引対象となりうる通貨のIMF保有額は大きな影響を受けた。〔……〕実際，昨年のアメリカからの巨額の短資流出によって明らかになったように，もしクオータの巨額な国々がIMFから多額の資金を引き出すようなことになればIMF保有の交換可能通貨が不足することは間違いない。〔……〕協定第7条にもとづく特定通貨の借入を検討しなくてはならない」，「重要なことは，IMF資金が必要になったときはいつでも即座に必要な通貨を保有できるような体制を作ることである。〔……〕IMFが有効な役割を果たし加盟国の期待に応えるために，IMFは将来起こりうるいかなる資金需要にも全く動じることなく応じられるほどの資金を保有していなくてはならない。市場の不安や期待が大きな役割を演じる世界では，資金の規模は，単に個々の国の需要に応じるに十分であるだけでなく，分別のない投機家たちから通貨を防

50）欧州基金は，EMA加盟国間で為替相場の変動を抑制するために国際収支赤字への支援を行う機関として設立された。同基金は，EPUからの振替額と加盟国の拠出金あわせて約6億ドルをもとにOEECの下で融資業務を行った。しかし基金の活動は振わず，1971年末にかけて融資の利用はギリシャ，アイスランド，トルコ，スペインの4カ国に止まった。この点について西倉は，基金は欧州域内における南北問題を解決するための援助機関に過ぎなかったと述べている。西倉高明（1998），170-178頁。

衛するために十分であると一般に信じさせるほど多額でなくてはならない」と述べ，借入協定の必要性を改めて強調した。そして主要各国が協定を支持していることに触れたうえで「条件についてはこれから参加国との間で合意を得なくてはならない」と述べた[51]。

こうした膠着状態の転機となったのは，11月中旬，ヤコブソンとIMFスタッフがパリで行った交渉だった。主要9カ国（欧州7カ国，アメリカ，カナダ）の代表が出席したこの交渉の場で，フランスが提示した「フランス・アメリカ案（Franco-American plan）」と題する計画がIMF側の強い抵抗を招いた。しかし，そのことがかえって本格的な議論を惹起し計画を前進させる契機となったのである。この計画は，IMFの資金不足を補うことが目的であるとしながらもそれまで主張されてきたように債権国に対し貸付金の利用権限を与えることを謳う内容だった[52]。IMFスタッフは，この計画が2つの点でIMF協定と合致しない内容であることを問題視した。第一はすでに述べたように一部の国がIMFの融資政策を管理することはできないという点であり，第二は，IMFの支援を望む国が借入協定によってIMFに供与された貸付金を利用するかIMFの通常の融資制度を利用するか決定できるという点だった。ヤコブソンはこの提案を拒否し，① 借入協定はIMF協定との整合性が確保されなくてはならないこと，② 貸付金の使途にかんしてIMFの権限が損なわれてはならないこと，③ IMFが借りるかどうかを判断するのであって，債権国に選択できるのはあくまでIMFに貸すかどうかという点だけであることを強調した。この交渉を通し「フランス・アメリカ案」は破棄されることになり，4月にIMFスタッフが作成したメモに沿った形で借入協定案がまとめられていくことになった[53]。

12月初旬，ヤコブソンは協定参加国として期待される国々の代表をパリに

---

51) IMF, *Summary Proceedings of the Sixteenth Annual Meeting of the Board of Governors,* 1961, pp. 22-23, 27-28, 64, 117, 158.
52) アメリカは予てよりヤコブソンの提案を支持していたが，自身が計画において債務国になる可能性があったために債権国になる見込みであったフランスに対し交渉力を失っていたとされる。Horsefield et al. (1969), Vol. 1, p. 511.
53) Jacobsson (1979), 邦訳，311-313頁にはヤコブソンの視点からこの交渉の過程がヴィヴィッドに描かれている。

招集し IMF 理事会に提出する草案について議論を行った。そして，借入協定の運用手続きについて次の点が参加国の間で合意をみた[54]。① 協定参加国自身が IMF からの引出ないし IMF に対する貸付金の払戻しを必要とする状況になった場合，しかもその国への融資のために IMF が借入による資金補充を行わなくてはならない場合，当該国はまず専務理事に続いてその他の参加国に相談すること。② 専務理事から借入要請があった場合，参加国はこの要請額と自国の国際収支・外貨準備状況から貸付可能額を提示する。すべての国が要請どおりの貸付をできない場合，参加国による投票と参加国同士の調整，および専務理事との協議を経て最終的な計画を決定すること。こうして 12 月に入り，急速に計画は進展し始めた。なおヤコブソンがこの会議に招いたのは，1961 年 8 月の対英支援に参加した 9 カ国とイギリスのあわせて 10 カ国であった。この後，これら 10 カ国が GAB への参加国となりこの GAB 参加国が G10 を構成することになる。

　それからおよそ 1 週間後，IMF 理事会で「一般借入協定（GAB）」と名付けられた計画をめぐり上記の運用手続きとスタッフの作成した協定案について議論が行われた[55]。協議では，G10 諸国の理事たちがスタッフの案を概ね支持する意向を示した一方，その他の理事たちからはパリで「事実上」の協議が「一部の」主要国だけで行われたことに対する強い不満が示された。しかし最終的に，計画の内容についてはスタッフ案を支持することが決まった。こうして 1962 年 1 月の理事会は，協定を正式に決定した[56]。

　協定は序文と 20 もの項目によって構成されていたが，概要は次の通りである。① GAB は国際通貨システムの動揺に先んじこれを防ぐ目的で発動されるものであり，またその参加者が IMF から引出を行う目的でのみ発動される。② 参加国が IMF に貸付ける金額は，国際収支の現状そして将来の見通しおよ

---

54) Horsefield et al. (1969), Vol. 3, pp. 252-254.
55) IA, Executive Board Minutes 61/55., General Arrangements to Borrow, December 18, 1961, pp. 3-27, IA, Executive Board Minutes 61/56., Replenishment by Borrowing, December 20, 1961, pp. 2-22.
56) IA, Executive Board Minutes 62/1., General Arrangements to Borrow, January 5, 1962, pp. 15-24.

び外貨準備の状況にもとづいて決定される。③ この協定の発動が必要となるような資金利用要請に対しても，既存の融資政策のルールに則って対応する。④ GAB から借入れられた資金が買戻されたら，IMF は GAB 参加国に対し直ちに返済を行う。この返済は必ず 5 年以内に行われる。⑤ IMF に貸付を行っている国が国際収支困難に陥った場合は貸付金の返還を受けることができる。⑥ IMF が借入に対し支払う金利は 1.5％で，取引に際して支払う手数料は 0.5％とする。協定参加国（機関）と金額は次の通りとする。アメリカ：20 億米ドル，ブンデスバンク：40 億ドイツ・マルク（10 億米ドル），イギリス：3 億 5714 万 2857 英ポンド（10 億米ドル），フランス：27 億 1538 万 1428 フランス・フラン（5 億 5000 万米ドル），イタリア：3437 億 5000 万イタリア・リラ（5 億 5000 万米ドル），日本：900 億円（2 億 5000 万米ドル），カナダ：2 億 893 万 8000 カナダ・ドル（2 億米ドル），オランダ：7 億 2400 万オランダ・ギルダー（2 億米ドル），ベルギー：75 億ベルギー・フラン（1 億 5000 万米ドル），スウェーデン：5 億 1732 万スウェーデン・クローネ（1 億米ドル[57]）。以上，協定の規模は 60 億米ドル相当である。

　1962 年 10 月，協定の発効に必要な国々が批准したことをもって GAB は誕生した。当初，協定の期限は 4 年間すなわち 1965 年 10 月までとされたが，1965 年 4 月には 1970 年 10 月まで 5 年間の更新が決定した。以降，現代に至るまで参加国と規模を増やしながら GAB は更新を重ねている[58]。

　以上が，ヤコブソン声明の内容である。1961 年 9 月の年次総会でヤコブソンは，ドル危機およびポンド危機を「交換性回復がもたらした国際短資移動に起因する，第二次大戦以降，世界が直面したことのない新しい問題」であると

---

57) その後，スウェーデンの参加主体はスウェーデン国立銀行（Sveriges Riksbank）に変更となった。

58) 2013 年 12 月，GAB を 5 年間更新することが決まっている。2014 年 3 月末現在，当初の 10 カ国（主体）にスイス国立銀行を加えた 11 カ国（主体）が協定に参加しており，総額は約 260 億ドルまで拡大している。なお GAB を補完するものとして 1998 年には新規借入協定（New Arrangements to Borrow: NAB）が誕生した。この NAB は IMF の危機対応力をあげる試みの一環で世界金融危機を経て急速な拡充が進められており，2014 年 3 月末現在でその規模は約 5750 億ドルとなっている。詳しくは巻末附表 2「IMF 融資制度の改正　3．財源の拡充」を参照のこと。

表現した。そして「ドルとポンドは主要な二大準備通貨である。私は，英米当局が自国通貨の信認を安定化させるような政策を実行する決意であることを疑っていない」と述べ危機対応におけるマクロ政策の役割に言及しながらも，他方で「アメリカの短期対外債務のうち，約3分の2は外国の中央銀行および政府が保有しており，残りの大部分は商業銀行および企業が保有している。ポンドについてもこの比率はほとんど同じである。ドル，ポンドのかなりの部分が民間部門に保有されており，しかもこれらの通貨は交換性を有しているのでほとんど支障なく国境を超えて移動する」と述べ，国際通貨システム自体の不安定化にも警鐘を鳴らした。

　ヤコブソンは事態を「新しい問題」と表現したが，とはいえその危機対応は同時代に支持を集めつつあった「流動性ジレンマ論」に代表されるような国際通貨制度改革論とは一線を画していた。総会の場でヤコブソンは「既存の国際通貨体制を，多かれ少なかれ急進的に改革しようという案が提示されている。〔……〕各国が外貨準備の一部を通貨で保有する機構——金為替本位制度として知られているもの——は長期的に満足に機能することができるかどうか，さらにこの機構は戦間期のようにいずれ崩壊しないかどうかとの疑問が一部では提起されている。しかし私は，そうした結論を導き出す必要はないと考えている」と述べ，あくまで「既存」の国際通貨システムを維持・補強していくべきとの見解を強調している[59]。このことは，まさにヤコブソン声明の内容が「既存のIMF協定の範囲内で」危機に対応しようとしたものだった点に顕著である。

ⓑ資本移動とIMF——マンデルフレミングモデルの考案

　一方，IMFの政策路線との関連で注目すべきは，一連の危機対応が資本移動への規制すなわち「危機予防」としての性格ではなくむしろ資本移動の存在を前提とした「危機管理」としての性格を有していたことである。この点についてチュイロース（Jeffrey Chwieroth）は，為替自由化が進展するなかで，1960年代に入るとIMF内部では投機的な資本移動は「異常」なものではなく「平

---

59) IMF, *Summary Proceedings of the Sixteenth Annual Meeting of the Board of Governors*, 1961, pp. 20–23.

時」の国際金融取引であり資本規制は「根本的」な問題解決策というより「一時的」なその場しのぎに過ぎないとの見方が現れるようになってきたと述べている[60]。

こうした変化は，1960年代初頭にIMF内部で後に「マンデルフレミングモデル」とよばれるようになるオープンマクロモデルが構想されたこととも照応している。現在でもなお開放経済におけるマクロ政策の効果を分析する際の標準的な理論であるこのモデルは，当時，IMF調査統計局のスタッフだったフレミング（Marcus J. Fleming）による静学分析にその基礎を持っている[61]。

1961年11月，フレミングは固定相場制下とフロート制下における財政金融政策の効果の異同について検討したワーキングペーパーを作成した[62]。フレミングの研究は，直接には為替相場制度の違いが財政政策・金融政策の効果に変化をもたらすことを明らかにしたものだった。しかしより重要な特徴は，国民所得と為替相場の関数としての経常収支に加え内外金利差の関数としての資本収支をモデルに組み込むことで，「資本移動の存在を所与として」マクロ政策の国民所得に与える効果を検討した点にあった。

いわゆる「IS-LM分析」に水平なBP曲線すなわち「完全に自由な」資本移動という前提を組み合わせ，3本の線の交点に均衡を見いだすことで導出されるクリアな結論——固定相場制下において財政政策は有効だが金融政策は無効，フロート制下において財政政策は無効だが金融政策は有効——は[63]1961年のペーパーでは示されていない。フレミングは，金融政策については固定相場制下よりもフロート制下の方が常に有効であるが財政政策についてはその有効性の程度において明確な結論を示すことができないと述べている。興味深いことはここでフレミングが，資本移動が金利裁定的に完全に自由に生じる状態すなわち金利に対する資本移動の弾力性が∞でBP曲線が国際金利水準＝国内金利水準において水平になる状況ではなく，資本移動の金利に対する反応が

---

60) Chwieroth (2010), Chapter 5.
61) Boughton (2002b).
62) IA, Departmental Memoranda 61/28., Internal Financial Policies under Fixed and Floating Exchange Rates, November 8, 1961.

「完全ではないまでもある程度」硬直的である状態――換言すればBP曲線が右上がりの傾きを持つ状況――を想定しているように思われることである。以下，説明しよう。

　財政政策は，非自発的失業が存在する状況下で有効需要を増大し国民所得（Y）を拡大させる（$Y_0 \rightarrow Y_1$）と同時に，クラウディングアウトを生じさせるために国内金利（r）を上昇させる。以上はIS曲線が右シフトし，LM曲線との交点が推移するという流れを示している（$E_0 \rightarrow E_1$, $Y_1 > Y_0$）。続いて財政政策に伴う国民所得の上昇（$Y_0 \rightarrow Y_1$）は輸入増加を通じて経常収支（Z）の悪化を招く一方，金利上昇は「一定の」資本流入（F）をもたらす。

　しかし資本移動の硬直性／伸縮性に応じてΔZとΔFの大小関係は異なり，国際収支の変化もまた悪化ないし改善という逆の結果をもたらすことになる。仮に資本移動が「比較的」硬直的であれば，$\Delta Z > \Delta F$となり国際収支は悪化，固定相場制下では為替減価圧力に対して当局が自国通貨買介入（不胎化介入）を行うために金融引締が生じYは減少する（$Y_1 \rightarrow Y_2 > Y_0$）。このことは，BP曲線の傾きがLM曲線よりも大きいため，IS曲線のシフト後にIS曲線とLM曲線とがBP曲線の下部で交わり（E_1），LM曲線の左シフトから最終的な均衡（E_2）に落ち着くと説明されよう（$E_0 \rightarrow E_1 \rightarrow E_2$, $Y_0 < Y_2 < Y_1$）（図4-8a）。一方，フロート制下では，国際収支の悪化は為替減価とそれに伴う経常収支の回復を通じてBP曲線とIS曲線を右シフトさせるためYをさらに拡大させるだろう（$E_0 \rightarrow E_1 \rightarrow E_2$, $Y_0 < Y_1 < Y_2$）（図4-8b）。

63）固定相場制下において，財政政策は有効（財政支出→IS曲線の右シフト→有効需要の増大と国民所得の増大，国内金利の上昇→資本流入と為替増価圧力→自国通貨売介入→マネーサプライ増加とLM曲線の右シフト）だが，金融政策は無効（マネーサプライの増大→LM曲線の右シフト→国内金利の下落→資本流出と為替減価圧力→自国通貨買介入→マネーサプライの減少→LM曲線の左シフト）である。フロート制下において財政政策は無効（財政支出→IS曲線の右シフト→有効需要の増大と国民所得の増大，国内金利の上昇→資本流入と為替増価→貿易収支の悪化→IS曲線の左シフト）だが，金融政策は有効（マネーサプライの増大→LM曲線の右シフト→国内金利の下落→資本流出と為替減価→貿易収支の改善→IS曲線の右シフト）である。なおこの結論からは，①安定した為替相場，②自由な資本移動，③自律した金融政策の3点を同時達成することができないという「国際金融のトリレンマ」の命題が導かれる。

a. 固定相場制・資本移動が硬直的なケース
i（金利）

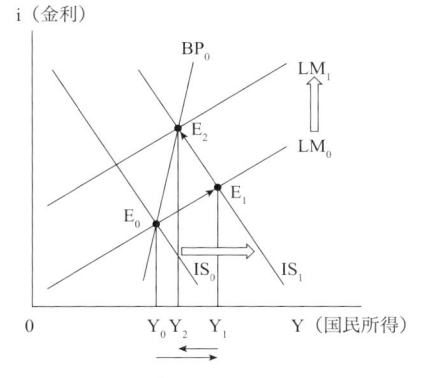

b. フロート制・資本移動が硬直的なケース
i（金利）

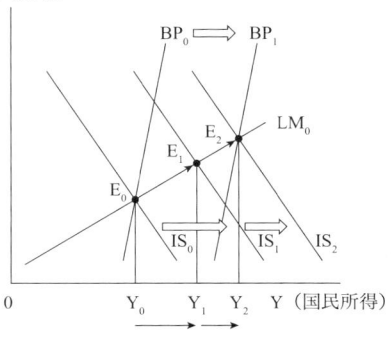

c. 固定相場制・資本移動が伸縮的なケース
i（金利）

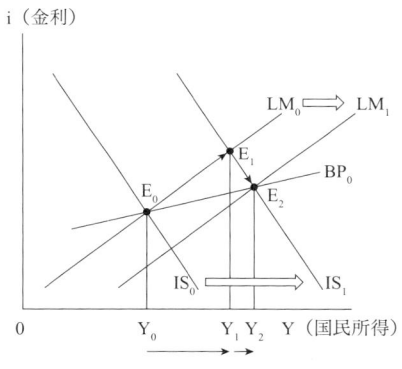

d. フロート制・資本移動が伸縮的なケース
i（金利）

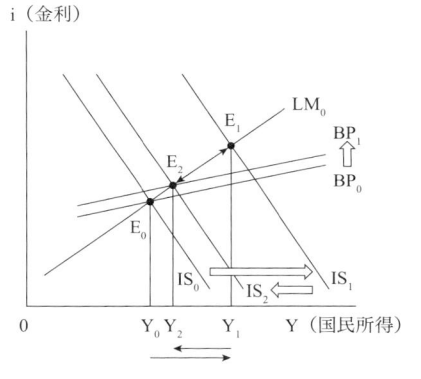

図 4-8　フレミングによる財政金融政策の効果分析

出所）筆者作成。

これに対し，資本移動が「比較的」伸縮的である場合はどうか。この場合は，$\Delta Z<\Delta F$ となり国際収支は改善，固定相場制下では為替増価圧力に対して当局が自国通貨売介入（不胎化介入）を行うために金融緩和が生じ Y は増加する。このことは，BP 曲線の傾きが LM 曲線よりも小さいため，IS 曲線のシフト後に IS 曲線と LM 曲線とが BP 曲線の上部で交わり（E_1），LM 曲線の右シフトから最終的な均衡（E_2）に落ち着くと説明されよう（$E_0 \to E_1 \to E_2$，$Y_0<Y_1<Y_2$）（図 4-8c）。一方，フロート制下では，国際収支の改善は「為替増価とそれに伴う経常収支の悪化を通じて BP 曲線と IS 曲線を左シフトさせるため Y を減少させることになる」（$E_0 \to E_1 \to E_2$，$Y_0<Y_2<Y_1$）（図 4-8d）。

このように異なる為替相場制度の下での財政政策の有効性の程度は，資本移動の硬直性／伸縮性に応じて異なることになり明確な大小関係を見いだすことはできない（「硬直的・固定相場制」と「伸縮的・フロート制」の比較，「硬直的・フロート制」と「伸縮的・固定相場制」の比較）。財政政策の効果をめぐるフレミングの結論は，資本移動のいわば「モビリティー」にかんしてまさに資本移動が活発化しつつあった 1950 年代後半から 60 年代初頭の状況を反映させようとした結果，導かれたものであったといえるだろう。ちなみにマンデル（Robert Mundell）は，1963 年に発表した論文のなかで水平な BP 曲線を想定した分析を行っている[64]。

先に述べたように，1960 年代初頭の IMF による一連の危機対応は国際通貨システムの抜本的な改革を志向しない点で「既存の国際通貨システムへのパッチワーク」として展開した。しかしマンデルフレミングモデルの登場にも示されているように，危機対応の方向性は短資移動を均衡破壊的なものとみなしその規制に積極的な意義を見いだしたケインズとホワイトの考え方——IMF の創始者たちの理念——とは異なるものになりつつあったといえよう。

一方，ゴールドラッシュに始まった国際通貨システムの動揺は次第にそのインパクトを増してゆき，事態は着実にブレトンウッズ体制の崩壊へと進行していった。ヤコブソン声明そして主要国間の国際協調もまたドルとポンドへの信

---

64) Mundell (1963).

認を維持するための「パッチワーク」に過ぎず，結局のところ国際通貨システムの安定化に向けた根本的な解決策にはなりえなかった。アメリカ政府は，「ビルズオンリー」から「オペレーショナル・ツイスト」へと金融政策を転換したり利子平衡税を導入したりするなど独自のドル防衛策を採用したが，ベトナム戦争の泥沼化，「大砲もバターも」政策など，1960年代後半に入ると次第に貨幣節度を失ったインフレ政策を展開するようになった。またイギリスでも，拡張的マクロ政策によって国際収支が悪化していたにもかかわらず，1964年10月に成立した労働党政権は本格的な国際収支対策に取り組まなかった。英米の政策運営に対する市場の信認が低下するなか，投機はそのマグニチュードを増していった。

　こうしたなか，主要国やIMF内部でも次第に国際通貨制度改革の必要性が認識され始めるようになった。1962年9月に開催された年次総会においてイギリス蔵相のモードリング（Reginald Maudling）が行った声明に始まり，1963年10月の年次総会では5月に急死したヤコブソンに代わって第4代専務理事に就任したばかりのシュバイツァー（Pierre-Paul Schweitzer）が本格的に国際通貨制度改革について検討を始めることを宣言した。この後，G10蔵相代理会議とIMF理事会との協議を経て，1967年10月，IMF総務会は新準備資産である特別引出権（Special Drawing Rights; SDR）の創設とIMFの協定改正に合意した[65]。

　ところが直後の1967年11月，ポンドが投機圧力を受けて14.3％の切下げに追い込まれるにおよびいよいよ体制の凋落は決定的になった。1968年3月，金プールの崩壊と金の二重価格制成立によって国際協調の枠組みが空中分解へと向かうなか，ニクソン政権は「ビナイン・ネグレクト」へと政策の舵を切り事態はなし崩し的にニクソンショックへと帰結していった。ニクソンショック後の1971年12月には主要国間で為替相場の調整が行われ，一時は安定的な固定相場制度が再建されたかに見えた。しかしこの「スミソニアン体制」もまた

---

[65] この協定改正は1969年7月に発効し，翌1970年1月にSDRの第1回配分が行われた。なお国際通貨制度改革をめぐるIMF内部の議論については，De Vries (1976), Vol. 1, Chapter 1-9, 野下保利（2014）を参照のこと。

キーカレンシーへの市場の信認を回復するには至らず，短命に終わった。こうして 1970 年代以降，国際通貨システムは「調整・流動性・信認」を確保するための明示的なルールを欠く「ノンシステム」の時代へと移行してゆくのであった[66]。

---

66) ドル危機とブレトンウッズ体制の崩壊のプロセスおよび原因については，ブレトンウッズ体制そのものの理論的把握とも関わる問題として内外あわせて膨大な文献・研究蓄積が存在する。例えば，Mundell (1968)，Coombs (1976)，Gilbert (1980)，Odell (1982)，Solomon (1982)，Gowa (1983)，Cooper (1987)，Meltzer (1991)，McKinnon (1994)，Endres (2006) を参照されたい。またわが国では，牧野裕 (2007)，伊藤正直 (2007, 2009)，伊藤正直・浅井良夫編 (2014) に詳しい。

終 章

ブレトンウッズ体制の変容と IMF
―― 総括と展望 ――

　ここまで，IMF の為替自由化政策路線の形成過程についてその「組織の自律性」および戦後国際通貨システムとの接合を意識しながら検討してきた。IMF はどのように多角的決済体制の樹立を模索したのか。その方途は，ドル不足の帰趨に代表される国際通貨システムの変容とともにどのように変遷したのか。「加盟国に対し内外均衡の同時追求がもたらす矛盾を緩和するための短期融資を提供しながら経常取引に係る通貨の交換性回復を促す」とされた「所期の役割」との関係で，実際の IMF による政策はどのような理論的・方法論的な特徴を持っていたのか。最後にこれらの論点と関連付けながら，本書を総括する。

　戦時中に始まった英米間の戦後構想をめぐる交渉は，1944 年，ブレトンウッズ協定にひとつの妥協点を見いだすことになった。しかし IMF は多角主義の実践方式として必ずしも同時代のコンセンサスではなかったし，戦後過渡期において十分有効に機能しうるものでもなかった。IMF は，一方で「多角的貿易体制を金融面から実現する」という使命を負いながら，他方でそうした機能を果たすうえでの前提条件に発足当初から不安定性を抱えていたのである。

　1947 年 3 月の IMF 業務開始から数年間で起きた出来事は，IMF による国際通貨システムの再建に先立ってまず戦後過渡期の問題が先に解決されなくてはならなかった戦後の現実を物語っていた。すなわち，1947 年 6 月のマーシャル演説は共産主義の脅威とドル不足に対応するための対欧復興支援が必要であることを謳い，8 月の英米金融協定にもとづくポンド交換性回復の失敗もまた

依然としてIMFが所期の機能を果たす環境にはないことを示していた。

1948年に始まったマーシャル援助は，西欧諸国の生産力の回復に寄与すると同時に援助の受け皿機関として発足したOEECによる欧州域内の貿易決済多角化に向けた試みとも結びついた。1950年までに西欧の生産力は戦前水準を超えて回復し，OEECの試みは軟貨圏の大部分を包含する多角的決済機構であるEPUの成立に結実した。

他方この間ギュットらIMFスタッフたちは，IMFこそが唯一の「為替自由化の推進主体」であるとの認識から開業当初から西欧への関与を試みてきた。しかし，IMFは西欧の問題と距離を置くことになりその機能は低迷した。すなわちIMF理事会は，マーシャル援助の被支援国による資金の利用を制限する「ERPの決定」を行うとともに，EPUの創設をめぐる協議へはOEEC側の抵抗もあってオブザーバーを派遣するのみであり実質的な関与は行わなかった。主要国の意向によって，IMFはほとんど「開店休業状態」を余儀なくされたわけである。

もっとも当初より，IMFがそうした戦後復興の役割を果たしうるだけの機能を有していたわけではない。「過渡期条項」とよばれた協定第14条は，加盟国に対し復興目的でのIMF資金の利用を禁止する一方，1952年3月までは国際収支上の理由による為替管理の維持を認めていた。この限りで，戦後復興期の事態の推移と当初のブレトンウッズ構想自体に矛盾はない。

ところがIMFの側に視点を移したとき，こうした把握は過度の単純化といわねばなるまい。マーシャル援助からEPUの成立に至る過程をIMFが国際通貨システムの再建と運営に乗り出すまでの単なる「息継ぎ期間」に過ぎないとみる「予定調和的な論理」は，IMFスタッフの側には存在しなかった。ギュットはじめIMFスタッフは，事態の推移を「IMFのプレゼンスの低下」という危機感をもって受け止めていた。とりわけOEECの下でEPUが成立してゆくプロセスは，為替自由化の推進主体としての自らの役割が脅かされる過程として映った。

こうしてスタッフたちは，1950年代に入ると自らが主体となって為替自由化を推進するための手法について検討を始めた。『為替制限にかんする年次報

告書』で示された「加盟国のマクロ経済管理と国際政策協調」というIMFが各国の政策運営に積極的に注文をつけていく方針は，基本的には為替自由化の障害をインフレ圧力とドル不足に求めるスタッフの現状認識を反映していたが，同時にそこには「プレゼンスの低下」を懸念する彼らの問題意識が色濃く示されていた。そうした意識は，ギュット，ルースの主導した融資制度改革においていっそう顕著であった。加盟国は，IMF融資の利用にあたり交換性回復の実行ないし緊縮的マクロ政策の履行を求められることになったのである。

　戦後復興期の経験からも分かるとおり，IMFは主要国とりわけアメリカの意向に沿う機関であった。しかし主要国の意向に沿わざるを得ないという事情こそが，「開店休業状態」の創出を通してスタッフたちの危機感と「組織としての自律性」を惹起しIMFに固有の政策体系の形成をもたらしたのであった。IMFの運営をめぐる主要国の影響力の強さは，IMFスタッフたちの能動性を抑制するどころかむしろそれを喚起する触媒になったというパラドクスがここに見て取れよう。

　1952年3月にコンサルテーションが始まると，為替自由化の推進主体として活動する根拠を得たIMFスタッフたちは早々に多角的決済体制の樹立に着手した。この目的を達するうえでポンドの交換性回復は喫緊であり，IMFの標榜した国際政策協調の方針はイギリスの為替自由化をめぐる方針――黒字国責任論と金融支援の追求――と親和的な内容となった。イギリス当局の交換性回復計画は，ポンドの復権という当局の理想とドル不足という実態とのギャップを埋めるための措置――ドル差別の維持と管理フロート制の採用――を伴う計画であり大陸欧州諸国およびアメリカ政府の方針と相容れないだけでなくIMF協定との整合性にも疑義を含んでいた。しかし多角的決済体制の樹立を優先したルースたちは，そうしたイギリス当局の計画を後押しする立場をとった。1954年に入りドル不足の緩和が進み「戦後過渡期の終了近し」との機運が高まると，IMFスタッフたちのポンド交換性回復を追求する姿勢はいっそう先鋭化した。多くの論点を残しながらも対英スタンドバイ協定が計画されるに至った。また西欧経済の復興とともにドル不足が緩和してゆくなか，ドル差別の廃止をめぐる実践方式は次第に黒字国責任論からイギリスに対する自

助努力の要求へとシフトしていった。

　翻ってマクロ政策運営の役割をめぐっては，IMFとイギリスとの間で方針の相違があった。IMFはインフレ圧力を抑制し対外均衡を達成する役割を重視した一方，イギリス側はすでに戦時中から標榜されていたように一貫してマクロ政策を国内均衡の追求に振り向ける立場をとっていた。もっとも1952年に経常収支危機を克服して以降のイギリス経済は，概して良好なマクロ経済情勢を維持していた。このためIMFスタッフはインフレの抑制に注意を払うようイギリス側に要求したが，結果として国内均衡重視の政策路線の修正を求めるには至らなかった。なおこうした対応の背景には，戦後過渡期の終了が現実に意識され始めるなかにあって「ポンドが交換性を回復すれば，イギリス当局は交換性維持のために自ずとインフレ抑制策にコミットせざるを得なくなるだろう」との考えをスタッフたちが持つようになっていたという事情もあったのではないかと思われる。

　ルースたちスタッフは，「自らがポンドの交換性回復を主導し戦後過渡期に幕引きを行う」という意向をもってコンサルテーションに臨んでいた。主要なキーカレンシーであるドルとポンドの交換性回復を通した多角的決済体制の追求が，「組織としての自律性」と結びつきながらIMF協定の柔軟な解釈を伴って前面に登場してきたのであった。

　1955年に入ると国際的には引き続きドル不足の緩和が進む一方，イギリスは二度にわたる国際収支危機に見舞われその為替自由化の動きは停滞した。イギリスは通貨交換性回復の方途をめぐり西欧諸国と協調することに合意し，ルースたちが構想してきた野心的な対英スタンドバイ協定の計画は棚上げを余儀なくされた。しかしポンドの交換性回復は，なおIMFスタッフたちにとって多角的決済体制の樹立において枢要な意味を持ち続けることになった。というのも，イギリスと西欧諸国が共同歩調をとるということはすなわちイギリスの状況如何が西欧全体の為替自由化の帰趨を規定するということを意味したからである。実際，イギリスが国際収支危機に見舞われていた一方で大陸諸国の対外情勢は改善を続けており，イギリスの存在は西欧の為替自由化を進めるうえで一種のボトルネックになりつつあった。

こうした状況の下で IMF スタッフたちがとった政策は，緊縮的マクロ政策を通した国際収支危機への対応と為替自由化の推進をイギリス側に求める内容だった。国内均衡重視の政策路線に対する微温的な介入がなされていた 1950 年代前半から一転し，「インフレと経常収支不均衡には緊縮的マクロ政策で対処せよ」というかねてからの方針が示される一方，ドル不足が解消に向かうなかで為替自由化をめぐる国際政策協調の必要性は後景に退き，代わりにドル差別の廃止をめぐる自助努力が求められるようになったのである。IMF スタッフたちにとって，イギリスの国際収支危機はもはやマクロ政策運営で対応すべき平時の問題となっていた。実際 IMF 内部では，主要国の 8 条国移行およびドル差別の廃止をめぐる方針の検討が行われるなど戦後過渡期の終了を見据えた前進が続いていた。

　ところがイギリスは，1956 年末と 1957 年夏の二度にわたり激しいポンド投機と外貨危機に見舞われた。こうして戦後過渡期の終了を目前にしながら，専務理事に着任したばかりのヤコブソンを中心に IMF スタッフたちは危機対応に追われることになった。彼らは引き続き緊縮的マクロ政策へのコミットをイギリス側に求める一方，大規模な対英融資を発動し，また平価の維持をめぐる声明を発し危機の鎮静化に努めた。こうした試みは功を奏し，イギリス当局は為替管理の強化に訴えることなく外貨危機を克服することに成功し同時に通貨安定と対外均衡をも達成していった。

　他方このイギリスの危機は，為替自由化と国際経済取引の拡大という戦後世界の発展の裏側で国際通貨システム全体の安定を脅かしかねない突発的な資本移動が生じるようになりつつあることを示していた。危機管理における各国のマクロ政策の役割を重視する方針は変わらなかったが，他方でそうした「一国的なマクロ経済管理」の手法だけでは国際通貨システムの安定を維持することは困難になってきていたのである。こうした事態を受け，ヤコブソンは突発的な外貨危機への IMF の対応力を向上させるべくクオータ増資を俎上に載せた。この方針は，冷戦と開発という文脈からも加盟国の支持を得た。

　1958 年に入ると，戦後長らく為替自由化の障害となってきた西欧におけるドル不足は解消した。ヤコブソンは，彼の先代たちが整備した融資政策を活用

しながら主要国の通貨交換性回復と為替自由化の実現を急いだ。他方，国際通貨システムは「ドル不足と為替管理」から「ドル過剰と短資移動」へと変化し始めていた。ドル不足とドル過剰そして為替自由化と投機的な資本移動，これらはそれぞれ「コインの表と裏」であった。戦後過渡期の終了は，多角的決済体制の樹立にとって障害となっていたドル不足の解消を意味すると同時に国際通貨システムの安定を担保する前提の動揺をも意味していた。逆説的ではあるが，戦後過渡期の終了はニクソンショックに至るブレトンウッズ体制の動揺の始まりでもあったのである。

こうして生じた「新たな問題」に対しIMFは，従来型の「加盟国のマクロ経済管理」の手法に加え国際通貨システムそれ自体の安定化を目的とした方策を打ち出していった。ヤコブソンの追求した方針は，トリフィンの「流動性ジレンマ論」が示す根本的な国際通貨制度改革論とは一線を画していた。クオータの増資を嚆矢に融資制度改革そしてGABへと至る対応は，あくまで既存の国際通貨システムの安定化を図るためのパッチワーク的な措置であった。しかし注目すべきは，一連の対応が短資に対する規制ではなくその存在を所与としたものとして展開したことである。この意味でIMFの為替自由化に対する考え方は，経常取引と資本取引とを明確に区別し後者に対する規制を重視するという設立時に示されたものから次第に変化し始めていたといえよう。

戦後の国際通貨システムは，その形成過程にまで踏み込むと「調整可能な釘付け制度，裁量的なマクロ政策，経常取引に限った通貨の交換性回復」というような[1]，現代の国際金融論的な理解で総括できるほど単純なものではなかった。そして初期IMFの役割もまた，「内外均衡を同時達成するための金融支援の供与と通貨交換性回復の促進」といった設立の理念の単純な引き写しにはなりえなかった。

自らの「為替自由化の推進主体」としての地位が低下していくなか，多角的決済体制の樹立を主導するべく，IMFは戦後過渡期の諸問題の解決に正面から取り組まねばならなかった。問題は黒字国アメリカにおける「デフレや失

---

1) McKinnon (1979) (1994)，河合 (1994)。

業」がもたらす国際経済の縮小ではなく，むしろ赤字国側の「インフレと国際収支不均衡」として顕在化していた。そしてこれらの不均衡は，「調整可能な釘付け制度と IMF による短期融資の供与」という当初想定された一種の「ルール」によって自動的に解消しうるものではなかった。こうして IMF は，積極的に加盟国のマクロ政策に注文をつけるという「一国的なマクロ経済管理」の手法を確立させてゆくことになった。

　こうした状況の下では，マクロ政策介入の方法もまた「景気逆循環的なファインチューニングを通し，加盟国に経済成長や完全雇用を促す」ものにはなりえなかった。政策論的には総需要管理を基本的な考え方にしながらも，いかにしてインフレ抑制と国際収支不均衡を調整するかという方針にもとづき，加盟国による裁量的なマクロ政策運営を一定程度制限するものとして展開することになった[2]。

　このような「マクロ経済管理を通した国際通貨システムの運営」に限界が生じ始めたのは，1950 年代後半のことだった。為替自由化の進展とともに，経常取引の範囲を超えて短資の移動が生じるようになったのである。当時の短資移動とは基本的には貿易金融をベースとする投機であり，金融グローバル化の下で展開するそれとは性格も規模も異なっていたが国際通貨システムを動揺させる「新しい問題」として注目を集めた。

　これに対し IMF は，短資の移動を規制せずむしろそれを所与のものとして通貨安定策の維持と国際流動性の増強によって応じようとした。経常取引と資本取引を明確に区別する考え方から資本移動の存在を与件とみなす方向へ。こうした為替自由化に対する考え方の変化は，マクロ政策の効果の分析に資本移動の影響を取り入れた「マンデルフレミングモデル」が同時代に IMF 内部で構築されたことにも反映されている。

　もっとも急いで付け加えれば，一連の危機対応は資本移動の存在を許容する

2）こうした本書の結論は，主に対英政策の分析を基盤にしたものである。しかし先行研究で明らかにされている日本および大陸欧州諸国に対するコンサルテーションの事例からも，1950 年代を通し IMF が対外均衡重視の政策を採用していたことが示されている。本書の評価は，一般性と妥当性を持つと思われる。浅井良夫（2005, 2007），伊藤正直（2009），169-184 頁，伊藤正直・浅井良夫編（2014）．

性格を持ちながら,あくまで多角的決済体制(為替自由化)を維持するための方策,すなわち資本移動がもたらす問題に対処するための手立てとして展開した。対外開放や構造改革・規制緩和,すなわち自由化こそ不均衡を解消する方策であるとみなす市場原理主義的な政策論とは一線を画していたといえる。

このように,ブレトンウッズ体制下のIMFは必ずしも主要国によって設定された所期の使命ないし国際通貨システムの運営をめぐるルールに対し受動的に従属する存在ではなかった。そもそもブレトンウッズ協定自体,米ドルと主要通貨の交換性を通じた多角的決済体制の樹立,その前提としての主要国の為替自由化を謳いながらも,実現のための具体的な道筋を示さなかった。このことが,IMFに「組織としての自律性」を発揮する余地を与えた。機を捉えたIMFスタッフたちは,協定を柔軟に解釈しながら「加盟国の政策運営に介入してその調整を図り,もって国際通貨システムを機能させんとする」現代的な政策路線の基礎を築き上げていったのであった。

1971年8月のニクソンショックを経て,国際通貨システムはブレトンウッズ体制から不安定な「ノンシステム」の時代へと移行した。国際金融市場の拡張に伴って「システムの民営化」が進み資本移動の規模が増大するなか,サミットをはじめ主要国間における政策調整の枠組みは多極化していった。

国際通貨システムの変化のなかで,IMFは,より中長期の国際収支問題に対応するために新たなファシリティーを創設したり[3],主要通貨の為替相場の不安定化に対応するために4条コンサルテーション——IMFサーベイランス——を開始したりもした[4]。1980年代以降になると,新興国の累積債務問題に介入するだけでなく,移行経済や途上国向けの構造調整融資の開始など貧困や経済成長の分野にまで進出するようになった[5]。こうしてIMFは,新興国や途

---

3) 1974年9月には,長期かつ大規模な国際収支困難に陥った加盟国を支援するための制度として「拡大信用ファシリティー(Extended Fund Facility; EFF)」が創設された。融資期間は3年間のスタンドバイクレジット形式であり,返済期間は通常の融資より長い10年間とされた。
4) 当初,為替相場政策の評価をメインとしていたサーベイランスの対象は,世界金融危機を経てより広範な政策分野および金融部門へと急速に拡張している。この詳細については巻末附表2「IMFサーベイランス」を参照のこと。
5) De Vries (1986).

上国の市場志向型のシステム改革——構造改革と対外開放——に関与し，各国が相次ぐ通貨危機・金融危機に見舞われるにおよび「市場原理主義者」として強い批判にさらされることになった。

本書で検討した戦後国際通貨システムの形成期においては，為替自由化の正当性が——少なくとも目的としては——主要国間で共有されていたことからこうした問題が前面に出てくることはなかった。換言すれば，当時は，多角的決済体制という国際通貨システムのあり方からのいわば「偏差」としての為替制限の除去やその成否と不可分の対外均衡を重視したマクロ政策介入に国民経済の側に受容される基礎的条件が存在していた。しかし，金融グローバル化が進行し危機が頻発する時代になると様相は一変する。IMFは，国際通貨システムと国民経済サイドの制度・政策のあり方，それらと国際金融危機との関連性を正面から問われることになったのである。

IMF史家であるボートンによれば[6]，1980年代以降における「新自由主義」の台頭と市場化・金融グローバル化の潮流をIMFの側では「サイレントレボリューション」と捉えていたとされる。彼は，成長を志向する新興国・途上国の側の自律的な市場志向・対外開放路線の採用が，むしろ政治的な問題については介入回避的であったIMFをこれら諸国の改革に踏み切らせたと説明する。一方，左派のみならず新古典派の内部でさえ，そうしたドラスティックな自由化路線は主要国ないし多国籍銀行の利害を貫徹するためにIMFの側が積極的に追求したものであるとして政策論の誤謬やその政治性を批判する声が根強い。現代のIMFをめぐる論争は，アジア通貨危機の原因論とも関連しながら現代のIMF改革の方向性にも一定の影響を及ぼしている[7]。

このような論争の構造は，それ自体，国際通貨システムという概念とIMFという主体双方の歴史性を意識することの重要性を示している。本書で，IMFの政策体系の成り立ちを国際通貨システムとの関連で捉えるという論点を提示

---

6) Boughton (2001).
7) 例えば巻末附表2「IMF融資制度の改正 2. コンディショナリティの改革」で示しているようにアジア通貨危機の教訓は「ダブル・スタンダード」であるとか「One size fits all（画一的）」であるとして揶揄されたIMF支援プログラムの改革においてとりわけ顕著に反映されている。

し，これに対しその起源から明らかにしてきたのもこのためであった。ブレトンウッズから金融グローバル化へ。1970年代以降，各国間の国際通貨金融関係ひいては国家と金融市場との間に生じた変化――「市場の構造権力化」,「ケインズ主義から新自由主義へ」などと様々に把握される変化――の核心とは何だったのか。そして，後に「市場原理主義者」と批判されるIMFの自由化政策路線はどのように選択されていったのか。国際通貨システムの「理論的特質」や経済政策論の「主流」を代表する「最大公約数」としてではなく，IMFが「組織としての自律性」を有する主体であることを念頭に再検討する必要がある。今後の課題としたい。

附　　録

附表1 スタッフ・理事一覧

[1947年]

職	名 前
専務理事 (Managing Director)	カミーユ・ギュット (Camille Gutt)
運営局長 (Director, Operations Department)	ジョン・フィッシャー (John L. Fisher)
調査局長 (Director, Research Department)	エドワード・バーンスタイン (Edward Bernstein)
法律局長 (Director, Leagal Department = General Counsel)	アンドレ・ファンカンペンハウト (Andre van Campenhout)
会計検査室長 (Director, Comptroller's Office)	チャールズ・パウエル (Charles M. Powell)
執務室長 (Director, Office of Administration)	オスカー・オルトマン (Oscar L. Altman)
秘書室長 (Director, Secretary's Office)	フランク・コー (V. Frank Coe)

出所) Horsefield et al. (1969), Vol. 3, pp. 638-640.

	理 事	国 籍	投票権数	比重 (%)
指名理事	アンドリュー・オーバビー (Andrew Overby)	アメリカ	27,750	31.68
	ジョージ・ボルトン (George Bolton)	イギリス	13,250	15.12
	イーチュン・クー (Yee-Chun Koo)	中 国	5,750	6.56
	ジャン・ドラルジャンタイ (Jean de Largentaye)	フランス	5,500	6.28
	ジャガンナ・ジョシ (Jagannath V. Joshi)	インド	4,250	4.85

附表1 スタッフ・理事一覧──223

	理　事	国　籍	選出国	各国投票権	投票権計	比重(%)
選任理事	フランシスコ・ドスサントスフィリオ (Francisco A. dos Santos-Filho)	ブラジル	ボリビア ブラジル チ　リ エクアドル パナマ パラグアイ ペルー ウルグアイ	350 1,750 750 300 255 270 500 400	4,575	5.22
	ロドリゴ・ゴメス (Rodrigo Gomez)	メキシコ	コロンビア コスタリカ キューバ ドミニカ共和国 エルサルバドル グアテマラ ホンジュラス メキシコ ニカラグア	750 300 750 300 275 300 275 1,150 270	4,370	4.99
	ハイスベルト・ブルイン (Gijsbert W. J. Bruins)	オランダ	オランダ 南アフリカ	3,000 1,250	4,250	4.85
	グイド・カルリ (Guido Carli)	イタリア	デンマーク イタリア トルコ ベネズエラ	930 2,050 680 400	4,060	4.63
	ルイス・ラズミンスキー (Louis Rasminsky)	カナダ	カナダ ノルウェー	3,250 750	4,000	4.57
	ジャン・ムラデク (Jan V. Mladek)	チェコスロバキア	チェコスロバキア ポーランド ユーゴスラビア	1,500 1,500 850	3,850	4.39
	ユベール・アンシオ (Hubert Ansiaux)	ベルギー	ベルギー アイスランド ルクセンブルグ	2,500 260 350	3,110	3.55
	アフメッド・サード (Ahmed Zaki Saad)	エジプト	エジプト エチオピア ギリシャ イラン イラク フィリピン	700 310 650 500 330 400	2,890	3.30
	合　計				87,605	100.00

出所) IMF, *Annual Report of the Executive Directors for the Fiscal Year ended April 30, 1947*, 1947, pp. 48-49.

[1950 年]

職	名 前
専務理事 (Managing Director)	カミーユ・ギュット (Camille Gutt)
副専務理事 (Deputy Managing Director)	アンドリュー・オーバビー (Andrew Overby)
欧州北米局長 (Director, European and North American Department)	G. A. ウェイヤー (G. A. Weyer)
極東・中東・ラテンアメリカ局 (Director, Far Eastern, Middle Eastern, and Latin American Department)	ジョージ・ラスリンガー (George F. Luthringer)
為替制限局長 (Director, Exchange Restrictions Department)	アーヴィング・フリードマン (Irving Friedman)
調査局長 (Director, Research Department)	エドワード・バーンスタイン (Edward Bernstein)
法律局長 (Director, Legal Department = General Counsel)	アンドレ・ファンカンペンハウト (Andre van Campenhout)
財務局長 (Director, Treasurer's Department)	フレデリック・グレイ (Frederick W. Gray)
執務室長 (Director, Administration Office)	オスカー・オルトマン (Oscar L. Altman)
広報室長 (Director, Public Relations Office)	デヴィッド・ウィルス (David H. Wills)
秘書室長 (Director, Secretary's Office)	フランク・コー (V. Frank Coe)

出所）Horsefield et al. (1969), Vol. 3, pp. 638-640.
注）副専務理事は 1949 年 2 月に新設された役職である。専務理事が欧州から選出されるのに対し，代々アメリカ人が副専務理事のポストに就いた。運営局は為替制限局と財務局に分かれる形で解消し，会計検査室は新設の財務局に統合された。また，欧州北米局と極東・中東・ラテンアメリカ局が調査局から派生する形で誕生した。

	理 事	国 籍	投票権数	比重（%）
指名理事	フランク・サザード (Frank Southard, Jr.)	アメリカ	27,750	30.63
	ジョージ・ボルトン (George Bolton)	イギリス	13,250	14.63
	B. タン (Beue Tann)	中 国	5,750	6.35
	ジャン・ドラルジャンタイ (Jean de Largentaye)	フランス	5,500	6.07
	ジャガンナ・ジョシ (Jagannath V. Joshi)	インド	4,250	4.69

附表1 スタッフ・理事一覧──225

	理　事	国　　籍	選出国	各国投票権	投票権計	比重 (%)
選任理事	オクタビオ・パラナグア (Octavio Paranagua)	ブラジル	ボリビア ブラジル チ　リ ドミニカ共和国 ホンジュラス ニカラグア パラグアイ ペルー ウルグアイ	350 1,750 750 300 255 270 285 500 400	4,860	5.36
	カルロス・ダスコリ (Carlos A. D'Ascoli)	ベネズエラ	コロンビア コスタリカ キューバ エクアドル エルサルバドル グアテマラ メキシコ パナマ ベネズエラ	750 300 750 300 275 300 1,150 255 400	4,480	4.95
	エルネスト・ドセリエー (Ernest de Selliers)	ベルギー	ベルギー デンマーク ルクセンブルグ	2,500 930 350	3,780	4.17
	アフメッド・サード (Ahmed Zaki Saad)	エジプト	エジプト エチオピア イラン イラク レバノン フィリピン シリア トルコ	850 310 600 330 295 400 315 680	3,780	4.17
	ヨハン・ベイエ (Johan W. Beyen)	オランダ	オランダ ノルウェー	3,000 750	3,750	4.14
	ルイス・ラズミンスキー (Louis Rasminsky)	カナダ	カナダ アイスランド	3,250 260	3,510	3.87
	スチュアート・マクファーレン (Stuart G. McFarlane)	オーストラリア	オーストラリア 南アフリカ	2,250 1,250	3,500	3.86
	グイド・カルリ (Guido Carli)	イタリア	オーストリア ギリシャ イタリア	750 650 2,050	3,450	3.81
	ボフミル・スハルダ (Bohumil Sucharda)	チェコスロバキア	チェコスロバキア フィンランド ユーゴスラビア	1,500 630 850	2,980	3.29
	合　計				90,590	100.00

出所) IMF, *Annual Report of the Executive Directors for the Fiscal Year ended April 30, 1950*, 1950, pp. 112-113.

[1953 年]

職	名 前
専務理事 (Managing Director)	イヴァール・ルース (Ivar Rooth)
副専務理事 (Deputy Managing Director)	メルル・コクラン (H. Merle Cochran)
欧州局長 (Director, European Department)	アーサー・スタンプ (Arthur M. Stamp)
西半球局長 (Director, Western Hemisphere Department)	ジョージ・ラスリンガー (George F. Luthringer)
アジア局長 (Director, Asian Department)	ヒレンドラ・ラルデイ (Hirendra Lal Dey)
中東局長 (Director, Middle Eastern Department)	アボル・エブテハージ (Abol H. Ebtehaj)
為替制限局長 (Director, Exchange Restrictions Department)	アーヴィング・フリードマン (Irving Friedman)
調査局長 (Director, Research Department)	エドワード・バーンスタイン (Edward Bernstein)
法律局長 (Director, Legal Department＝General Counsel)	アンドレ・ファンカンペンハウト (Andre van Campenhout)
財務局長 (Director, Treasurer's Department)	イーチュン・クー (Yee-Chun Koo)
執務室長 (Director, Administration Office)	オスカー・オルトマン (Oscar L. Altman)
秘書室長 (Director, Secretary's Office)	ローマン・ホーン (Roman L. Horne)

出所）Horsefield et al. (1969), Vol. 3, pp. 638-640.
注）欧州北米局から欧州局と西半球局が，極東・中東・ラテンアメリカ局からアジア局，中東局，西半球局がそれぞれ誕生した。

	理 事	国 籍	投票権数	比重（％）
指名理事	フランク・サザード (Frank Southard, Jr.)	アメリカ	27,750	27.93
	エドムンド・ホールパッチ (Edmund Hall-Patch)	イギリス	13,250	13.33
	ベウエ・タン (Beue Tann)	中 国	5,750	5.79
	ジャン・ドラルジャンタイ (Jean de Largentaye)	フランス	5,500	5.54
	W. R. ナトゥー (W. R. Natu)	インド	4,250	4.28

附表1 スタッフ・理事一覧 ―― 227

	理　事	国　籍	選出国	各国投票権	投票権計	比重(%)
選任理事	オクタビオ・パラナグア (Octavio Paranagua)	ブラジル	ボリビア ブラジル チ　リ ドミニカ共和国 エクアドル パナマ パラグアイ ペルー ウルグアイ	350 1,750 750 300 300 255 285 500 400	4,890	4.92
	アフメッド・サード (Ahmed Zaki Saad)	エジプト	エジプト エチオピア イラン イラク ヨルダン レバノン パキスタン フィリピン シリア	850 310 600 330 280 295 1,250 400 315	4,630	4.66
	エンリケ・デルガド (Enrique Delgado)	ニカラグア	コロンビア コスタリカ キューバ エルサルバドル グアテマラ ホンジュラス メキシコ ニカラグア ベネズエラ	750 300 750 275 300 275 1,150 270 400	4,470	4.50
	オットー・フライデラー (Otto Pfleiderer)	西ドイツ	西ドイツ ユーゴスラビア	3,550 850	4,400	4.43
	カルロ・グラニャーニ (Carlo Gragnani)	イタリア	オーストリア ギリシャ イタリア トルコ	750 650 2,050 680	4,130	4.16
	湯本武雄 (Takeo Yumoto)	日　本	ビルマ セイロン 日　本 タ　イ	400 400 2,750 375	3,925	3.95
	アルフ・エリクセン (Alf K. Eriksen)	ノルウェー	デンマーク フィンランド アイスランド ノルウェー スウェーデン	930 630 260 750 1,250	3,820	3.84
	レスリー・メルビル (Leslie G. Melville)	オーストラリア	オーストラリア 南アフリカ	2,250 1,250	3,500	3.52
	ルイス・ラズミンスキー (Louis Rasminsky)	カナダ	カナダ	3,250	3,250	3.27
	クレナ・デイオン (Crena de Iongh)	オランダ	オランダ	3,000	3,000	3.02
	エルネスト・ドセリエー (Ernest de Selliers)	ベルギー	ベルギー ルクセンブルグ	2,500 350	2,850	2.87
	合　計				99,365	100.00

出所) IMF, *Annual Report of the Executive Directors for the Fiscal Year ended April 30, 1953*, 1953, pp. 110-112.

[1961 年]

職	名　前
専務理事 (Managing Director)	ペール・ヤコブソン (Per Jacobsson)
副専務理事 (Deputy Managing Director)	メルル・コクラン (H. Merle Cochran)
欧州局長 (Director, European Department)	ガブリエル・フェラス (Gabriel Ferras)
西半球局長 (Director, Western Hemisphere Department)	ジョージ・デルカント (Jorge Del Canto)
アジア局長 (Director, Asian Department)	D. S. サブカル (D. S. Savkar)
中東局長 (Director, Middle Eastern Department)	アンウォー・アリ (Anwar Ali)
アフリカ局長（代理） (Acting Director, African Department)	ジャン・ムラデク (Jan V. Mladek)
為替制限局長 (Director, Exchange Restrictions Department)	アーヴィング・フリードマン (Irving Friedman)
調査統計局長 (Director, Research and Statistics Department)	ジャック・ポラック (Jacques J. Polak)
法律局長 (Director, Legal Department＝General Counsel)	ジョセフ・ゴールド (Joseph Gold)
財務室長 (Director, Treasurer's Office)	イーチュン・クー (Yee-Chun Koo)
執務室長 (Director, Administration Office)	フィリップ・ソーソン (Phillip Thorson)
秘書室長 (Director, Secretary's Office)	ローマン・ホーン (Roman L. Horne)

出所）Horsefield et al. (1969), Vol. 3, pp. 638-640.
注）アフリカ局が新設された。なお調査局は1956年から1968年まで調査統計局（1968年以降，再び調査局）へ，財務局（Treasurer's Department）は1956年から1964年まで財務室（Treasurer's Office）へと一時的に改組された。

附表1 スタッフ・理事一覧──229

	理　事	国　籍	投票権数	比重(%)
指名理事	フランク・サザード (Frank Southard, Jr.)	アメリカ	41,500	25.24
	デヴィッド・ピットブラード (David B. Pitblado)	イギリス	19,750	12.01
	ジャン・ドラルジャンタイ (Jean de Largentaye)	フランス	8,125	4.94
	ウィルフリッド・グース (Wilfried Guth)	西ドイツ	8,125	4.94
	バスカル・アダルカル (Bhaskar N. Adarkar)	インド	6,250	3.80

	理　事	国　籍	選出国	投票権	投票権計	比重(%)
選任理事	アフメッド・サード (Ahmed Zaki Saad)	アラブ連合	アフガニスタン エチオピア イラン イラク ヨルダン レバノン パキスタン フィリピン サウジアラビア スーダン アラブ連合	475 346 950 400 295 295 1,750 1,000 800 400 1,300	8,011	4.87
	鈴木源吾 (Gengo Suzuki)	日　本	ビルマ セイロン 日　本 タ　イ	550 700 5,250 700	7,200	4.38
	アンドレ・ファンカンペンハウト (Andre van Campenhout)	ベルギー	オーストリア ベルギー 韓　国 ルクセンブルグ トルコ	1,000 3,625 437 360 1,110	6,532	3.97
	ルイス・ラズミンスキー (Louis Rasminsky)	カナダ	カナダ アイルランド	5,750 700	6,450	3.92
	ジョン・ガーランド (John M. Garland)	オーストラリア	オーストラリア 南アフリカ ベトナム	4,250 1,750 415	6,415	3.90
	ホセ・マジョブレ (Jose A. Mayobre)	ベネズエラ	コスタリカ キューバ エルサルバドル グアテマラ ホンジュラス メキシコ ニカラグア ベネズエラ	305 750 362 400 362 2,050 362 1,750	6,341	3.86

ピーテル・リーフティンク (Pieter Lieftinck)	オランダ	イスラエル オランダ ユーゴスラビア	500 4,375 1,450	6,325	3.85
ギレルモ・クライン (Guillermo Walter Klein)	アルゼンチン	アルゼンチン ボリビア チリ エクアドル パラグアイ ウルグアイ	3,050 475 1,250 400 350 400	5,925	3.60
マウリチオ・ビッカーロ (Mauricio C. Bicalho)	ブラジル	ブラジル コロンビア ドミニカ共和国 ハイチ パナマ ペルー	3,050 1,250 400 362 255 550	5,867	3.57
B. タン (Beue Tann)	中 国	中 国	5,750	5,750	3.50
T. アスゲイルソン (T. Asgeirsson)	アイスランド	デンマーク フィンランド アイスランド ノルウェー スウェーデン	1,550 820 362 1,250 1,750	5,732	3.49
セルジオ・シリエンティ (Sergio Siglienti)	イタリア	ギリシャ イタリア スペイン	850 2,950 1,750	5,550	3.38
スティクノ・スラメット (Soetikno Slamet)	インドネシア	ガーナ インドネシア リビア マラヤ モロッコ チュニジア	600 1,900 340 550 775 391	4,556	2.77
合 計				16,404	100.00

出所) IMF, *Annual Report of the Executive Directors for the Fiscal Year ended April 30, 1961*, 1961, pp. 147-149.

附表1 スタッフ・理事一覧——231

[1965年]

職	名前
専務理事 (Managing Director)	ピエールポール・シュバイツァー (Pierre-Paul Schweitzer)
副専務理事 (Deputy Managing Director)	フランク・サザード (Frank Southard, Jr.)
欧州局長 (Director, European Department)	L. A. ウィットム (L. A. Whittome)
西半球局長 (Director, Western Hemisphere Department)	ジョージ・デルカント (Jorge Del Canto)
アジア局長 (Director, Asian Department)	D. S. サブカル (D. S. Savkar)
中東局長 (Director, Middle Eastern Department)	アンウォー・アリ (Anwar Ali)
アフリカ局長 (Director, African Department)	ハムザ・メルガニ (Hamzah Merghani)
為替貿易関係局長 (Director, Exchange and Trade Relations Department)	アーネスト・スターク (Ernest Sturc)
調査統計局長 (Director, Research and Statistics Department)	ジャック・ポラック (Jacques J. Polak)
法律局長 (Director, Legal Department＝General Counsel)	ジョセフ・ゴールド (Joseph Gold)
財務局長 (Director, Treasurer's Department)	イーチュン・クー (Yee-Chun Koo)
執務局長 (Director, Administration Department)	フィリップ・ソーソン (Phillip Thorson)
秘書局長 (Director, Secretary's Department)	ローマン・ホーン (Roman L. Horne)
中央銀行サービス局長 (Director, Central Banking Service Department)	ジャン・ムラデク (Jan V. Mladek)
財政関係局長 (Director, Fiscal Affairs Department)	リチャード・グード (Richard Goode)
IMF研修局長 (Director, IMF Institute Department)	F. A. G. キーシング (F. A. G. Keesing)

出所) Horsefield et al. (1969), Vol. 3, pp. 638-640.
注) 為替制限局は為替貿易関係局に改組された。また執務室・秘書室が局へと改組されるとともに、中央銀行サービス局、財政関係局、IMF研修局が新設された。

	理　事	国　籍	投票権数	比重 (%)
指名理事	ウィリアム・デール (William B. Dale)	アメリカ	41,500	22.48
	ジョン・スティーヴンス (John. M. Stevens)	イギリス	19,750	10.70
	ルネ・ラール (Rene Larre)	フランス	8,125	4.40
	ウルリヒ・ビーリッツ (Ulrich Beelitz)	西ドイツ	8,125	4.40
	J. J. アンジャリア (J. J. Anjaria)	インド	6,250	3.39

	理　事	国　籍	選出国	投票権	投票権計	比重 (%)
選任理事	アフメッド・サード (Ahmed Zaki Saad)	アラブ連合	アフガニスタン エチオピア イラン イラク ヨルダン クウェート レバノン パキスタン フィリピン サウジアラビア ソマリア シリア アラブ連合	475 400 950 800 362 750 317 1,750 1,000 800 362 500 1,450	9,916	5.37
	セルジオ・シリエンティ (Sergio Siglienti)	イタリア	ギリシャ イタリア ポルトガル スペイン	850 5,250 850 1,750	8,700	4.71
	ジョン・ガーランド (John M. Garland)	オーストラリア	オーストラリア ニュージーランド 南アフリカ ベトナム	4,250 1,500 1,750 415	7,975	4.32
	鈴木源吾 (Gengo Suzuki)	日　本	ビルマ セイロン 日　本 ネパール タ　イ	550 870 5,250 325 700	7,695	4.17
	ピーテル・リーフティンク (Pieter Lieftinck)	オランダ	キプロス イスラエル オランダ ユーゴスラビア	362 750 4,375 1,450	6,937	3.76
	S. J. ハンドフィールドジョーンズ (S. J. Handfield-Jones)	カナダ	カナダ アイルランド ジャマイカ	5,750 700 450	6,900	3.74

附表 1 スタッフ・理事一覧 ── 233

アンドレ・ファンカンペンハウト (Andre van Campenhout)	ベルギー	オーストリア ベルギー 韓 国 ルクセンブルグ トルコ	1,000 3,625 437 400 1,110	6,572	3.56
マウリチオ・ビッカーロ (Mauricio C. Bicalho)	ブラジル	ブラジル コロンビア ドミニカ共和国 ハイチ パナマ ペルー	3,050 1,250 500 362 362 625	6,149	3.33
ルイス・エスコバル (Luis Escobar)	チ リ	アルゼンチン ボリビア チ リ エクアドル パラグアイ ウルグアイ	3,050 475 1,250 450 362 550	6,137	3.32
セミャーノ・キンギ (Semyano Kiingi)	ウガンダ	ブルンジ コンゴ ギニア ケニア リベリア マ リ ナイジェリア シエラレオネ スーダン タンザニア トリニダードトバコ ウガンダ	362 700 400 500 362 380 750 362 700 500 450 500	5,966	3.23
エンリケ・テヘラパリス (Enrique Tejera-Paris)	ベネズエラ	コスタリカ エルサルバドル グアテマラ ホンジュラス メキシコ ニカラグア ベネズエラ	450 450 400 400 2,050 362 1,750	5,862	3.18
B. タン (Beue Tann)	中 国	中 国	5,750	5,750	3.12
クルト・エクレフ (Kurt Eklöf)	スウェーデン	デンマーク フィンランド アイスランド ノルウェー スウェーデン	1,550 820 362 1,250 1,750	5,732	3.11
スマナン (Sumanang)	インドネシア	アルジェリア ガーナ インドネシア ラオス リビア モロッコ チュニジア	850 800 1,900 325 400 775 475	5,525	2.99

ルイ・カンデ (Louis Kande)	セネガル	カメルーン 中央アフリカ チャド コンゴ(ブラザビル) ダホメ ガボン コートジボワール マダガスカル モーリタニア ニジェール ルワンダ セネガル トーゴ オートボルタ	400 325 325 325 325 325 400 400 325 325 362 500 362 325	5,024	2.72
合　計				184,590	100.00

出所） IMF, *Annual Report of the Executive Directors for the Fiscal Year ended April 30, 1965*, 1965, pp. 133-135.

235

附表2　世界金融危機とIMF改革

　2008年9月の「リーマンショック」に端を発したアメリカ金融危機は，世界的な危機へと拡大した。危機の発生以降，IMFは，①ガバナンス，②融資制度，③サーベイランス体制の3点を中心に急速な改革の渦中にあり，以下の附表に示されているとおりその規模と範囲は現在もなお「なし崩し的に」拡大しつつある。途上国の発言権強化やコンディショナリティの簡素化など危機以前にその起源を持つ諸改革もまた「国際通貨システムの安定」の名の下に，今次の危機以降，改革のペースを速めている。

➤ IMFガバナンスの改革

2006年9月1日：理事会は，総務会に対し「クオータとボイスの改革」に向けた特別増資を提言するとともに年次総会（2006年9月19-20日）までにこの改革案を決議するよう要請した。なおこの改革は2年計画として提言され，2008年の年次総会までに完了することが目指された。

2006年9月18日：総務会は，クオータの特別増資にかんする理事会の提言を採択した。

2007年5月21日：2006年9月に総務会の採択した特別増資が発効した（2120億SDR→2175億SDR）。

2008年4月：総務会は，さらなるクオータの特別増資に合意した。この特別増資が発効すれば，①IMFのクオータは2175億SDRから2384億SDRに拡大する。さらに，②最大の増加幅となる中国・韓国・インド・ブラジル・メキシコをはじめ54の加盟国のクオータが増加する。③低所得国を含む他の135カ国については基礎票の増加によって議決権が拡大する。④基礎票の投票権に占める割合は2.1％から5.502％に増加するとともにこの水準に固定される（基礎票が250票→677票に拡大）。

2009年4月：ロンドンサミット。G20首脳は，2008年4月にIMF総務会が合意した特別増資について確認した。さらに第14次クオータ一般見直しの作業を，

2011 年 1 月までに完了させるべきことについて確認した。

2009 年 9 月：ピッツバーグサミット。G20 首脳は，IMF が引き続きクオータをベースとする機関であることを確認した。その上で，クオータの過大評価国から過小評価国（新興市場国）へ 5％ポイント以上のシェアを移行させるべきことを確認した。

2009 年 10 月：国際通貨金融委員会（International Monetary and Financial Committee; IMFC）は，IMF 理事会に対し第 14 次クオータ一般見直しの作業を 2011 年 1 月までに完了するよう勧告した。さらに G20 の声明を支持し，出資比率の見直しを行うことで過大評価国から過小評価国へ 5％ポイント以上のシェアをシフトさせるべきことを勧告した。

2010 年 12 月 15 日：総務会は，第 14 次クオータ一般見直しの作業を完了するとともに出資比率の見直しにかんする決議を採択した。これらの見直しが発効すると，① IMF のクオータは倍増する（2384 億 SDR → 4768 億 SDR：7500 億米ドル）。② クオータのシェアは，過大評価国から過小評価国へ 6％ポイントシフトする（2006 年から続いた改革を合わせると，シェアは 9％ポイントシフトしたことになる）。③ 中国が IMF において第 3 位の出資大国になるとともに，中国・ロシアに加えインドとブラジルが 10 大出資国に名を連ねることになる。④ 基礎票が 3 倍増になる。⑤ 理事会の理事 24 名は完全選任制となり，欧州の議席が 2 議席減少する[1]。

2011 年 3 月 3 日：2008 年 4 月，総務会が合意したクオータの特別増資が発効した。

2013 年 1 月 30 日：第 15 次クオータ見直し作業の開始に向け，理事会は第 14 次クオータ見直しに用いられたクオータ計算式（formula）のレビューを完了した。なお第 14 次見直しでは，それぞれ GDP（50％），対外開放度（30％），経済変動性（15％），外貨準備（5％）が考慮された。

2014 年 1 月 23 日：第 14 次クオータ一般増資の発効が遅れている関係で（2014 年 1 月中旬時点で投票権の 76.1％を有する加盟国が賛成するにとどまり，発効に必要な 85％に達していない状態），理事会は，2014 年 1 月末を予定していた第 15 次クオータ見直し作業の完了期限を 2015 年 1 月末に延期する旨，総務会に報告した。

➤ IMF 融資制度の改正

1. 融資制度の拡充

2008年10月29日：短期流動性ファシリティー（Short-term Liquidity Facility; SLF）が新設された。本制度は，「健全な経済政策を実施し，良好な政策運営の実績を有し，債務水準が持続可能であるにもかかわらず，国際資本市場において一時的な流動性問題を抱えている国」を支援することを目的に創設された。当該国の政策運営が，直近の協定4条協議において非常に肯定的な評価を受けていることが融資の条件とされた。なお本制度の下では，分割払方式および事後的コンディショナリティは適用されない。

2009年3月24日：世界金融危機後における初の本格的な融資制度改革が行われた。理事会は，IMFの危機予防・危機対応能力を向上させるための包括的な改革を行うことについて確認し，次の5つの改革を実施した。①コンディショナリティの改編。5月1日から，構造的パフォーマンス・クライテリアを全面的に廃止することを決定。②弾力的クレジットライン（Flexible Credit Line; FCL）の創設。同制度は，健全なファンダメンタルズ・政策運営・政策履行の実績を有する加盟国の支援を目的に創設された。融資額は個別事例ごとに決定され，通常の融資利用制限は適用されない。また，分割払方式および事後的コンディショナリティは課されない。③スタンドバイ協定制度の改革。上記FCLの利用資格を満たさない加盟国について，その危機予防能力の向上を目的とした改革。この改革によって必要に応じ資金の前払いが可能になるとともに，レビューの頻度が減少することになった。④融資制度の整理。使途が限定的な制度および利用頻度の低い制度を廃止することが決定した。補完準備ファシリティー（Supplement Reserve Facility; SRF），輸出変動補償ファシリティー（CFF），短期流動性ファシリティー（SLF）を廃止。なお，拡大信用ファシリティー（EFF）は，PRGF-ESF（Poverty Reduction and Growth Facility -Exogenous Shocks Facility）トラストの利用から卒業して間もない低所得国にとって有用であるとみなされ，存続することになった。⑤融資利用の上限を2倍に引き上げることが決まった（1年間でクオータの200％，累計で600％へ）。なお，すべての非譲許融資には金利が課されるとともに巨額の融資には手数料が発生する。この金利の基礎となっているのはSDR金利である。SDR金利は，毎週の主要国際金融市場における短期金利を勘案して改定される。

2010年1月：世界金融危機の影響を受けた低所得国に対する支援制度を改善する取り組みの一環として，貧困削減・成長トラスト（Poverty Reduction and Growth Trust; PRGT）の下で，譲許的融資の改革が行われた[2]。この改革によって，①融資利用の上限が二倍に引き上げられた。② 慢性的な国際収支問題を抱える国を支援するための拡大クレジットファシリティー（Extended Credit Facility; ECF），短期的な国際収支問題を抱える国を支援するためのスタンドバイクレジットファシリティー（Standby Credit Facility; SCF），緊急を要する国際収支問題に直面した国の支援を目的とする緊急クレジットファシリティー（Rapid Credit Facility; RCF）が新設された。なお，これら譲許的融資には2014年末までゼロ金利が適用される。

2010年8月30日：予防的クレジットライン（Precautionary Credit Line; PCL）が新設された。このPCLは弾力的クレジットライン（FCL）を補完する制度であり「健全なファンダメンタルズ・政策運営・政策履行の実績を有しながらも，一定の脆弱性を抱えていることからFCLの利用資格を満たさない国」の支援が目的とされた。通常の融資よりコンディショナリティは軽減されており，半年ごとのレビュー，脆弱性に特化した改善措置の履行のみが事後的コンディショナリティとして課される。融資利用上限は，最初の12カ月間はクオータの500％。12カ月以降にかんしては，脆弱性の軽減において十分な進展が見られた場合に限りクオータの1000％まで可能となる。

2011年11月21日：予防的クレジットライン（PCL）に代わる制度として，予防的流動性ライン（Precautionary and Liquidity Line; PLL）が新設された。さらに，緊急融資措置（Rapid Financing Instrument; RFI）が新設された。

　PLL：コンディショナリティはPCLと同様であり，適用期間は半年ないし1-2年間。利用限度は，利用期間が半年間の場合，通常はクオータの250％・例外的なケースでは500％。1-2年間の場合，通常はクオータの500％・例外的なケースでは1000％。

　RFI：緊急性の高い国際収支問題を抱える国の支援を目的として創設された。融資利用制限は，年間でクオータの50％，累計で100％。

2. コンディショナリティの改革

1980年代以前：伝統的に，マクロ経済政策の履行がコンディショナリティとされてきた。

1980年代以降：構造問題が成長を阻害しているような低所得国への融資が対象となるにおよび，コンディショナリティの内容が複雑化し構造的条件の導入が進展した。

1990年代末：アジア通貨危機時，アジア諸国への融資に付された構造改革要求への批判が噴出した。

2000年9月：年次総会でケーラー（Horst Köhler）専務理事は，①プログラムにおける借入国のオーナーシップを重視すること，②構造面での条件はあくまでマクロ経済と関連する分野にしぼるべきことをよびかけ，これを契機に構造的コンディショナリティの簡素化に向けた取り組みが始まった。

2002年9月：1979年に作成された「コンディショナリティガイドライン」の改訂が，理事会で決定された。①コンディショナリティの「倹約」，すなわちプログラムの達成に不可欠な分野にコンディショナリティを絞ること，条件を明確化すること，加盟国の状況に適した「テイラーメイド」の条件を設定すること，②他の多国籍機関と協調すること等が決定された。また，3年おきに理事会がガイドラインをレビューすることになった。

2009年3月13日：スタッフのレポート（GRA Lending Toolkit and Conditionality: Reform Proposals）において，以下のコンディショナリティの改革案が示された[3]。①数量的パフォーマンス・クライテリア（QPCs）は存続させるが，構造的パフォーマンス・クライテリアは全面的に廃止する。適切な構造改革については排除しないが，プライアー・アクション（PA）ないしストラクチュラル・ベンチマーク（SB）に限定する。②プログラム・レビューを重視するコンディショナリティへいっそうシフトする。

2009年3月24日：IMF理事会は，上記スタッフレポートで提案された融資制度改革案を承認し，融資制度の改革とともに以下のコンディショナリティ改革を決定した。①IMF借入に付随する「スティグマ感」を抑制するために，伝統的な事後的コンディショナリティよりも事前的コンディショナリティへの依存度を高める。②構造改革の履行状況については，パフォーマンス・クライテリアではなくプログラム・レビューで柔軟に審査する方針で臨み，2009年5月1日以降，あらゆるIMF融資から構造的パフォーマンス・クライテリアを排除する。構造改革は引き続きプログラムの一部に含まれることになるが，借入国の危機克服に不可欠な分野にいっそう限定する。また，構造改革についてはプログラム・レビューにおけるウェーバーの提出義務も廃止する[4]。さらに低所

得国に対するプログラムでは，社会政策分野の支出に下限を設定することで社会保護にいっそう重点を置く。③ 特定の措置の履行よりもプログラム全体の目的達成を重視する。④ 社会支出ならびに低所得国向け融資の譲許性の向上を重視する。

3. 財源の拡充

2009年4月：ロンドンサミット。G20首脳は，IMF の融資能力を3倍増の7500億ドルに拡大する（危機前の財源2500億ドルを5000億ドル増加させる）とともに，2500億ドル相当の SDR を追加配分することに合意した。また IMF の譲許的融資能力を倍増させ，今後2-3年で60億ドル規模の譲許的融資を実施するよう IMF に要請した。

2009年4月25日：IMFC は，ロンドンサミットの首脳声明（融資能力の3倍増と SDR の追加配分について）を支持した。またさらなる資力増強のため，IMF が各国と借入協定を締結すること，この協定による各国からの借入を新規借入協定（NAB）の枠組みに統合することについて合意した。

2009年7月1日：理事会は，IMF の資力増強のため加盟国の公的部門を買い手とする債券発行の枠組みを承認した（債券購入契約：Note Purchase Agreement）。この債券発行によって借入れた資金は NAB に統合される。

2009年7月29日：理事会は，2014年末にかけ貧困削減・成長トラスト（PRGT）を通じた譲許的融資の財源を170億ドルまで拡大することを決定した。

2009年8月28日：加盟国に対し2500億ドル相当の SDR の追加配分を実施した。

2009年9月9日：加盟国に対し330億ドル相当の SDR の追加配分を実施した。8月末の配分と合わせ2830億ドル相当の追加配分が行われたことよって，配分された SDR の総額は従来の約10倍（約3160億ドル相当）の規模に拡大した。

2009年9月18日：理事会は，譲許的融資の財源に充当する資金を捻出するために保有量の8分の1に相当する403.3トンの金を売却することについて決定した[5]。

2009年9月：ピッツバーグサミット。G20首脳は，5000億ドル超の規模まで NAB を拡大する旨，発表した。

2009年10-11月：2009年9月の決定にそって，212トンの金を売却（200トンをインド準備銀行に，2トンをモーリシャス銀行に，10トンをスリランカ銀行に売却）した。売却は市場外の取引として行われたが市場価格が適用された。

2010年2月：未売却の金191.3トンについて，市場での売却を開始した。
2010年4月12日：理事会は，2009年9月のピッツバーグサミットにおける首脳声明を受けてNABの拡大を決定した。
2010年12月21日：金403.1トンの売却を終了し，売却益95億SDRを得た。
2011年3月11日：NABの拡大が発効した。これにより新たに13の加盟国と機関がNABに参加し，その規模は340億SDR（約540億ドル）から3675億SDR（約5650億ドル）へ拡大した。
2011年4月1日：6カ月間の期限付きで（2011年9月末），NABから2110億SDR（3250億ドル）の資金が動員された。
2011年10月1日：2011年9月末に期限を迎えたNABからの資金動員が，2012年3月末まで6カ月間延長された。
2011年11月15日：ポーランド国立銀行がNABに参加した。これにより，NABの規模は3700億SDR（約5700億ドル）へ拡大した[6]。
2012年2月：金の売却益95億SDRのうち，7億SDRを譲許的融資の財源に充当することを決定した。
2012年4月1日：2012年3月末に期限を迎えたNABからの資金動員が，2012年9月末まで6カ月間延長された。
2012年4月20日：G20およびIMFCは，IMFの財源をさらに4300億ドル拡充させる方針についてコミットメントが存在するとの声明を発表した。
2012年9月：2012年2月に続き，金売却益のうち17.5億SDRを譲許的融資の財源に充当することを決定した。
2012年10月1日：2012年9月末に期限を迎えたNABからの資金動員が，2013年3月末まで6カ月間延長された。
2013年4月1日：2013年3月末に期限を迎えたNABからの資金動員が，2013年10月末まで6カ月間延長された。
2013年10月1日：2013年9月末に期限を迎えたNABからの資金動員が，2014年3月末まで6カ月間延長された。

➤ IMFサーベイランス

1977年：IMF協定第4条の見直しが行われ「サーベイランス」の枠組みが作られ

た。この枠組みでは，為替相場政策の評価が専らその中心に据えられた。

2007年6月15日：理事会は，現状に即した形へ「1977年の決定」を改正すべく「加盟国の政策に対する国別サーベイランスについての新たな決定（New Decision on Bilateral Surveillance Over Members' Policies）」を採用した。この結果，サーベイランスでは，リスクの有無と危機への脆弱性という観点から加盟国の財政金融政策および金融部門に対する政策について評価が行われることになった。

2008年11月：サンパウロで行われたG20蔵相中銀総裁会議は，IMFと金融安定化フォーラム（Financial Stability Forum; FSF）に対し，定期的な早期警戒措置（Early Warning Exercise; EWE）の実施面で互いに連携するよう要請した。

2009年：世界金融危機後，財政問題が各国で焦眉の課題となるなか，財政面におけるマルチラテラル・サーベイランスの重要性が高まったことを受けて『財政モニター（Fiscal Monitor）』の刊行が始まった。

2009年4月：ロンドンサミット。金融安定化フォーラム（FSF）が「金融安定理事会（FSB）」に改組されるとともに，G20首脳はIMFとFSBが協働して早期警戒措置を実施していくべきことを発表した。

2009年9月：ピッツバーグサミット。G20首脳は，「強固で持続的かつバランスの取れた経済成長を実現するための枠組み（a framework that lays out the policies and the way we act together to generate strong, sustainable and balanced global growth）」を設立し，この枠組みの基礎となる「G20相互評価プロセス（The G20 Mutual Assessment Process; MAP）」を通して中期的な成長目標を実現していくことに合意した。IMFは，① G20諸国の政策と各地域レベルでの政策枠組みとの整合性，およびG20諸国の政策とG20の掲げる成長目標との整合性について分析・評価すること，② G20諸国が自国の不均衡を評価するために必要となる参考指針（Indicative Guidelines）の開発を支援することについて要請を受けた。

2009年9月29日：IMFと世銀は，「金融セクター評価プログラム（Financial Sector Assessment Program; FSAP）」の改革を実施した。結果，① より率直かつ透明性の高い評価を実施していくこと，② 分析手法を改善しリスクの発生源とみなす指標を拡大すること，③ 経済金融面の不安定性のクロスボーダーでの波及効果を重視すること，④ より柔軟で加盟国のニーズにあった評価を実施していくこと等が決まった。

2009年10月4日：IMFCは，以下のコミュニケを発表した。① IMFとFSBの協働による早期警戒措置の実施，金融部門とその国境を越えた監視体制の強化にか

んする分析の進展を歓迎する。②FSAPのいっそうの弾力化とその国別サーベイランスへの導入を要請する。③世界の安定に資するマクロ経済政策および金融部門に対する政策をもれなく対象とするようなIMFサーベイランスのマンデートのあり方について検討し，2010年の年次総会までに報告を提出するよう要請する。

2010年1月22日：IMFCのコミュニケを受け，サーベイランスの改革に向けた「たたき台」としてスタッフのレポート「IMFのマンデートにかんするレビュー（The Fund's Mandate: An Overview）」が作成された。この報告では，以下の点が指摘された。世界金融危機の重要な教訓は危機がシステミックな性質を強めているということであり，国際経済の安定に向けたIMFの取り組みもまたシステミックな観点を導入していかなくてはならない。そしてそのためにマンデートとモダリティ（管轄と活動方式）が再検討されなくてはならず，サーベイランスについては次の要素が必要になる。①IMFが金融部門に対する監督権限を持つこと，また資本フローを監視しこれを管理するための指針を加盟国に提供すること。②国別サーベイランスでは把握することができない一国の政策が持つシステミックな影響に注意すること。

2010年3月29日：スタッフのレポート「サーベイランスの改善に向けて（Modernizing the Surveillance Mandate and Modalities）」が作成された。マルチラテラル・サーベイランスを強化するため，①波及効果にかんする分析を充実させること，②多国間協議に積極的に加わること，③国境を越えた不安定性の波及経路を明らかにし金融部門の監視にいっそう力をいれること等が提言された。

2010年4月22日：理事会は，FSAPの下での安全性評価を国別サーベイランスに導入することを決定した。

2010年9月：IMFはFSBとの連携を強化するため同組織に参加した。

2011年2月9日：独立評価機関（IEO）は，危機以前のサーベイランスのあり方を評価したレポート『金融・経済危機に至るまでのIMFのパフォーマンスにかんする報告書（*IMF Performance in the Run-Up to the Financial and Economic Crisis: IMF Surveillance in 2004-07*）』を刊行した。この報告では，以下の問題点が指摘された。①IMFサーベイランスは，危機が発生するまでそのリスクおよび各国の危機に対する脆弱性を検出できなかった。例えば国別サーベイランスでは，アメリカ・イギリスの政策を支持し，金融市場は健全であるとの信念をもち，巨大金融機関は危機が発生してもそれに耐えることができるとみなしていた。②

IMF サーベイランスは，リスクの波及について十分な注意を払っていなかった。

2011 年 7 月 11 日：IMF は，アメリカ・日本・ユーロ圏・イギリス・中国という 5 つの経済大国／地域における経済政策が相互に与える影響について分析した「波及効果にかんする統合報告書（Consolidated Spillover Report）」を作成した。以降，この報告は『波及効果報告書（*Spillover Report*）』として刊行が始まった。

2011 年 8 月 29 日：サーベイランスの効果を包括的にレビューする「3 年ごとのサーベイランスレビュー（2011 Triennial Surveillance Review; 2011TSR）」が終了し，「2011 Triennial Surveillance Review: Overview Paper」と題する報告書が刊行された。報告では，サーベイランスの枠組みは世界金融危機の発生当初から改善しているとしつつも依然として問題が残っていることを指摘した。とりわけ，リスク評価が詳細さに欠けるだけでなくショックの波及効果が十分に考慮されていないなどサーベイランスの「断片性」を指摘した。

2011 年 9 月：IMF は，マルチラテラル・サーベイランスにかんする各種報告書の分析結果についてまとめた「マルチラテラル・サーベイランスにかんする統合報告書（Consolidated Multilateral Surveillance Report）」を作成した。

2011 年 10 月 27 日：ラガルド（Christine Lagarde）専務理事より，サーベイランスの強化に向けた行動計画が示された（Managing Director's Statement on Strengthening Surveillance: 2011 Triennial Surveillance Review）。具体的には，2011 年 8 月の TSR を受け以下の 6 分野を重視する方針が示された。(1)相互連関性：世界的な危機を通し，部門間（財政・金融・実体経済間）・各国間での危機の相互連関性・波及効果にかんする分析をより重視する。(2)リスク評価：FSB と連携した早期警戒措置の実施，国別・マルチラテラル双方のサーベイランスにおいてよりリスク評価を重視する。(3)金融部門の安定性：国別・マルチラテラル双方のサーベイランスにおいて，FSAP の下での金融安定性評価にいっそうの注意を払う。ミッションへの金融部門の専門家の配置，金融市場・金融部門にかんする調査研究に対し追加的な資源の投入を進める。(4)対外安定性：為替相場だけでなく，バランスシート・資本フロー・外貨準備状況にかんする分析を強化する。(5)法的枠組み：国別・マルチラテラル双方のサーベイランスを統合的に扱う新しいサーベイランスの枠組みにかんする具体案を検討する。(6)影響力：IMF による助言の影響力を高めるべく，分析の有効性の向上，各国の現状に即した率直かつ公正な助言の提供，明確なメッセージの伝達に注力する。

2012年7月：理事会は，スタッフの報告「サーベイランスの改善に向けて（Modernizing the Legal Framework for Surveillance: Building Blocks Toward an Integrated Surveillance Decision）」を踏まえ，国別・マルチラテラル双方のサーベイランスを統合的に把握する方針の採用を決定した（Integrated Surveillance Decision）。この決定は，経済の統合が進展し一国の政策が国際経済の安定性に影響を与えるようになっている状況に即した形へサーベイランスのあり方を改善するためのものであり，「2007年の決定」を改正するものである。

2012年7月2日：「対外安定性にかんする試験報告（Pilot External Sector Report）」の発表が始まった。この報告は，対外不均衡の原因，不均衡の存在が危機の波及効果に与える影響等について検討するものである。

2012年9月：理事会は，スタッフの報告「金融面のサーベイランスにかんする戦略（The IMF's Financial Surveillance Strategy）」を支持した。この報告は，金融面でのサーベイランスにおいて優先すべき事項として，①マクロ金融面でのリスク評価を強化すること，②国別・マルチラテラル双方のサーベイランスを通し，マクロ金融面でのリスクを抽出する。③金融面でのサーベイランスを改善するために関係諸機関との協力を強化することの3点をあげた。

出所）IMFウェブサイト（www.imf.org/external/about.htm）を参考に筆者作成。情報は2014年3月末時点のものである。

注1）現在，理事会は，5大出資国（米日独仏英）により任命される指名理事5名，他の加盟国に選任される選任理事19名，合わせて24名で構成されている。この体制は，1992年に旧ソ連諸国がIMFに加盟した際に構築された。

2）IMFの譲許的融資には，大きく分けて次の二種類が存在する。①貧困削減・成長トラスト（PRGT）の下での「低利融資」，②HIPC（Highly Indebted Poor Country）イニシアティブ・多角的債務救済イニシアティブ（Multilateral Debt Relief Initiative; MDRI）・災害債務救済（Post-Catastrophe Debt Relief; PCDR）といったファンドを通した「債務救済」。これらの財源はクオータではなく，加盟国とIMFの拠出する資金が利用される（各国の政府・中央銀行・その他公的機関から通常は市場金利で借入れた資金を，PRGFの基準を満たした国に貸与する方式である。なお，トラストによる資金の借入に付与される金利とトラストから加盟国への資金貸出に付与される金利との間の差額のうち年利0.5％分は，ドナーからの拠出とIMF自身の資金によって補填される）。この資金は，IMFが受託者となっている信託基金の下で管理される。

3）IMF融資では，原則「分割払方式」が採用されている。理事会による「プログラム・レビュー」を通してコンディショナリティの履行状況が審査され，この審査を通った場合に限り融資が提供される。審査の基準となるのは，以下の4項目である。①プライアー・アクション（Prior Action; PA）：理事会による融資審査・レビューの完了前に，借手国が採用しなくてはならない政策。②数量的パフォーマンス・クライテ

リア（Quantitative performance criteria; QPCs）：計測可能な数量的条件。レビューを完了させるために必要な項目。③インディカティブ・ターゲット（Indicative Target; IT）：QPCs を補完する項目。QPCs で課される数量的条件について，プログラム開始後数カ月における経済動向・数量的データの動向が不確実な場合などに設定される。この不確実性が減少し次第，改めて QPCs が設定される。④ストラクチュラル・ベンチマーク（Structural Benchmark; SB）：プログラムの目標達成に必要な改革にかんする条件。しばしば数量的ではなく，金融部門に対する監督の改善・社会的セーフティーネットの拡充・公的な金融部門管理の強化などが含まれる。

4）ただし数量的パフォーマンス・クライテリア（QPCs）が遵守されない場合，以降の融資が認められるには理事会によるウェーバーの承認が必要となる。ウェーバーは，QPCs は遵守されていないがプログラム自体は成功裏に続いているケースやプログラムからのオフトラックが一時的なケースにおいて当該国が是正措置を講じている場合にのみ認められる。なおインディカティブ・ターゲット（IT）やストラクチュラル・ベンチマーク（SB）については，仮に条件が満たされなくてもウェーバーの承認は不要である。この場合，支払の可否はプログラム全体のパフォーマンスに照らして評価される。

5）2008 年 4 月 7 日，IMF 理事会は，IMF の活動の多様化に伴いそれに見合った形で広範な歳入源を確保するための「新規歳入モデル（New Income Model for IMF）」の採用を決定した。金の売却も，この枠組みの下で承認されたものである。

6）第 14 次クオータ一般増資の発効によって，NAB の融資枠は 3700 億 SDR から 1820 億 SDR へと引き下げられる予定である。

注記）IMF によるサーベイランスは，個別加盟国を対象とした国別サーベイランスと世界・地域レベルで実施されるマルチラテラル・サーベイランスから成っている。前者は，年に一度開催される「4 条コンサルテーション」を通して実施される。後者は，半年に一度発表される『世界経済見通し（*World Economic Outlook*; WEO）』，『地域経済見通し（*Regional Economic Outlook*; REO→アジア太平洋，中東・中央アジア，サブサハラアフリカ地域，西半球地域，欧州地域の 5 つの地域局が作成）』，『国際金融安定性報告書（*Global Financial Stability Report*; GFSR）』，『財政モニター（*Fiscal Monitor*）』の刊行をもって行われる。

参考文献

資　料

〈IMF 史料館（IMF Archives; IA）所蔵資料〉
Executive Board Documents Collection
　　Departmental Memoranda (DM), 1953-1965
　　Executive Board Documents (EBD), 1946-1965
　　Executive Board Minutes (EBM), 1946-1965
　　Executive Board Specials (EBS), 1948-1965
　　Staff Memoranda (SM), 1946-1965
Office of the Managing Director Records
　　Ivar Rooth Papers
　　　　OMD Country Files, 1951-1956
　　　　OMD Correspondence, 1951-1956
　　　　OMD Administration Files, 1951-1956
　　　　OMD Meetings and Speeches, 1951-1956
　　　　OMD Subject Files, 1951-1956
　　　　OMD Travel Files, 1951-1956
　　Per Jacobsson Papers
　　　　OMD Administration Files, 1956-1963
　　　　OMD Chronological Files, 1956-1963
　　　　OMD Meetings and Speeches, 1956-1963
　　　　OMD Subject Files, 1956-1963
Exchange and Trade Relations Department Records
　　Exchange and Trade Relations Department Immediate Office Records
　　　　ETRAI Director Irving S. Friedman Administrative Files, 1949-1964
　　　　ETRAI Director Irving S. Friedman Chronological Files, 1949-1964
　　　　ETRAI Director Irving S. Friedman Country Files, 1949-1964
　　　　ETRAI Director Irving S. Friedman Subject Files, 1949-1964
Research Department Records
　　Research Department Immediate Office Records
　　　　RESAI Director Edward M. Bernstein Subject Files, 1949-1957
Central Files Collection
　　　　Country Files/ United Kingdom/ 420 Exchange Controls and Restrictions, 1952-1961

Country Files/ United Kingdom/ 1760 Stand-By Arrangement, 1952-1960
Economic Subject Files/ S1720 Use of Fund's Resources-policy, 1950-1961
Organization Files/O100 "Managing Directors" to "Gutt of the Fund"

〈その他定期刊行物〉
H. M. S. O., *Central Statistical Office Annual Abstract of Statistics*
H. M. S. O., *Central Statistical Office Monthly Digest of Statistics*
IMF, *Annual Report of the Executive Directors*
IMF, *Annual Report on Exchange Restrictions*
IMF, *Balance of Payments Yearbook*
IMF, *Financial Activity*
IMF, *Fiscal Monitor*
IMF, *Global Financial Stability Report*
IMF, *International Financial Statistics*
IMF, *Regional Economic Outlook*
IMF, *Spillover Report*
IMF, *Summary Proceedings of Annual Meeting of the Board of Governors*
IMF, *World Economic Outlook*
OEEC, *General Statistical Bulletin*
Economist Newspaper, *The Economist*
東京銀行調査部編『東京銀行月報』

文　献

〈英語文献〉
Abdelal, Rawi (2009), *Capital Rules: The Construction of Global Finance*, Harvard University Press.
Acemoglu, Daron and James A. Robinson (2012), *Why Nations Fail: the Origins of Power, Prosperity, and Poverty*, Crown Publishers.〔鬼澤忍訳 (2013)『国家はなぜ衰退するのか——権力・繁栄・貧困の起源』早川書房〕
Alexander, Sidney (1952), "Effects of a Devaluation on Trade Balance," *Staff Papers*, Vol. 2, No. 2, IMF, pp. 263-278.
Altman, Oscar L. (1956), "Quotas in the International Monetary Fund," *Staff Papers*, Vol. 5, No. 2, IMF, pp. 129-150.
Andrews, David M. ed. (2008), *Orderly Change: International Monetary Relations since Bretton Woods*, Cornell University Press.
Arndt, H. W. (1963), *The Economic Lessons of the Nineteen-thirties: a Report*, F. Cass, 1963.〔小沢健二他訳 (1978)『世界大不況の教訓』東洋経済新報社〕
Arnon, Arie and Warren Young eds. (2012), *The Open Economy Macromodel: Past, Present and*

Future, Springer Verlag.

Balleisen, J. Edward and David A. Moss eds. (2012), *Government and Markets: toward a New Theory of Regulation*, Cambridge University Press.

Berberoglu, Berch ed. (2011), *Beyond the Global Capitalist Crisis: The World Economy in Transition*, Ashgate.

Bird, Graham (2006), *The IMF and the Future: Issues and Options Facing the Fund*, Routledge.

Black, Stanley W. (1991), *A Levite Among the Priests: Edward M. Bernstein and the Origins of the Bretton Woods System*, Westview Press.

Bloomfield, Arthur I. (1950), *Capital Imports and the American Balance of Payments*, Cambridge University Press. 〔中西市郎・岩野茂道監訳（1974）『国際短期資本移動論』新評論〕

Bordo, Michael D. (1993), "The Bretton Woods International System: A Historical Overview," in Bordo, Michael D. and Barry Eichengreen eds., *A Retrospective on the Bretton Woods System: Lessons for International Monetary Reform*, University of Chicago Press.

Bordo, Michael D. and Barry Eichengreen eds. (1993), *A Retrospective on the Bretton Woods System: Lessons for International Monetary Reform*, University of Chicago Press.

Boughton, James M. (1997), "From Suez to Tequila: The IMF as Crisis Manager," *IMF Working Paper*, WP97/90, IMF.

Boughton, James M. (2001), *Silent Revolution: The International Monetary Fund 1979-1989*, IMF.

Boughton, James M. (2002a), "Why White, not Keynes: Inventing the Postwar International Monetary System," *IMF Working Paper*, WP/02/52, IMF.

Boughton, James M. (2002b), "On the Origins of the Fleming-Mundell Model," *IMF Working Paper*, WP/ 02/107, IMF.

Boughton, James M. (2004), "The IMF and the Force of History: Ten Events and Ten Ideas that Have Shaped the Institution," *IMF Working Paper*, WP/ 04/75, IMF.

Boyer, Frederic and J. P. Salle (1955), "The Liberalization of Intra-European Trade in the Framework of OEEC," *Staff Papers*, IMF, Vol. 4, No. 2, pp. 179-216.

Burnham, Peter (2000), "Britain's External Economic Policy in the Early 1950s: The Historical Significance of Operation Robot," *Twentieth Century British History*, Vol. 11, No. 4, pp. 379-408.

Cairncross, Alec and Barry Eichengreen (1983), *Sterling in Decline: the Devaluations of 1931, 1949 and 1967*, B. Blackwell.

Cairncross, Alec (1985), *Years of Recovery: British Economic Policy 1945-51*, Methuen.

Cairncross, Alec and Nita Watts (1989), *The Economic Section 1939-1961: A Study in Economic Advising*, Routledge.

Cate, Thomas (2013), *An Encyclopedia of Keynesian Economics*, Edward Elgar.

Cesarano, Filippo (2006), *Monetary Theory and Bretton Woods: the Construction of an International Monetary Order*, Cambridge University Press.

Chwieroth, Jeffrey M. (2010), *Capital Ideas: the IMF and the Rise of Financial Liberalization*, Princeton University Press.

Coombs, Charles A. (1976), *The Arena of International Finance*, John Wiley.〔荒木信義訳（1977）『国際通貨外交の内幕』日本経済新聞社〕

Cooper, Richard N. (1987), *The International Monetary System: Essays in World Economics*, MIT Press.〔武藤恭彦訳（1988）『国際金融システム――過去・現在・未来』HBJ 出版局〕

Davidson, Alexander (2009), *How the Global Financial Markets Really Work: The Definitive Guide to Understanding International Investment and Money Flow*, Kogan Page Ltd.

De Vries, Margaret G. (1976), *The International Monetary Fund, 1966-1971: the System under Stress*, IMF.

De Vries, Margaret G. (1986), *The IMF in a Changing World: 1945-85*, IMF.

De Vries, Margaret G. (1987), *Balance of Payments Adjustment, 1945 to 1986: the IMF Experience*, IMF.

Drummond, Ian M. (1987), *The Gold Standard and the International Monetary System 1900-1939: Prepared for the Economic History Society*, Macmillan Education.〔田中生夫・山本栄治訳（1988）『金本位制と国際通貨システム――1900-1939』日本経済評論社〕

Eckstein, Otto, F. Blackaby and J. Faaland (1964), *Economic Policy in Our Time*, Vol. 2, North-Holland.

Eichengreen, Barry ed. (1995), *Europe's Post-War Recovery*, Cambridge University Press.

Eichengreen, Barry (1996), *Globalizing Capital: a History of the International Monetary System*, Princeton University Press.

Eichengreen, Barry (2007), *The European Economy since 1945: Coordinated Capitalism and beyond*, Princeton University Press.

Eichengreen, Barry (2011), *Exorbitant Privilege: the Rise and Fall of the Dollar and the Future of the International Monetary System*, Oxford University Press.〔小浜裕久・浅沼信爾訳（2012）『とてつもない特権――君臨する基軸通貨ドルの不安』勁草書房〕

Endres, Anthony M. (2006), *Great Architects of International Finance: The Bretton Woods Era*, Routledge.

Feldstein, Martin (1998), "Refocusing the IMF," *Foreign Affairs*, March/April.

Fleming, Marcus J. (1961), "International Liquidity: Ends and Means," *Staff Papers*, Vol. 8, No. 3, IMF, pp. 439-463.

Fleming, Marcus J. (1962), "Domestic Financial Policies under Fixed and under Floating Exchange Rates," *Staff Papers*, Vol. 9, No. 3, IMF, pp. 369-380.

Friedman, Irving S. (1963), "The International Monetary System Part I: Mechanism and Operation," *Staff Papers*, Vol. 10, No. 2, IMF, pp. 219-245.

Friedman, Irving S. (1973), *Inflation: a World-Wide Disaster*, Hamilton.〔吉野俊彦監訳（1974）『インフレーションの脅威』日本経済新聞社〕

Fforde, John (1992), *The Bank of England and Public Policy, 1941-1958*, Cambridge University Press.

Fisher, Stanley ed. (1998), *Should the IMF Pursue Capital-Account Convertibility?*, Princeton University International Economics.〔岩本武和監訳（1999）『IMF 資本自由化論争』岩波書

店〕
Flandreau, Marc ed. (2003), *Money Doctors: the Experience of International Financial Advising 1850-2000*, Routledge.
Frenkel, Jacob A. and Harry G. Johnson eds. (1976), *The Monetary Approach to the Balance of Payments*, Allen & Unwin.
Gardner, Richard (1969), *Sterling-Dollar Diplomacy: the Origins and the Prospects of Our International Economic Order*, McGraw-Hill.〔村野孝・加瀬正一訳（1973）『国際通貨体制成立史——英米の抗争と協力』東洋経済新報社〕
Gilbert, Milton (1980), *Quest for World Monetary Order: the Gold-Dollar System and its Aftermath*, Wiley.〔緒方四十郎・溝江義郎訳（1982）『国際通貨体制の軌跡』東洋経済新報社〕
Gilpin, Robert (1975), *U. S. Power and the Multinational Corporation: the Political Economy of Foreign Direct Investment*, Basic Books.〔山崎清訳（1977）『多国籍企業没落論——アメリカの世紀は終わったか』ダイヤモンド社〕
Gilpin, Robert (1987), *The Political Economy of International Relations*, Princeton University Press.〔佐藤誠三郎・竹内透監修・大蔵省世界システム研究会訳（1990）『世界システムの政治経済学——国際関係の新段階』東洋経済新報社〕
Gould, Erica (2006), *Money Talks: International Monetary Fund, Conditionality and Supplementary Financiers*, Stanford University Press.
Gowa, Joanne (1983), *Closing the Gold Window: Domestic Politics and the End of Bretton Woods*, Cornel University Press.
Grabbe, Orlin J. (1996), *International Financial Markets*, Elsevier.
Grossman, Richard S. (2013), *Wrong: Nine Economic Policy Disasters and What We Can Learn from Them*, Oxford University Press.
Harrod, Roy F. (1951), *The Life of John Maynard Keynes*, Macmillan.
Hart-Landsberg, Martin (2013), *Capitalist Globalization: Consequences, Resistance, and Alternatives*, Monthly Review Press.
Hayek, Friedrich A. von (1944), *The Road to Serfdom*, University of Chicago Press.〔一谷藤一郎・一谷映理子訳（1992）『隷従への道——全体主義と自由』東京創元社〕
Horsefield, John K. and Margaret G. De Vries (1969), *The International Monetary Fund, 1945-1965: Twenty Years of International Monetary Cooperation*, IMF.
Independent Evaluation Office (2005), *The IMF's Approach to Capital Account Liberalization*, Independent Evaluation Office.
Independent Evaluation Office (2008), *Structural Conditionality in IMF-Supported Programs*, Independent Evaluation Office.
Independent Evaluation Office (2011), *IMF Performance in the Run-Up to the Financial and Economic Crisis: IMF Surveillance in 2004-07*, Independent Evaluation Office.
International Monetary Fund (1987), "Theoretical Aspects of the Design of Fund-Supported Adjustment Program," *Occasional Paper*, No. 55.
International Monetary Fund (2007), "New Decision on Bilateral Surveillance Over Members'

Policies," *IMF Public Information Notice*, (PIN) No. 07/69.

International Monetary Fund (2009), "GRA Lending Toolkit and Conditionality: Reform Proposals," *IMF Policy Papers*, March 13 2009.

International Monetary Fund (2010), "The Fund's Mandate: An Overview," *IMF Policy Papers*, January 22 2010.

International Monetary Fund (2010), "Modernizing the Surveillance Mandate and Modalities," *IMF Policy Papers*, March 29 2010.

International Monetary Fund (2011), "Consolidated Spillover Report," *IMF Policy Papers*, July 11 2011.

International Monetary Fund (2011), "2011 Triennial Surveillance Review: Overview Paper," *IMF Policy Papers*, August 29 2011.

International Monetary Fund (2011), "Consolidated Multilateral Surveillance Report," *IMF Policy Papers*, September 2011.

International Monetary Fund (2012), "Modernizing the Legal Framework for Surveillance: Building Blocks Toward an Integrated Surveillance Decision," *IMF Policy Papers*, June 26 2012.

International Monetary Fund (2012), "Pilot External Sector Report," *IMF Policy Papers*, July 2 2012.

International Monetary Fund (2012), "The IMF's Financial Surveillance Strategy," *IMF Policy Papers*, August 28 2012.

Jacobsson, Erin E. (1979), *A Life for Sound Money: Per Jacobsson, His Biography*, Clarendon Press.〔吉國眞一・矢後和彦監訳（2010）『サウンドマネー――BISとIMFを築いた男、ペール・ヤコブソン』蒼天社出版〕

James, Harold (1995), "The IMF and the Creation of the Bretton Woods System, 1944-58," in Eichengreen, Barry ed., *Europe's Post-War Recovery*, Cambridge University Press.

James, Harold (1996), *International Monetary Cooperation since Bretton Woods*, IMF.

Johnson, Harry G. (1958), *International Trade and Economic Growth: Studies in Pure Theory*, G. Allen and Unwin.

Kaplan, Jacob J. and Gunther Schleiminger (1989), *The European Payments Union: Financial Diplomacy in the 1950s*, Oxford University Press.

Kaufman, Burton I. (1982), *Trade and Aid: Eisenhower's Foreign Economic Policy 1953-1961*, The Johns Hopkins University Press.

Keynes, John Maynard (1936), *The General Theory of Employment, Interest and Money*, Macmillan.〔間宮陽介訳（2008）『雇用、利子および貨幣の一般理論』岩波書店〕

Kindleberger, Charles P. (1973), *The World in Depression, 1929-1939*, Allen Lane.〔石崎昭彦・木村一朗訳（1982）『大不況下の世界――1929-1939』東京大学出版会〕

Kosack, Stephen, G. Ranis and J. R. Vreeland (2007), *Globalization and the Nation State: the Impact of the IMF and the World Bank*, Routledge.

Krugman, Paul (2012), *End This Depression Now!*, W. W. Norton & Co.〔山形浩生訳（2012）『さっさと不況を終わらせろ』徳間書店〕

McKinnon, Ronald I. (1979), *Money in International Exchange: the Convertible Currency System*,

Oxford University Press.〔鬼塚雄丞・工藤和久・河合正弘訳（1985）『国際通貨・金融論——貿易と交換性通貨体制』日本経済新聞社〕

McKinnon, Ronald I. (1994), *The Rules of the Game: International Money and Exchange Rates*, MIT Press.

McQuillan, Lawrence J. and Peter C. Montgomery eds. (1999), *The International Monetary Fund: Financial Medic to the World?: a Primer on Mission, Operations, and Public Policy Issues*, Hoover Institution Press.〔森川公隆監訳（2000）『IMF 改廃論争の論点』東洋経済新報社〕

Meltzer, Allan H. (1991), *U. S. Policy in the Bretton Woods Era*, Federal Reserve Bank of St. Louis.

Milward, Alan S. (1984), *The Reconstruction of Western Europe 1945-51*, University of California Press.

Monetary and Financial Conference (2012), *Proceedings and Documents of the United Nations Monetary and Financial Conference: Bretton Woods, New Hampshire, July 1-22, 1944, Volume 2*, Bibliogov.

Monetary and Financial Conference (2013), *Proceedings and Documents of the United Nations Monetary and Financial Conference, V1: Bretton Woods, New Hampshire, July 1-22, 1944*, Literary Licensing, LLC.

Moschella, Manuela (2012), *Governing Risk: the IMF and Global Financial Crises*, Palgrave Macmillan.

Mundell, Robert (1963), "Capital Mobility and Stabilization Policy under Fixed and Flexible Exchange Rates," *Canadian Journal of Economics and Political Scieice*, Canadian Political Science Association, Vol. 29, pp. 475-485.

Mundell, Robert (1968), *International Economics*, Macmillan.

Nishikawa, Teru (2011), "Sterling Convertibility and the Development of the IMF Financial Support Policies in the 1950s," *The Journal of Economic Studies*, Vol. 53, The Society of Economic Studies, The University of Tokyo, pp. 15-25.

Odell, John S. (1982), *U. S. Monetary Policy: Markets, Power, and Ideas as Sources of Change*, Princeton University Press.

Paloni, Alberto and Maurizio Zanardi eds. (2006), *The IMF, World Bank and Policy Reform*, Routledge.

Panitch, Leo and Sam Gindin (2013), *The Making of Global Capitalism*, Verso Books.

Parker, Randall E. and Robert M. Whaples (2013), *Routledge Handbook of Major Events in Economic History*, Routledge.

Paul Blustein (2001), *The Chastening: Inside the Crisis that Rocked the Global Financial System and Humbled the IMF*, Public Affairs.〔東方雅美訳（2013）『IMF——世界経済最高司令部 20 カ月の苦闘』楽工社〕

Pauly, Louis W. (1997), *Who Elected the Bankers?: Surveillance and Control in the World Economy*, Cornell University Press.

Polak, Jacques J. (1957), "Monetary Analysis of Income Formation and Payments Problem," *Staff Papers*, Vol. 6, No. 1, IMF, pp. 1-50.

Polak, Jacques J. (1998), "The IMF Monetary Model at 40," *Economic Modelling*, Vol. 15, Elsevier Science, pp. 395-410.

Polak, Jacques J. (2004), *Economic Theory and Financial Policy: Selected Essays Of Jacques J. Polak, 1994-2004*, M. E. Sharpe Inc.

Polk, Judd (1956), *Sterling: its Meaning in World Finance*, Arno Press.

Reinhart, Carmen M. and Kenneth S. Rogoff (2009), *This Time Is Different: Eight Centuries of Financial Folly*, Princeton University Press.〔村井章子訳（2011）『国家は破綻する』日経BP社〕

Sachs, Jeffrey (1997), "IMF is a Power unto Itself," *Financial Times*, Dec. 11th.

Sandel, Michael J. (2009), *Justice: What's the Right Thing to do?*, Penguin.〔鬼澤忍訳（2010）『これからの「正義」の話をしよう――いまを生き延びるための哲学』早川書房〕

Sandel, Michael J. (2012), *What Money Can't Buy: the Moral Limits of Markets*, Farrar Straus & Giroux.〔鬼澤忍訳（2012）『それをお金で買いますか――市場主義の限界』早川書房〕

Schenk, Catherine R. (1994), *Britain and the Sterling Area: from Devaluation to Convertibility in the 1950s*, Routledge.

Schenk, Catherine R. (2010), *The Decline of Sterling: Managing the Retreat of an International Currency, 1945-1992*, Cambridge University Press.

Shultz, George P. and R. Aliber eds. (1966), *Guidelines, Informal Controls and the Market Place: Policy Choices in a Full Employment Economy*, University of Chicago Press.

Skidelsky, Robert (2009), *Keynes: The Return of the Master*, Public Affairs.〔山岡洋一訳（2010）『なにがケインズを復活させたのか？――ポスト市場原理主義の経済学』日本経済新聞出版社〕

Solomon, Robert (1982), *The International Monetary System, 1945-1981*, Harper & Row.〔山中豊国監訳（1990）『国際通貨制度研究, 1945-87』千倉書房, 1990〕

Steil, Benn (2013), *The Battle of Bretton Woods: John Maynard Keynes, Harry Dexter White, and the Making of a New World Order*, Princeton University Press.

Stiglitz, Joseph (2002), *Globalization and its Discontents*, W. W. Norton & Company, 2002.〔鈴木主税訳（2002）『世界を不幸にしたグローバリズムの正体』徳間書店〕

Stiglitz, Joseph (2006), *Making Globalization Work*, W. W. Norton & Co.〔楡井浩一訳（2006）『世界に格差をバラ撒いたグローバリズムを正す』徳間書店〕

Strange, Susan (1971), *Sterling and British Policy: a Political Study of an International Currency in Decline*, Oxford University Press.〔本山美彦他訳（1971）『国際通貨没落の政治学――ポンドとイギリスの政策』三嶺書房〕

Strange, Susan (1997), *Casino Capitalism*, Manchester University Press.〔小林襄治訳（2007）『カジノ資本主義』岩波書店〕

Strange, Susan (1998), *Mad Money: from the Author of Casino Capitalism*, Manchester University Press.〔櫻井公人・櫻井純理・髙嶋正晴訳（2009）『マッド・マネー――カジノ資本主義の現段階』岩波書店〕

Tew, Brian (1977), *The Evolution of the International Monetary System 1945-77*, Hutchinson.〔片山

貞雄・木村滋訳（1979）『新・国際金融入門』東洋経済新報社〕
Triffin, Robert (1957), *Europe and the Money Muddle: from Bilateralism to Near-Convertibility, 1947-1956*, Yale University Press.
Triffin, Robert (1960), *Gold and the Dollar Crisis: the Future of Convertibility*, Yale University Press.〔村野孝・小島清監訳（1961）『金とドルの危機――新国際通貨制度の提案』勁草書房〕
Triffin, Robert (1966), *The World Money Maze: National Currencies in International Payments*, Yale University Press.
United Nations (1951), *Measures for International Economic Stability*, Department of Economic Affairs.
Vreeland, James R. (2003), *The IMF and Economic Development*, Cambridge University Press.
Williams, John H. (1947), *Postwar Monetary Plans and Other Essays*, A. A. Knopf.
Williams, John (1976), "The Benefits and Costs of an International Monetary Nonsystem," in Bernstein, M. Edward et al., *Reflections on Jamaica: Princeton Essays in International Finance 115*, Princeton University Press.

〈日本語文献〉
秋元英一編（2001）『グローバリゼーションと国民経済の選択』東京大学出版会
浅井良夫（2005，2007）「IMF8 条国移行と貿易・為替自由化（上・下）」『成城大学経済研究報告』No. 42, 46, 成城大学経済研究所
浅井良夫（2014）「制度化の進展と国際環境――1950 年代の IMF」伊藤正直・浅井良夫編『戦後 IMF 史――創生と変容』名古屋大学出版会
芦矢栄之助（1979）『キー・カレンシーの生命――国際通貨制度の実態』日本経済新聞社
荒川章義（1999）『思想史のなかの近代経済学――その思想的・形式的基盤』中央公論社
荒木信義（1964）『IMF の知識』日本経済新聞社
荒巻健二（1999）『アジア通貨危機と IMF――グローバリゼーションの光と影』日本経済評論社
荒巻健二（2004a）「金融グローバリゼーションが途上国の成長と不安定性に及ぼす影響――IMF スタッフによる実証結果のサーベイ」『開発金融研究所報』第 18 号，国際協力銀行開発金融研究所，114-137 頁
荒巻健二（2004b）「資本取引自由化の sequencing――日本の経験と中国への示唆」『開発金融研究所報』第 21 号，国際協力銀行開発金融研究所，49-77 頁
荒巻健二（2009）「資本取引自由化と国際資本フロー――韓国，タイ，インドネシアのケース」『フィナンシャル・レビュー』第 93 号，財務省財務総合政策研究所，113-175 頁
荒巻健二（2011）「欧州債務危機」『国際社会科学』第 61 号，東京大学総合文化研究科国際社会科学専攻，41-85 頁
有吉章編（2003）『図説国際金融』財経詳報社
井川紀道（1992）『IMF ハンドブック――国際通貨基金の組織と機能』年金研究所
石坂綾子（2012）「IMF14 条国時代のドイツ，1952-1961 年――ヨーロッパの黒字国から資

本輸出国へ」『歴史と経済』第 217 号，政治経済学経済史学会，16-27 頁
伊藤正直（2005）『世界の中の日本経済——ドル危機から日本経済のシステム改革まで』川崎市生涯学習財団かわさき市民アカデミー出版部
伊藤正直（2007）「変動相場制」上川孝夫・矢後和彦編『国際金融史 新国際金融テキスト 2』有斐閣
伊藤正直（2009）『戦後日本の対外金融——360 円レートの成立と終焉』名古屋大学出版会
伊藤正直（2010）『なぜ金融危機はくり返すのか——国際比較と歴史比較からの検討』旬報社
伊藤正直・藤井史朗編（2011）『グローバル化・金融危機・地域再生』日本経済評論社
伊藤正直（2012）『金融危機は再びやってくる——世界経済のメカニズム』岩波書店
伊藤正直（2014）「IMF の成立——ブレトンウッズ会議までの議論と英米交渉」伊藤正直・浅井良夫編『戦後 IMF 史——創生と変容』名古屋大学出版会
伊藤正直・浅井良夫編（2014）『戦後 IMF 史——創生と変容』名古屋大学出版会
伊藤光晴（1962）『ケインズ——新しい経済学の誕生』岩波書店
岩井克人（2000）『二十一世紀の資本主義論』筑摩書房
岩本武和（1999）『ケインズと世界経済』岩波書店
宇沢弘文・花崎正晴編（2000）『金融システムの経済学——社会的共通資本の視点から』東京大学出版会
内田勝敏（1967）『国際通貨ポンドの研究』東洋経済新報社
内田勝敏編（1985）『貿易政策論——イギリス貿易政策研究』晃洋書房
大蔵省大臣官房調査課編（1954）「アメリカの対外経済政策委員会の報告書」『調査月報』第 43 巻 4 号，183-184 頁
大田英明（2009）『IMF（国際通貨基金）——使命と誤算』中央公論新社
大野健一・大野泉（1993）『IMF と世界銀行——内側からみた開発金融機関』日本評論社
奥田宏司（1979）「EPU の成立とポンド・スターリング——『スターリング地域』の IMF 体制への包摂過程」『大分大学経済学論集』第 31 巻 1 号，大分大学経済学会，1-44 頁
奥田宏司（1988）『多国籍銀行とユーロ・カレンシー市場——ドル体制の形成と展開』同文舘
奥田宏司（1989）『途上国債務危機と IMF，世界銀行——80 年代のブレトンウッズ機関とドル体制』同文舘
鬼塚豊吉（1988）「イギリス」馬場宏二編『シリーズ世界経済Ⅲ ヨーロッパ——独自の軌跡』御茶ノ水書房
金井雄一（2001）「ポンドの衰退とイギリス国民経済の選択——スターリング地域成立（1939）から EEC 加盟（1973）まで」秋元英一編『グローバリゼーションと国民経済の選択』東京大学出版会
金井雄一（2004）『ポンドの苦闘——金本位制とは何だったのか』名古屋大学出版会
金井雄一（2014）『ポンドの譲位——ユーロダラーの発展とシティの復活』名古屋大学出版会
上川孝夫・矢後和彦編（2007）『国際金融史 新国際金融テキスト 2』有斐閣

上川孝夫編（2011）『国際通貨体制と世界金融危機——地域アプローチによる検証』日本経済評論社

河合正弘（1994）『国際金融論』東京大学出版会

河合正弘（1996）『アジアの金融・資本市場——自由化と相互依存』日本経済新聞社

川上忠男・増田寿男編（1989）『新保守主義の経済社会政策——レーガン，サッチャー，中曽根三政権の比較研究』法政大学比較経済研究所

河崎信樹・坂出健（2001）「マーシャルプランと戦後世界秩序の形成」『調査と研究』第22号，京都大学経済学会，1-9頁

金融制度研究会編（1959）『イギリスの金融制度』日本評論社

国宗浩三（2013）『IMF改革と通貨危機の理論——アジア通貨危機の宿題』勁草書房

経済企画庁調査局海外調査課編（1959）「欧州の通貨交換性回復とその背景および影響」『海外経済月報』昭和34年2月号

小松勇五郎（1973）『新版ガットの知識』日本経済新聞社

小宮隆太郎・須田美矢子（1983a）『現代国際金融論——理論編』日本経済新聞社

小宮隆太郎・須田美矢子（1983b）『現代国際金融論——歴史・政策編』日本経済新聞社

権上康男（2006）『新自由主義と戦後資本主義——欧米における歴史的経験』日本経済評論社

権上康男（2013）『通貨統合の歴史的起源——資本主義世界の大転換とヨーロッパの選択』日本経済評論社

斉藤叫編（2010）『世界金融危機の歴史的位相』日本経済評論社

坂田豊光（2012）『ドル・円・ユーロの正体——市場心理と通貨の興亡』NHK出版

坂出健（2001）「マーシャルプラン期におけるアメリカの欧州統合計画」『調査と研究』第22号，京都大学経済学会，10-28頁

坂元浩一（2008）『IMF・世界銀行と途上国の構造改革——経済自由化と貧困削減を中心に』大学教育出版

櫻川昌哉・福田慎一編（2013）『なぜ金融危機は起こるのか——金融経済研究のフロンティア』東洋経済新報社

佐和隆光（1982）『経済学とは何だろうか』岩波書店

宿輪純一（2006）『アジア金融システムの経済学』日本経済新聞社

白川方明（2008）『現代の金融政策——理論と実際』日本経済新聞出版社

白井早由里（1999）『検証IMF経済政策——東アジア危機を超えて』東洋経済新報社

末廣昭（2000）『キャッチアップ型工業化論——アジア経済の軌跡と展望』名古屋大学出版会〔Suehiro, Akira (2008), *Catch-up Industrialization: the Trajectory and Prospects of East Asian Economies*, NUS in association with Kyoto University Press〕

菅原歩（2001a）「マーシャルプラン期イギリスのポンド政策とスターリング圏」『調査と研究』第22号，京都大学経済学会，29-45頁

菅原歩（2001b）「ヨーロッパ域内決済機構の発展過程」『調査と研究』第22号，京都大学経済学会，60-66頁

菅原歩（2014）「IMFとカナダ——変動相場制から固定相場制へ」伊藤正直・浅井良夫編

『戦後 IMF 史——創生と変容』名古屋大学出版会
須藤功（2008）『戦後アメリカ通貨金融政策の形成——ニューディールから「アコード」へ』名古屋大学出版会
高哲男編（2002）『自由と秩序の経済思想史』名古屋大学出版会
滝沢健三（1975）『国際金融機構』文雅堂銀行研究社
武田知弘（2009）『ヒトラーの経済政策——世界恐慌からの奇跡的な復興』祥伝社
武田知弘（2010）『ヒトラーとケインズ——いかに大恐慌を克服するか』祥伝社
竹森俊平（2008）『資本主義は嫌いですか——それでもマネーは世界を動かす』日本経済新聞出版社
竹森俊平（2012）『ユーロ破綻——そしてドイツだけが残った』日本経済新聞出版社
田中素香・岩田健治編（2008）『現代国際金融 新国際金融テキスト 3』有斐閣
谷岡慎一（2000）『IMF と法』信山社出版
鷲見誠良編（2000）『アジアの金融危機とシステム改革』法政大学出版局
鷲見誠良（2014）「西欧通貨の交換性回復と国際流動性調達——IMF とキー・カレンシー」伊藤正直・浅井良夫編『戦後 IMF 史——創生と変容』名古屋大学出版会
東京銀行調査部編（1958）『英国為替管理法詳解』東銀調査資料第 6 号
西川輝（2010）「戦後国際通貨システムの形成と IMF——1950 年代前半」『経済学研究』第 52 号，東京大学経済学研究会，15-28 頁
西川輝（2011）「イギリスの IMF8 条国移行を巡るマクロ政策調整，1952-61 年——IMF14 条コンサルテーションの分析を通して」『歴史と経済』第 212 号，政治経済学経済史学会，32-48 頁
西川輝（2013a）『戦後国際通貨システムと IMF』東京大学大学院経済学研究科 2012 年度博士論文
西川輝（2013b）「IMF 経済政策の起源——理論と方法」『エコノミア』第 64 巻 2 号，横浜国立大学経済学会，1-17 頁
西川輝（2014）「IMF の自由化政策路線——対英政策の分析」伊藤正直・浅井良夫編『戦後 IMF 史——創生と変容』名古屋大学出版会
西倉高明（1998）『基軸通貨ドルの形成』勁草書房
新岡智・板木雅彦・増田正人編（2005）『国際経済政策論』有斐閣
日本銀行調査統計局編（1960）「交換性回復後の西欧諸国の貿易・為替自由化措置の推移」『調査月報』第 11 巻 1 号
根井雅弘（2006）『物語現代経済学——多様な経済思想の世界へ』中央公論新社
根井雅弘（2009）『市場主義のたそがれ——新自由主義の光と影』中央公論新社
根井雅弘（2011）『現代経済思想——サムエルソンからクルーグマンまで』ミネルヴァ書房
野下保利（2014）「1960 年代の国際流動性問題——IMF 理事会における議論」伊藤正直・浅井良夫編『戦後 IMF 史——創生と変容』名古屋大学出版会
馬場宏二編（1988）『シリーズ世界経済Ⅲ ヨーロッパ——独自の軌跡』御茶ノ水書房
平井俊顕監修・ケインズ学会編（2011）『危機の中で「ケインズ」から学ぶ——資本主義とヴィジョンの再生を目指して』作品社

平井規之・中本悟編（1990）『アメリカ経済の挑戦——「レーガノミックス」から90年代へ』有斐閣
藤田誠一・小川英治編（2008）『国際金融理論 新国際金融テキスト1』有斐閣
布田功治（2008a）「タイ金融構造分析——重化学工業化から通貨危機へ」『歴史と経済』第198号, 政治経済学経済史学会, 32-48頁
布田功治（2008b）「タイ中央銀行の信用秩序維持政策——金融3法改正から通貨危機直前まで」『アジア研究』第54巻4号, アジア政経学会, 109-125頁
布田功治（2009）「タイにおける最後の貸し手と短期金融市場——1990年代後半」『経済学研究』第51号, 東京大学経済学研究会, 29-41頁
堀江薫雄（1962）『国際通貨基金の研究——世界通貨体制の回顧と展望』岩波書店
本間雅美（1991）『世界銀行の成立とブレトンウッズ体制』同文舘
前田啓一（2001）『戦後再建期のイギリス貿易』御茶ノ水書房
牧野裕（1993）『冷戦の起源とアメリカの覇権』御茶ノ水書房
牧野裕（2007）「ブレトンウッズ体制」上川孝夫・矢後和彦編『国際金融史 新国際金融テキスト2』有斐閣
間宮陽介（1989）『ケインズとハイエク——「自由」の変容』中央公論社
間宮陽介（1993）『市場社会の思想史——「自由」をどう解釈するか』中央公論新社
毛利良一（1988）『国際債務危機の経済学』東洋経済新報社
毛利良一（2001）『グローバリゼーションとIMF・世界銀行』大月書店
矢後和彦（2001）「戦後再建期の国際決済銀行——ペール・ヤコブソンの軌跡から」秋元英一編『グローバリゼーションと国民経済の選択』東京大学出版会
矢後和彦（2007）「国際金融機関史」上川孝夫・矢後和彦編『国際金融史 新国際金融テキスト2』有斐閣
矢後和彦（2010）『国際決済銀行の20世紀』蒼天社出版
矢後和彦（2011）「世界経済の編成原理はどう変わってきたか——国際金融機関の論争史」伊藤正直・藤井史朗編『グローバル化・金融危機・地域再生』日本経済評論社
矢後和彦編（2013）『システム危機の歴史的位相——ユーロとドルの危機が問いかけるもの』蒼天社出版
矢後和彦（2014）「IMFとフランス——ブレトンウッズ秩序の多元性」伊藤正直・浅井良夫編『戦後IMF史——創生と変容』名古屋大学出版会
山本栄治（1988）『基軸通貨の交替とドル——「ドル本位制」研究序説』有斐閣
山本栄治（1997）『国際通貨システム』岩波書店
山本栄治（2002）『国際通貨と国際資金循環』日本経済評論社
吉富勝（2003）『アジア経済の真実——奇蹟, 危機, 制度の進化』東洋経済新報社
米倉茂（2000）『英国為替政策——1930年代の基軸通貨の試練』御茶ノ水書房
米倉茂（2005a）「IMF協定第8条の怪——同条項のジグソーパズルを解けなかったケインズ」『国際金融』第1157号, 外国為替貿易研究会, 42-43頁
米倉茂（2005b）「ブレトン・ウッズでケインズに消された男（上）——キー・カレンシー・アプローチを唱えたウィリアムズ教授の先見の明」『佐賀大学経済論集』第38巻3号,

佐賀大学経済学会，1-65頁
米倉茂（2006a）「ブレトン・ウッズでケインズに消された男（下）——キー・カレンシー・
　　　アプローチを唱えたウィリアムズ教授の先見の明」『佐賀大学経済論集』第38巻5号，
　　　佐賀大学経済学会，1-32頁
米倉茂（2006b）『落日の肖像——ケインズ』イプシロン出版企画
力久昌幸（1996）『イギリスの選択——欧州統合と政党政治』木鐸社

あとがき

　なぜ国際金融市場は絶えず不安定なのか。この市場におけるいわば「非市場的」要素としての国際金融機関（IMF）の経済学とは如何なるものなのか。「戦後国際金融システムの変遷と関連させながら IMF の制度・政策形成史を明らかにする」という試みの根底には，こうした問題関心が存在し続けている。

　筆者が経済学部に進学した 10 年前，学界ではなお前世紀末に世界各地で生じた金融危機の原因をめぐる論争が喧しかった。筆者もまた，当初は何気なく手にとっただけのスティグリッツの著書を読むうちにこの論争に関心を持つようになった。個々の論点は多岐に亘っていたものの，議論はおおよそ内因説と外因説の対立――危機の原因を危機国の制度・政策のあり方に見出すか，危機国の外的環境に見出すか――という構図に沿って展開していた。筆者はといえば危機の直接的原因としては内因説に批判的という程度であったが，それ以上に議論の射程や議論を包む空気に対する物足りなさや違和感の方が大きかった。

　この物足りなさや違和感の正体について当時そこまで自覚的に把握できていたわけではない。しかし今振り返ってみると，多くの議論は――それ自体はもちろん止むを得ないことであるが――危機後の政策対応のあり方が強く意識された結果として危機の根本原因にかんする正面からの考察が必ずしも十分ではなかったように思われる。それどころか，ともすると論者の志向する危機対応のあり方やイデオロギーの側が逆に原因分析の方向や深度を規定するという転倒に陥りがちであったとすら言えるかもしれない。

　すなわち危機国の「グローバルスタンダード」への適合＝構造改革を称揚する人々は，「Japan as No. 1」や「東アジアの奇跡」の要因として一時は賞賛していたはずの諸制度を一転「日本的・アジア的」と酷評し危機の原因に仕立て

上げようとした。他方で国際投機家やアメリカ政府・IMF を「巨悪」とみなす人々は，これら諸主体の貪欲さや政治性が金融グローバル化の潮流に各国を巻き込み危機に陥れたとして痛烈な批判を展開した。そして，投機的行動への規制や国際機関の民主化といった——構造改革とは逆の意味での——改革の必要性を訴えたのだった。世論の受け止め方もおおよそ同様であった。あたかも危機がもたらした閉塞感を一掃してくれるかのような響きを持つ「改革」という言葉に明るい未来を見た人々もいたであろう。また金融資本と政治権力の結託というわかりやすい構図に憤った人々もいたかもしれない。いずれにせよ，意識は専ら「ポスト危機」の諸問題に向けられており金融危機と不可分であるはずのグローバル市場経済の原理如何を正面に据えた本格的な考察はほとんどなされなかったように思われる。

　こうしたなかで筆者が関心を持ったのが IMF であった。とかく融資機関としての側面ばかりが注目されがちだが，IMF は国際公共的な見地から国際金融システムの安定を支える役割を負っている。裁定取引・投機を常とする国際金融市場において各国の政府部門とも民間部門とも異なる位置，すなわち「神の見えざる手」の動きを「見る」という独自の位置にあると言ってもよい。IMF の経済学を明らかにすることが，グローバル経済の編成原理を掘り下げる手掛かりになるのではないかと漠然と考えたわけである。

　幸か不幸かアジア通貨危機への対応に失敗したことで，IMF にかんしてはそれこそ百家争鳴の議論が行われていた。IMF の要不要にまで及んだこの論争においてもしかし，「改革ありき」の議論が大勢を占めた。IMF の経済政策と国際金融システムとの接合から危機の原因に迫るような議論は，その政治性（ダブルスタンダード）に対するセンセーショナルな批判のなかで霞みがちであった。IMF の改革という論点の重要性はもちろん疑いようもなかった。実際これらの議論が，ガバナンスやコンディショナリティの改革に結実したことは本書巻末の附表 2 に示した通りである。しかしそれでもなお，IMF の経済学を検討することは不可避であると思われたし，そのための方法として IMF の失敗や問題点と論者の描く——そして論者のイデオロギーによって右にも左にも振れる——理想像とのギャップを逐一指摘してゆくというやり方が有効

であるとは思えなかった。

　このような極めて漠然とした問題意識を学術研究へと高める道筋をつけてくれたのが，IMFコンサルテーションであった。すでに大学院への進学を決めていたこともあり，伊藤正直先生（東京大学名誉教授，現大妻女子大学）が研究テーマとして薦めて下さったのである。コンサルテーションの記録であるコンサルテーションペーパーの一部が外務省外交史料館に所蔵されているとのことだったので，何度か足を運んだ。そして卒業論文では，インドネシアに対する協定14条コンサルテーション史料の分析とアジア通貨危機時の政策対応との歴史比較を行った。この段階では一次史料を読み解くだけで精一杯だったが，誰からも色をつけられていない「生」のIMF経済政策に触れられることには新鮮な喜びがあったことを良く覚えている。

　大学院では，IMF成立の起源――ブレトンウッズ体制期――にまで立ち返りその経済政策の解明に着手することにした。IMFの経済学は，IMF自身の主体的な選択の束の歴史的蓄積の総体として捉えられるべきだと考えたからである。ところが程なくして，そのための前提として解消すべき方法上の課題に直面することになった。IMFを「自律的な主体」として位置づけるという問題がそれである。多くの場合，IMFは「IMF体制」として，すなわち同時代の国際金融システム――「金為替本位制」ないし「調整可能な釘付け制度，裁量的なマクロ政策，経常勘定の通貨交換性回復」――を象徴的に表現する際の呼称として語られていた。詰まる所，「IMFの研究」とはブレトンウッズ体制の研究に他ならなかった。またIMFの制度・政策が語られる場合も，アメリカはじめ主要国の利害の最大公約数として論じられることが常であった。「IMFに内在して国民経済や国際金融システムと対峙する」という方法自体，そもそも自明ではなかったのである。

　このため膨大なコンサルテーション関連史料と対峙しながらも，同時に国際金融システムそして国民経済との関係性においてIMFを位置づけるという課題との格闘に長い時間を費やすことになった。最終的に研究の成果を博士論文（『戦後国際通貨システムの形成とIMF』）として纏め上げる頃には，博士課程も5年目に入っていた。

この博士論文が本書の原型になっている。「IMF の経済学を解明する」という課題に対し，はたしてどこまで理論的に精緻な説明ができただろうかと考えると正直心許ない。しかし少なくとも，IMF の経済学を貫く——「理論」ではなく「論理」である——「組織としての自律性」の意義については一定の結論を下すことが出来たと考えている。近づくほどに遠ざかってゆくようにも感じられるが，研究とはそうしたものかもしれない。本書をベースに，IMF の経済学について今後も時間をかけて追究してゆきたい。本書を手にされた読者からの忌憚のないご意見を期待する。

　以上，筆者が研究の世界に足を踏み入れてから本書に至るまでの道程を振り返ってきた。ここまで書き終えて感じることは，自身の研究がどれだけ多くの人のご協力のうえで成立してきたかということである。最後にこれらの人々への謝辞を述べたい。学部時代からの恩師である伊藤正直先生への感謝は言い尽くせない。先生はご自身の学問を押し付けるようなことは決してなさらなかった一方で，院生であっても研究者としての自立を要求される方であった。このため何らかの成果を出すまでは独力を要求されたが，ようやく筆者が成果を持参した際には常に明確な是非を示してくださると同時に筆者より深い見地から筆者のやろうとしている研究の行く末を見据えてコメントをくださった。一人の研究者へと筆者を育て，その研究の「稜線」を引き上げてくださった先生のご指導に心より感謝する。

　さらに先生は，折しも筆者が博士課程の院生だった当時，科学研究費のプロジェクトとして進められていた「戦後国際金融秩序の形成と各国経済」のメンバーの先生方と筆者を引き合わせて下さった。それぞれ第一線で活躍されている先生方との出会いは，筆者の研究に大きな意味を持った。浅井良夫先生（成城大学）からは歴史研究のあり方について教えて頂いたし，矢後和彦先生（早稲田大学）からは国際金融機関研究の方法論を学んだ。このほか金融論・各国金融史の先生方から頂いた数々のご助言は，筆者の研究にとって大変に有益であった。さらに先生方との出会いは，海外の先生方との交流にも発展した。イギリス金融史のキャサリン・シェンク先生（グラスゴー大学），金融史の大家であるヨゼフ・カシス先生（欧州大学院），BIS のピート・クレメント先生からコ

メントを頂くことができたことは大変幸運であった。

　また，IMF 史料館のアーキビストであるプリメラ・アイザックさんにも大変お世話になった。今でこそ理事会議事録などの一部史料はウェブで公開されるようになったが，当時はすべての史料がワシントンのアーカイブスに行かなくては収集できなかった。さらに史料調査の常かもしれないが，所蔵史料の目録等もなかったのでそもそもどのような史料が存在するのか逆に存在しないのか詳細をつかむことができない状態だった。足を運ぶたびに快く対応して下さった彼女の助けなしに，的確な史料を入手することはできなかっただろう。

　大学院では，金融史以外の観点から研究を深める機会にも恵まれた。荒巻健二先生（東京大学大学院総合文化研究科）のゼミでは，IMF のフィナンシャルプログラミングにかんする検討を中心にリーマンショック後の IMF 改革の現状と問題点などを体系的に学ぶ機会を与えて頂いた。先生には研究面でも大変お世話になったが，IMF で実務に携わっておられた先生のご指導はまさに IMF の位置付けを模索する過程において不可欠であったといえる。さらにこの場ですべての方のお名前を出すことは差し控えさせて頂くが，大学院時代にお世話になった多くの先生方，先輩，同僚の存在が私の学問的な基礎を形作っている。この場を借りて御礼申し上げる。

　研究を纏める上では，職場の環境も大変有難かった。大変幸運にも正規の年限を終えて間もなく大学に職を得ることができたのだが，その時点では依然として博士論文に明確な見通しが立っておらず着任 1 年目にこれを仕上げなくてはならなかった。教務や委員会業務と並行しての執筆作業は厳しいものであったが，若手の研究を奨励する気風や気鋭の研究者たちの存在はたびたび筆者を励ましてくれた。担当科目が「経済政策」だったことも追い風となった。「ラーニングバイティーチング」という言葉が示すように，講義を通して経済政策論への理解をいっそう深めることができた。

　出版についてお話を頂いたのは 2013 年夏のことだった。当時「戦後国際金融秩序の形成と各国経済」の成果を出版する計画が進んでいたが，筆者も寄稿させて頂くことになり打ち合わせに参加していた。その過程で筆者の原稿が名古屋大学出版会の三木信吾氏のお目に触れる機会があり，博士論文の出版につ

いてご提案を頂いたのだった。公開審査から半年以上を経ていたのだが，これが却って良い冷却期間になった。読み返してみるとさまざまに改善すべき点があるように思われたので，この機会に手直しを加えることにした。結局それから1年近くが経ってしまったが，この間，三木氏は原稿の完成を辛抱強く待ってくださると同時に編集者の視点から数多くの鋭いご指摘をくださった。筆者の研究をリーダブルな形で世に送り出すことが出来たのは，三木氏のおかげである。なお本書の刊行に際しては，日本学術振興会の科学研究費助成事業，平成26年度研究成果公開促進費による助成を受けた。

　このように，本書は多くの方のご協力によって出来上がったものである。改めてここに感謝の意を記す。なお，私事にて恐縮だが家族への感謝も記しておきたい。筆者が研究活動に存分に打ち込むことができたのは，家族の支えがあってのことである。昔から手のかかる子供であったが，両親は研究の道に進みたいというこれまた手のかかる筆者の選択を重んじ長きに亘って惜しみなく支援をしてくれた。また幼い頃から筆者の成長を心から楽しみにし喜んでくれた祖父母と兄弟の存在，そして先の見えなかった大学院生時代を終始楽天的に支えてくれた妻の存在は，研究者としての人生を充実したものにしてくれた。ここまで筆者を導いてくれたすべての人に，本書を捧げたい。

2014年7月

西　川　　輝

図表一覧

図序-1	世界金融危機とIMF融資の増加	3
図序-2	世界金融危機とIMFの改革	3
図序-3	1950年代前半におけるIMF融資の減少	10
図序-4	IMFの組織構造	12
図序-5	戦後世界の公的準備構成	17
図1-1	戦後復興期におけるOEEC諸国の工業生産力の回復	48
図1-2a	西欧諸国におけるインフレの昂進(1)	49
図1-2b	西欧諸国におけるインフレの昂進(2)	49
図1-3	戦後復興期におけるアメリカの経常収支の推移	50
図1-4	IMF資金の利用とトランシェの構造	61
図2-1	IMFの組織図（1953年時点）	69
図2-2	協定14条コンサルテーションの枠組み	71
図2-3	戦後ポンド残高の推移	73
図2-4	ポンドの経常勘定に対する管理体制	74
図2-5	1950年代前半における西欧諸国の卸売物価指数	95
図2-6	1950年代前半におけるOEEC諸国の工業生産力の回復	96
図2-7	1950年代前半における西欧諸国の金および外貨準備の推移	96
図2-8	1950年代前半における振替可能相場の推移	100
図2-9	1950年代前半におけるIMF融資利用額の低迷	102
図2-10	1950年代前半におけるイギリスの金および外貨準備の推移	107
図2-11	1950年代前半におけるイギリスの卸売物価・賃金・失業率の推移	108
図3-1	1954-55年におけるイギリスの卸売物価・賃金・失業率の推移	114
図3-2	1954-55年におけるポンドの対ドル相場の推移	114
図3-3	1950年代後半におけるロンドン手形交換所加盟銀行による貸出の推移	125
図3-4	1950年代後半における大陸欧州諸国の金および外貨準備の推移	133
図3-5	1950年代後半におけるイギリスの金および外貨準備の推移	133
図3-6	1950年代後半におけるイギリスの卸売物価・賃金・失業率の推移	147
図3-7	1950年代後半におけるIMF融資の急増	151
図4-1	1950年代後半におけるアメリカの経常収支の推移	158
図4-2	1950年代後半以降における主要国の金および外貨準備の推移	158
図4-3	1950年代後半におけるポンド相場の改善	159
図4-4	1950年代末以降におけるイギリスの工業生産力の向上	160
図4-5	一次産品価格の暴落率	163

図4-6	金価格の推移	185
図4-7	アメリカの公的金保有額	186
図4-8	フレミングによる財政金融政策の効果分析	206

表序-1	加盟国のIMF8条国移行（西欧主要国の14条国時代の長期化）	9
表序-2	スタッフの国籍・給与別分布（1947年4月末時点）	14
表1-1	EPUの決済メカニズム	46
表1-2	IMF融資にかんする金利手数料体系の改革	60
表2-1	イギリスの金ドル準備の不足	99
表2-2	1950年代前半におけるイギリスの経常収支の推移	106
表2-3	イギリスの財政金融政策年表（1950年代前半）	107
表3-1	イギリスの財政金融政策年表（1950年代後半）	115
表3-2	1950年代後半におけるイギリスの経常収支の推移	122
表3-3	英仏独の対EPU収支不均衡の拡大	143
表3-4	IMFの財務状況	150
表3-5	クオータ変更事例	154
表4-1	1950年代末におけるイギリスの経常収支の推移	159
表4-2	1957年度における一次産品輸出国の輸出額の減少	164
表4-3	クオータ増資上位10カ国の変化	169
表4-4	1960年代前半における引出通貨の多様化	196

人名索引

ア 行

アイゼンハワー，ドワイト（Dwight Eisenhower） 83, 86, 162, 186
浅井良夫 16
アルクール，ヴィスカウント（Viscount Harcourt） 127, 137, 155
アレキサンダー，シドニー（Sidney Alexander） 53
アンシオ，ユベール（Hubert Ansiaux） 43
伊藤正直 7, 16
岩本武和 78
ウィリアムス，ジョン（John Williams） 29, 66, 93
ヴィンソン，フレデリック（Frederick Vinson） 31
ウェイヤー，G. A.（G. A. Weyer） 77
エミンガー，オットマル（Otmar Emminger） 131
オーバビー，アンドリュー（Andrew Overby） 40-42, 56

カ 行

ガードナー，リチャード（Richard Gardner） 28
カプラン，ジェイコブ・J.（Jacob J. Kaplan） 117
ギュット，カミーユ（Camille Gutt） 18, 36-40, 43-44, 47, 55, 57-58, 62-65, 86, 179, 212-213
ギルピン，ロバート（Robert Gilpin） 13
グールド，エリカ（Erica Gould） 13
クラーク，オットー（Otto Clarke） 81
クレイトン，ウィリアム（William Clayton） 31
ケインズ，ジョン・メイナード（John Maynard Keynes） 23-25, 27-28, 31-32, 34, 52, 78, 207
ケーラー，ホルスト（Horst Kohler） 239
ケネディ，ジョン・F.（John F. Kennedy） 162, 186-187

ゴールド，ジョセフ（Joseph Gold） 190-191
コボルド，キャメロン（Cameron Cobbold） 102, 139-140, 178

サ 行

サザード，フランク・Jr.（Frank Southard, Jr.） 56, 65, 88, 90, 130, 135, 138, 155, 167, 178
ジェームス，ハロルド（Harold James） 15
シュバイツァー，ピエールポール（Pierre-Paul Schweitzer） 208
シュライミンガー，ギュンター（Gunter Schleiminger） 117
ジョンソン，ハリー・ゴードン（Harry Gordon Johnson） 123
末廣昭 162
スティグリッツ，ジョセフ（Joseph Stiglitz） 6-7
ストレンジ，スーザン（Susan Strange） 81

タ 行

タフト，ロバート（Robert Taft） 29
チャーチル，ウィンストン（Winston Churchill） 22-23
チュイロース，ジェフリー（Jeffrey Chwieroth） 203
靎見誠良 93, 101
ドゴール，シャルル（Charles de Gaulle） 173, 178
ドフリース，マーガレット（Margaret De Vries） 15, 43-44, 53, 65, 68, 70, 117, 124-125, 128-129, 183
ドラルジャンタイ，ジャン（Jean de Largentaye） 131, 191, 194
トリフィン，ロバート（Robert Triffin） 20, 187, 216
トルーマン，ハリー（Harry Truman） 31, 162

ナ 行

ナセル，ガマル・アブデル（Gamal Abdel Nasser） 134

ニクソン，リチャード（Richard Nixon） 208
西倉高明 199

ハ 行

バーンスタイン，エドワード（Edward Bernstein） 37, 41, 53, 97, 100, 197
バトラー，リチャード（Richard Butler） 102
ハル，コーデル（Cordell Hull） 22-23
ハンフレー，ジョージ（George Humphrey） 135
フェラス，ガブリエル（Gabriel Ferras） 104, 111, 145
フリードマン，アーヴィング（Irving Friedman） 63, 84, 97, 109-110, 119-121, 124, 140-141, 175-176, 181
ブレナー，リチャード（Richard Brenner） 88, 97
フレミング，マーカス・J.（Marcus J. Fleming） 204, 207
フンク，ウォルター・エマニュエル（Walther Emanuel Funk） 22
ホースフィールド，ジョン・ケイス（John Keith Horsefield） 15, 39, 65, 184
ボートン，ジェームズ（James Boughton） 135, 219
ホフマン，ポール（Paul Hoffman） 35
ポラック，ジャック・J.（Jacques J. Polak） 53, 97, 122-124, 196
堀江薫雄 197
ボルドー，マイケル（Michael Bordo） 9
ボルトン，ジョージ（George Bolton） 81
ホワイト，ハリー・デクスター（Harry Dexter White） 23-27, 29, 32, 52, 207

マ 行

マーシャル，ジョージ（George Marshall） 33, 35
マイクセル，レイモンド（Raymond Mikesell） 153
マクミラン，モーリス・ハロルド（Maurice Harold Macmillan） 135-136, 139, 175
マンデル，ロバート（Robert Mundell） 207
モーゲンソー，ヘンリー（Henry Morgenthau） 23-24
モードリング，レジナルド（Reginald Maudling） 208

ヤ 行

矢後和彦 16, 152
ヤコブソン，エリン（Erin Jacobsson） 15, 152
ヤコブソン，ペール（Per Jacobsson） 15, 136-139, 144, 148, 151-152, 159-162, 164, 166, 168, 172-173, 175, 178-179, 183-184, 187-190, 194, 196, 198-203, 208, 215-216

ラ・ワ行

ラガルド，クリスティーヌ（Christine Lagarde） 244
ラズミンスキー，ルイス（Louis Rasminsky） 130, 140, 178
ランドール，クラレンス（Clarence Randall） 86
リケット，デニス（Denis Rickett） 175
ルース，イヴァール（Ivar Rooth） 18-19, 46-47, 55, 58-59, 61-62, 67, 78-79, 85-92, 97-99, 103, 105, 110, 117-118, 131-132, 136, 179, 213-214
ルーズベルト，フランクリン（Franklin Roosevelt） 21-23
ローワン，レスリー（Leslie Rowan） 81
渡辺武 167

事項索引

A-Z

BP 曲線　204-205, 207
EPU 運営理事会（Managing Board of EPU）　47, 80, 117
EPU の硬貨化（hardening）　82-83, 97, 116
ERP の決定　38-39, 41-44, 56, 63-64, 212
G10　201
G10 蔵相代理会議　208
G20　2
GATT　28
Great Moderation（大いなる安定期）　1
IMF8 条国　126-127, 167, 182
IMF8 条国移行　9, 18-19, 99, 125-127, 131, 167, 171, 182-183, 187, 215
IMF14 条国　18, 106, 118, 126-128, 182
IMF アーカイブス　20
IMF 欧州局（European Department）　68, 138, 146
IMF 解釈委員会（Committee on Interpretation）　128
IMF ガバナンスの改革　2, 13, 169, 235
IMF 為替制限局（Exchange Restrictions Department）　63, 68, 88, 97, 128
IMF 為替制限局長　63, 68
IMF 為替貿易関係局（Exchange and Trade Relations Department）　63
IMF 規則 D-3　153
IMF 協定　43, 57, 90, 128, 189, 191, 200, 203, 213-214
　IMF 協定第 1 条（IMF の目的）　2
　IMF 協定第 3 条（クオータ及び出資について）　153
　IMF 協定第 3 条 2 項　153
　IMF 協定第 4 条（為替平価について）　89
　IMF 協定第 4 条 3 項　98
　IMF 協定第 4 条 4 項（為替の安定にかんする義務）　89, 98
　IMF 協定第 5 条（IMF との取引について）　26, 55
　IMF 協定第 5 条 3 項（IMF 資金の利用にかんする条件）　55, 137, 190, 197
　IMF 協定第 5 条 3 項(a)(i)　55, 191, 194
　IMF 協定第 5 条 3 項(a)(iii)　61, 188
　IMF 協定第 5 条 7 項（買戻しの条件）　59
　IMF 協定第 6 条（資本移動について）　190
　IMF 協定第 6 条 1 項(a)　189-191
　IMF 協定第 6 条 1 項(b)(i)　190
　IMF 協定第 6 条 2 項（資本移動にかんする特別規定）　191
　IMF 協定第 6 条 3 項　127
　IMF 協定第 7 条（稀少通貨条項）　26, 127, 195, 199
　IMF 協定第 7 条 2 項　195
　IMF 協定第 7 条 3 項(b)　127
　IMF 協定第 8 条（加盟国の一般的義務）　24, 28, 73, 75, 120, 125-127, 182
　IMF 協定第 8 条 2 項　8, 98
　IMF 協定第 8 条 3 項　8, 98, 128
　IMF 協定第 8 条 4 項　8, 98, 190
　IMF 協定第 14 条（過渡期条項）　8-9, 27, 33, 48, 50, 63, 70, 94, 98, 117, 125, 127, 212
　IMF 協定第 14 条 2 項　127
　IMF 協定第 14 条 4 項　50
　IMF 協定第 14 条 5 項　40
IMF 協定 4 条コンサルテーション　218
IMF 協定 8 条コンサルテーション　182
IMF 協定 14 条コンサルテーション　18-19, 27, 47, 52, 63, 67-68, 70, 72, 79-80, 84, 142, 183, 213-214, 217
IMF 協定改正　6, 208
IMF コンディショナリティ　4-5, 13, 55, 147-148
IMF コンディショナリティの改革　2, 7, 55, 219, 238
IMF サーベイランス　2, 4, 218, 241
IMF 暫定委員会（Interim Committee）　6
IMF 支援プログラム　5, 124, 219
IMF 全体委員会（Committee of the Whole on Review of Quotas）　153-154
IMF 地域局（Area Departments）　68

IMF 調査局（Research Department）　38, 43, 53, 68, 97, 122, 192
IMF 調査局長　37, 39, 100
IMF 調査統計局（Research and Statistics Department）　192, 204
IMF 調査統計局長　196-197
IMF 年次総会
　第 7 次 IMF 年次総会　78, 86, 105
　第 8 次 IMF 年次総会　85-86, 110
　第 8 次 IMF 年次総会・非公式協議　87, 90
　第 9 次 IMF 年次総会　103, 110
　第 10 次 IMF 年次総会　116, 118-119
　第 11 次 IMF 年次総会　132
　第 12 次 IMF 年次総会　144, 148, 152, 160
　第 13 次 IMF 年次総会　159-162, 166, 170, 172
　第 14 次 IMF 年次総会　179-180
　第 15 次 IMF 年次総会　184
　第 16 次 IMF 年次総会　199, 202-203
　第 17 次 IMF 年次総会　208
　第 18 次 IMF 年次総会　208
IMF パリ事務局　47, 85, 187
IMF 引出権　38, 41, 165, 187, 197-198
IMF 分野別事務局（Functional Departments）　68
IMF 法律局（Legal Department）　68, 190, 192
IMF 法律局長　190
IMF 融資制度改革（ギュット，ルース）　48, 55, 57-58, 213
IMF 融資制度改革（ヤコブソン）　189, 216
IMF 融資制度改革（現代）　2, 7, 55, 219, 237
IMF 理事会決定 No. 71. 2　189, 191
IS-LM 分析　204
IS 曲線　205, 207
LM 曲線　205, 207
OEEC 自由化率　80, 121, 141, 145
OEEC 貿易運営理事会（Steering Board for Trade）　80
OEEC 理事会　46, 116, 143
One size fits all　219
PIIGS 諸国　2

ア 行

アイスランド　199
赤字国　25, 29, 35, 37, 78, 105, 129, 152, 217
アコード　102
アジア　5-6, 162
アジア通貨危機　5-7, 11, 219
アトランティックシティ　27
アブソープションアプローチ　4, 14, 53-54, 124
アフリカ　162
アメリカ勘定　75, 94, 113
アメリカ議会　22, 26, 29-33, 40, 65, 91-92, 101
アメリカ経済協力局（ECA）　35, 42, 44-45
アメリカ国務省　22-23, 28, 45, 83
アメリカ国務長官　22-23
アメリカ財務省　23-24, 65, 102, 153
アメリカ財務長官　23, 135
アラブ地域　134
アラブ民族主義　134
アルゼンチン　168
イギリス大蔵省　134, 175
イギリス大蔵大臣　88, 98-99, 102, 115, 135, 139, 148, 208
イギリス議会　30, 32, 135
移行経済　218
イスラエル　134, 148, 167, 169
イタリア　87, 90, 197, 202
イタリア・リラ　194-195, 202
一般借入協定（GAB）　196-197, 201-202, 216
一般増資　153, 155-156, 164-169
一般積立金（General Reserve）　149
イラン　167, 169
イングランド銀行　73, 101, 134, 140, 144, 175, 178
イングランド銀行総裁　102, 139
インド　194
インドネシア　5
インフレ政策　143, 208
ヴィクセリアン　152
ウォール・ストリート　24, 149
英米金融協定　31-34, 72, 74-75, 99, 139, 211
英連邦　74, 170
英連邦経済会議（Commonwealth Economic Conference）　78, 170
エジプト　134-135, 148
エチオピア　168
縁故資本主義　6
援助よりも貿易を（Trade not Aid）　79, 83, 86, 93
欧州域内清算同盟　44-45

事項索引 —— 273

欧州域内貿易自由化コード　80
欧州基金（European Fund）　198-199
欧州共同市場（ECM）　172-174
欧州経済共同体（EEC）　143, 172-174, 183-184
欧州経済協力会議（CEEC）　35-39, 41
欧州経済協力機構（OEEC）　39, 42-48, 63-64, 67, 72, 80, 103-104, 129, 131, 184, 198-199, 212
欧州決済同盟（EPU）　9, 17, 36, 45-46, 48, 63, 65-67, 80, 82-83, 90, 92, 97, 116-117, 129-131, 152, 171, 173-174, 199, 212
欧州原子力共同体（Euratom）　172
欧州自由貿易連合（EFTA）　174
欧州新秩序　22
欧州石炭鉄鋼同盟（ECSC）　172
欧州単一市場構想　35
欧州通貨基金　199
欧州通貨協定（EMA）　117, 131, 171, 173-174, 199
欧州の紐帯　129, 131, 183
欧州復興援助計画（ERP）　33, 35, 40-42, 64
欧州連合（EU）　171
オーストリア　174, 197
オペレーショナル・ツイスト　208
オペレーション・ムーンシャイン（Operation Moonshine）　171
オペレーション・ユニコーン（Operation Unicorn）　171-172
オランダ　37, 87, 90, 94, 197-199, 202
オランダ・ギルダー　186, 193-195, 202

カ 行

ガーナ　169
外因説　5-6
外貨危機　215
外貨危機（イギリス）　19, 132, 134, 140-142, 146, 155, 160, 215
外貨集中制度　72, 74
外貨準備決済勘定（Reserve Settlement Account）　197
回転基金　59
開発　162-163
開発金融機関　163
買戻し　41, 56, 59-60, 62, 140, 165, 193, 195
価格とコストの均衡　152
拡大信用ファシリティー（EFF）　218

カナダ　89-90, 128, 130, 140, 167-168, 170, 178, 197, 200, 202
カナダ・ドル　100-101, 152, 194, 202
為替管理制度　34, 50, 67, 72, 74-75
為替管理法　34, 75
『為替制限にかんする年次報告書』（Annual Report on Exchange Restrictions）　20, 48
　『第1次為替制限にかんする年次報告書』　50, 52, 70, 212
　『第2次為替制限にかんする年次報告書』　52, 70, 212
　『第3次為替制限にかんする年次報告書』　76
　『第4次為替制限にかんする年次報告書』　79-80
　『第5次為替制限にかんする年次報告書』　94
　『第6次為替制限にかんする年次報告書』　118
　『第7次為替制限にかんする年次報告書』　121
　『第8次為替制限にかんする年次報告書』　141
為替平衡勘定　113, 120
韓国　5
完全雇用　6, 8, 24, 53-54, 105, 217
完全雇用政策　25, 30, 55
基金原理　25
基軸通貨（キーカレンシー）　4, 16, 139, 161, 195, 209, 214
基軸通貨案　29-30, 66, 93
基軸通貨システム　193
規制緩和　7, 218
犠牲の平等原則　21-22
基礎的不均衡　26, 53
北大西洋条約機構（NATO）　178
旧英領植民地　162
キューバ　167, 169
共産主義　33, 83, 211
共同計画（Collective Approach）　82-85, 93, 97, 102-103, 116, 131
共和党　29, 86
ギリシャ　33, 199
金為替本位制度　203
金現送点　185
銀行原理　25
銀行引受手形市場（BA市場）　102

金ドルプール制　73-74
金の二重価格制　208
金プール　187, 208
金本位制　8, 21, 53
金本位制の自動調整メカニズム　53
金融安定理事会（FSB）　2
金融危機　5, 219
金融グローバル化　1, 6, 217, 219-220
金融政策の復活　106, 124
金融部門の脆弱性　6
金利手数料体系の改革　59
近隣窮乏化政策　2, 8, 139
グアテマラ　168
クオータ第1次見直し期間　153
クオータ第2次見直し期間　153-154, 166
クオータとボイスの改革　13
クオータの決定式　153
クラウディングアウト　205
クレジットトランシェ　61, 148
黒字国　25, 37, 41, 76, 78, 82, 84-85, 129, 142, 216
黒字国責任論　78-79, 85-86, 92, 94, 103, 213
経済開発　162
経済危機　5
経済社会理事会（ECOSOC）　154
経済成長　6, 8, 162, 217-218
経常収支危機　5
経常収支危機（イギリス・1951年）　81, 106, 214
経常収支危機（イギリス・1955年）　112-113, 115-116, 120, 132, 140
ケインズ案　23, 25, 29
ケインズ経済学　24
ケインズ主義　6-7, 11, 78, 123, 220
ゲームのルール　11
構造改革　5-7, 218-219
構造調整融資　218
公定相場　81, 113, 134, 180
ゴールドトランシェ　60-62, 101, 137, 188
ゴールドラッシュ　20, 185-186, 207
国際開発協会（IDA）　163
国際協調　7-8, 21, 65, 207-208
国際金融機関　16, 24, 162
国際金融公社（IFC）　163
国際金融のトリレンマ　205
国際決済銀行（BIS）　16, 39, 64-65, 151, 186-187

国際公共機関　6, 11
国際公共財　13
国際収支危機　142, 189
国際収支危機（イギリス）　19, 116, 118-119, 125, 131-132, 146-147, 214-215
国際収支の天井　17
国際政策協調　51-52, 70, 76-78, 80, 104-105, 132, 213, 215
国際清算同盟（International Clearing Union）　24-25
国際通貨　71, 81, 84, 137, 139
国際通貨金融諸問委員会（NAC）　30
国際通貨制度改革　20, 203, 208, 216
国際的ケインズ主義　78
国際復興開発銀行（IBRD）＝世界銀行　27, 29-30, 32-33, 162-163
国際復興開発銀行設立案　26-27
国際貿易機関（ITO）　28
国際貿易機関（ITO）憲章　28
国際連合　134-135, 154
国内均衡重視の政策路線　110-111, 113, 115, 122, 214-215
国内信用（銀行信用）　122-125, 144
互恵通商法　83
固定相場制　90, 204-205, 207-208
固定平価　89-90
コロンボ計画　162
コンサルテーションペーパー　47, 70

サ 行

債権国　38, 42, 44-46, 144, 198-200
債務国　38, 41-42, 44-45, 173, 200
債務問題　2, 218
裁量的なマクロ政策　8, 11, 24, 216-217
サイレントレボリューション　219
サウジアラビア　167, 169
先物操作　187
サッチャリズム　7
差別的措置　58, 72, 104, 120-121, 125-130, 132, 141, 170-171, 175-176, 179-181
サミット　2, 218
シカゴ学派　123
事実上の交換性回復（de fact convertibility）　113, 120
市場原理主義　1, 7, 218-220
市場主義　152
市場の構造権力化　220

事項索引——275

市場の失敗　6
システムの民営化　218
シティ　24, 81
指定地域勘定　73, 75
自動性論争　26
資本移動の硬直性／伸縮性　205, 207
資本自由化　6, 167, 184
資本自由化論争　6
資本収支危機　190
資本収支危機（イギリス）　119, 135, 137, 144
資本発行委員会　136
使命の変質＝ミッションクリープ（mission creep）　7
自由主義世界　92, 162
自由貿易主義　22, 31
自由貿易地域（European Free Trade Area）　143, 172, 174
自由放任主義　24
準備通貨　81, 132, 138, 192, 203
少額国　166-168
少額増資　155, 167
少額増資政策（Small Quota Policy）　155, 164, 166, 168
植民地経済開発　162
所得政策　110
新規借入協定（NAB）　202
新興国　2, 13, 218-219
新古典派　219
新自由主義　7, 219-220
信用創造　26-27, 145
スイス　174
スイス国立銀行（Swiss National Bank）　186, 202
スイング（Swing）　35
スウェーデン　151, 197, 202
スウェーデン・クローネ　195, 202
スウェーデン国立銀行（Sveriges Riksbank）　202
スエズ運河　134, 136, 140
スエズ危機　15, 135, 137, 140, 143, 148-149, 152, 161
スエズ動乱　134, 143, 147
スカンジナビア三国　174
スタンドバイクレジット（EXIM Bank）　139
スタンドバイクレジット（GAB）　189, 193, 197
スタンドバイクレジット（IMF）　62, 86-88, 90, 101, 137, 152, 218
スタンドバイクレジット（連銀）　93
スプートニクショック　162
スペイン　199
スミソニアン体制　208
政府の失敗　54
セイロン　167, 169
世界金融危機　1-2, 4, 202, 218
設計主義　21
漸進主義　66
相互安全保障法（MSA）　56
相互援助協定　21, 23
総需要管理　54, 217
『総務会摘要記録』（Summary Proceedings of the Annual Meeting of the Board of Governors）　20
双務勘定　75, 94
双務協定　8, 22, 35, 37-38, 41-43, 80, 128, 130, 192
双務主義　9, 22
双務的段階　9
その他地域勘定　75, 94

タ　行

タイ　5, 167, 169
第1クレジットトランシェ　61, 137, 188, 197
第1次欧州域内相殺協定（The First Agreement for Intra-European Payments and Compensation）　42-43
第一次大戦　21-22
第1次多角通貨相殺協定（The First Agreement on Multilateral Money Compensation）　37-39, 41-42
対英協定14条コンサルテーション　17, 20, 67, 74, 76
　1952年度対英コンサルテーション　77-79, 103, 106
　1953年度対英コンサルテーション　84-85, 92, 103, 109
　1954年度対英コンサルテーション　103-104, 111-112
　1955年度対英コンサルテーション　116, 118-119, 124
　1956年度対英コンサルテーション　140-141
　1957年度対英コンサルテーション　145-146

1958年度対英コンサルテーション　174-175, 177
1959年度対英コンサルテーション　181
対英スタンドバイクレジット（1956-1958年）　15, 138-139, 146-147, 161, 175-179
対英スタンドバイクレジット計画（1954年）　88, 91, 97-103, 117, 131, 213-214
対英融資　18, 88, 103, 134, 138-139, 141, 160-161, 194, 198, 215
対欧融資計画　38-39
大西洋会談　21-23
大西洋憲章　21
対ドル地域自由化率　121, 141, 145, 170, 180-181
第2次欧州域内相殺協定（The First Agreement for Intra-European Payments and Compensation for 1949-1950）　43
第二次大戦　1, 16, 21, 202
第2線準備　180
対日協定14条コンサルテーション　16
対仏協定14条コンサルテーション　173
対仏スタンドバイクレジット（IMF）　15, 173
太平洋戦争　30
対ベルギースタンドバイクレジット（IMF）　46, 66
大砲もバターも　208
第4クレジットトランシェ　61
代理人問題　38-39
多国籍銀行　13, 219
多国籍金融機関　4
ダブル・スタンダード　219
弾力性アプローチ　53-54
地域主義的アプローチ　131
地域的協定（Regional Arrangements）　130
小さな政府　7
チープスターリング　81-82
中央銀行間協力　16
中央銀行間スワップ網　187
中近東諸国　162
中南米　22, 124, 154, 161, 163
超完全雇用　113, 119
長期開発計画　162
調整可能な釘付け制度（Adjustable Peg System）　8, 11, 26, 53, 216-217
朝鮮戦争　81, 106, 153, 159
貯蓄投資バランス　140, 152

通貨危機　5-6, 219
デノミネーション　178
デフレ　8, 25, 52, 109, 111, 216
デフレ政策　52, 143
伝染（Contagion）　6
デンマーク　167, 169
ドイツ・マルク　94, 143-145, 165, 186-187, 193-195, 202
凍結勘定　73
特別増資　164, 166-168
特別積立金（Special Reserve）　149
特別引出権（SDR）　208
独立評価機関（IEO）　6
途上国　2, 162-163, 167, 218, 219
トルーマンドクトリン　33
ドル外交路線　83
ドル過剰　10, 20, 184-185, 216
ドル危機　10, 20, 187, 202, 209
トルコ　33, 167, 169, 199
ドル差別　72, 103-104, 120-121, 125, 128-131, 141, 145, 170, 174, 176-177, 179-181, 213, 215
ドル防衛　186, 208
ドル・ポンド体制　193

ナ　行

内因説　6
内外均衡　14, 24, 28, 52, 211, 216
ナチス　21-22
ニクソンショック　20, 186-187, 208, 216, 218
二元的段階　9
西側世界　45, 162
西ドイツ（ドイツ）　7, 22, 87, 90, 94, 117, 131, 142-144, 166-168, 171, 173, 178, 197-198
日本　16, 167-168, 197, 202, 217
日本円　167, 194-195, 202
ニューヨーク連銀　101, 187
『年次報告』（Annual Report of the Executive Directors）　89-90
ノルウェー　167, 169
ノンシステム　209, 218

ハ　行

バーゼル協定　186, 194
バーンスタイン構想　197
バイ・アメリカン条項　84, 92
覇権安定論　13

覇権国　13
引出権（欧州域内決済機構）　42-45
引出通貨の多様化　165, 168, 188-189, 191-194, 197
『ビジネスウィーク』　149, 151
非自発的失業　205
ビナイン・ネグレクト　208
ビルズオンリー　102, 208
ファインチューニング　6, 217
『フィナンシャルタイムス』　149
フィナンシャルプログラミング　4, 124
封鎖勘定　73
封鎖マルク廃止　94
武器貸与法　22
複数通貨措置　127-128
不胎化介入　205, 207
賦払信用規制　106, 110, 115, 136, 140
プライアー・レビュー　56-57
ブラジル　168
フランス　7, 37, 87, 117, 131, 134, 142-143, 148-149, 153, 166, 171-174, 178, 183, 191, 194, 197-200, 202
フランス・アメリカ案（Franco-American plan）　200
フランス銀行　173, 187
フランス・フラン　143, 173, 178, 194-195, 202
フラン地域　45
振替可能勘定　75, 81, 94, 99, 113, 120
振替可能相場　99, 113, 134
ブレトンウッズ　149, 220
ブレトンウッズアプローチ　65
ブレトンウッズ会議　152-153, 184
ブレトンウッズ機関　32
ブレトンウッズ協定　28-30, 32-34, 71, 76, 162, 211, 218
ブレトンウッズ構想　18, 29-30, 32-33, 65, 212
ブレトンウッズ体制　5-8, 13, 15, 18, 207, 209, 216, 218
フロート制（変動相場制）　81-82, 85, 88-92, 97-99, 144, 204-205, 207, 213
ブンデスバンク　144, 187, 202
平価システム　89
米国対外経済政策委員会（ランドール委員会）　86, 91, 93-94, 101
米国輸出入銀行（Export-Import Bank）　139

ベトナム戦争　208
ベネズエラ　167, 169
ベネルクス三国　94
ペルー　89
ベルギー　37-38, 41, 46, 66, 87, 90, 197, 202
ベルギー・フラン　194-195, 202
ポイント・フォー計画　162
貿易媒介通貨　81, 92, 138
補完的出資者　13
北欧諸国　138, 183
保護主義　84, 86
保守党　76, 108
ボリビア　168
ポルトガル　174
ホワイト案　23, 25-27, 29
ポンド危機（1956・57年）　135, 148
ポンド危機（1961年）　186, 198, 202
ポンド残高（sterling balances）　27-28, 31, 37, 72-73, 75, 77, 99-100, 134
ポンド残高の処理　27-29, 32
ポンド投機　116, 132, 134-135, 140, 142, 144, 215
ポンドの振替性拡大　94

マ 行

マーシャル援助　33, 40-42, 46-47, 56, 63, 66-67, 80, 83, 152, 163, 212
マーシャル演説　211
マネーサプライ　123, 205
マネタリーアプローチ　4, 14, 122-124
マネタリスト　123
マルク圏　22
マンデルフレミングモデル　204, 207, 217
民営化　7
メキシコ　167, 169
メッシナ会談　172
モントゴメリー・ストリート　149

ヤ 行

ヤコブソン賛美論　151
ヤコブソン声明　187, 196-197, 202-203, 207
有効需要　205
融資と圧力　175
ユーロドル市場　81
輸出変動補償ファシリティー（CFF）　163
輸入自由化率　72, 103-104
輸入数量管理制度　72, 75, 130

輸入品目管理令　72

ラ・ワ行

ランドール委員会報告　91, 94, 101
リーズアンドラグズ　134, 137, 144
リーマンショック　6
利子平衡税　208
理想主義　65
リビア　168
流動性ジレンマ論　20, 187, 203, 216
ルース・プラン（Rooth Plan）　62, 137, 188
『ルモンド』　149
冷戦　33, 66, 134
冷戦と開発　163, 215

レーガノミクス　7
連合国安定基金（United Nations Stabilization Fund）　24-25
レンドリース（Lend Lease）　22-23, 30-32
連邦準備銀行　93, 100, 101, 134
連邦準備制度理事会（FRB）　26, 101-102
労働党　76, 108, 208
ローザ・ボンド　187
ローマ条約　172
ロボット（ROBOT）計画　81-82, 89
ロンドン自由金市場　185, 187
ロンドン手形交換所加盟銀行　115
ワシントン会談　27

《著者紹介》

西川　輝(にしかわ　てる)

1982年　東京都に生まれる
2011年　東京大学大学院経済学研究科博士課程単位取得退学
現　在　横浜国立大学大学院国際社会科学研究院准教授，博士（経済学）

IMF 自由主義政策の形成

2014年9月30日　初版第1刷発行

定価はカバーに
表示しています

著　者　西　川　　　輝
発行者　石　井　三　記

発行所　一般財団法人　名古屋大学出版会
〒464-0814　名古屋市千種区不老町1 名古屋大学構内
電話(052)781-5027／FAX(052)781-0697

Ⓒ Teru NISHIKAWA　　　　　　　　　　　　　　Printed in Japan
印刷・製本 ㈱太洋社　　　　　　　ISBN978-4-8158-0780-1
乱丁・落丁はお取替えいたします。

Ⓡ〈日本複製権センター委託出版物〉
本書の全部または一部を無断で複写複製（コピー）することは，著作権法上での例外を除き，禁じられています。本書からの複写を希望される場合は，必ず事前に日本複製権センター（03-3401-2382）の許諾を受けてください。

伊藤正直・浅井良夫編
戦後IMF史
―創生と変容―
A5・336 頁
本体5,800円

金井雄一著
ポンドの譲位
―ユーロダラーの発展とシティの復活―
A5・336 頁
本体5,500円

金井雄一著
ポンドの苦闘
―金本位制とは何だったのか―
A5・232 頁
本体4,800円

伊藤正直著
戦後日本の対外金融
―360円レートの成立と終焉―
A5・424 頁
本体6,600円

伊藤正直著
日本の対外金融と金融政策
―1914〜1936―
A5・372 頁
本体6,000円

須藤功著
戦後アメリカ通貨金融政策の形成
―ニューディールから「アコード」へ―
菊判・358頁
本体5,700円

藤瀬浩司著
20世紀資本主義の歴史 I
―出現―
A5・220 頁
本体3,600円

梶谷懐著
現代中国の財政金融システム
―グローバル化と中央‐地方関係の経済学―
A5・256 頁
本体4,800円